新编21世纪新闻传播学系列教材

基础课程系列

外国新闻史

第2版

李磊　傅宁　著

History of
Foreign Journalism

中国人民大学出版社
·北京·

内容简介

本书以封建集权时期、资本主义转型时期、资本主义市场竞争时期和社会主义时期典型化国家的新闻传播史发展脉络为经，以新闻传播媒介发展史为纬，采撷世界各国丰富的新闻历史资料，糅合相关国家独特的历史背景，选取宽广的社会史视野，详略得当、科学合理地介绍与分析了人类新闻传播史的一般性发展规律和各国的特殊化发展模式。

新版更新了一些原有的数据和表述，并增加专章论述互联网时代的新媒体发展史，保持教材的先进性。

本书体例自成一家，是继编年史、国别史、文化板块体例后的又一种体例。本书史料丰实，叙述生动，分析深入，史论结合，是一部新闻传播学专业的简明版世界新闻史教科书，对新闻史相关领域的爱好者来说亦开卷有益。

作者简介

李磊　男，山东沂蒙山人氏。1959年出生于江苏苏北大运河畔，少年成长于长江边的武汉市部队大院，青年时期在山东老区沂蒙新华制药厂做工，1979年考入山东大学历史系，毕业后志愿支边，在甘肃日报社任职。先后在兰州大学、中国社会科学院研究生院、中国人民大学、中国传媒大学工作或学习。曾任中国新闻史学会副秘书长、常务理事，中国新闻史学会外国新闻史分会副会长、港澳台新闻史分会副会长。主要教学与研究方向为中外新闻传播史，出版过数部研究专著。

傅宁　女，2005年毕业于中国人民大学新闻学院，获博士学位。在中国传媒大学-联合国教科文组织媒介与女性教席工作6年，任硕士生导师。2011—2013年在哈佛大学做访问学者，后任美国密苏里州中西部大学东亚中心主任。2017年入职鲁东大学文学院。出版专著一本、独立译著一本，在《新闻与传播研究》《现代传播》《当代传播》等学术期刊和《人民日报》《光明日报》《中国妇女报》等报纸发表文章40余篇，论文曾被《新华文摘》全文转载。

总序

中国人民大学出版社策划出版的“新编 21 世纪新闻传播学系列教材”，是一套在新闻传播学领域内，皋牢百代，卢牟六合，贯穴古今，笼罩中外，密切联系新闻传播工作的实际，广泛吸收新闻传播学的最新研究成果，高挹遐揽，取精用宏，供新世纪的高等院校新闻传播院系教学使用的系列教材。

20 世纪初以来的 100 年，是世界新闻传播事业飞速发展的 100 年。这 100 年来，随着科学技术的不断发展，继报纸、期刊、通讯社之后，广播、电视、网络和多种新媒体相继问世，新闻传播的媒介日趋多元化，新闻传播的手段日趋现代化，“地球村”变得越来越小，新闻传播事业对世界政治、经济和文化的影响则变得越来越大。

这 100 年，也是中国新闻事业飞速发展的 100 年。尤其是中国改革开放以来，发展得尤为迅猛。

进入 21 世纪以后，中国新闻事业发展的势头更为迅猛。报纸、期刊、通讯社、广播电台、电视台的数量在宏观调控下，虽无大变化，但软硬件的实力都有了很大的提高。据 2011 年 12 月出版的《中国新闻年鉴》的最新统计数字，2010 年全国共出版报纸 1 939 种，平均期印数 2.14 亿份。共出版期刊 9 884 种，平均期印数 1.63 亿册。全国共有广播电台 227 座，电视台 247 家，广播电视台 2 120 家，教育电视台 44 家。广播综合人口覆盖率为 96.78%，电视综合人口覆盖率为 97.62%。

另据 2012 年 1 月中国互联网络信息中心（CNNIC）发布的《第 29 次中国互联网络发展状况统计报告》，截至 2011 年 12 月底，中国网民规模已达到 5.13 亿，互联网普及率达到 38.3%。其中，手机网民数量为 3.56 亿，博客和个人空间用户数量为 3.19 亿，微博用户数量为 2.5 亿，社交网站用户数量为 2.44 亿，网络视频用户数量为 3.25 亿。中国居民中具备上网条件和技能的人已经基本转化为网民，大专及以上学历人群中互联网使用率已达 96.1%。中国网站总数为

230万个，网页数量为866亿个。

这样大的发展规模，这样快的发展速度，在世界和中国新闻事业史上都是空前的。回顾既往，盱衡未来，新闻传播事业在21世纪还将保持旺盛的发展势头。新闻传播，作为上层建筑和意识形态的一个重要组成部分，在全面准确地宣传党的基本理论、基本路线和基本方针以及各项决策，反映人民群众的伟大业绩和精神风貌，以及推动改革开放和社会主义现代化建设等方面，必将继续发挥重要的作用。

与新闻传播事业的发展相配合，这100年来，为中国的新闻战线培养和输送人才的中国新闻教育，也有了相应的发展。中国的新闻教育起始于20世纪初，迄今有近90年的历史。新中国成立前的30年，虽然先后在个别院校中设立了新闻系或新闻专科，但规模都不大，设备也不够完善，在校学生人数最多的时候不超过400人，30年间累计培养出来的毕业生还不到3 000人。新中国成立后，为了给新中国的新闻事业培养人才，新闻教育有了新的发展，但到20世纪60年代中期为止，全国的新闻教育机构也还只有14家。当时全国只有343家报社、78座广播电台和13家电视台，革命老区来的新闻工作骨干正当盛年，足以支撑大局，新闻系和新闻专业的学生统招统分，基本上能够满足中央和省市以上新闻单位梯队建设方面的需要。“文化大革命”爆发后，新闻事业进入低谷，新闻人才的培养也被迫中辍。拨乱反正之后，新闻事业有了飞速的发展，但新闻工作的人才却出现了断层，明显供不应求，因而极大地推动了新闻教育的发展。中国的新闻教育得以重整旗鼓并得到空前迅猛的发展，主要是改革开放以来的这30多年的事情。30多年来，中国新闻教育和中国新闻事业同步发展。截至2011年，全国设有新闻传播学类院、系、专业的高校已由改革开放之初的两三所增加到800所以上，各种类型和层次的专业教学点已不下1 000个。新闻专业的教学已从单一的大学本科教育，发展到博士生、硕士生、本科生、大专生、成人教育、函授教育等多层次的格局，不少院系还设置了新闻传播学方向的博士后流动站。改革开放之初，全国在校新闻系科学生总共只有500来人，现在仅在校本科生就有16万人左右，硕士和博士研究生3万人左右，办学层次、办学规模、办学水平都有了很大的提高。进入新世纪以后，随着新闻传播事业的加速发展和新闻战线人才需求的不断增加，中国的新闻教育还将有更大幅度的发展。

一般说来，新闻教育质量的高低，起决定作用的主要是两个因素：一个是师资，一个是教材。两者之间，教材的作用更大。这是因为，师资的多少和良窳，往往受办学主客观条件的限制，而教材一旦完成，就可以直接嘉惠于学子，风行四海，无远弗届。进一步说，一部好的教材，不仅可以满足教学的需要，培养出一大批人才，而且还可以同时拥有一定的学术含量，推动新闻传播学研究的发展。1919年出版的徐宝璜的《新闻学》，1927年出版的戈公振的《中国报学史》，就是这方面的很好的例子。这两本书都是作者在高等学校从事新闻学理论和新闻史教学时作为教材编写出来的，出版之后，立即引起世人的关注和推崇，一再重版，历久不衰，至今仍然是公认的新闻学理论和新闻史方面的传世之作和经典之作。正因为这样，新闻教育的前辈们，历来十分重视教材的建设。新中国成立初期的十来年，坊间出版的新闻学方面的书籍，绝大部分是教材。改革开放以后，新闻传播学研究空前繁荣，新闻学方面的书籍大量问世，但教材仍然在其中占了很大的比重。这些教材，覆盖了新闻传播学的方方面面，经过出版家和众多作者们的长期努力，门类和品种基本配套齐全，曾经为同时期的新闻教学做出过重要的贡献。但是，随着时间的推移和新闻工作实际的飞速发展，这些教材的体例日显陈旧，观点和内容也亟待调整和更新。一些属于学科前沿和科技含量较高的新开课程的教材尚付阙如，使现有的教材出现了不少缺口。在新世纪已经到来之际，集聚力量，重新编写出一套体系完整、门类齐全、能够为新世纪的新闻教育和新闻人才培养服务的新闻传播学的系列教材，已经成为人们的共识和新闻业界与新闻教育界的迫切需求。

呈现在读者面前的，就是应这样的需求产生的一套系列教材，它将涵盖新闻学、传播学两个二级学科的方方面面内容，满足新闻、广播、电视、广告、媒体经济、新媒体等多个专业的教学需要。负责这些教材编写工作的，是中国人民大学、复旦大学、北京大学、清华大学、中国传媒大学、中国青年政治学院等多所著名院校长期从事新闻传播学方面教学与研究工作的专家学者，其中有相当大的一部分编写者是相关学科的国家级的学术带头人，堪称一时之选。收入本系列的教材中，既有国家级重点教材，也有部级重点教材，其他的也是经过严格筛选的精品，所以，本套系列教材的质量是有保证的，其权威性也将得到社会的认同。

21世纪是一个高度信息化的时代，是信息经济和知识经济占主导地位的时代。信息经济和知识经济有两大支柱，一是以高科技为代表的传播技术产业，二是从事新闻和信息产品生产的媒体产业。新闻传播学作为将这两大领域有机联结的桥梁，在今后的国家建设和社会发展中必将发挥越来越重要的作用。中国人民大学出版社经过精心策划，隆重推出这套系列教材，是具有高度的前瞻性和战略眼光的。在这里，我谨代表编委会和全体作者向中国人民大学出版社表示由衷的感谢。

这部系列教材开始策划于20世纪的最后一年，21世纪初起陆续问世，迄今已编写出版了50余种。在体例和内容的创新和开拓等方面，远远超过同时期出版的同类教材。其中的有些教材，还根据整个新闻传播理论与实践的发展和新闻传播学教学与研究的发展，陆续作了必要的补充和修订，重新出版，实现了内容的与时俱进。

这批教材的问世，将会为新闻传播事业和新闻教育事业的发展和繁荣、为新世纪新闻传播人才的培养做出它应有的贡献。这是出版者和全体作者共同的一点希望。是为序。

方汉奇

2012年3月15日

于中国人民大学宜园

第2版前言

纵观当下我国的新闻史教科书，总体来看，这类教材常常偏重于对以往新闻传播事业历史材料的“系统梳理”和“静态呈现”。这对于具有高深知识、能够独立判断的专业研究者固然很好，堪称便利，但对于刚入校门、对新闻传播事业还一知半解的新闻专业初学者来讲，却可能并非一件“好事”。首先，新闻史料“冷冰冰”的大量“无语呈现”让他们读之乏味，倍感无趣。其次，史料的如山堆砌和公式化、教条化的理论宣讲也会让他们感到厌烦，甚至会产生某种抵触情绪，从而无法进一步迈入人类新闻传播事业的历史深处，接触到先人前辈们的精神实质和伟大的历史变革力量。

所以，本书的一大特点就是尝试着对新闻历史材料做出某种主动的“诠释”——尽管这种诠释可能是不成熟的、个人化的，有时甚至是随性的。可能这样的写作理念会导致教科书内容上的某种不严谨。但是，依据自己所服膺的历史观点，尝试着对人类社会新闻传播事业万千史料与复杂事件做出一定的个性化分析，竭力引导学习者们积极思考外国新闻传播史上引人注目的普遍客观规律和重要特殊现象，并通过史论结合的“分析与思考”，不揣冒昧地端出作者的“浅见陋识”，引发读者们的联想性、批判性思维与情感共鸣，正是本书所力求达成的一个目标。

为了达成这一目标，本书的写作体例与一般的教科书有所不同，主要表现在两个方面。第一，作者大大加强了“非新闻类”社会背景性史料的分量，引入了大量相关社会历史材料，增加了很大篇幅的“分析与思考”内容；第二，每章基本上都采用了一种独特的“三段式”章法结构——第一节“背景之回顾”，第二节“历史的进程”，第三节“分析与思考”。其中“背景之回顾”部分主要介绍对本章新闻史实具有重要时代参考意义的相关历史背景资料；“历史的进程”部分则注重客观全面系统地“静态呈现”本章所涉及的新闻史内容；“分析与思考”部分则是对前两节中的重要史料进行主题性分析与个性化诠释，力图引导读者与作者一起发掘、思考、探讨人类新闻传播史中那些关键性的历史事实，以期锻炼学习者们的自我分析与思考能力，从而得出合理而有益的结论。

毫无疑问，在这种写作观念的引导下，这本教科书就似乎不完全是一本传统意义上的教科书了，它充斥着很多还不够成熟的作者个人观点和较为“轻量化”的新闻史资料汇集，并且采用了一种相当个性化的写作结构。

显然，本书并不完全着眼于“客观系统地呈现”前人的新闻史料和固化结论，而是力图融合各种历史客观材料，积极主动地分析与思考外国新闻史上的关键事件（人物）和重大现象，这成为本书的一个标志性的特点。至于这一特点是一个“缺陷”还是某种创新，敬请广大读者与各位专家臧否评定。

我们在此想要告诉本书读者的是：这种写作观点的强大动力来自我们30多年来在兰州大学、中国传媒大学所教授的历届学生。是他们告诉了我们诸多阅读以往传统新闻史教材的真实感受，鼓励我们采用更富主观激情与客观分析的教学方法、更为革命性的讲授形式和更为思辨化的分析论证，来引导他们一起兴趣盎然、主动自觉地进入外国新闻史色彩斑斓的新天地。所以，这本新闻史教材不是为新闻史学界的专家学者们所写的，而是为那些心灵开放、思维活跃、求知欲强烈，愿意与中外新闻史上伟大的前辈们进行精神交流的年轻一代学习者所写的；是为了那些期望在大学新闻专业的学习生涯中获得一定的自我“真知灼见”，并愿意将这些经过批判性思考的独立理念，创造性地运用于我们伟大祖国未来新闻传播事业发展进程的有志者撰写的。因为，未来的中国特色社会主义新型新闻传播事业之新天地需要他们积极主动地去思考、去开拓、去建构。所以，竭尽所能地按照他们的阅读情趣和学习习惯来撰写一本外国新闻史教科书，最大限度地为他们提供一本既包括深刻的历史经验教训和普遍的客观发展规律，又包含新闻界前辈们波澜壮阔生动画卷的新型新闻史教材，便成为本书作者不可推卸的一份重大责任。

当然，本书的一切瑕疵和缺点都应由作者来负责，因为这只是由于我们能力不逮，而绝非成百上千向我们提出了这些热忱建议的学生的责任。

本书书稿曾经由作者任职的中国新闻史学会的部分专家进行过评阅。一些专家指出本书所叙述的外国新闻传播史只局限于西方几个大国的新闻历史，未曾涉及更为广泛的亚非拉全球新闻史领域。还有专家指出本书对现当代传播技术方面的介绍有所欠缺。这的确是两个很大的缺陷。一方面是因为我们的教学与研究较少涉猎当今亚非拉“第三世界”各国的新闻史，另一方面是由于我们认为西方主要大国的新闻传播史具有较为典型化的样本意义，而且本书容量有限，只能对内容做一定的取舍。至于人类传播技术与新闻传播事业的互动关系与相关作用，我们目前正在计划撰写的一本《全球媒介传播史》将专门从人类信息传播技术史的角度来梳理世界新闻史发展脉络，并对其中的相关问题进行深入的专题性探讨。

由于本书成书与修订期间作者都正好在外地进修学习，因此很多材料的搜集与梳理不太便利，书中可能存在着一些陈旧与错谬之处，相关征引注释也未臻规范，在此敬请有关专家与广大学习者不吝指正。

感谢中国传媒大学新闻学院领导与同事们的鼓励，感谢中国人民大学出版社提供的珍贵出版机遇，感谢本书责任编辑的辛勤工作。

作者谨识

2022 年 9 月于北京

目录

第七章
“二元一体化”的变通之路
——日、德近代新闻传播体制的确立历史

第八章
邪恶的异化转型之路
——德、日、意、西法西斯新闻传播体制的确立历史

第九章
外部强力植入的转型模式
——二战后日、德新闻传播事业新体系的确立历史

第十四章 市场垄断竞争的西方资本主义新闻传播事业

第十五章 西方现代广播媒体

第十六章 西方现代电视媒体发展史

第十七章 国际共运新闻传播事业

第二十章 互联网时代的新媒体发展史

第一章

西欧专制王权型新闻传播事业体系
——封建时期的英、法新闻传播事业

本章学习要点

- 西欧英、法两国封建专制王权型新闻传播事业体系。
- 英国独特的皇家特许出版独占制度。
- 集权主义视域下的新闻哲学理念。

在人类社会发展史上，封建社会制度生存时间漫长，发展空间广阔，历史影响深远。但是，由于各国不同社会文化历史的成长背景有着巨大差异，即使都属于封建社会形态和发展阶段，各国的封建社会亦呈现出不同的社会状态与发展类型。因此，各个国家封建社会的新闻传播事业也常常表现出差异化的历史类型与发展轨迹。它们的成长过程不仅当时便展现出了绚丽多彩的历史画面，还对后续自由资本主义时代、垄断资本主义时代、社会主义时代的新闻传播事业及世界上其他的新闻传播事业体系产生了深刻久远的影响。

研究封建社会时期的不同类型化新闻传播事业的发展历史，将有助于我们对世界新闻传播史的整体发展框架与历程有一个基础性的把握。在本章中，我们将主要针对处于封建社会鼎盛时期的西欧英、法两国封建专制王权时期的新闻传播事业。

第一节　背景之回顾

作为西欧地区封建“专制王权型”新闻传播事业体系的典型代表，封建社会时期的英国与近邻法国有着许多类似的社会、历史、文化背景，所以，英、法两国封建社会的新闻传播史就有了很大的相似性。

一、共同的背景与特征

受地理、文化、历史与社会等多种元素的影响与制约，从全球角度来看，人类封建社会形态可以近似地划分为两大体系和一个亚体系——这就是东方封建体系、西方封建体系和海外封建殖民地体系。

简略地说，东方式的封建社会是一种整合了专制皇权政治系统、小农自然经济系统和宗教（教化）文化系统“三位一体化”的封建社会形态，以儒家化的中国“大一统”封建社会与宗教化的“政教合一”西亚阿拉伯帝国为代表。西方式的封建社会则是一种主要建筑在采邑领主制基础之上，以政治上的专制王权、分封等级贵族和经济上的小农自然经济形态，文化上的宗教蒙昧主义文化组合而成的封建社会形态。西方宗主国治下的海外殖民地型封建社会则可以独立前亚洲的英属印度、北美十三州殖民地、英属澳大利亚、加拿大等为代表。

在西方式的封建社会发展史上，封建专制君主政体是西方封建国家中最为常见的一种政权组织形式，欧洲大多数封建国家都曾建立过这种政体，例如英国的都铎王朝和斯图亚特王朝，法国的卡佩王朝与波旁王朝，西班牙与奥匈帝国的哈布斯堡王朝，俄国的罗曼诺夫王朝等。虽然这种政体在各国的具体表现形式有种种差别，但基本上具有以下几方面的共同特征。

（一）都存在着一个空前强大的专制王权

封建专制君主政体是封建社会中最古老的一种专制权力组织形式。在这种政体下，专制君主们取消了以往由封建贵族世袭官职的制度，直接任免大臣，用直接对君主负责的国家官僚机构代替了以往对君主保持某种独立性的封建贵族分封势力。国家的立法、司法、行政大权全部集中于被强化了的独裁王权手中。作为国家控制的一种重要工具——社会化的新闻传播事业，也理所当然地被强行纳入君主神圣专制的权力系统之中，并被视为一种能够协助专制王权完成预定国家管理目标的强大而有效的工具。

（二）普遍流行君主至高无上、神圣不可侵犯的王权观念

几乎在所有的封建专制君主政体国家内，都存在着一个超乎一切法律机构之上、不可分割、不可转让的最高君主个人独裁权力。这种独裁权力常常被演绎为出自神授、天命所归，因此至高无上、神圣不可侵犯。君主一旦登基，便终身在位，不可更替。正是依据此种观念，封建国家的君主们顺理成章地宣称其统辖王国内的所有大众传媒之所有权均由王室垄断，并排除其他一切治下团体和广大民众对大众传媒体系的染指。

（三）统一存在的强制性新闻传播专权控制行为

由于在这种政体内，国家最高权力往往全部集中于一人手中——这个人通常是高高在上的君主（国王、皇帝、沙皇、苏丹等），政治斗争的所有内容都是以维护和夺取这一最高权力为中心而展开的，因而在这种政体内不断地发生着强化王权和削弱王权的斗争。这就迫使专制君主不断地对整个社会系统实施自上而下的强化控制，以确保自己至高无上的专制地位之稳固。这种强化行为表现在社会新闻传播领域，就是王权对治下的新闻信息来源、信息传播过程、信息传播效果、信息传播范围的严格控制和强制管理。

西欧英、法两国在封建社会专制王权统治时期，均存在着这种典型的专制强控特征。

二、英法封建专制王权简史

西欧英、法两国封建专制王权的历史大约有两三百年之久，在英国，主要是都铎王朝和斯图亚特王朝时期；在法国，则主要是波旁王朝时期。

（一）英国的封建专制王权史

英国封建专制王权的兴起，肇始于1066年法国诺曼底公爵威廉的跨海入侵——史称“诺曼征服”。威廉公爵用强大武力击败了英伦本土的盎格鲁-撒克逊旧贵族，大大削弱了原居住地封建贵族们的独立势力。通过没收战败者的土地分封给追随其来英的法国诺曼底贵族们，威廉公爵培植了一批忠于王室的封建统治集团分子，从而加强了王权的势力，使得英国较早地出现了中央集权式的封建专制政体的萌芽。

对英国封建王权之强盛具有重大影响的另一个历史事件是15世纪爆发的“红白玫瑰战争”。这场由英国两大封建家族——约克家族和兰开斯特家族及其各自的封建附庸们所进行的、旨在夺取最高统治权力的内战共打了30年（1455—1485）之久。在战争中，大批封建贵族刀剑相向、互相残杀、实力大减，这就为后来的统治者们在英国建立强大的封建专制政体扫清了道路。胜利者亨利·都铎为了谋求统治的稳定，与战败的约克家族的伊丽莎白结为夫妇，从而结束了这场内乱，建立起了英国历史上最为强大的一个封建专制王朝——都铎王朝。英国封建社会大众新闻传播事业的初始与鼎盛发展进程主要就是在这个王朝统治时期内展开的。

（二）法国的封建专制王权史

自公元843年《凡尔登条约》把查理曼大帝的庞大军事帝国一分为三以后（形成后来德意志、意大利、法兰西三国的雏形），西法兰克（纽斯特里亚）地区就逐渐演变成法兰西王国。公元987年，法国历史进入了卡佩王朝时期。

在卡佩王朝初期，法国各地依然处于各地贵族采邑领主制下的封建割据状态。经过卡佩王朝几代君主的经营，在13世纪时，法国进入了封建等级君主政体阶段，并逐步向中央专制君主政体过渡。对于法国王权的兴起影响重大的历史事件是1337—1453年的“英法百年战争”，圣女贞德就是这场战争中的法国民族英雄。“英法百年战争”使法兰西民众的民族意识空前觉醒，全国团结在日益强大的专制王权的旗帜下，最终赶跑了入侵者，一个强大的封建国家就这样在欧洲大陆诞生了。1491年，法王查理八世最终完成了整个国家从领土到政权的统一，在法国建立起了最早的封建君主专制政体。然后，经过查理八世、路易十二和弗朗索瓦一世等几代君主的持续努力，到16世纪时，法国强大的封建君主专制政体终于正式确立了。1589年，波旁王朝建立，法国封建时代的大众新闻传播事业主要就发生、成长、定型于这个王朝的统治时期之内。

三、王权与新闻传播事业的关系

（一）封建王权与新闻传播事业的互惠关系

在消灭封建割据、建立统一民族国家的历史进程中，西方专制的封建王权因为符合历史发展的需求而获得了整个民族几乎所有社会阶层的承认和拥护，并进而取得了至高无上的强大权力。在这种强大的专制王权保护下，政府“重商主义”政策的实施，海外的扩张殖民，国内统一市场的形成和稳定有序的社会管理环境，均给予王权下的封建社会新闻传播事业一个绝好的历史大发展时机。而初始发展起来的封建社会新闻传播事业也对为其发展创立了良好前提的封建王权感恩戴德、衷心拥护。然而，王权一旦得势，君主大权在握，便立即按照自己的统治逻辑，给英、法两国的历史进程打上了深深的专制烙印，迫使整个民族向其屈服，全部社会生活均受君主一人操纵，并使整个国家利益服从其一己之私利。国家虽有政府，但却完全依附于君主。法国“太阳王”路易十四的一句名言概括了这一时期英、法专制君主制度的基本特征：“朕即国家。”

封建专制君主们对国家和社会所采取的这种专制行为和理论，也反映到初期的新闻传播事业领域中来了，这就是历史上新闻传播“集权主义理论”（authoritarian theory）的出现与盛行。

（二）集权主义新闻传播理论

新闻传播的“集权主义理论”的基本核心内容是：在专制君主国家中，新闻传播事业是一种担负特殊任务的社会统治工具；新闻传播事业在社会系统中传播的任何消息、思想和意见，都必须对完成君主指定的国家预定目标具有直接或间接的帮助；为了完成此项职能，全社会的新闻传播事业必须服从君主的控制，使它不至于妨碍国家实现自己的最终目的；由于那些从事新闻传播事业的商人——那些在统治者看来低贱无知的个体，往往不能理解君主的英明远见，常常会因一己之私利而把大众传媒变为一种牟利的手段，从而严重地妨碍君主的治国目标。因此，君主必须对其麾下的整个新闻传播事业实施自上而下的强有力的控制，以防止其偏离预定的国家管理目标，成为一种异己的反对势力。在英、法两国封建专制王权统治时期，新闻传播的“集权主义理论”成为两国君主对待治下新闻传播事业始终不变的一种统治性理念。

第二节　历史的进程

从英、法两国封建社会新闻传播事业发展的具体历史进程来看，两国封建集权时期的新闻传播事业虽有某些表象的不同，但其内在本质与核心却是相当一致的。

一、英国都铎王朝的皇家特许出版独占制度

英国封建社会专制王权对新闻出版及传播事业的控制始于强大的都铎王朝时期。印刷术从欧陆传入英国后，一开始并未受到君主的重视。1476 年，在英王爱德华四世的支持下，商人威廉·卡克斯顿在伦敦的威斯敏斯特大教堂附近建立了英国第一个印刷所。到 16 世纪前期，英国各地已有印刷场所 30 多家，主要印刷一些宗教书籍和小册子。随着欧洲宗教改革运动的迅猛发展，这些印刷品中反封建、反旧教的成分日渐增加，引起了当时封建统治者的不安和恐惧。在随后的宗教革命及政治斗争中，印刷传单和非法书籍成为威胁王权的一种危险的武器，引起了都铎王朝君主的注意，并由此开启了对其治下的新闻出版及传播事业实施强力控制的历史。

（一）亨利八世与皇家特许出版独占制度的初创

都铎王朝的亨利八世是开始主动管理王国内出版印刷事业的第一位英国君主。他通过以下四项举措开始了其控制英国出版印刷事业的历史：第一，禁止国外出版商在英国从事出版印刷，保护国内出版商的特权利益；第二，任命专职的皇家出版人员负责监督出版印刷事业；第三，给予经过官方选择的印刷商特许独占经营的专利权益，并防止任何反对势力出版印刷品；第四，保护被授予特权的印刷商们的垄断专营利益，并对整个出版印刷事业进行强权管制。

1528 年，亨利八世颁布命令，规定外国出版商的学徒人数不得超过三人；1529 年，亨利八世又开出了第一张官方禁书单，正式开始对王国内的出版印刷事业进行控制；1530 年，他特许海顿神父一人垄断发售神学家坦特尔翻译的《圣经》，并首次建立了在政府控制下颁发许可证的制度；1534 年，英国皇室又颁布了一项保护国内出版商的法令，亨利八世在这年的圣诞节发布公告，规定王国内的所有出版商开张营业前必须获得皇家许可。到了 1538 年的时候，英国都铎王朝的皇家特许出版印刷制度正式建立起来了。

（二）女王玛丽一世与“皇家特许出版公司”

女王玛丽一世在历史上被称为“血腥玛丽”（Bloody Mary），她执政的时代是英国历史上宗教纷争的时代。为有效管制出版印刷事业，打击异教邪说，巩固王权，玛丽一世对出版印刷采取了一种行业垄断特许方法，发展并完善了其父亨利八世的控制手段。

早在 1357 年，英国民间就有了一种法庭公文与教科书写作者协会，到了 1500 年，这个协会扩展为出版行业工会，许多印刷商被接纳成为会员。1557 年，玛丽一世将这个出版行业工会改造为“皇家特许出版公司”。女王在皇家特许出版公司委任状中规定：在英国，除公司会员及女王特许者外，其他人的出版印刷行为一律被禁止。据此，皇家特许出版公司的会员们取得了在王国领土内独占出版各种印刷品的垄断权。凡经女王特许的印刷商，都是这个公司的会员。会员们只要不损害国家的政治利益，安分守己，王权就保护他们从这种出版独占控制中获取可观的经济利润，并不允许别人插手这一行当。对当局而言，皇家特许出版公司这一组织可以有效地阻止针对政府的诽谤、恶意攻

击及异教言论与文章的出版印刷。而为了报答这种皇家特许的出版印刷独占权利，保护自己可观的印刷利润，皇家特许出版公司的会员们完全同意只出版印刷“有益于国家利益的消息”，并卖力地帮助当局查处一切非法出版者，并对违反这一戒条的会员和非法出版者予以严厉的惩处，以向政府表示忠诚。

在随后的女王伊丽莎白一世时代，这个封建时代的出版垄断行业托拉斯继续存在着。这种控制的方式如此有效，以至于伊丽莎白一世自己也认为，建立皇家特许出版公司是恰当地把王室的政治利益同特许印刷商的个人经济利益协调统一起来的一种最佳途径。事实也的确如此，由于皇家特许出版公司对于整个印刷业的独揽和监督，国家几乎可以不负担任何开支便达到了抑制反对势力舆论的目的。公司会员们更是努力工作，以期获得统治者的满意，确保自己的特权地位，进而获得丰厚的利润。这种政治与经济的联合组织形式使得英国封建专制王权对出版印刷事业的控制强大而有力。

（三）伊丽莎白一世与“皇家出版法庭”

在伊丽莎白一世时代，英国皇家对出版印刷事业的控制手段又有了新的发展，这就是 1570 年建立的“皇家出版法庭”（The Court of Star Chamber）。

早在亨利八世时，英国就有了专门辅佐国王的枢密院这一组织机构，它的主要作用是协助国王有效地进行国家统治。伊丽莎白时代枢密院的权力就已很大，它的一项重要职责就是专门监督和控制特许出版印刷事业。1570 年，伊丽莎白女王把枢密院下属的一个司法委员会独立了出来，组成皇家出版法庭——这就是英国历史上臭名昭著的“星法院”。这个法庭的组成人员包括议会的议长、财政大臣、掌玺大臣及大主教、勋爵各一人，专门审理两种案件：一是普通的民事或刑事案件，二是重大的政治案件，包括叛国煽动罪、诽谤宫廷罪等重大案件。第二种审判不经一般的司法审判辩护程序而秘密进行，为使罪犯招供，该法庭有权运用各种酷刑进行逼供。英国历史上的许多新闻出版印刷人士曾饱尝其苦，皇家出版法庭完全成为专制君主们压迫新闻自由的一个丑恶象征和有效工具。

在组建皇家出版法庭的同时，伊丽莎白女王还继续加强了皇家特许出版独占的控制体系，最主要的措施就是女王于 1586 年颁发的“出版法庭命令”。该命令一直到 1667 年才彻底废止，是英国新兴资产阶级新闻自由的最大克星。该项命令规定：

（1）一切印刷品须送交皇家特许出版公司登记，全部印刷商的印刷机械也必须在皇家特许出版公司登记。

（2）除了剑桥大学、牛津大学和伦敦市以外，禁止任何印刷活动。

（3）除非得到教会同意，不再允许新的出版商申请登记。

（4）特许印刷商们印刷的任何刊物均须事前请求许可，否则将处以 12 便士到 40 先令罚款或坐牢等处罚。

（5）皇家特许出版公司拥有搜查、扣压、没收一切非法秘密出版物及逮捕犯罪嫌疑人的权力，并有权对犯罪嫌疑人实施相应惩处。

（6）特许出版商的学徒以 1 至 3 人为限，剑桥大学、牛津大学等地印刷所各限拥有学徒 10 人。

女王特别规定这项命令的执行在伦敦城内由皇家特许出版公司负责，在地方上则由当地教会及地方长官负责。皇家特许出版公司和各地的教会为了保障自身权益，执行该命令时极为认真。直到 1641 年，皇家出版法庭一直通过该项命令对出版印刷事业保持着有效的控制和严格的管理。

二、斯图亚特王朝时期出版独占控制体系的衰落

英国的斯图亚特王朝建立伊始（1603 年），国王詹姆斯一世就遇到了麻烦。在他当政的时期，以往出版自由、宗教自主和民主政治运动的社会微弱呼声开始逐渐强大起来，封建王朝潜在的危机也日益显露，王国之内各个早已互相敌对的阶级及利益集团都拉开了战斗的序幕，各种非法印刷活动逐渐频繁起来。面对这一新的严峻形势，詹姆斯一世沿袭了都铎王朝的诸多老规矩，企图对出版印刷事业继续实施独占控制，但已显得有些力不从心。

1620 年，在欧洲大陆发生的一起事件引起了当时英国人民的广泛关注：这就是英国国王的女儿伊丽莎白公主的丈夫、德国的巴拉丁选帝侯弗里德里希因为波希米亚王国的争端而与他国开战。就在这一年，荷兰的印刷商们为迎合英国人关心此项战事的兴趣，出版了一种原始的报纸“科兰特”，并将其偷运到伦敦及各地发售。这些“科兰特”报纸主要报道了欧洲大陆的各种战争新闻，也对詹姆斯一世的外交政策进行了批评。于是国王于 1620 年 12 月和 1621 年 7 月两次颁布公告，禁止随意谈论国事，并发布了取缔“科兰特”这类报纸的命令。

1621 年，为了有效地控制舆论，抵御外来“科兰特”报纸的影响，皇家特许印刷商尼古拉斯·波恩得到国王准许，出版发行了英国人自办的第一份印有“准许出版”字样的“科兰特”报纸。这种官方准印的报纸只刊印海外有利于王室的新闻，并尊重国王的旨意，不报道国内任何新闻。

1625 年国王詹姆斯一世死后，其子查理一世即位。他为了达到更为专制的目的而对所有异己言论实施了残酷的镇压。但随着国王与国会的斗争日趋激烈，双方都没有更多的精力对出版印刷事业实施控制，因而在 1640 年英国资产阶级革命爆发前夕，报道国内外消息的大量非法印刷品迅速盛行起来。为了寻求公众的支持，英国国会被迫修改了以往限制出版印刷的大部分规定。而 1640 年英国资产阶级革命的爆发，更标志着英国斯图亚特王朝反动的出版独占控制手段的破产。随着内战的进行，国王的权力日益被削弱并逐渐转移到国会手中，以往实施有效管制的皇家特许出版公司的权力也大受影响。1641 年，反对国王查理一世的“长期国会”取消了臭名昭著的皇家出版法庭和皇家特许出版公司，英国出版印刷事业第一次呼吸到了自由的空气。

三、法国波旁王朝的出版管制活动

（一）权相黎塞留和法国出版印刷事业的创立

早在 1474 年，法国的封建王权便已开始管制出版印刷事业。最初的管制活动是由

巴黎大学负责的，后来法国政府通过一个出版组织机构正式建立了法国的封建特许出版制度，开始直接管制国内所有出版印刷事业。

法国封建社会最早的新闻性印刷品的出现，同波旁王朝路易十三的著名首相、大权在握的红衣主教黎塞留有着密切的关系。黎塞留深知利用出版印刷品控制与调节社会舆论的重要意义，因而最早在法国建立并发展了专制王权控制下的法国出版印刷事业。

1611 年，在黎塞留的极大关注和操纵下，法国出版了第一本年鉴——《弗朗索瓦信使》。该年鉴由黎塞留的心腹约瑟夫神父主持，内容系刊载每年 12 个月中政府公布的法令、官方的重要措施以及宫廷的一系列活动，显然，它带有明显的官方宣传色彩。

但是，由于年鉴每年才发行一次，性质类似历史文件汇编，难以达到政府及时宣传和控制舆论的目的。于是，1631 年 5 月 30 日，还是在黎塞留的支持下，法国历史上的第一份新闻性报刊——《公报》诞生了。

（二）法国封建时代“三大官报”体系的建立

同英国一样，法国封建社会最初的出版印刷事业也是受政府严格管制的，任何出版印刷品，非经国王特许不许发行。但是，同英国不同的是，法国国王不仅通过皇家特许出版独占制度准予一些报刊印刷发行，还通过官方的积极支持，主动建立了国王治下的“三大官报”体系，垄断了主要的社会信息传播领域。这三大官报就是经过历届国王特许出版与发行的政治性的《公报》、文学性的《信使报》和科学性的《学者报》。

1.《公报》

《公报》是由泰奥弗拉斯特·勒诺多于 1631 年 5 月 30 日创办的。早在《公报》创办之前，就曾有一位名叫路易·旺多姆的书商在巴黎出版了几期单页的不定期新闻纸，叫作《普通新闻》。但在首相黎塞留的支持下，勒诺多的《公报》很快吞并了《普通新闻》，并于 1631 年 10 月取得了国王路易十三所给予的特权证明书。

路易十三颁发的这份证明书写道：“勒诺多本人及其子孙，在法国境内得以永远享有发行报纸之权利……永远有权通过任何人印刷和出售新闻纸，报道王国内外过去与现在发生的任何事件，包括会议、商品、市价以及上述问讯处事宜……上述新闻纸在全国发行，并排除其他任何人的干涉。”

勒诺多的《公报》起初为月刊，后来一直是周刊。该报最初仅为 4 页，后增为 8 页。1632 年起，《公报》增加了问讯专版，这就是现代报纸广告版的雏形。1635 年起，《公报》每年还出版两本汇集：一本专门刊登法国消息及宫廷闲话，另一本则专门报道国外消息，发行量为 300～800 份。就当时的情形而言，《公报》算是办得相当成功的一份新闻纸了。

依据路易十三和黎塞留给予的两项特权——刊登、发售新闻和刊载、发售政府公告，勒诺多一家获利甚丰，但该报也因此俯首帖耳，甘做当权者的耳目。勒诺多的《公报》报头上刊印着法国皇室的徽章，并在报头上特意注明该报为“地球上所有国王及强国的报纸”。当时该报刊登的政治性文章大多出自黎塞留之笔。1633 年，为刊登黎塞留临时送来的一篇文章，勒诺多不得不将已印好的一期报纸重新编印。

尽管是法国官方庇护下的一份报纸，《公报》在法国新闻传播史上仍具有划时代的意义。这是因为：其一，《公报》是法国新闻出版史上出版很有规律的第一份报刊；其二，《公报》的出版时间非常长，从 1631 年一直陆续发行到 1915 年才停刊（其中曾几次改变过报名和刊期）；其三，《公报》不仅在当时的法国很有影响力，而且是欧洲最古老的新闻性刊物之一，也是欧洲最早的政论性刊物之一。开明、好奇和具有一定批判精神的勒诺多以他的开创性工作赢得了后世的尊敬，被人们誉为“法国报业之父”。

2. 《信使报》

法国文学性的刊物最早始于 1650 年的《滑稽新闻》，它是由贵妇隆格维尔小姐和一位蹩脚的诗人让·洛莱共同创办的。其内容是用诗体文章记叙巴黎凡尔赛宫廷的活动和上流社会社交界的秘闻，风格轻浮、夸张、华丽、幽默。1672 年，另一份文学性刊物出现了，这就是《信使报》。《信使报》又名《文雅信使》，是由多诺·德·维泽创办的，这也是一份专门刊载凡尔赛宫廷和巴黎社交界传闻，格调华丽轻浮的文学性报刊。《信使报》每月发行一期，每期至少有 200 页，内容主要有现实记事、文学记事、戏剧副刊、大学会议、高级官员的任命、红白喜事、音乐、美术、诗歌、小说、谜语，以及爱情、神学问题等。由于多诺·德·维泽极受国王宠信，他的《信使报》也获得了国王的特许出版权，成为法国文学界的官方报刊。1724 年，该刊正式更名为《法国信使》，成为巴黎最有影响性的文学刊物。

3. 《学者报》

科学性的报刊《学者报》是在当时法国著名财政大臣柯贝尔的赞助下于 1665 年创办的。柯贝尔学识渊博，爱好文学艺术，他认为法国的科学文化应有一个定期刊物传播阐述，便积极赞助《学者报》的出版。《学者报》的早期主持人是国会议员德尼·德·萨洛。该报在法国也享有特许出版权，通常每周、半月或一个月发行一期。内容有新书摘要、科学理论与发明报告、天文学，以及显微镜、望远镜的发明消息等。它历尽艰难，延续出版至今，现仍受法国科学院赞助，其主要内容是介绍法国及国外出版的新书。

《公报》《信使报》《学者报》作为三种性质不同的官方特许出版印刷品，均受法国国王的庇护，享受特殊的权益，其共同特性是在维护王权、统一舆论的前提下，分别向当时法国国内的读者们供给新闻、娱乐和科学方面的各类消息，以控制社会舆论。在法国资产阶级大革命爆发之前，法国波旁王朝治下的特许独占出版印刷事业就这样缓慢而协调地向前发展着。

第三节　分析与思考

在本节中，我们将就西欧专制封建王权下的集权主义新闻传播事业的一些基本特征进行分析与思考，以探讨在此种社会结构与理念框架下的新闻传播事业发展的一些深层原因。

一、西欧封建王权与其治下新闻传播事业的互动关系

西欧历史上的封建王权的产生——按照马克思的说法——乃是“发生在一个过渡时

期，那时旧封建等级趋于衰亡，中世纪市民等级正在形成现代资产阶级，斗争的任何一方尚未压倒另一方”[①]。由于新生的资产阶级市民阶层和没落的封建贵族阶层这两种社会主体力量相互冲突、势均力敌，“以致国家权力作为表面上的调停人而暂时得到了对于两个阶级的某种独立性”[②]（恩格斯语），这种国家权力就是强大的封建王权势力。从本质上来说，封建王权势力与封建贵族势力的利益是一致的，但是，他们又在政令统一和分封割据的权力角逐中意见相左、争斗不已。在封建社会母体内部慢慢成长起来的市民阶层虽然在根本利益上与封建制度有着激烈的冲突，但出于自我发展壮大的目的，又支持当时的封建王权对内统一国家、对外海外殖民的强权政策，支持王权对封建贵族分裂势力的打击。因为一个统一强大的民族国家、统一的国内市场，能够降低关税，保护市民的经济利益。另外不断攫取到手的海外廉价资源，也可以为市民阶层（即早期的资产阶级）的商品经济发展活动奠定良好的基础。封建王权也需要市民阶层丰盈的钱袋来维持国家的庞大财政支出、统一的军队和其他国家机器的运转——当然国王们骄奢豪华的生活（比如法国国王的凡尔赛宫廷社交生活）也需要钱来维系。

西欧英、法专制王权历史上的这种“三角制衡”（国王-贵族-市民）关系对这一时期新闻传播事业的发展起到了良好的保护与推动作用。一方面，专制王权所带来的统一的国内市场、长期的社会稳定、不断拓展的海外殖民等因素，使得国内的新闻传播活动日益活跃，各种印刷品纷纷出现，印刷商队伍不断扩充，社会化新闻传播活动日益频繁。另一方面，封建的专制王权要牢牢地把握治下的各种社会新闻传播活动，从意识形态、文化思想、制度法律等社会层面统一舆论，有时也需要积极主动地支持创办官方的新闻媒体，或通过有效的手段对私人的新闻媒体实施控制，以便达到弘扬国威、宣传王权、统一舆情、实行社会规范控制等目的。

从总体上来看，西欧封建王权的兴起对当时新闻传播事业的发展起到了一种积极的促进作用。依赖于强大的王权，英、法两国的新闻传播事业获得了一段较为稳定的长期发展局面，有了较大的发展，积蓄了较为丰富的新闻传播实践经验。这一切，都为后来以资产阶级市民阶层为主的新型新闻传播事业不断突破后来日益阻碍其发展势头的封建集权主义新闻传播事业，在资产阶级革命浪潮中充当舆论先锋的历史角色打下了一定的基础。

当然，我们也必须看到西欧封建王权对其王国内的新闻传播事业发展的阻碍作用。这不仅表现在王权对新闻传播事业的专制蛮横掌控上，更表现在对后来已不甘心只蛰伏在经济领域里赚钱，也想在政治生活中有所表现的市民阶层革命性新闻传播活动的残酷打击、百般迫害上。随着封建王权与资产阶级“蜜月”关系的终结，日益腐朽的封建王权与以往与其时有冲突的封建贵族们联手了，开始了对日益强大的资产阶级新闻传播事业的全面压制。但是，在王权庇护下业已成长强大起来的资产阶级早已不复以往谨小慎微、低三下四的旧态，而是以激扬的面貌、高昂的斗志拿起了武器——笔和枪，开始了震惊世界的资产阶级革命。

① 马克思恩格斯全集：第 4 卷．北京：人民出版社，1958：340.

② 马克思恩格斯选集：第 4 卷．3 版．北京：人民出版社，2012：89.

令人深思的是，相较于西方封建社会中统治者与民间报刊的这种互动关系，东方式的中国封建社会“大一统”型专制皇权对其治下的社会化新闻传播事业则只有压制之能，没有促进之功了。

我们知道，在漫长的中国封建社会里，强大的专制皇权政治系统由于获得了来自儒家文化系统和小农自然经济系统的整合支撑，形成了“中国特色化”的政治-经济-文化的“三位一体同构化”现象，形成了一种超稳定的东方“大一统”式的绝对皇权稳定结构。为了巩固自己的统治地位，实行文化愚民主义，统一官方与社会舆论，中国的历代封建君主们自行建立起了只为上层统治者集团服务的官办“邸报”信息传播系统，却坚决打压了来自下层民间的“小报”（宋朝）和各类民间信息传播力量，更不准民间商品经济过分发达，产生市场化的信息传播媒体和商品化的信息买卖行为。明清两朝的京城所谓的民间“京报”也只是官方“邸报”的翻版而已，并被人为地限制在一个有限的社会传播范围之内。

由于缺少西方封建社会中的那种“三角制衡”关系，辽阔统一的中华大地上没有持续发达的商品经济，没有商业化的民间印刷商，没有民间市场化的信息商业流通与买卖活动，没有一个在未来封建社会出现危机时能够破土而出，为资产阶级登上历史舞台大声呐喊的社会化信息传播系统“种子”。

即使进入了中国近代社会，外来的西方新闻传播事业依赖侵略者的武力保护，强行进入中国（香港、广州、上海等通商口岸城市），但晚清王朝仍然没有放开“报禁”，继续对民间自我发展起来的新型新闻传播事业进行残酷打击、极力镇压，导致我国晚清自发生长的民间舆论力量一直无法与政府“接轨”，无法形成一股开启民智、宣扬改革、完成民族国家现代化转型的伟大“合力”。近百年来自下而上逐步自我形成的中国近代民间舆论既然未能在第一次国人办报高潮中成为改良主义的舆论动员工具（参考维新改良派报刊的崛起与“戊戌变法”运动的失败），就只能作为一个反动政府的对抗性力量、一个封建皇权社会的掘墓人（孙中山资产阶级革命派报刊）而奋起鼓动与宣传革命了。

这一历史现象清晰表明，由于社会历史背景与文化“基因”的差异，各国封建社会中的近代新闻传播事业之发展根源是相当不同的，统治者对近代新闻传播事业的态度与反应也是差异很大的。这种差异性一开始可能并没有什么意义——因为当中国封建社会辉煌强大的官办邸报信息传播系统有效地控制着整个帝国时，西方的封建小公国还苟延残喘于黑暗漫长的欧洲中世纪之中，几乎还不能产生任何成型化的近代新闻信息传播工具。但随着历史的发展，建筑于商业市场基础之上的西方近代大众传媒和掌握于资产阶级市民阶层手中的近代新闻传播事业逐渐发生了翻天覆地的变化，成为辅佐资产阶级登上历史舞台并在全球范围内展开疯狂海外殖民侵略活动的有力工具。而近代中国民间自发成长的新式新闻传播事业在清政府的残酷打压下不仅没有成为社会转型的助手，反而成为推翻晚清政府的有力的革命舆论宣传武器。

二、英国皇家特许出版独占制度分析

以集权主义的理念来统辖、控制近代新闻传播事业的各国统治者们，常常会依据不同的社会生存环境和他们的政治智慧，发展出许多不同的控制手段、技巧和方法。封建社会历史上持续时间最久、效果最为成功的一种出版印刷控制方法，就是发轫于英国都铎王朝，其影响遍及全球的英国皇家特许出版独占制度。

顾名思义，这种集权主义控制方法的核心原则有两个：其一，统治者们认为，在王国境内，所有的出版印刷权完全归属王室，不经国王特许，谁也无权从事出版印刷事业；其二，为了王国的宏伟目标和子民们的幸福，国王和皇室必须对境内所有的出版印刷事业实行资源独占，必须把关乎国计民生的出版印刷事业大权交付给那些经过审查、"堪当重任"的官方委任的印刷商手中。

由此可见，英国都铎王朝的出版控制体系是以王室拥有对新闻传播事业的独占权为前提的。当人们在文化与精神上认可了"普天之下，莫非王土；率土之滨，莫非王臣"的专制理念，认为王室"天经地义"地拥有王国内所有的财产与权利时，统治者们对新闻传播事业的集权控制与支配也就顺理成章、无可非议了。

然而，在一个封闭的王国里，特许独占的社会资源会带来很高的经济利润，这使得那些同样掌握印刷技艺、有能力从事出版印刷事业，却又没有获得皇家特许出版高额权益的人们千方百计地与被授予特权者进行各种形式的竞争。比如，一个在皇家印刷商那里正式学徒期满的印刷工匠所做的第一件事，便可能是申请皇家印刷特许权——但这种特权是稀缺的、有一定数额的，并不是所有的印刷工匠都能得到。于是，一些拥有娴熟印刷手艺但又没有印刷特许权的印刷商便开始热衷于自行印刷各种有利可图的印刷品，或者干脆为那些政府的反对者、宗教异端派别印制"非法"的印刷品，以谋取丰厚利润。为了制止这种信息流通的失控现象，英国封建政府花费了大量人力物力来查禁这些印刷品，甚至专门建立皇家出版法庭，以叛国罪、煽动诽谤罪把一些非法印刷商判处以死刑，以儆效尤。但是，高额利润的刺激、不愿丢下辛勤苦学得来的手艺和灵巧隐蔽的工作方式，使得大批"非法"地下印刷商禁而不止、剿而不绝，反对国王和皇室利益的印刷品也就层出不穷、防不胜防了。

为了有效地控制王国内信息的传播活动，英国都铎王朝的统治者们逐渐发展出了一种新的管理方式，即把以往分散的、获有印刷特许权的官方印刷商们联合起来，利用这个行业古老的行会形式，发展出一个半官方色彩的皇家特许出版公司。根据皇室所授予的特权，这个公司获得了对王国内整个印刷行业的垄断，并有权自行甄别、挑选特许印刷商或吊销其营业资格，有权对可疑的印刷作坊进行搜查、封禁，有权对可疑的印刷商进行司法逮捕、审讯和惩治。

就这样，英国都铎王朝的统治者们成功地把官方印刷商们的经济利益和皇家的政治利益用一种特许出版独占制度紧密地结合在一起了。他们利用更为精通印刷行业、为保卫自己的既得利益而战斗的爪牙们的力量来高效地镇压反对派的印刷活动。显然，这种把特许印刷商们的经济利益巧妙地与皇室的政治利益结合起来的方法是极为高明、非常有效的。

从历史上看，都铎王朝的皇家特许出版独占制度确实是一种高效有序的管理方法。它既避免了王室专制的恶名，又节省了大量的人力物力，还达到了控制大众言论传播的目的，形成了一套不是官方传播体系但却胜似官方传播体系，能够为封建专制王权所信赖倚靠的外围力量。这种力量再辅以国家的行政（发放特许权）、司法（皇家出版法庭）权力的支持，就基本上能够对王国内的各种社会信息传播活动实施有效的控制了。

令人吃惊的是，英国这种本国特色化的近代新闻信息控制体系竟然延续了很长的时间（1694 年才被国会正式颁令取消），而且即使被取消后其精神还一直在社会中产生着重大影响。到了 1924 年现代化的广播事业出现时，英国人竟然又拾起了这个历史的“文物”，创建了形式独特、影响巨大、多方接受、反响良好的英国广播公司（BBC）这一特许独占的公共广播体系。这说明，在坚持服务于大众，接受文明世界基本价值要点的前提下，各国人民和政府都有权而且应该努力寻找与创建那些符合本国社会文化特点与需求的特殊发展模式。未来的中国特色社会主义新闻传播事业发展模式之创立正应该在此议题之中。

三、集权主义——统一的封建社会新闻传播事业内核

纵览世界各国的封建社会新闻传播事业史，我们可以看到千差万别的传播类型，并呈现出多样化的发展趋势：既有英、法等国的专制王权型，也有德国封建贵族分封型；既有古代中国“大一统”皇权型，也有日本幕府将军型；还有俄国半农奴半封建型，北美、澳大利亚、印度殖民地型等。这当然是由各国不同的历史、地理、文化、政治、经济、科技等多种因素及这些因素的不同组合演变等原因造成的。但是，如果我们仔细对这些不同类型的封建社会新闻传播事业诸形态进行一番抽象的概括和深入的定性分析，不难发现，在这些各自相异的封建新闻传播类型之中，有着一条规律性的“红线”贯穿其间，这就是统一的集权主义新闻传播模式，试分析如下。

第一，近似的统一集权传播理念。无论是何种封建社会新闻传播类型，新闻传播事业的当权者们，如封建的国王、将军、皇帝、总督等，都对其治下的新闻传播事业有着近乎统一的观点：新闻传播事业是国家和君主们实现其统治目标的垄断资源和私有工具，一个社会中的新闻传播事业和其所有的传播行为，都必须毫无保留地支持并促进统治者实现既定的国家目标。

第二，近似的统一传播职能要求。封建集权统治者们认为，社会化的新闻传播事业的主要存在价值和基本职能，就是作为一种工具、一种手段、一种媒体、一种力量来协助君主、沙皇、总督等完成他们治国平天下的宏伟目标。因此，整个社会化的新闻传播事业应作为一种为上层统治者们服务的有益的建设性力量——而不是一种异己的反动破坏性力量存在。

第三，近似的统一信息流程模式。从新闻传播事业的基本职能出发，封建社会里的信息传播体系基本上形成了以封建上层权力为中心的两种主要信息流程模式：其一是在上层统治集团内部横向流动的“双向水平式流程模式”，以保证统治者们能够分享重要的信息，进行有效的社会控制；其二是从封建上层权力中心流向下层被统治阶级的、自上而下的信息“单向垂直式流程模式”，其目的是保证把统治者意欲让广大民众知晓的某些信息迅速传达下去，以实现其统治目标。如果我们用一个简单的图示来表达的话，这两种信息流程模式似乎可以用“T”形或“倒金字塔”形来加以图解。“T”的“一

横”代表着统治阶级内部“双向水平式流程模式”，“一竖”则代表着面向广大的被统治阶级的“单向垂直式流程模式”。顺带一提，在封建社会里，还不同程度地存在着一种下层民众之间广泛进行的“横向水平式流程模式”——比如民间的歌谣、唱本、“读卖瓦版”、“小报”，商业阶层使用的“新闻信”“集市新闻”等。所以似乎还可以用“工”字来描述各个封建社会中信息传播的主要流程模式。不过，由于这些民间下层的信息传播过程都为统治者所严加防范，遭受残酷打击，不允许逃脱出统治者传播管制的藩篱，不允许危害统治的基础与秩序，因而显得声音微弱、难以对社会的发展进程产生较大的影响。

第四，近似的统一新闻传播事业强控管理模式。由于统治者们几乎毫无例外地认为封建社会的整个新闻传播事业都是君主们的私有物，都必须无条件地为封建统治阶级服务，都必须符合君主们的根本利益，这就决定了封建社会的当权者普遍对新闻传播事业采取了垄断独占和严格控制的基本管控政策。虽然各个国家对新闻传播事业的控制方式可能不尽相同，但其基本的精神是完全一致的——严格控制、统一管理，绝不使其损害君主们的自身利益。

以上就是我们对封建社会中的新闻传播事业一些基本特征所做的简单描述。如果人们想用一个更为准确的概念来概括封建社会新闻传播事业及行为的总体特征的话，这个概念应该是新闻传播“集权主义理论”。

新闻传播“集权主义理论”概念在传播史上的意义基本可以概括为两个方面：其一是一切“向上”的趋势特征。“集权主义”新闻传播事业的基本职能是为上层统治者服务；传播交流体系中的信息源主要为上层统治者；信息的传播走向及过程主要也是自上而下的；社会化的新闻传播事业是高高在上的君主们的垄断工具和私有物，与普通大众毫不相干；整个新闻传播的内容和传播的行为只对上层统治者负责。这一切构成了它“一切向上”负责与服务的总体特征。其二是它的强控管理特征。为了达到和保证“一切向上”的目的，封建统治者们必须对新闻传播事业进行人为的控制，必须以国家权力为后盾，对任何偏离向上趋势的传播行为实施强制性的打击和矫正，以确保新闻传播事业被牢牢地控制在统治集团手中，绝不允许任何个体牟利的、异己的成分存在。

四、如何评价历史上的集权主义新闻传播事业

在人类历史上，无论是西方还是东方，都曾出现过强大的专制王权和集权主义色彩浓厚的封建社会新闻传播事业。在对这些曾对人类历史的发展起过重要作用，而且至今还对当代的新闻传播事业有着潜在影响力的旧式的新闻传播事业进行评判时，我们必须摒弃简单的标签式定性评判思维模式，对其进行历史的、唯物辩证的科学分析，以便能够较为透彻地了解和把握这种历史悠久的新闻传播事业的内核与特性。

概而言之，我们对集权主义新闻传播事业的特点有以下几点认知：

第一，由于集权主义新闻传播事业通常总是被垂直掌握在专制统治者的手中，并获得了超经济的强大国家力量的全面支持，因而它是一种力量统一集中、传播效果强大的“单向度”社会化信息传播工具，能够在统治者的统一协调下共同完成某项重大的宣传

鼓动工作，具有强大的舆论一律化功能。

第二，其具有系统结构简单，指令一贯到底，体系内的信号能够被迅速放大、贯彻彻底的特性，易于快速地贯彻来自上层统治者的任何指令，但对来自下层或外部的反馈信息却反应迟缓、极不敏感。

第三，其易于被掌握在上层少数精英阶层及其成员手中，倾向于有目的地强力支持非营利但又为社会所必需的大众信息传播行为，并能有效地压抑打击个别阶层、集团、个人利己的商业化信息传播活动，以免这类“自私自利”的个体信息传播行为损害统治者所预定的社会管理目标。

第四，集权主义新闻传播事业是一定社会历史发展时期的客观产物，符合特定地域中的特定社会之特定发展阶段的特定历史需求，适应那些具有东方“亚细亚生产方式”特征的古典中央集权制国家，并经常能够极有效率地自上而下组织起统一强大的社会舆论环境，对民族与国家的发展产生强大的正面或负面的影响。

第五，其在结构上具有的一种“刚性特征”和非弹性、非平衡性的功能特点，使其既难以有效地抵制来自社会体制上层统治者的错误指令，也不能较为灵活地应对来自社会外部的重大危机，常常呈现出“一抓就死，一放就乱”的特点。也就是说，一旦这种新闻传播系统的上端“信息源”发出了错误信息，它那强大的系统放大功能就会迅速地扩散这种错误信息，从而使系统产生一种“错上加错”的功能性“异化现象”并反过来伤害其预定的社会管理目标。

第六，在强烈讲求“舆论一律”的大前提下，其天然地具有压抑系统内外不同“声音”的结构性倾向——特别容易产生某种单一的精神、文化、社会、传播氛围，不允许并严厉打压各种“反对”信息和合理舆论的存在，纠错反馈能力极差。

从以上的分析可以看出，我们对历史上曾经广泛、长期存在过的集权主义新闻传播事业体系不能够以简单的方式加以抛弃。事实上，它是一种优势与劣势共存、缺点和优点同在的新闻传播事业体系。它能够在如此长的时间、如此广的空间存在这一事实本身就说明了它的深厚历史底蕴——绝不是简单的批判和谩骂就能应付了事的。事实上，我们需要的是对其进行清醒的思考、冷静的分析和科学准确的解剖论证，然后，才能得出相应的结论，从而“古为今用”“洋为中用”，使其为我们今天的新型社会主义新闻传播事业服务。

练习题

一、名词解释

1. 皇家特许出版独占制度
2. 皇家特许出版公司
3. 《公报》
4. 《信使报》
5. 《学者报》
6. 黎塞留

7. 皇家出版法庭

二、简答题

1. 西欧封建专制王权对当时的新闻传播事业产生了哪些影响？

2. 评析英国封建时期的皇家特许出版独占制度。

三、论述题

1. 评析英、法两国历史上的集权主义新闻传播事业。

2. 试分析英国都铎王朝时期皇家特许出版独占制度的观念、特征、功能与历史影响。

第二章

西欧贵族分封型新闻传播事业体系

——德国封建时期的新闻传播事业

本章学习要点

- 近现代德国新闻传播事业的历史反差现象。
- 德国分裂的政治体制与外向型经济对该国新闻传播事业体系的影响。

在世界近代史上，德国是一个非常独特的国家。一方面，作为一个拉开了西方近代资产阶级革命序幕（德国宗教改革和农民战争）的伟大国家，德国曾经为世界资本主义近代文明的到来做出过卓越的贡献；另一方面，德国自身却没有像英、法、美等国那样，顺利地通过不同形式的资产阶级革命来成功地建立起本国的资本主义体系，并进入资本主义上升阶段，从而发展壮大。相反的是，德意志民族在封建专制的重压下，一直苟延残喘至19世纪末叶，直到1870年，才通过俾斯麦的“铁血政策”和封建王朝战争，实现了自上而下的统一，德国至此进入了混合式体制的资本主义发展阶段。

德意志民族的这种奇特的历史反差轨迹在其新闻传播事业上也得到了反映。一方面，德国曾经是世界近代新闻传播事业的主要发源地之一，因为近代印刷术和定期性新闻刊物都是最早在德国出现的——这些简陋的早期大众传媒是比人们所熟知的意大利威尼斯的商业手抄小报更早的近代报刊的雏形，从某种意义上来讲，德国可以说是近代大众传媒方面的先驱。另一方面，自1618—1648年“三十年战争”之后，德国的新闻传播事业却又衰落到了一个令人难以相信的地步。在长期封建专制的重压下，德国的新闻传播事业极其脆弱，完全没有进化到资本主义新闻市场阶段。西方资本主义国家新闻传播事业的一般发展轨迹，比如政党报刊、廉价报刊、言论自由、第四等级观念、无冕之王的社会地位等，似乎都与德国的近代新闻传播事业无缘——即使有点联系，也仅仅是一点表面现象。总体而言，德国的整个近代新闻传播事业远远落后于西方其他资本主义国家。

如果我们再把审视的眼光向后延伸，更可以看到，虽然1870年统一以后，德国近代新闻传播事业的资本主义性质逐渐明显起来（这表现在第一次世界大战前后，德国也曾出现了“报团”和大众传播行业的垄断现象，德国的现代新闻传播事业在统一后亦曾发展神速，很快在规模和实力上直追英、法等国），但在二战前夕，德国的新闻传播事业发展轨道又转为另一种现代“集权主义”新闻传播事业的变态毒瘤——法西斯纳粹极权新闻传播事业体系。可以说，1945年希特勒第三帝国的覆灭，才标志着德国新型资产阶级新闻传播事业的真正产生和完全确立。

总之，德国新闻传播事业扑朔迷离的历史现象、令人惊愕的巨大反差和独特的发展轨迹，给我们提供了一个非常难得的历史标本。我们将尝试着在这一章中解剖这个标本，以期探寻发现一些人类新闻传播事业的内在客观规律和独特发展模式。

第一节　背景之回顾

在本节中，我们将简要分析诸种影响和决定早期德国新闻传播事业基本面貌的社会历史元素，探讨一下这些不同的历史元素是如何组合在一起，怎样沉淀和反映到该国新闻传播领域之中的，并观察分析这些元素是如何决定了德国早期新闻传播事业的形成。

一、德国自然地理环境对其早期新闻传播事业的影响

在人类历史上，某些特殊的地理条件影响某个国家发展进程的事例比比皆是。例如，古代东方的两河流域和古代埃及尼罗河三角洲地带，都曾因便于灌溉的地理条件而产生了成熟的农业文明，并在此基础上建立了古代帝国。14、15世纪地中海沿岸的意大利也是因为占据了沟通东、西方大交通的地中海地理之便，而滋生了资本主义早期商品经济的萌芽，并发展成为当时领先世界的国家。当奥斯曼土耳其帝国切断了东、西方的地中海商贸要道，占据了地中海东部以后，意大利的经济和军事优势就很快被大西洋沿岸的西班牙与葡萄牙夺走（大航海时代来临）。在14、15世纪意大利的佛罗伦萨、米兰、威尼斯等地的商业贸易红火兴旺时，地处中欧中心地带的德国便成了南边的意大利与北方的波罗的海沿岸诸国商业贸易的通衢要道。沿着这条商旅大道陆续出现了许多商业化的城市，德国的资本主义早期商品经济在南边的意大利和西边的法国、尼德兰的刺激下很快发展起来了。显然，这为后来近代报刊首先在德国萌芽奠定了一个良好的基础。

近代经济的发展使德国在17世纪前是欧洲最为先进的国家之一，同时又有着自己的弱点——地域发展的不平衡。当时德国的商业性大城市往往只分布在边境地区或交通要道上，而且主要的经营项目都是对外贸易，各个城市同外国的联系反而比与本国其他城市要密切得多。全国没有产生一个能像英国的伦敦和法国的巴黎那样作为国内工商业中心的城市。德国南部的经济市场和商业联系与北部完全不同，东部与西部之间也几乎没有什么往来关系。国内的交通要道也只限于沿海和内河的航道以及几条通商大道。德国领土上茂密的森林和遍布的沼泽，阻隔了远离河流和商旅大道的其他中、小城市和广袤的乡村之间的交通联系。这些地方在中世纪的生产条件下仍然与世无争地过着一种封建小农自然经济的生活方式。

二、德国政治分裂的现实对其新闻传播事业发展的制约

横向来看，随着英、法两国商业资本经济在其封建社会母体内的不断发展，两国国

内统一的经济联系和共同的协作市场逐步构成，并进而促成了各自民族国家形式上的统一和政治上的中央集权。而德国则恰恰相反，经济发展的不平衡，导致了许多利益不同的国内地方割据集团的出现，全国没有一个统一的能把这些地方上的集团联络在一起的经济网络。这种特殊的经济类型和发展的不平衡与分裂，反映到政治上就表现为德国长期存在的封建割据局面。这种政治分裂状态导致了德国各地新闻传播事业的萌芽与发展缺乏后劲和持久的动力，而且最终导致了 17 世纪至 1870 年统一前的德国经济的普遍衰落。

中世纪以来德国政治的特征，概括来说主要有两点：第一，由于频繁的对外战争的失败，德国君主们没有实力建立起一个持久强大的封建王权；第二，政治和经济及其他诸种因素的共同影响，最终导致了封建割据局面在德国的长期存在。

其实在 15 世纪前，德国曾同英、法两国一样，在封建纷争的混乱中产生了比较强大的王权，这就是国王奥托一世在公元 962 年建立的德意志民族神圣罗马帝国。但奥托一世等几代神圣罗马帝国的君主们贪于南部邻国意大利的富庶和热衷于宗教上的纷争，不顾国力，频繁发动对外战争，战争的失败又导致了王权的衰落和境内封建诸侯割据势力的强大。终于，德国没有走上英、法两国封建专制王权的国家统一道路。

德国各地经济发展的不平衡和畸形发展的、没有相互密切联系的外向性经济类型，也使得统一的国内市场无法形成。互相分离的各个经济利益集团的存在，表现在政治上就是各地封建诸侯划地而治、裂土分封政治状态的形成。当近邻法国专制王权日益强大兴盛的时候，德国境内的封建诸侯们却分别建立了政治上几乎完全独立的一个个小公国。于是，德国呈现出一种封建等级分封制的小国君主政体形态。

在这种封建政治割据的局面之下，德国的经济、政治、科技发展水平全面落后于已然形成强大专制统一王权的英、法诸国。它既无力统一全国、建立一个民族独立的近代国家，也不可能在经济领域里迅速发展资本主义的新体制，无力为近代德国大众传媒的生长提供一个良好的环境。

德国这种政治上的分崩离析和经济上的衰弱不振，导致“西班牙王位继承战”后在德意志民族的领土上产生了普鲁士王国，并最终形成了普鲁士、奥地利两强相争，八大选帝侯各自独立，上千个骑士领封建小公国划地自治的分裂割据局面。这一状况一直延续到了普鲁士王国以武力自上而下地统一全德意志的 1870 年才告结束。可以想象，德国的这种政治、经济状态对近代德国新闻传播事业的影响是相当巨大和深远的。

第二节　历史的进程

简要来说，德国早期的新闻传播事业发展大致表现在四个方面：早期的“手抄新闻信”，近代金属活字印刷术的发明，不定期印刷品的出现与发展和定期印刷品的出现与发展。下面我们分别加以论述。

一、富格尔家族与“手抄新闻信”

在新闻传播史上，“手抄新闻信”的出现是一个重要的发展节点，它的起源甚至可以上溯到古罗马时代。到了 14、15 世纪，随着意大利沿海商贸经济的日益发达，各地的商人们开始成为各类商业信息的主要需求者。他们需求的信息的数量是如此之多、质量要求是如此之高，以至于在欧洲的一些地区出现了专业化的商业信息从业者为其提供服务。这类人员利用新闻信这种古老的书写媒体，借助当时最为先进便捷的交通工具驿站，逐渐形成了一个囊括整个欧洲商贸地区的新闻传播网络。意大利威尼斯、米兰等地的“威尼斯手抄新闻”和“科塞特”公报，欧洲其他一些地区存在的不定期新闻印刷品“科兰特”等，都是这个网络中的人们所创造与使用的主要纸介原始传媒。

德国最早的新闻媒体同意大利的一样，也是手抄的新闻信，这一历史现象的产生是同早期德国工商业的繁荣分不开的。如前所述，德国境内的商旅大道附近曾因对外工商贸易的发达而兴起了一系列的商业城市。同意大利的商人一样，这些城市里的商人们对于商业金融信息的搜寻、汇集和周转工作显得极为热情，奥格斯堡城闻名全欧的金融大家族——富格尔家族就是一例。

富格尔家族因为商业与金融事业的需要，对于各地新闻信息的搜集和传递非常重视。他们在全欧洲各个重要的地区和城市均安置了专业信息管理人员，搜集和整理传播各类有用的信息，来达成营利的目的。这些人员主要以手抄新闻信的形式相互间传递情报，经营着富格尔家族遍及欧洲的商业与金融事业。除了自用以外，“富格尔家族还雇人将所得到的消息抄写编成《富格尔新闻》对外出售。现在维也纳图书馆还收藏了他们在 1588 年至 1605 年间的手抄报纸近 30 册”①。

二、古登堡与近代金属活字印刷术

在近代报业的发展历史中，德国曾占有极为重要的地位。不仅因为它是近代报业最早的发源地之一，还因为对于人类新闻传播事业而言最为重要的技术之一——近代金属活字印刷术，就是由德国人古登堡于 1450 年前后发明的。

古登堡（约 1397—1468）是一名德国的能工巧匠，出生于德国的美因茨市。出于提高收入和宗教信仰的原因，古登堡除了从事切削宝石、制作镜片的工作以外，还致力于金属活字印刷的发明与创造。1450 年前后，他与当地富商福斯特合伙经营了一家印刷所，利用自己改进研制的字模浇铸铅合金活字，完善了近代新型印刷工艺，从而开启了新型印刷事业。古登堡所使用的活字复制印刷方式与以前的人工手抄新闻截然不同，他不仅用铜模铸造出了合金材料的活字，并且“形成了由拣字、组版、填空、齐行和印刷还字等步骤组成的活字印刷工艺；同时他还制造出了木质的、靠螺旋在印版上施加压力的印刷机，用其代替纯粹的手工操作，从而提高了印刷的质量和效率”②。1455 年前

① 张昆．简明世界新闻通史．武汉：武汉大学出版社，1994：20.
② 同①22.

后，他的印刷所出版了著名的《四十二行圣经》——据考证，这是欧洲最早的近代金属活字印刷品。虽然同年因债务和争夺金属活字印刷术发明权等问题，古登堡与合伙人福斯特发生了争执，对簿公堂，并不幸败诉，但他仍在美因茨市市长 K. 胡默里的支持下继续从事金属活字印刷事业，相继出版了《圣经·诗篇》《土耳其历书》等珍贵书籍。[①]正是由于古登堡的伟大发明，世界文明史上新的一页在德国掀开了。

尽管古登堡的新型印刷术在出现后的很长一段时间内主要被人们用来印刷圣经、赎罪书、赞美诗等宗教宣传材料，并在美因茨市固定的集市上售卖，但它的影响和意义是极其伟大而深远的。人们通过这种新型印刷术，可以简捷方便地印刷各类书籍和新闻报刊，这使得新知识、新思想、新文化的扩展和传播变得更为容易。

三、不定期新闻印刷品的出现

虽然在德国最早出现的新闻媒体是“手抄新闻信”，但在金属活字印刷术发明后不久，印刷的而非手抄的新闻出版物便很快在德国境内出现了。这就是 15、16 世纪时陆续出现的大批不定期新闻印刷品，如 1482 年在奥格斯堡城发行的《土耳其侵犯欧洲新闻》、1508 年出版发行的《巴西探险记》等。这一类单页印刷品在当时被人们称作“Flugblatt”，是一种与手抄新闻信并存的印刷品。在当时的欧洲，手抄新闻信主要是出售给一些特定信息的预约者，而此类印刷的单页不定期新闻纸则是在大街上公开出售，更像我们今天的新闻号外或传单。

到了 16 世纪后期，德国境内开始出现单张发行的新闻纸，这类以刊载新闻为主的印刷品虽仍是不定期的，却会用同一报名连续发行出版，其中尤以《德国特别新闻》和《巴比新闻》两报最为著名。也正是在这一时期，在德国的土地上逐渐出现了更为复杂的定期新闻印刷品。

四、定期新闻印刷品的出现

定期新闻印刷品的出现同德国当时的两个社会条件的存在密不可分：其一是在德国境内各个城市中定期举办、日益发达的集市贸易活动；其二则是当时神圣罗马帝国建立的邮政驿车系统（始于 1502 年），这两个因素对德国定期新闻印刷品的产生具有直接影响。事实上，早在 1448 年，德国美因茨的集市上就出现了用于售卖的年历和宗教宣传品，后来逐渐演化成为专以集市贸易者为服务对象的第一批定期印刷品——《年鉴》。当神圣罗马帝国的邮政驿车系统逐步完善起来的时候，在 17 世纪初期，德国境内终于产生了欧洲第一批定期新闻类周刊（它们的刊期同帝国境内驿车到达城镇的时间是一致的）。其中就有世界新闻传播史上极为著名的，创刊于 1590 年但 1609 年才在奥格斯堡城定期出版发行的《观察周刊》。该报每期只有一张纸，只刊载一项新闻，是世界上最早的印刷新闻周刊。

---

① 甘惜分．新闻学大辞典．郑州：河南人民出版社，1993：767.

1615年，被后人称为“德国报业之父”的艾莫尔创办了周报《法兰克福新闻》。这份报纸以新闻书册的形式出版，每期刊登数条新闻。据说，这份报纸是近代报纸的最早雏形，也是世界上第一家真正的报纸，以这家历史悠久的报纸为名的刊物一直出版发行至1902年才停刊。[①]

1648年三十年战争结束，《威斯特伐利亚和约》得以签署，残酷的长期战争使德国的早期工商业和新闻传播业饱受打击。不过，由于帝国的邮政制度仍然存在，邮件在一些城市仍可以当日到达，所以近代西方的第一份日报仍然得以在德国境内诞生，这就是1650年由出版商蒂莫台斯·里兹赫在莱比锡城创办的《新到新闻》——人们认为这可能是德国也是世界上的第一家日报。1660年莱比锡印刷局局长创办的《莱比锡新闻》也非常著名，该报最初是周刊，后改为每日出版，成为日报，通常被人们认为是世界上的第二张日报。

由此看来，德国较为奇特的商贸经济类型和城市地理位置，以及其他一些因素，使得它意外地成为近代新闻传播事业的先驱之地。因为相形之下，英国在1621年间虽然也出现过模仿荷兰新闻书“科兰特”的《每周新闻》，但直到1702年伦敦才出现了第一份日报——《每日新闻》。法国在1631年出现了勒诺多家族主办的不定期《公报》，但也是直到1777年，才产生了自己的第一份日报——《巴黎新闻》。

第三节　分析与思考

当我们对德国早期的新闻传播事业之发展背景、发展脉络有了大致的了解之后，就可以对以下几个问题进行一些深入研讨与分析了。

一、德国封建贵族分封型新闻传播事业体系的特色

与古代中国东方式的“大一统”型官方“邸报”新闻传播事业体系和西欧英、法两国封建中央集权“专制王权型”新闻传播事业体系相比，德国封建贵族分封型新闻传播事业体系具有一些自己的特色。

第一，德国的近代新闻媒体虽然起步较早，但受各种因素的影响，均零散分布在各地商贸较为发达的城镇之中，并且绝大多数都掌握在封建诸侯贵族领主们的手里。这些原始媒体势力单薄、相互分离，发行人和印刷者对所在城镇的领主们有着很强的人身依附性，很难形成独立的势力和自我发展的内在机制，因而也就不可能具有全国性的影响力，不能够对整个社会产生一种放射式的良性连锁反应。

第二，德国近代新闻传播事业刚刚萌芽，针对新型社会化新闻媒体的各种高压控制便同时出现了。“约翰内斯·古滕贝格（即古登堡——引者注）发明印刷术（约1450年）以后不久，教会和国家就颁布了各种规定，书报事先未经批准（预检）不得印刷和

① 甘惜分．新闻学大辞典．郑州：河南人民出版社，1993：767.

传播。”[①] 在德国，近代新闻传播事业诞生伊始即饱受封建世俗和教会的双重严酷管制，在喜怒无常的封建领主与教宗林立、相互倾轧镇压的恶劣生存环境里苟延残喘、艰难度日，没有任何宽松的发展空间。在各个封建领主的眼里，手下的印刷工匠与厨师、女佣等仆从一样，没有什么独立的人格地位，是招之即来、挥之即去的玩偶和仆人。虽然在一些较为开明的贵族的领地上，印刷工匠和商人们能享受到较好的待遇，新闻传播事业的发展也有了起色，然而在大部分的封建小公国里，新闻传播事业的发展则完全仰仗那些只相信强权、刚愎独尊的封建领主和主教大人。就是到了 19 世纪，相邻的英、法两国的资产阶级革命已经风起云涌，德国软弱分散的资产阶级报刊受其强烈影响的时候，德国各个封建小公国的君主仍以严酷的警察制度来镇压新闻出版界自由的呼声。比如 1819 年“卡尔斯巴德决议中的严格的书报检查规定曾一度使德国报刊上的‘政治声音’完全沉寂了下来。只是由于 1848 年革命，新闻出版才暂时恢复了自由”[②]。

第三，由于没有统一的国内市场，且受外向型经济贸易方式的制约，德国近代新闻传播事业赖以生存发展的商业基础甚为薄弱，无法在其封建母体内形成一个较为成熟的、潜在的资本主义市场萌芽体制。由于印刷商身份卑微、不能自由流动，出版印刷事业中无法形成较为成熟的市场竞争机制，印刷商们无利可图、发展乏力，德国境内也就无法产生类似英、法两国那样经济上可以商品化经营、政治上可以依附强大的统一王权逐渐壮大的健康的发展环境和成长机制。

二、德国近代新闻传播史上出现历史反差现象的原因

为什么在早期德国历史上，会出现新闻传播事业快速起步与严重倒退并存的反差现象呢？事实上，这还可以引申出一个更大的问题：影响人类新闻传播事业的主要因素是什么呢？

从历史背景的阐述与德国早期新闻传播事业发展的进程来看，我们似乎可以得出这样一个结论：人类新闻传播事业，特别是早期的新闻传播事业，同其经济基础的联系十分紧密。经济因素在决定新闻传播事业的整体风貌上占有压倒性的第一主导地位。

从欧洲近代新闻传播事业的早期历史来看，情况似乎也是这样的。近代的新闻传播事业最早是为了提供各种商业信息、满足各地商人——主要是市民阶层——即早期资产阶级的需要而产生并发展起来的。在这段历史时期里，商业贸易、市场经济的不断发展和市民阶层的出现与壮大，构成了各国早期新闻传播事业崛起的重要因素。正是这个因素在 14、15 世纪意大利沿海城市，在 16 世纪的尼德兰，三十年战争之前的德国的存在，使得意大利、尼德兰和德国等地出现了欧洲最早的近代新闻媒体，并使这几个国家执早期欧洲乃至世界近代新闻传播事业发展之牛耳。

那么，是不是可以据此断言，经济基础就是人类新闻传播事业发展的第一动力？或者说经济力量对世界近代新闻传播事业最具影响力？从德国近代新闻传播事业的发展史来看，答案似乎又是否定的。

---

① 麦恩．联邦德国大众传播媒介．张征，郭庆光，等译．德意志联邦共和德国驻华大使馆，1994：10.

② 同①11.

我们前面曾经提及，作为一种上层建筑领域中的文明现象，新闻传播事业强烈地受到特定的政治体制的制约。就德国来说，1870年统一之前的德国政治上的封建专制主义及诸侯分裂割据的基本特征，大大阻碍了其国内新闻传播事业的健康发展。当相邻的英、法两国的封建专制君主们为弘扬国威、稳定政权而对属下的新闻传播事业加以扶持与控制时，当英、法两国国内的全国性新闻媒体为适应民族统一、国内市场发展应运而生时，雄心勃勃的英、法特许出版商和报人们发现，只要不刻意惹怒国君，不随便插手敏感的政治事宜，不刊登传播统治者不喜欢的信息，他们尽可以放手大干、拼命挣钱，不断扩展自己的新闻传播事业，在王权的保护下专心从自己的媒体中获取经济收益。与此同时，当时的英、法封建专制王权所推行的重商主义政策，海外殖民行为，皇家宫廷文化，庞大的国家官僚机构，以及国内统一辽阔的市场等，都极大地刺激着两国近代新闻传播事业的发展，并为这种发展提供了有力的政治与经济层面的支持。相形之下，在广袤的德国的大地上，分裂林立的封建小公国的君主们既不关心国家民族的统一、国内市场的建立、赋税的降低，更不关心属下近代新闻传播事业的发展。他们喜怒无常、胡作非为，任意打击和迫害新闻从业人员，残酷压制处于他们掌控之下的近代新闻传播事业。来自世俗和教会的严酷的书报审查制度，三十年战争之后倒退的经济，处于奴仆地位的出版商的贫贱身份，分崩离析的政治割据局面，这一切使得德国的近代新闻传播事业难以孕育出全国性的报刊和强有力的出版印刷行业组织，更没有机会在统一强大的封建王权的保护下积蓄力量、发展自身。

就这样，1870年之前的德国近代新闻传播事业在封建暴君们的恣意摧残之下苟延残喘、奄奄一息，并逐步形成了一种独特的封建贵族分封型信息传播体系。从规模上看，分裂的德国境内无法产生并维持一个全国性的报刊；从人身关系上看，各个小公国的出版商与统治者的关系是一种封建等级依附关系，他们是卑贱的奴仆，没有思想、人格尊严与人身自由，因而也就没有任何创造的欲望；从控制方式上看，德国的新、旧教派之间的纷争，使教会组织对新闻出版物实施的严酷的审查制度一直延续了下来，世俗的封建领主、小国君主们则通过印刷品登记管理制度和国家警察制度，非常严密地控制压迫着近代新闻传播事业的正常发展。就这样，德国境内的近代新闻传播事业既丧失了以往商业贸易经济的养料，又失去了在一个强大的封建专制政体下跟随民族国家的统一而发展兴盛的历史机缘。腐朽的封建贵族等级专制制度使它腐烂，分裂的政治割据政局使它弱小，军国主义、警察制度把它完全压垮了。于是，一个带有封建专制主义的腐败、残忍、没落色彩的近代德国新闻传播事业体系便这样形成了。

《练习题》

一、名词解释

1. 古登堡
2. 近代金属活字印刷术
3. 定期新闻印刷品
4. 《新到新闻》

5.《观察周刊》

二、简答题

1. 简略论述近代金属活字印刷术发明的影响与意义。

2. 为什么说德国是世界近代新闻传播事业的发源地之一？

三、论述题

1. 试以近代德国的新闻传播事业为例，阐述经济因素对新闻传播事业发展的推动作用。

2. 试以近代德国新闻传播事业为例，辨析政治因素对新闻传播事业的影响与制约。

第三章

殖民地型新闻传播事业体系
——北美十三州的新闻传播事业

本章学习要点

- 北美十三州殖民地新闻传播事业与宗主国的互动关系。
- 北美十三州殖民地新闻传播事业体系探讨。

探本溯源，今天在全球最具影响力的美国现代大众传媒的发展历史是从17世纪的英属北美十三州殖民地时期开始的。英属北美十三州的海外殖民地型新闻传播事业，成为人类历史上独特的殖民地型新闻传播事业体系的一个标本。了解美国早期这一段新闻传播事业的历史，无论对我们深刻地理解当今美国的大众新闻传播事业，还是解析历史上曾经遍布全球的殖民地型新闻传播来说，都有着重要的学习价值和历史探索意义。

第一节　背景之回顾

独立之前的英国北美十三州殖民地具有较为独特的发展历史，是构成后来美国新闻传播史的一个重要的历史背景因素，所以，我们需要对后来成为美利坚合众国的英属北美十三州的历史做一个简单的了解。

一、北美十三州殖民地简史

自1492年克里斯托弗·哥伦布发现新大陆以来，无数渴望发财致富的欧洲冒险家纷纷涌向那里。西班牙、葡萄牙、法国、荷兰和瑞典的冒险家们首先在美洲建立起了自己的势力范围。当16世纪英国强大的都铎王朝崛起时，富饶的新大陆也使这个新兴的航海殖民国家跃跃欲试。

1607年5月，三艘小帆船把100多名英国首批殖民探险家送到了现今美国弗吉尼亚州的詹姆斯河口，他们在这里建立了英国人在北美大陆上的第一块永久性殖民地——詹姆斯敦。

1620年，另一批备受国内宗教迫害的英国清教徒乘坐一艘名为“五月花号”的帆船，抵达了北美大西洋海岸北端的普利茅斯海湾，在那里建立了英国人的第二块殖民地——普利茅斯。

1630 年，一位名叫约翰·温斯罗普的人又带着 1 800 名寻求自由之地的清教徒来到马萨诸塞海湾，建立了波士顿这一著名的“上帝之城”。

除了来自旧大陆的清教徒以外，一些不满清教徒团体严酷清规戒律的殖民者继续向新大陆南部发展，陆续在大西洋沿岸建立了几个新的殖民点——这就是康涅狄格、罗得岛和新罕布什尔。

几乎与此同时，在大西洋沿岸的南部地区，一些有权有势的领主从英国国王手中买到或被授予大批土地，先后建立起了马里兰、南北卡罗来纳和佐治亚等殖民地。

英荷战争又使获得胜利的英国得以在北美大西洋海岸的中部地区建立了纽约、新泽西、宾夕法尼亚和特拉华等殖民地。

就这样，在 1775 年北美十三州爆发独立战争之前，主要来自英国的殖民者们在北美东海岸自北向南，逐渐建立了 13 个永久性殖民地，它们是：新罕布什尔、马萨诸塞、康涅狄格、罗得岛、纽约、新泽西、宾夕法尼亚、特拉华、马里兰、弗吉尼亚、北卡罗来纳、南卡罗来纳、佐治亚。

二、北美报业的诞生地——新英格兰地区

新英格兰地区是美国人文地理上的一个术语，它一般泛指英国早期在北美大西洋沿岸北端建立的马萨诸塞、康涅狄格、新罕布什尔、罗得岛等几块殖民地。如前所述，1620 年，一批清教徒乘“五月花号”帆船来到普利茅斯湾，由于这批殖民者来自英国的英格兰，因此他们把这块殖民地称为“新英格兰”。1630 年，又一批殖民者在马萨诸塞的查尔斯河畔剑桥镇一带创建了一座新的城镇，殖民者们以自己的故乡波士顿命名了这座新城，这座城市就是美国近代报业的发源地——波士顿。

英属北美殖民地最早的一批报刊就是在波士顿产生的，这不仅是因为波士顿水陆交通便利、商业繁荣发达，而且还因为这里的人们重视文化教育事业，对印刷出版物很感兴趣。

在波士顿的早期移民中，一些曾经在旧大陆受过良好教育的人们很重视子女教育。所以在波士顿城建立的第五个年头（1635 年），波士顿人就从税收中拨款建立了北美殖民地的第一所中等学校——“波士顿拉丁学校”。1636 年，波士顿人又创立了著名的哈佛学院，对子女们进行高等教育。

教育事业和宗教活动刺激了印刷事业的发展。为了出版各类学校的教材，一位名叫斯蒂芬·戴的印刷商于 1638 年在波士顿创办了北美殖民地第一家印刷所。

由于重视教育和文化事业，波士顿很快成为新大陆的文化中心。波士顿识字的人比较多，他们关心公共事务，希望了解外部世界。印刷所的存在，宗教与教育人士的印刷需求，商人阶层对印刷出版物的强烈愿望，构成了此地报刊出版的前提条件。

三、殖民当局的出版控制制度

从政治的角度来看，在北美出版报刊不可能是一帆风顺的。虽然远在天涯海角，而且在法律上殖民地的民众享有一定的自治权利，但是英国殖民当局却对所有的出版物感到恐惧。英国驻弗吉尼亚总督帕格爵士在一份报告中流露了这种担忧之情，他曾经这样写道："感谢上帝，我们没有免费学校或印刷所，而且我们希望我们在百年当中都没有这些。因为知识已将叛逆、异端和党派带到人间，印刷者予以传布，并毁谤政府。愿上帝使二者远离我们。"

同这位总督大人一样，当波士顿的哈佛学院下属的印刷所开始刊印出版一些书籍和"教会问答"之类的单张印刷品时，英国马萨诸塞殖民当局立刻察觉到了这些出版物对其殖民专制统治的威胁。于是，马萨诸塞议会效仿英国国内专制出版法的规定，于1662年颁布了北美十三州最早的一部新闻出版法。该法严格规定：马萨诸塞的一切出版物须经当局事先检查批准，发放许可证后，方准出版印刷，否则对一切非法出版物均严惩不贷。但是，法律的束缚只能延缓而不能从根本上阻挡北美近代印刷事业的脚步，在马萨诸塞新闻出版法颁布28年后，北美的第一份报纸还是在波士顿这座城市中诞生了。

第二节　历史的进程

北美十三州殖民地新闻传播事业发展初期的历史进程既深受宗主国英国的影响，也表现出了自身的一些特征，标志着未来美国新闻传播史的开端。

一、印刷商本杰明·哈里斯与《国内外公共事件报》

波士顿地区出现的第一份报纸叫《国内外公共事件报》，它也是美国新闻传播史上最早的报纸。它是由来自英国的流亡者本杰明·哈里斯于1690年创办的。

本杰明·哈里斯本是英国伦敦的书商和印刷商，有着丰富的出版印刷经验。他思想激进，屡次违反官方禁令，秘密从事政府禁止的印刷行为，曾被判刑下狱、罚款多次。1686年，当伦敦当局再次发现哈里斯违反禁令，帮助一个反政府团体印刷出版物时，立刻对他发出了逮捕令，哈里斯闻讯连夜携全家逃往美洲，在波士顿开了一家出售书籍的咖啡馆，以此度日。

同英国伦敦一样，在波士顿地区，咖啡馆是商人和上层人士闲暇相聚、交流信息的公共场所。哈里斯为人精明能干，善于发现经营机会。当他看到这里的人们需要大量的各类新闻信息，且波士顿的环境为报刊的出现提供了良好条件时，他的职业病又犯了——他决定在此地创办一份价格便宜、内容通俗、每月出版一期的报纸，如果新闻多，就随时出版增刊，以吸引读者。

1690 年 9 月 25 日，哈里斯通过波士顿城的皮尔斯印刷所印刷发行了北美殖民地的第一份近代性质的报纸——《国内外公共事件报》。该报宽 6 英寸（约 15 厘米）、长 9.5 英寸（约 24 厘米）。同早期的英国报纸一样，这份四版的报纸只印了三个版面，第四版则是空白的，以便阅读者把自己所知晓的新闻补写上去，相互传阅。

美国新闻传播史的主流观点认为，《国内外公共事件报》是美国历史上的第一份报纸。因为这份报纸注重新闻，在选材上着重报道当地读者所关心的重大新闻事件——比如英法军队在新大陆西部地区的鏖战，波士顿城当时流行的天花及死亡人数，遥远的欧洲大陆上法国国王玩弄王子爱妻以致王子愤然造反等“火热”的消息。这些新闻一经报道，马上引起了读者们的极大关注和阅读兴趣。显然，第一期《国内外公共事件报》就同早期殖民地常见的单张宗教传单和年历式出版物有很大的不同。的确，该报不但看上去像一份报纸，而且读起来也像一份报纸。

然而，这份报纸才出版四天，就引起了马萨诸塞殖民当局的注意，这是因为哈里斯的报纸上刊登了当局不愿让公众知晓的诸多事实，另外，它还公然违反了 1662 年颁布的马萨诸塞新闻出版法的有关规定。

殖民当局对哈里斯这份报纸上的一些消息相当不满。比如哈里斯在报道英法军队战斗时批评英军将领不主动迎击敌人。他还激烈地抨击英军的同盟者印第安人虐待法军俘虏，愤怒地称这些同盟军是“可怕的野蛮人”，声称“我们对他们太信任了”。

《国内外公共事件报》上的这些言辞被当权者认定是对殖民当局有关政策的直率批评，为此官方反应激烈，迅速进行报复。马萨诸塞殖民当局很快发表了一项声明，指责该报“含有非常激烈的评论，且有种种荒谬不实的报道”，宣称他们对该报的一些内容“颇为愤怒，不能容忍”，声明对该报的出版“当局绝未预闻或批准”，当即禁止该报发售并责令收回，并宣告此后严禁任何人非经先行呈准擅自印刷任何出版物。就这样，哈里斯的这份《国内外公共事件报》仅出版了一期便告夭折，成为北美地区英国殖民当局推出的新闻出版法的第一个牺牲品。

从此以后，英属北美殖民地一直处在一个言论禁锢的黑暗时代。北美地区出版的新闻出版物都不得不在付印前，先呈交殖民当局对其内容进行审阅，经官方审核批准后才能印刷，出版时还必须在第一页刊出“当局核准”的公文字样。北美新闻传播事业的先驱之一哈里斯不得不于 1695 年黯然重返伦敦，晚年穷困潦倒，销声匿迹。

二、殖民地邮政局局长与邮政系统“官报”

未经当局批准就擅自出版的哈里斯的报纸《国内外公共事件报》被禁 14 年后，波士顿城又出现了一份报纸，不过这是一份由政府官员、波士顿第一任邮政局局长约翰·坎贝尔创办的、半官方化的报纸——《波士顿新闻信札》。与仅仅出版一期就夭折了的本杰明·哈里斯的《国内外公共事件报》相比，《波士顿新闻信札》可谓第一份真正连续出版的北美殖民地报纸，它持续出版了 72 年之久，是当时殖民地著名的三大报之一（其他两份为《波士顿公报》和《新英格兰报》）。

在殖民地时代，邮政局局长堪称“消息灵通人士”。他们有权第一个拆开官方投递公文要件的邮袋查看里面的信息，还可以通过邮递人员及时打听、搜集各地的新闻消息。正因为拥有如此便利的条件，坎贝尔于 1704 年 4 月 24 日创办了美国新闻传播史上的第二份报纸——《波士顿新闻信札》。

《波士顿新闻信札》是一份双面印刷的单张报纸，每周出版一次。这是一份带有半官方色彩的报纸：其一，坎贝尔自愿接受殖民地政府的财政津贴，并竭诚为官方服务，在报上刊登政府的各式文书、公告和法令，甘愿做当局的“传声筒”，并因此得到了官方的资助；其二，坎贝尔吸取了哈里斯《国内外公共事件报》被封的教训，将报纸的每篇稿件都主动送交总督大人审批，每期报纸上方都郑重印着“当局核准”的字样。显然，《波士顿新闻信札》是一份不是官报却又胜似官报的报纸。

然而，《波士顿新闻信札》的一些出色的表现也应被予以肯定。

第一，坎贝尔坚持新闻的真实性原则。坎贝尔主张“为了公众利益，要对所有国外或国内的事件进行真实的报道，而且防止对这些事件进行不真实报道”。在办报的过程中，坎贝尔确实尽最大的努力做到了公正和准确。有一次，他因为把一个逗号错点在前面的数字上而在报上公开道歉，这一行为显示了他办报的认真严谨作风和对读者负责的精神。

第二，坎贝尔的报纸很注意报道本地新闻消息，而且文字简练有力，信息量比较大。他的报纸上，当地重要的新闻，船舶航期、货物买卖价格等信息一应俱有，颇受波士顿人的欢迎。为了及时报道重要消息，坎贝尔还创造了“号外”这种报道形式。1704 年 6 月 30 日，著名海盗奎奇被处以死刑，坎贝尔利用“号外”单张报道了这一重大新闻，以吸引读者。

第三，《波士顿新闻信札》还很重视广告的刊登，开启了美国报纸广告史。在该报创刊号上，坎贝尔就刊登了一则为自己的报纸征集广告的广告。在报纸的第二期上，他又刊登了一位在波士顿码头丢失了两个铁砧的人所开列的寻物悬赏广告。该广告声称：“如有拾到该物品，并予代交或将确讯告知邮政局局长坎贝尔先生者，当予相当酬金。”

然而，《波士顿新闻信札》在海外新闻的报道上却很不成功。这主要是因为坎贝尔认为新闻就是“最近的历史”，所以他非常不重视新闻的时效性。为了保持所谓的历史的顺序，坎贝尔把伦敦来的、已经隔了数周之久的报纸消息剪剪贴贴，先来先登，后来后登，一次登不完，就留作后用。由于版面有限，海外消息越积越多，新闻报道的时效性根本得不到保证。这种“论资排辈”“编年史式”的新闻报道编辑方法往往会使一则消息贻误一年之久方能被刊载出来，完全竞争不过海船从英国直接带来的欧洲报纸。

虽然坎贝尔苦心经营《波士顿新闻信札》七年之久，但每期的发行量仍然停留在 250 份左右。1719 年，坎贝尔在政治上失宠，丢掉了波士顿邮政局局长之职。但他拒不向新任局长威廉·布鲁克移交《波士顿新闻信札》，布鲁克只好通过创办另一份邮局报纸《波士顿公报》来挤垮对方，美国新闻传播史上最早的报业竞争从此开始。在其后的 20 多年时间里，波士顿的五位邮政局长都承办了《波士顿公报》。直到 1741 年，这张官方色彩日益浓厚的报纸与《新英格兰报》合并，才结束了长达 30 多年之久的北美大陆邮政局局长办报的历史。

三、詹姆斯·富兰克林与《新英格兰报》

在英国本土，随着资产阶级“第四等级”力量的兴起和不断斗争，古老的皇家特许出版独占制度已于1694年寿终正寝了。可是在北美殖民地，邮政局局长们仍然顺从地把一期期的报纸送交总督大人审批，英国本土业已废止的出版审查制度依然在北美十三州殖民地盛行。这种可笑的局面因为1721年《新英格兰报》的问世而告结束，这份生气勃勃的小报的创办者叫詹姆斯·富兰克林。

詹姆斯·富兰克林是一位敢作敢为、很有才气的波士顿印刷商。在布鲁克担任波士顿邮政局局长时，他一直是《波士顿公报》的合作印刷商。然而当布鲁克被免职后，詹姆斯也随之丢掉了这份获利丰厚的差事——布鲁克的继任者把这块油水给了另外一家印刷所。詹姆斯对此极为恼怒，他早就对官方的这一做法感到厌烦了，于是，当一群本地的持不同政见者鼓动詹姆斯创办一份非官方的新报时，他欣然接受了这一建议。1721年8月17日，独立的，既未经当局许可，也拒绝送审稿件的报纸《新英格兰报》在波士顿诞生了。

《新英格兰报》的叛逆精神一开始便跃然纸上。詹姆斯首先对波士顿宗教界不可一世的人物马瑟父子发起了一场讨伐运动。当时，波士顿公众围绕着是否进行天花预防接种问题形成了两派。詹姆斯把这场激烈争论加以戏剧化的处理，在他的报纸上掀起了一股激烈讨伐马瑟父子的旋风——这股旋风很快就把每一个波士顿人都吸引住了。由于马瑟父子平时就傲慢自大，与众人积怨很深，众多的反对者很快便聚集在詹姆斯的周围，纷纷为《新英格兰报》撰写稿件，对马瑟父子大加挞伐。詹姆斯所发动的这场新闻讨伐战使狂傲一时的马瑟父子招架不住、十分难堪，而读者们却兴高采烈，对《新英格兰报》赞许不已。可以说，詹姆斯的这场新闻讨伐战堪称美国新闻传播史上第一次讨伐式的新闻报道运动。

对于詹姆斯讨伐马瑟父子的所作所为，殖民当局一开始也幸灾乐祸、暗暗高兴，因为他们与当地教会之间也充满矛盾。基于这些理由，马萨诸塞殖民当局并没有马上对未经禀告便擅自出版的《新英格兰报》采取任何措施。

但是，当詹姆斯在这场新闻讨伐运动中获得了很高的社会声誉，又斗志昂扬、马不停蹄地掉转枪口，向当地政府发起攻击，严厉批评殖民当局对附近海盗的骚扰抵抗不力、行动迟缓时，很快招致了官方的愤怒打击。殖民当局认为，必须对这种蔑视当局的现象予以严惩，现在该是好好教训一下詹姆斯这只“牛虻”的时候了。1722年，殖民当局以“蔑视罪”传讯了拒不停刊的詹姆斯·富兰克林，并判处其一个月的监禁。不料詹姆斯出狱后，对政府展开了更加猛烈的批评，当局又马上在1722年年底对他采取了更为严厉的措施。马萨诸塞议会宣布：“非首先受本省秘书监督，严禁詹姆斯·富兰克林……印刷或出版《新英格兰报》以及其他任何类似的宣传小册子和印刷品。”

聪明的詹姆斯钻法律的空子，让其不满16岁的弟弟——学徒工本杰明·富兰克林——当上了《新英格兰报》的出版发行人，因为法律对年轻的本杰明·富兰克林没有效力。可是政府对詹姆斯毫不手软，再次逮捕了他并将他送交法庭。最终詹姆斯被判入狱。1727 年，饱受重重压力的《新英格兰报》终于被迫停刊。出狱后的詹姆斯于 1732 年离开了波士顿前往罗得岛殖民地，在那里他成了当地政府的一名印刷承包商。同年，他创办了该殖民地的第一份报纸《罗得岛公报》，却再也未能赢得他以往在殖民地新闻出版界的赫赫声誉。

四、“曾格案件”

“曾格案件”是发生在英属纽约州殖民地，涉及北美地区新闻自由的一个非常著名的案件，这个案件对北美十三州的新闻传播事业产生了重大深远的影响。

从曾格案件发生的背景来看，它是纽约州殖民当局和当地的新兴资产阶级势力之间展开的一场斗争的产物，这场殖民地统治者与本土被统治者的斗争产生了著名的曾格案件。

1731 年，纽约州的总督去世，继任总督威廉·科斯比爵士 13 个月后才从伦敦姗姗而来。这个贪婪、傲慢的官僚刚刚到任就向纽约州的代理总督范·达姆（当时的纽约州议会议长）索要前 13 个月的总督薪水。当这个无理要求遭到拒绝后，科斯比便把范·达姆告到了法院。由于法庭首席法官——当地人刘易斯·莫里斯——支持也是本地人的范·达姆，恼羞成怒的科斯比总督又粗暴地下令撤销了莫里斯的首席法官职务，并派其亲信詹姆斯·德兰西出任首席法官一职。显然，纽约州殖民当局之间的这种权力之争反映了英国殖民者与当地资产阶级集团的矛盾。最后，范·达姆、刘易斯·莫里斯和当地的著名律师詹姆斯·亚历山大等反科斯比势力联合了起来，人们称他们为“平民派”。他们到处控诉，甚至远赴英国本土游说请愿，要求英国统治者撤掉昏庸的科斯比总督，要求当地人士对殖民地事务享有更多的发言权。可是，“平民派”虽然在当地很有势力，却没有一个可靠的新闻媒体，无法将自己的意见通过出版物及时地告知广大公众，以赢得广泛的社会舆论支持，因为当时纽约唯一的一家报纸《纽约公报》是完全倾向于殖民当局的。

《纽约公报》是官方印刷商威廉·布雷德福于 1725 年 11 月 8 日创办的，人们评价这份报纸总是充溢着“满纸枯燥无味的材料与令人生厌的颂词”。布雷德福的政治观点非常保守，几乎在所有的问题上都拥护殖民当局。作为一个铁杆亲英派，布雷德福对“平民派”深恶痛绝，根本不会在《纽约公报》上替他们说半句公道话，于是，这些“平民派”领袖便把目光转向了一位叫约翰·彼得·曾格的印刷商。

约翰·彼得·曾格曾经是布雷德福印刷所的学徒，学成期满后自己也开办了一家印刷所。他文化水平不高，也没有什么过人的见识，但其政治态度却倾向于“平民派”。1733 年秋，当“平民派”领袖们极力劝说曾格创办一份报纸以陈述他们的观点，并许诺在文字、编写、财政及其他方面给予全力支持时，曾格便答应了。1733 年 11 月 5 日，曾格的《纽约新闻周刊》——一份“平民派”报纸宣告问世。

《纽约新闻周刊》是一份四版的小型报纸，作为“平民派”的舆论工具，它出版的第一天便和行政当局发生了冲突。在创刊号上，该报通过刊登《选举下院议员》一文，用讽刺挖苦的笔调详尽报道了在议会的一次补缺选举中前法官刘易斯·莫里斯成功当选为议员，而负责选举的执行官员秉承总督大人之意，挖空心思阻拦莫里斯当选但却未能如愿以偿的详细经过。《纽约新闻周刊》第5期（12月3日）又直接批评科斯比总督允许法国军舰伺机侦察纽约州南部海湾。这一期报纸上还刊登了一位愤怒的新泽西州移民的文章——据说该文撰稿人是律师亚历山大，他谴责了科斯比总督索要前任代理总督薪俸及无理撤换首席法官等一系列卑劣行为。

《纽约新闻周刊》的这种报道大受当地公众欢迎，曾格不得不额外增印报纸，以满足读者的需求。然而，科斯比总督却再也无法忍受了，他抓住《纽约新闻周刊》第5期上述两篇文章中提到的人民的自由和财产业已受到政府的严重威胁、总督已剥夺了纽约州法庭陪审团的审判权利等内容，命令首席法官德兰西以“对政府进行无耻的中伤、恶毒谩骂和煽动性责难”等罪名对《纽约新闻周刊》发行人曾格提起公诉。在大陪审团拒绝了这次起诉后，恼羞成怒的科斯比总督擅自对曾格采取法律行动，以诽谤及煽动罪于1734年11月17日将曾格逮捕。

曾格被逮捕后，由总督亲信控制的法庭拒绝合理保释，在把他监禁了九个月之后，才于1735年8月4日正式开庭。第一次开庭伊始，当“平民派”律师亚历山大和史密斯对起诉书中的某些内容提出质疑时，他们马上被总督信赖的法官大人当庭无理剥夺了辩护律师资格并被驱赶出法庭。于是，在第二次开庭前夕，“平民派”火速派人前往费城，求助于殖民地的著名律师安德鲁·汉密尔顿，恳请其前往纽约担任曾格的辩护律师。已届80高龄的汉密尔顿欣然应允，风尘仆仆赶到纽约，出庭为曾格辩护。

审判一开始，白发垂肩的汉密尔顿首先站起来为曾格发言。他声称：“我不能认为剥夺人们发表控诉的权利是正大光明的行为，我认为，发表控诉是每个人生来就享有的权利。”他又说：“因而我在此将不再麻烦检察官先生去为这一点询问证人，而且我确实承认（作为我的当事人），他不但印刷而且发表了那两篇文章，一如起诉书中陈述的那样，但我的确希望，他这样做没有犯下任何罪行。”

科斯比总督的检察官理查德·布雷德利作为公诉人在审判之前对威望卓著的汉密尔顿律师的出庭辩护有点心虚，但没想到汉密尔顿竟出人意料地坦率承认被告曾格发表了被指控的文章。按照当时的英国法律，陪审团只能裁定被告有无发表过被指控的文章——至于发表这些文章的行为是否构成犯罪，则是由法官来判定的。布雷德利喜出望外地站起来宣布，被告一方既已承认发表了被指控的文章，陪审团便无事可做，只需等法官定罪宣判。

然而，汉密尔顿平静而坚定地回答：“不对，都不对！检察官先生，这场交易牵涉到两个方面。我希望问题并不仅仅是我们印刷和发表的这两篇文章构成诽谤。在宣布我的当事人是一个诽谤者之前，你还得做一些事情——你须得说明：那些言论本身确实是诽谤性的！也就是说，是假的、恶毒的、煽动性的，否则的话，我们就是无罪的！”

在法庭上，汉密尔顿坚持谎言才构成中伤、伪造才构成诽谤这一常识，并主动要求去“证明这几篇被称作诽谤的文章所讲的仅仅是确凿无疑的事实”。而首席法官德兰西的逻辑则是：越是事实就越是诽谤。他宣称，用事实来对统治者进行谴责或批评，会激起整个社会群体的愤怒和不安，从而导致政治秩序的破坏。被用来对统治者进行批评的事实越真实无误，这种批评所引起的后果就越严重，所以“越是事实，就越是诽谤”。

基于这一原因，在此类诉讼案件中，事实本身是不能被提出来作为辩护理由的。对法官的这套陈旧的法理观念，汉密尔顿沉着冷静地进行了反驳。他委婉地指出德兰西法官所引用的这种法理观念和相关案例在英国本土几十年前就已被废止了。汉密尔顿的这番话被法官大人认为是在影射他欠缺必要的法律知识，恼羞成怒的德兰西法官咆哮起来，威胁要把汉密尔顿当场驱逐出庭。于是，汉密尔顿彬彬有礼地向法官鞠了一躬，然后转身背对着法官席，直接向着 12 名陪审团成员，向着众多的法庭听众宣讲了起来："那么，先生们！现在我们必须吁请你们来做我们提出的但又被剥夺了权利去做的、证明那些事实的真实性的证人了……"

汉密尔顿声音洪亮，慷慨陈词。他滔滔不绝地引用英国弥尔顿、沃尔温、李尔本等人关于出版自由的言论，力促陪审团成员作为一个自由人、依据自己的良心来采取行动，即除非他们发现曾格刊登的这些言论本身确实是假的、恶意的和妨害治安的，否则就应裁定曾格无罪——这是涉及殖民地所有人民出版自由的重大的原则问题。汉密尔顿最后高声宣布："我虽已老朽，然而一旦有必要，哪怕是到天涯海角，我当在所不辞。只要我的辩护在那里能为扑灭依据检察官的控告提出起诉的火焰起一点微薄的作用。这种做法是由政府实行的，旨在剥夺人民对那些当权者独断专行的企图提出抗议（控诉）的权利。正是那些人，伤害和压迫在他们统治下的人民，激起了人们的呐喊和控诉，然后再将人民的这种控诉作为新的压迫和起诉的理由。"

"……总而言之，法庭，还有你们，陪审团的先生们所面临的问题并非无关紧要或是仅仅关系到个人的私事。你们在此审理的并不是这位可怜的印刷商的事业，也不仅仅是纽约的事业。不是的！它的后果会影响到北美大陆上生活在英国政府统治下的每个人的自由！这是最重要的事业！是自由的事业！我毫不怀疑，你们今天的行为不仅仅会赢得你们同胞们的爱戴和尊敬，而且会为每一个宁要自由而不要奴役生活的人们所赞美和钦佩。因为你们挫败了暴政的企图！你们的公正、廉洁的裁决将奠定一个崇高的基础，保证我们自己、我们的后代、我们的朋友所应享有的那样东西，即大自然和我们国家的法律赋予我们的权利——自由！这就是把事实真相讲出来、写出来，以揭露和反抗（至少在世界的这些地区）专断权力的自由！"

汉密尔顿伟大的人格、雄辩的才华、渊博的知识、严谨的逻辑彻底征服了法庭上的每一位听众。在他讲话的间隙，人们起立为之欢呼、鼓掌助威，全然不顾法庭对喧哗的禁令。狂妄的德兰西法官再也神气不起来了，汉密尔顿答辩胜诉，陪审团成员们一致做出了"无罪"的裁决。迫于法庭当时的激烈气氛、群众的压力，德兰西法官被迫宣告曾格无罪，当庭予以释放。曾格遂成为美国新闻传播史上的英雄人物，而安德鲁·汉密尔顿也因其为自由事业所做的这场著名答辩而名垂青史，为后人所景仰。

第三节　分析与思考

北美十三州殖民地早期新闻传播史具有重要的意义。一方面，英国近代新闻传播事业为殖民地的新闻传播事业发展提供了重要的养分；另一方面，在反抗英国殖民统治者的斗争中，北美十三州的新闻工作者们发出了追求新闻自由的热烈呼声。

一、詹姆斯·富兰克林的贡献

作为波士顿的一份生气勃勃、无所畏惧的小报《新英格兰报》的业主，詹姆斯·富兰克林以其敢做敢当的行为在美国新闻传播史上留下了鲜明的痕迹，做出了独特的贡献。

詹姆斯·富兰克林的首要功绩是：他为北美十三州报业摆脱专制的殖民地出版许可审查制度的羁绊，开创编辑、发行独立的传统做出了贡献。正是在《新英格兰报》这一份既“未经当局许可”，又拒绝官方审查的小报上，詹姆斯·富兰克林勇敢地向神圣的宗教界和权威的殖民当局开火，批评乃至攻击他们的所作所为，从而在美国新闻传播史上留下了令人难忘的一页。美国新闻史学家埃默里父子在其专著《美国新闻史》中对其赞誉道：“詹姆斯·富兰克林最重要的贡献是使美洲报业摆脱了出版许可证发放者的羁绊。尽管实际上许可证在那时已经被废止（指在英国——引者注），但其他出版商仍屈服于官方的压力，‘经当局许可’才敢印刷。富兰克林不仅不经当局许可就印刷他的报纸，并且对当局毫不理睬。因此，富兰克林为开创编辑独立的传统做出了自己的贡献。没有这种独立，任何报纸都不能说是自由的。”埃默里父子还特别强调：“即使他任何别的事都没有做而仅仅是在美国建立了未经当局许可而印刷的原则，詹姆斯也足以在美国新闻出版界名人祠中享有很高的地位。”

詹姆斯·富兰克林对北美十三州报业的第二个贡献表现在报纸编辑业务上。在攻击波士顿的马瑟父子时，詹姆斯最先在美洲使用了一种“讨伐式”的新闻报道方式。这是一种运用戏剧化的手法来撰写新闻，以鼓动、制造、迎合公众阅读兴趣的报道方法。通过这种方法能够很快地营造出声势浩大的公众舆论，其报道新闻的文章犀利、尖刻、通俗、诱人，在波士顿民众中产生了强烈的效果。人们兴高采烈、争先恐后地阅读着这份机智泼辣、有趣可爱，载满了他们喜闻乐见的新闻消息的小报。可以说，詹姆斯·富兰克林是一位深谙读者心理和兴趣所在，能够娴熟地采集、编辑、制造通俗性社会轰动新闻的大师，同时，他也是一位深谙党派“讨伐”谩骂攻击艺术的大师。詹姆斯的这种对新闻的处理方式，这种党同伐异、大造舆论的报道技巧，这种对公众兴趣的强烈重视，都在后续美国报业的编辑业务上留下了深刻的烙印。在美国的政党报刊、廉价报刊乃至今日美国新闻出版界诸多大众传媒身上，我们都不难找到詹姆斯·富兰克林几百年前所使用过的报道技巧和编辑手法的影子。

詹姆斯对北美十三州报业的第三个贡献表现为他对报纸刊载文学作品的重视。在詹姆斯所生活的时代，供人民大众阅读的高质量文学作品还很少；读者所能买到的书籍仅仅是一些粗俗平庸的历书、简短的格言和宗教书籍。詹姆斯·富兰克林的《新英格兰报》在填补殖民地高水平文学作品的空白上做出了很大的贡献。作为一个拥有波士顿城第一流的藏书、熟悉伦敦最优秀的文学刊物、酷爱英国《旁观者》《闲谈》等杂志上的随笔小品文、稔熟英国著名文学家及其作品的人，詹姆斯热情地向殖民地大众介绍英国的优秀文学作品，欢迎并扶持很多殖民地作者在他的刊物上发表文学性的作品。詹姆斯自己也动笔写作，他的文章妙语连珠，很受读者欢迎。詹姆斯·富兰克林对文学作品的热心扶持不仅对殖民地民众文化水平的提高很有助益，也对未来的美国报业起到了一定的影响。

二、“曾格案件” 的影响

作为涉及北美十三州报业成长及新闻自由的一起著名案件，曾格一案的审判过程和最后结果对美国乃至世界新闻传播史的发展都可以说具有深远长久的影响。

影响之一是著名律师汉密尔顿在法庭上提出并加以坚持的两项重大原则：其一是允许被告对被控诽谤的文章的真伪提出证据，即汉密尔顿坚持的只要是真实的、确凿无疑的事实，就不构成诽谤的原则；其二是法庭陪审团对于被控出版物是否犯有煽动诽谤罪有审理和判决的权力。尽管这两项原则在英国本土和美洲殖民地早已悄然成长、逐渐明确，尽管许许多多的自由斗士在为新闻自由斗争时都曾或多或少、零零散散地提出过这两项原则的一些内容，但是，在法庭上用法律语言明确无误地提出并正式要求这两项原则得到承认，同时还以严谨出色的辩词给予其充分肯定的第一人，正是汉密尔顿这位年逾八旬的皓首律师。众所周知，在那个时代，英、美两地煽动诽谤罪的法律审判程序是：决定出版物是否构成煽动诽谤罪的裁决者是法官而不是陪审团——陪审团的唯一职责仅仅是帮助法官确定被告是否发表、出版了被控犯法的文章、出版物。同时，在这一类的诽谤诉讼案件里，事实是不能被提出来作为法庭上的辩护理由的，因为按照当时的法律原则，“越是事实，就越是诽谤”。因为专制统治者们常常这样思考：如果政府对于来自下层公众的谴责、批评无动于衷、听之任之的话（哪怕这种批评完全基于真实的事件），那么合法政府的存在就是不可能的。因为这些谴责和批评会激起整个社会的不安，导致人民大众对合法政府的不信任，从而也就直接或间接地损害了社会全体成员的根本利益。这种批评越是真实，越具有说服力，越能产生严重的社会危害。显然，煽动诽谤相关法律法规的这些特质和精神使得后来的出版自由、言论自由的理念与权利根本没有存在的余地。正是在这一历史背景下，汉密尔顿提出的这两项原则，即事实本身可以作为辩护的理由，陪审团有权就与案件有关的法律和事实做出独立裁决，就具有了相当大的影响力了。事实上，直到 1790 年，宾夕法尼亚州才正式确定如下法律原则：事实真相可以作为辩护理由，陪审团有权就与案件有关的法律和事实做出裁决。纽约州于 1805 年才正式接受了上述原则。1792 年，英国终于着手修改煽动诽谤法，在著名的《福克斯诽谤法案》（Fox's Libel Act）中授予陪审团以裁决权。1843 年，英国法律界才在《坎贝尔勋爵法案》（Lord Campbell's Act）中承认了事实可以用来辩护的原则。尽管如此，被告人曾格在这次审讯中首次由陪审团裁定无罪这一事实本身，对当时和后来的英国海洋法法律旧习构成了强烈冲击。这一方面是因为英、美法庭审判尊重以往案例，曾格案件在新、旧大陆被自由主义人士在道义及法律上广泛沿用；从另一方面看，曾格的无罪开释隐含着对政府当局的一个有力的警告，那就是大众传媒拥有对政府官员进行批评的权利，这种权利是报纸维护公民和国家利益的保证，批评只要是事实，政府就无权干涉。不管殖民当局愿不愿意接受这样的警告，反正自 1735 年曾格案件之后，就再未出现过殖民地法庭以煽动诽谤罪成功审判印刷商的案例。虽然曾格案件所确定的事实可以成为辩护理由的原则并没有马上反映到北美十三州殖民地和英国的法律条文中来，但曾格案件作为一个典型的涉及言论自由的案例，却对世界范围内的自由民主斗士们产生了巨大的鼓舞作用。伦敦的一位读者在给费城《宾夕法尼亚公报》的一封信中高度评价了汉密尔顿所阐述的基本原则，称这些原则“虽不是法律，实优于法律，而且在任何正义伸张之处一定会成为法律”。

由此可见，曾格案件不仅在北美十三州殖民地产生了重大的影响，也给 18 世纪英国及世界各国争取民主自由的仁人志士们提供了反对新闻专制的有力武器。曾格案件的影响不仅覆盖北美，而且延及世界。

曾格案件的胜诉对殖民地民众的反英斗争鼓舞极大，这使它超出了新闻出版行业的时空范围，此为它的第二个重大影响。事实上，曾格案件的起因正是殖民地温和的商人阶层“平民派”反对英国宗主国殖民当局的一场斗争。殖民地新兴政治势力同统治当局外在的矛盾冲突，也以这场最早的斗争而著名，它昭示了日后这种矛盾冲突的更大范围的出现。可以说，曾格案件是北美殖民地资产阶级和广大民众反对英国殖民统治、争取政治独立的一支前奏曲。虽然其中民族独立的主题乐章还隐藏不露、不甚鲜明，但它毕竟构成了日后北美十三州独立战争的序曲之一。它鼓舞了北美殖民地新闻出版界、律师界等知识精英们反抗暴政的斗志，鼓舞了殖民地普通民众自由独立的情绪。正是曾格案件的胜诉、反印花税法案的成功和要求殖民地独立的民众运动等一系列历史事件的推动，最终导致了北美十三州独立革命武装斗争的爆发，美利坚合众国迎来了第一抹曙光。

练习题

一、名词解释

1.《国内外公共事件报》

2.《波士顿新闻信札》

3.《新英格兰报》

4. 曾格案件

二、简答题

1. 詹姆斯·富兰克林对美国早期新闻传播事业的贡献是什么？

2. 曾格案件的价值与意义是什么？

三、论述题

1. 试评析曾格案件的历史地位与贡献。

2. 试评析北美十三州殖民地型新闻传播事业。

第四章
渐进的改良之路
——英国近代新闻传播事业转型模式

本章学习要点

●近代英国社会转型时期新闻传播事业新体系的特点与成因。

●英国独特的渐进改良社会转型模式对该国新型新闻传播事业体系的全面影响。

当我们探讨英国近代新闻传播事业的发展之路时，常常会发现两个似乎相互矛盾的现象：一方面，历史学家们公认近代英国资产阶级新闻传播的一系列原则和自由权利深入人心，并对后世西方各国的资产阶级新闻传播事业产生了深远的影响；另一方面，近代英国真正新闻自由的最终获得、新闻传播事业新体系的最终确立却经历了比别的国家更为漫长和痛苦的过程。可以说，近代英国资产阶级新闻传播事业新体系的确立历程，呈现出一种不同于其他资本主义国家的特殊模式，研究这一模式的生成方式和具体进程，是很有历史借鉴意义的。

第一节　背景之回顾

1640 年英国资产阶级革命的爆发，标志着世界范围内资产阶级与资本主义崛起时代的来临，它不仅使以往不被世人重视的小小英伦三岛成为世界的中心，而且为英国近代资产阶级新闻传播事业新体系的诞生与成长提供了一个新的发展背景。因此，我们有必要首先对英国资产阶级革命与社会整体转型的历史和进程做一个简要回顾。

大致而言，英国资产阶级革命及其社会近代化转型可分为三个发展阶段，它们都对各个时期的英国近代资产阶级新闻传播事业新体系的确立产生了不同的推动力。

一、资产阶级社会新体系的初步确立

英国社会发展转型的第一阶段（1640—1688）是资产阶级革命爆发，封建王朝复辟，资产阶级又通过温和妥协的“光荣革命”最终确立其统治实质的英式君主立宪政体时期。

由于国会与国王查理一世的尖锐矛盾与激烈冲突，1640 年英国资产阶级革命爆发了。企图用武力镇压革命的查理一世被革命者送上了断头台，资产阶级革命运动在英国境内获得了初步的胜利。包括已经延续了近百年的皇家特许出版独占制度在内的一大批封建专制的政治与法律制度陆续被废止，英国人民获得了以往难以想象的充分自由，资产阶级新闻传播事业新体系的建立工作正式开始。

然而，保守的长老派国会很快就对革命后出现的混乱的政治局面感到惊恐不安，他们并没有找到新的管理方法，而是“轻车熟路”地恢复了其封建前任认为行之有效的言论管制措施。当局势变得更加错综复杂时，日益保守的国会不得不把国家大权拱手让给了战功显赫的“护国大将军”克伦威尔，企图借助其掌握的强大的军事独裁力量来弹压政局、维护专制政权。

1649 年 5 月 19 日，国会宣布英国为共和国，英国资产阶级革命到达顶峰。共和国时期，一院制的国会是最高立法机构，掌握着行政大权，形式上议员每年由国会选举产生，但实际上国会为军队领导人所控制，英国进入了克伦威尔统治时期。1653 年，克伦威尔将军用武力解散了“长期国会”，就任“护国主”之位，共和国演变成为护国政府，克伦威尔大权独揽，建立了军事独裁统治。在他执政时期，出于钳制舆论、巩固统治的需要，旧有的封建出版管制措施大多被恢复。

由于贪污腐败、高压管制，克伦威尔将军及后任者的统治遭到了民众的普遍反对。克伦威尔死后不久，保守的大资产阶级和新贵族们惧怕革命，把稳定的希望寄托在已被推翻的旧王朝身上，1660 年，斯图亚特王朝的查理二世从海外归来，封建王朝复辟了。

由于受革命势力的压制，复辟后的查理二世不敢过分嚣张，没有全面恢复旧有的封建出版管制措施，但英国新兴的出版印刷事业仍然受到了严重的打击。查理二世的弟弟詹姆士二世继位后，开始实行全面的反攻倒算，大力恢复以往的封建反动集权措施，即包括皇家特许出版独占和事先检查制度在内的一系列管制措施。詹姆士二世还是一个顽固的天主教徒，坚定地认为是国王创造法律而不是法律创造国王，因此国王之尊应在法律和国会之上。他先后任用铁杆保皇分子麦迪曼和莱斯特兰奇，实施严酷的皇家特许出版独占和事先检查制度，残酷打击英国新兴的出版印刷事业，企图全面恢复封建专制集权制度。

反动国王詹姆士二世的专制行为和宗教立场引起了国会和人民的普遍不满和恐慌。1688 年年底，国会秘密派遣代表去荷兰迎接詹姆士二世信奉新教的女儿玛丽和她的丈夫——荷兰执政者威廉回国执政。詹姆士二世被迫逃亡法国，国会遂立威廉和玛丽为英国国王和女王，确立了英国近代君主立宪制度，这就是英国历史上著名的“光荣革命”。

二、英国特色的资产阶级君主立宪制政体的确立

英国社会发展转型的第二阶段（1688—1815）是英国资产阶级与土地贵族（新贵族）联盟执政，代表商业金融资产阶级利益的辉格党人与代表土地贵族利益的托利党人此消彼长、轮流执政、相互争斗的阶段。

由于成功地进行了一场不流血的宫廷政变，以往英国资产阶级革命所取得的主要成果被保存了下来。君主立宪、议会内阁制、有限财产普选、两党轮番执政等新的政治体制，使商业金融资产阶级和土地贵族的政治利益得到了保护，而圈地运动、海外殖民和重商主义政策的实施确保了他们巨大的经济利益。然而，与旧制度有着千丝万缕联系的土地贵族和依靠重商主义的殖民政策、税收政策和贸易政策发家致富的商业金融资本集团之间仍存在着很大的矛盾，这种矛盾与斗争以辉格党和托利党两大政治派别的形式表现出来。共同反对封建专制主义的斗争经历使这两个政党都认识到，在和平的环境里通过合法斗争（选举）形式进行政治性博弈较量，可能是最为明智的一种斗争方式。因此，改革与保守、进步与落后、形式上的守旧与内容上的革新、政治斗争的冲突与妥协、经济利益的争夺与让步，在英国大都是以国会议员选举和内阁轮换等一系列和平方式有序渐进地完成的，这构成了该时期英国社会发展的主流色彩。英国资产阶级新闻传播事业新体系的雏形和成长确立就是在这个社会大背景下展开并完成的。

工业革命的爆发为英国社会的发展带来了新的契机。工业革命首先改变了英国旧的社会阶层格局，以城市为中心的工业无产阶级和工业资产阶级两大社会集团诞生了。这样，以往由使用资本主义生产方式的土地贵族（新贵族）和随着海外殖民和国内圈地运动而壮大的商业金融资本集团组成的资产阶级队伍中，又增添了一个新的阶层——工业资产阶级集团，他们随着工业革命的兴起而快速地发展壮大了起来。

工业革命的进程导致英国社会生产力迅速提高，从而改变了英国旧有的经济地理面貌。以前，经济最为发达和人口密集的地区是以伦敦为中心的东南部，而现在的西北等其他地区，新的工业中心地带如曼彻斯特、伯明翰和利物浦等地出现了人口密集的大城市。代表新兴生产力的工业资产阶级、城市雇佣劳动阶层开始登上历史舞台，并要求在新的社会生活中发出自己的声音，这种一致的呼声就是要求进行权力再分配的国会改革运动。

三、工业革命的影响与英国社会的和平转型

从 19 世纪初开始，英国社会的发展转型进入第三个阶段（1815—1868）。这一阶段的中心内容是新兴的工业资产阶级与劳工大众反对封建倒退，要求进一步深入进行资产阶级民主改革，扩大工业资产阶级与城市劳工阶层的政治、经济权益。这个发展进程是以反对托利党人的《谷物法》和国会改革运动为主要标志的。

英国资产阶级革命后的议会一开始并不是一个真正的民选机构。这不仅是因为它根据财产多寡对选举权进行限制，还因为其陈腐的选举制度只有利于国会中守旧的贵族传统势力，甚至使工业资产阶级集团无法选出足够的议员代表。上议院议员非经选举产生，而是由土地贵族和上层教士把持，议员职位世袭，如有空缺，则由国王提名增添；下议院的议员则按旧的选区名额，依据财产选出。但自 17 世纪以来，国会选区的划分和议席的分配方式仍如旧例，毫无改动。一些传统选区早已荒无人烟，或仅有很少的居民，但仍可选出议员代表。而像新兴的伯明翰、曼彻斯特等工业城市，虽然人口众多却因以前未设选区而无权选举自己的议员进入国会。这种统治权力分配方

式不仅激起了工业资产阶级的强烈不满，还激起了大城市中劳工阶层和市民们的激烈斗争。于是，从19世纪开始，以修改国会选举制度为突破口的资产阶级新一代政治改革运动风起云涌。

然而，改革的进程并非一帆风顺。1819年8月16日，当八万多名工人、市民和工业资产阶级分子集会于曼彻斯特的圣彼得广场，向国会请愿，要求改革选举制度，取消保护土地贵族利益的《谷物法》和禁止工人结社的法令时，保守反动的托利党人政府竟悍然出动大批军警进行镇压，造成了死伤600余人、震惊全国的流血大惨案——“彼得卢大屠杀”。紧接着，以当时的首相卡瑟尔累为首的托利党人政府在国会的支持下颁布了“六项法令”，包括禁止50人以上的群众集会和示威游行，对一切出版物每份征税四便士，禁止出版亵渎上帝和反对政府的任何书刊，凡写作、印刷、出版、销售反对政府书刊者都处以徒刑或流放。

但是，历史的洪流是阻挡不住的，托利党人政府的反动措施激起了英国绝大多数阶层与民众的激烈反对，资产阶级、工人阶级、小资产阶级和城市一般市民都对国家的停滞不前感到不满，强烈要求进行广泛的社会改革运动。1830年10月，在全国改革要求的重压下，托利党人的威灵顿内阁垮台了，国王威廉四世被迫授命辉格党首领葛雷组阁。新组建的辉格党人政府立即提出了国会选举改革法案：取消和减少“衰败选区”的国会议员席位，把这些名额转让给新兴的工业城市，同时降低选民的财产资格限制。但改革法案因在国会中遭到托利党人的强烈反对而未获通过。几经斗争后该项法案终于在1831年由下议院通过，但再次遭到上议院（贵族院）的抵制。愤怒的“伯明翰政治协会”“全国政治协会”和“工人阶级和其他劳动者全国联盟”等资产阶级人民团体在伦敦、曼彻斯特、伯明翰等城市举行了一系列的盛大集会，支持改革法案。伦敦还爆发了六万多人参加的大规模游行示威，向国王递呈要求改革的请愿书，其他各大城市的群众大会甚至提出如果上议院再否决改革法案就拒绝纳税，实行“财政绝交”。辉格党葛雷内阁也趁机宣告辞职，向国王施加压力。各地此起彼伏的民众抗议活动使托利党人不敢受命组阁，国王只得挽留葛雷，上议院也被迫通过了改革法案。1832年6月7日，这项旷日持久、几经风雨的改革法案终于经国王威廉四世正式批准成为法律。资产阶级民主派的政治要求得到了满足，大众的民主权利也得到了一定程度的实现。与此相适应的是，1868年，经过资产阶级和人民大众的不懈努力，英国资产阶级新闻传播事业新体系终于确立，它的成长空间越来越广阔，并迎来了廉价报刊大发展的新时代。

第二节 历史的进程

与英国资产阶级革命发展的三个阶段相对应，英国近代资产阶级新闻传播事业新体系的建立大致也经历了三个不同的历史阶段：资产阶级新闻自由的初步获得；新闻传播事业新体系的确立；新体系的发展壮大与最终成型。这个过程总共经历了两百多年的时间。

一、资产阶级新闻自由的初步获得

1640年英国资产阶级革命的爆发，标志着英国自由资产阶级新闻传播事业新体系历史进程的开始。当时，执掌权柄的长期国会于1641年7月5日正式取缔了封建社会舆论钳制的象征机构“皇家出版法庭”，并在同年颁布了新的出版法令，规定“除出版者与作者或者至少印刷者的姓名已登记备案以外，任何图书不得付印”，言外之意是只要人们事先登记备案，就可以自由地出版发行图书和其他出版物。与此同时，皇家特许出版公司也被废除，英国新闻出版界初获自由，一大批新闻纸和宣传性印刷小册子纷纷创办，英国历史上首次出现了百家争鸣、言论自由、生机勃勃的大好局面。

然而，由于不断遭到获得了自由的新闻出版界的批评与攻击，长期国会与执政当局对新闻自由所造成的这种局面颇感不适。为结束这种“混乱”现象，1643年6月，作为临时统治者的长期国会又恢复了以往封建统治者们惯用的特许出版独占制度。规定未经图书检查官的事先检查和批准，禁止出版印刷任何图书与小册子，企图借此控制舆论，巩固政治权力。正是在这种背景下，1644年约翰·弥尔顿因非法写作与发行小册子而受到国会出版检查委员会的审讯，遂向法庭递交了他的著名法庭申辩书——《论出版自由》，第一次在人类历史上明确提出了出版自由的伟大口号。

弥尔顿认为出版自由的实质性目的有两个：“其一，是开明地听取人民的冤诉……其二，是容忍不同意见的争论。”“因为通过这些不同的意见，能启发思路、开阔视野，即便它们是了无用处的尘土，也能成为擦亮真理的武器。”[①] 因此，帮助人们认识真理、掌握真理的最好办法就是给予其言论出版的自由，使其在理性的指导下，通过追求真理的反复修正过程，战胜谬误，最终真正把握真理。

另一位对英国的新闻自由思想做出了重大贡献的人是“平民派”领袖、小资产阶级民主主义者约翰·李尔本。同弥尔顿一样，李尔本也认为出版自由乃是人类理性的发展需要，是大自然和上帝赋予人民大众的、不可剥夺的一项“天赋权利”。在《英国天赋人权辩护书》和《新人民公约》等著作中，李尔本系统地阐述了自己的“人民主权”说和“出版自由”的思想，为英国资产阶级新闻传播理念做出了自己的贡献。

在克伦威尔将军以战功获取了独裁大权后，他对当时的出版印刷事业采取了严厉的军事管制手段，并恢复了皇家特许出版公司，完全借用旧的专制手段来管制新闻出版活动。1649年他发布命令，规定除特许者和官方所办的报刊以外，一律禁止其他人从事此类活动。整个英国顿时一片沉默，刚刚获得自由的新闻出版界又重回以往死气沉沉的状态。

1660年，斯图亚特王朝的查理二世复辟登基，旧有的出版管制方式悉数恢复。这一年，保皇分子麦迪曼从皇室取得了经营出版印刷事业的独占权利；1661年，守旧的国会发布命令，重申禁止报道有关国会的一切消息；1662年6月，国会又制定颁布了新的出版法案，强化了对出版印刷事业的控制；1663年，另一个保皇分子莱斯特兰奇

---

① 张昆．简明世界新闻通史．武汉：武汉大学出版社，1994：53.

取代麦迪曼被任命为国王的新闻检察官，他对新闻出版界实施了更为严酷的管制措施。

英国封建复辟王朝针对新闻出版界所实施的一系列反动措施——特别是莱斯特兰奇的高压钳制政策——引起了人们普遍的反抗。1679 年，国会在社会各界的强大压力下，宣布以往所制定的一系列出版许可法从此失效并颁布了新的出版法案。在随后的年代里，首先是皇家特许出版独占制度再次被废止。1694 年，社会各方面的呼声使得议会最终批准自 1662 年以来颁布的所有出版法案和被称作出版许可法的一系列法律条文全部终止生效。至此，英国新闻出版界在法律上再次获得了自由。

二、资产阶级新闻传播事业新体系的逐渐确立

在革命的第二个发展阶段，新闻传播事业的斗争内容主要是围绕着反抗“印花税”展开的。所谓“印花税”，是 18 世纪初英国政府对报刊（印花税）、广告（广告税）、纸张（纸张税）等印刷品所征收的一种特殊税金。“印花税”的征收可以被视为英国当局继 1694 年行政化管控措施皇家特许出版独占制度失效后，转而采用经济手段管控出版印刷事业、压制新闻自由的一项新的措施，因而被历史学家们称为“知识税”（taxes on knowledge）。

（1）产生的背景。

自 1694 年专制的行政式的出版法案及出版许可法失效后，英国的新闻出版界便又出现了 1640 年资产阶级革命时期的那种自由局面（当局者称之为“混乱的局面”）。女王、政府及宗教当局不断受到报刊攻击，部分守旧的出版商、书商和报刊发行人强烈要求政府结束这种无序状态，以保护他们的利益，官方亦倾向于采取一种新的有效的管制方法来调控社会舆论。但旧有的皇家特许出版独占制度已无法恢复，于是，在这种背景下，当权者实施了通过经济手段来对新闻传播事业进行调控的《印花税法案》。

（2）产生的过程。

早在 1710 年，为支持马伯特将军对法国的战争，英国国务大臣哈莱即提议并开始对英国境内出版的日历、年历等印刷品征税以弥补军需，这是政府向印刷品征税的开始。当官方寻求一种能够有效地替代早已声名狼藉的皇家特许出版独占制度的方法时，向印刷品征收高额税金似乎是一种更为合适的选择。官方认为，一家报刊若能依靠发行获取足够的利润，财政能够独立，它就会完全不在乎政府的津贴贿赂及行政威胁，因而在对政府事务进行评判时态度就会强硬起来。如果向报刊征收纸张税和发行税（广告与发行——报刊收入的两个基本来源），而不直接干涉其编辑内容，则可以通过高额税收来加重报刊的财政负担，使其被迫抬高报价。这种做法一方面可使一般民众失去阅读报刊的便利条件，另一方面又可以避免专制压迫的恶名，同时还可以增加政府收入，可谓“一石三鸟”。

1712 年 5 月 16 日，英国的第一个《印花税法案》在国会顺利通过，内容主要有以下四点。

印花税。所有报刊自 1712 年 5 月 22 日起，一律征收印花税。税率是：半张或小于半张者，每份付税半个便士；半张以上，不超过一张者每份付税 1 便士；报纸和小册子

超过一张（四页）而不及六张者，每期每张付税 2 先令；超过六张的书籍、税单、报表等均可免税。

广告税。广告每项付税 12 便士，官办的报纸《伦敦公报》亦同，但书籍及单独发行的广告免税。

纸张税。进口纸张每吨征税 1 先令至 16 先令（按纸张的等级征税）。本国纸张每吨自 4 便士至 1 先令 6 便士不等。

所有报刊均须向政府印花税局（Stamp Office）注册登记，出版的报刊每期均须注明发行人的姓名、地址，如有不符，罚款 20 英镑；报刊如不付税即行出版，将吊销出版执照并受到相应惩处。

对于当时正处于幼年期的英国资产阶级报业，《印花税法案》无疑是一项沉重的经济负担。因此该法案一经实施，便导致许多报刊停刊，实行不到半年，伦敦的报刊竟然停刊近一半之多——政府遏制报刊自由发展的目的基本达到了。

由于在野党和私人报刊尽量设法逃税，而执政党和支持当局的官方报刊为表率天下，只好担负起了大部分的重税，被压得苟延残喘、难以为继。政府为清除此弊、支持喉舌报刊，逐渐形成了向支持政府的报刊发放秘密津贴的制度，这也可以被视为一种管制新闻传播事业的经济调控手段。

《印花税法案》的实施和不断强化日益引起了英国上下各个阶层的强烈不满和抗议。1832 年新兴的工业资产阶级自由派倡导的改革选举法案在国会通过，标志着一个改革新时代的来临。同年，国会迫于选民的压力，首先将广告税由 3 先令 6 便士降为 1 先令 6 便士。1836 年，印花税也由每张 4 便士减为 1 便士。

资产阶级自由派继续为废止印花税而斗争，他们相继组织了“废除知识税联合促进委员会”和“伦敦废除广告税委员会”（广告税废除后又易名为“废除报纸税报界协会”）等社会团体，不断地组织群众向国会请愿，提交议案，强烈要求完全废止所有的印花税法案。

1853 年，国会经过激烈辩论，终于决定从同年 5 月起废除广告税。1855 年国会又决定取消印花税。1861 年 10 月，印花税的最后一个项目纸张税也完全废止了。至此，“知识税”这一限制英国新生的资产阶级新闻传播事业成长的压迫手段宣告全面结束。

三、资产阶级新闻传播事业新体系的最终确立

在英国资产阶级革命的第三阶段，英国新闻传播事业新体系逐渐成形，这一成果是通过与保守反动的专制统治者们的反复斗争获得的。斗争的主要对象是统治者为继续钳制新闻传播事业、压制新闻自由所采用的司法手段。

由于行政管制与经济调控方式不断遭受挫折，基于统治权力的司法控制手段便逐渐成为英国统治者在整个 18、19 世纪控制新闻传播事业的另一种主要方式。它与同期采用的经济控制方式——“知识税”（印花税）和“秘密津贴制度”一起，同 19 世纪官方利用以往的行政惯例方式“禁止报道国会消息”的特权相辅相成，组成了英国保守统治当局有效控制新兴资产阶级新闻传播事业的重要组合手段。

在整个18与19世纪，英国刑法对于新闻传播事业的司法处罚主要有四项罪名：叛逆罪、总逮捕状、煽动诽谤罪、侵犯国会特权罪——其中尤以后两项罪名的应用范围最为广泛、时间最为长久。

叛逆罪和总逮捕状是两项主要运用于封建王朝时期的司法惩罚手段，它们是封建的皇家特许出版独占制度在司法程序上的产物，因而在整个18世纪已很少被使用。相比之下，煽动诽谤罪则是一个法律外延很宽泛的罪名，其特定内涵也不甚清晰明确，这就决定了它是当权者最喜欢、最经常使用的一种强大的司法武器，被用来对付那些持“异端邪说”的人和专门与政府作对的反对派报刊及报人。

在整个18世纪，英国煽动诽谤罪的演进历史可分四个时期。

第一个时期（1704—1730）的特点是：当局者完全沿用17、18世纪的封建集权司法审判原则，认为凡侵犯王室和国会的特权，发表任何攻击政府的政策或官员的文章，即构成煽动诽谤罪。被起诉的人是否有罪，完全由法官们来断定，别人无权裁决。1728年，印刷商理查德·富兰克林因自由出版小册子，议论抨击英国、法国与西班牙所签订的和约而遭到逮捕和起诉。法庭依据印刷事实而不是小册子内容的真伪，裁定他触犯了煽动诽谤罪，判决罚款100英镑，交纳保证金2 000英镑，监禁一年。富兰克林一案可被视为这一时期的一个代表性案件。

第二个时期（1730—1760）的特点是：原本在司法审议过程中无任何裁决权的法庭陪审团，对于煽动诽谤类案件的判决逐渐有了比较公平的审判权力。1735年发生在北美殖民地的曾格案件在1738年被介绍到英国，引起了很大轰动，同时，弥尔顿的《论出版自由》也在这一时期再版重印。一个重要的法理观念在这一时期引起了世人广泛的争论：报刊发行人和文章的作者是否可以用内容真实准确的报道事实作为理由，来为被认为有罪的文章进行辩护？能否依据事实的真伪和动机的真诚来判定此类案件的被告人无罪？这一时期的代表性案件为威廉·奥文一案。

威廉·奥文是一位伦敦的书商，1752年因出售批评国会的书刊而受审。由于庭审时该庭的陪审团拒绝像往常那样接受法官的训令与指示，裁决威廉·奥文因出版了这些书刊而触犯煽动诽谤罪，因此经过讨论一致裁决他无罪。法庭只好当庭宣告奥文无罪释放，这场官司以奥文胜诉告终。

第三个时期（1760—1780）的特点是：英国新闻自由有了长足的进步。在这一时期出现的两个重要的案件都同煽动诽谤罪名有关，这就是“朱尼厄斯信件案”和“威克斯案件”。

朱尼厄斯信件案是该时期所发生的一个重要案件。朱尼厄斯系一位报刊作者菲利浦·富兰赛斯的化名。1763—1772年，他陆续在报刊上发表了一系列的“朱尼厄斯”信件，攻击当时的保守党政府和野蛮专横的英王乔治三世，这些文章引起了当局的极大愤恨和恐惧。1769年12月19日，伦敦《大众广告报》刊登了“朱尼厄斯”撰写的第35封信，该信痛骂国王乔治三世，轰动伦敦全城。1770年1月23日，司法大臣曼斯菲尔德爵士在伦敦对《大众广告报》发行人伍德福德等六人提起控诉，准备用煽动诽谤罪名对刊登“朱尼厄斯”信件的报纸进行打击迫害。但此案在著名律师格林的有力辩护下，经过陪审团九个小时的讨论审议，最后得到无罪的裁定。法庭被迫当众宣判作者、发行人无罪释放，保守党政府企图用煽动诽谤罪来迫害报人的阴谋遭到了沉重打击。

第四个时期（1780—1792）发生的一起重大事件是司法大臣曼斯菲尔德爵士和艾斯肯勋爵之间因伦敦《大众广告报》一案而爆发争论。这场争论引起了英国社会各阶层的广泛关注和激烈反应，并最终产生了导致煽动诽谤罪结束的《福克斯诽谤法案》。

由于在审判《大众广告报》伍德福德一案中陪审团的坚持使被告被判无罪，故而该案一结束，司法大臣曼斯菲尔德爵士便发布训令，要求确定在煽动诽谤罪一类案件的审理中，陪审团无权参与是否有罪的司法判决。为此，艾斯肯勋爵和政府首席法官凯姆顿勋爵与他发生了激烈的争论。双方争论的焦点是：陪审团到底有无司法判决权？"故意犯罪"是否为构成煽动诽谤罪的重要因素？在此类案件中事实本身能否作为辩护的理由？艾斯肯勋爵等人认为，具有动机上的"故意犯罪"是煽动诽谤罪能否成立的重要因素，而是否有罪应由陪审团根据案件的具体案情进行裁定，确认是否为"故意犯罪"。曼斯菲尔德爵士则认为"故意犯罪"并非为触犯煽动诽谤罪的必要与充分的前提，所以是否为煽动诽谤罪应由法官根据既成事实，依照现行法律判决，没必要请陪审团介入。艾斯肯勋爵认为由于陪审团对一般的犯罪案件审理均有是否有罪的判决权，煽动诽谤罪是犯罪形式之一，因此陪审团亦应享有判决权。曼斯菲尔德爵士则坚持认为煽动诽谤罪是一种危害极大的特殊罪行，不应等同于一般的罪行，故陪审团没有权力介入其中。双方论战的最终结果是产生了 1792 年通过的《福克斯诽谤法案》。它是凯姆顿、艾斯肯、曼斯菲尔德三人意见妥协的产物，内容要点如下：陪审团对一切诽谤案件有总体判决权；在诽谤案件中，法官可以将自己的判断斟酌提供给陪审团参考；陪审团认为必要时，可对诽谤案件给予特别裁决（指陪审团只提出已查证的事实，由法庭据此进行判决）；被告被捕后，经一位陪审团员认可，即可提请审判。

《福克斯诽谤法案》的通过在英国新闻传播事业新体系的确立历史上有着重大意义，它认可了对煽动诽谤罪相关案件的审理必须依据严格的法律条款和程序来进行，不再像以往那样单凭国王及大臣们的好恶即可逮捕报人。该法案还认可了陪审团对此类案件的"总体判决权"，使司法当局单方面决定审判结果的局面不复存在，从而出现了有利于新闻传播者的制衡性双权审理机制。

在随后的岁月里，经过英国新闻出版界与人民大众的反复斗争，禁止新闻记者报道国会（议会）新闻的"惯例"也被打破了。就这样，英国新闻出版界通过一种"英国特色"的和平渐进方式，完成了从封建集权管控体制向资本主义自由竞争体制的全面转型，并最终确立了资产阶级性质的英国近代新闻传播事业新体系。

第三节　分析与思考

英国资产阶级性质的新闻传播事业新体系的确立，可以从这样几个历史性的阶段发展标志中得到展示：1641 年皇家出版法庭被废止；1694 年皇家特许出版独占制度完全失效；1792 年《福克斯诽谤法案》的制定；1853—1861 年一系列出版印花税制度的撤销；1868 年国会报道禁令的失效。从中我们已经可以看到英国资本主义新闻传播事业新体系确立的特点。

一、英国资产阶级新闻传播事业新体系转型与确立的特点

（一）时间跨度漫长

从以上简略的背景回顾与历史进程的叙述中即可得知，英国资产阶级新闻传播事业新体系的建立过程与其他国家相比是非常漫长的——从 1640 年资产阶级革命爆发新闻出版界获得自由，到 1868 年报道国会权利的最终确立，整整经历了 228 个年头。虽然法国、美国和日本的资产阶级新闻传播事业的建立也并非一朝一夕，但像英国这样花费如此漫长的时间还是很少见的。显然，一个国家新的社会大众新闻传播事业的建立过程与这个国家新社会制度的建立过程是基本同步同构的。英国资产阶级革命的特殊性——旧的元素与新的元素总是纠缠在一起，内容与形式经常不统一——导致了资本主义元素只能缓慢地在社会生活中逐渐占据主导地位，封建的保守势力逐渐地退出历史舞台，所以时间特别漫长。

（二）和平渐进方式

英国资产阶级新闻传播事业新体系建立的第二个重要特征是：这一历史进程是以一种和平方式逐渐完成的。与其资产阶级政治革命的改良渐进方式相一致，英国资产阶级新闻传播事业新体系的建立也是通过和平渐进的方式完成的。“光荣革命”后英国形成了较为成熟的资产阶级君主立宪政治体制和议会内阁负责制，这使得新旧两种势力的较量与斗争能够在一个稳定的政治框架内以和平的方式进行。新生的革命力量能够通过量的积累，以渐进的改革形式，一步步地稳健推进。在这个进步的过程中，只有量变的缓慢积累，没有质变的暴力革命；只有一次次激烈却又和平的冲突，难见流血战斗的惨烈场面。英国资产阶级革命阶段性的质变总是在不知不觉的量变中完成的，在新闻传播事业中也是如此。资产阶级通过不断的斗争，一步步地突破了封建的、保守的、集权的、反动的势力封锁，跨越了从皇家特许出版独占制度到“知识税”、秘密津贴、司法煽动诽谤罪和禁止报道国会新闻惯例等种种藩篱，逐步建立起了一个新型的资产阶级新闻传播事业体系。

（三）成果持久稳定

正是因为英国资产阶级新闻传播新体系的建立是通过一种改良渐进的和平方式完成的，因而新体系所取得的每一个成果虽然费时甚长，却能持久稳定、深入人心。反动势力在每一次的革命要求前一开始总是拼命抵抗，千方百计加以阻挠。而革命的势力则通过一次又一次的力量积累，不断地向保守与落后的势力进攻。在一次次拉锯式的反复较量过程中，反动势力总是在最后关头被迫“聪明而又明智地”向后撤退一步。而革命的力量则总是坚定而缓慢地向前推进，通过合法手段积累和释放能量，对反动势力施以强

大的威慑，并且不排除以暴力手段相威胁。这种英国政治斗争的独特方式使得双方最终总能够达成某种妥协，避免了玉石俱焚，避免了把国家与民族推进内战的火坑。这也使得革命的意义能够最广泛地为广大民众所接受，并成为一种大众化的共识和稳定持久的成果——这些成果又为后续的革命行动提供了继续前进的坚实基础。由于在反复的较量中人民大众亲身体会到了取缔反动专制出版制度的必要性，所以在英国资产阶级于 1694 年终于彻底废止了皇家特许出版独占制度后，这一制度的重新恢复就变得很困难了。当人们对“知识税”深恶痛绝后，统治者所能采取的最为明智的方法只能是使用司法的、行政惯例的或秘密津贴等其他手段来加以替代，而不敢公然通过法律形式把已经废止的旧有管制方式再度恢复起来。于是，英国资产阶级和其他进步人士通过不断的斗争，逐步冲破了封建集权和保守政府设置的一个个关隘，稳步地积累着改革的成果，以量变的方式逐渐取得了质变的实质性胜利，最后成功地建立起一个具有英国特色的资产阶级新闻传播事业新体系。

英国资产阶级新闻传播事业新体系的确立进程能呈现出这样一种和平渐进、稳定漫长的模式，是英国特定的社会客观变革力量与主观的国民性格双重因素共同作用的结果。英国的模式清楚地表明，在新闻传播事业体系的变动过程中，政治、经济、文化、科技等多重因素的相互影响，四个社会子系统的不同组合方式，以及或强大或微弱的外来影响，共同构成了决定性的力量。单一的决定性因素是看不到的，这些多重因素的特定组合方式和融合化生规律才是我们应尽全力去探索的历史真相。

二、新闻传播事业与国民性格的互动关系

（一）客观性与主观性——决定新闻传播事业的两种力量

从英国资产阶级新闻传播事业发展的轨迹中，我们可以看到有两种基本的历史力量在推动其前进：一种表现为客观规律性的社会变革因素；另一种则表现为人民主观能动性的国民群体行为传统。客观性与主观性是决定英国新型新闻传播事业的两种主要力量形式，这两种力量相互作用，共同为英国资产阶级新生的新闻传播事业新体系的建立做出了贡献。

表现为客观规律性的社会变革力量很好理解。生产力的革命所带来的生产关系的变化，必然会从经济基础反映到上层建筑领域，并在特定的阶级集团中以这样或那样的方式表现出来。事实上，正是这种客观力量促成了英国资产阶级革命的爆发，英国新闻传播事业新体系的诞生也是这一客观力量促成的。然而，同样是这种客观性的力量，在法国表现为轰轰烈烈的暴力大革命；在美国表现为民族独立战争；在日本表现为自上而下的维新变法；在英国则表现为一种自觉的、渐进的和平改良方式。显然，社会的客观性变革力量总是通过特定的人群来实施的。在这个实施的过程中，人们的群体性心理与行为作为一种稳定的国民性格常常起着某种关键性的作用。这种国民性格表现为一个民族的集体性行为和意识，并以主观能动的方式对特定社会中的具体历史发展进程施加巨大影响。

（二）整体国民性格对特定社会中新闻传播事业的重大影响

在英国社会的转型过程中，表现为人的主观能动性的整体国民性格和少数精英分子对英国新闻传播事业新体系产生的重大影响是毋庸置疑的。约翰·弥尔顿这位资产阶级政论家和伟大诗人，为了抗议国会全面恢复封建检查出版物的反动法令，公开发表了《论出版自由》，为近代资产阶级新闻传播事业奠定了最初的理论基石。为了支持共和政体、捍卫基本人权，他不辞辛劳，奋笔写出了《偶像破坏者》《为英国人民声辩》等小册子，即使为之双目失明亦在所不惜。

威廉·科贝特也是一位献身于历史进步事业的政治家和报人。他于 1802 年创办了《每周政治纪事报》，猛烈抨击当权者的腐败行为，反映人民的疾苦，利用手中的报刊为广大劳工大众鼓与呼。1816 年起，他把自己的报纸以 2 便士的低廉价格发售，使工人和市民都能够接触报刊读物；1830 年，他又创办《穷人政治月刊》，专门为劳工大众服务。科贝特的所作所为招致了统治者的残酷迫害，他数次被逮捕入狱或判处苦役，财产被没收，报纸被查封，但科贝特并不屈服，继续斗争不已。

理查德·卡莱尔是伦敦一家普通书店的老板，他创办的一份名叫《共和》的杂志被当局视为眼中钉、肉中刺，必欲除之而后快。当局数度查封他的书店和杂志，对他罚以重金，最后干脆将其投入监狱。但卡莱尔通过妻子的帮助，在狱中继续编辑出版这份杂志。当官方又把卡莱尔的妻子投入监狱时，他的妹妹珍妮坚定地接过哥哥的事业，继续编辑出版《共和》杂志。最后，卡莱尔的亲人们都入狱了，他的朋友们又组成了一个卡里尔后援会，募捐筹款，继续出版《共和》杂志。在英国人民这种“不自由、毋宁死”和前仆后继的大无畏精神面前，当局只得不了了之，把卡莱尔释放出狱，准许这份杂志继续出版。

值得注意的是，并不是只有少数精英在奋起反抗暴政，事实上在每一个自由斗士的背后，都站立着无数普通的英国人民，最典型的例子就是“威克斯案件”。1762 年，下议院议员约翰·威克斯在他创办的《北不列颠人》报上公开批评专制国王乔治三世和反动的托利党党魁布特，愤怒的国王下令逮捕威克斯，下议院也通过决议剥夺了他的议员资格。但是，人民不仅帮助威克斯逃亡到法国，还于 1768 年缺席选举威克斯为中塞克斯郡的国会议员，使其能够重返祖国（议员受特权保护，不得随意逮捕）。当下议院秉承国王旨意，拒绝承认威克斯的议员资格时，人民又针锋相对地两次继续选举他为议员，并在许多城市举行群众集会，抨击国会的腐败，声援威克斯。1771 年，下议院迫于国内的抗议浪潮，不得不承认威克斯的议员资格。伦敦市民后来索性又推选威克斯为市长。威克斯也不负众望，在人民的支持下向反动的煽动诽谤法和国会报道禁令发起司法诉讼攻击，为这一禁令在英国的最终废止做出了自己的贡献。

英国人民的支持，使得英国资产阶级民主运动的精英代表们没有白白牺牲，使得统治者的专制压迫企图未能得逞。显然，英国人民深刻地领悟到这样一个道理：保卫他人的自由，就是保卫自己的自由；漠视专制者无理地剥夺他人的自由权利，就是拱手相让自己的自由权利。英国资产阶级新闻传播事业新体系便这样顺利建立了起来。

练习题

一、名词解释

1. 约翰·威克斯
2. “知识税”
3. 《福克斯诽谤法案》
4. 朱尼厄斯信件案
5. 秘密津贴制度

二、简答题

1. 简要分析评价英国新闻传播史上“知识税”的产生背景、作用与影响。
2. 简要陈述英国近代新闻出版界中压制与反压制新闻自由的斗争历史。
3. 简要分析英国资产阶级革命对英国新闻传播事业新体系的影响。

三、论述题

1. 试分析英国近代新闻传播事业转型的特殊模式及原因。
2. 试分析英国工业革命对新闻传播事业的影响。

第五章

起伏的曲折之路
——法国近代新闻传播事业新体系的确立历史

本章学习要点

- 法国社会转型时期新闻传播新体系的特点与成因。
- 法国大革命对转型时期新型新闻传播事业的“塑型”。
- 新闻传播事业的革命之路与改良之路两种成型模式之比较。

正像每个国家都有着自身的历史成长背景、每个社会文明体都有着独特的气质一样，法国近代资产阶级新闻传播事业新体系的建立也与同一历史时代的英国、美国、德国、日本等有着迥然不同的道路与模式。毫无疑问，这些国家的近代资产阶级新闻传播事业的崛起与最终确立虽然都有着一整套“共性化”的客观运作机制、基本特征及原则理念，但是它们达成这些原则理念的历史之路却是不尽相同的。正是这些差异性使得各国资产阶级新闻传播事业既有共性，更有个性。显然，这些个性化的特质对各国近代新闻传播事业的塑造成型与未来发展产生了极大的影响，因此我们应该把探讨这些个性化特质的工作放在一个相当重要的位置。因为我们对具有中国特色的社会主义新闻传播事业的理解和认识，部分正是来源于我们对近代西方资产阶级各国新型新闻传播事业建立进程中所展现出来的个性特征与普遍规律的了解与把握。

第一节　背景之回顾

在研讨近代法国资产阶级新闻传播事业新体系的确立历史时，首先必须对两个重要的历史背景事实予以高度重视，这就是赋予了这个新闻传播事业新体系思想与灵魂的法国资产阶级启蒙运动，以及新体系的直接“催产婆”——法国资产阶级大革命。

一、法国启蒙运动与传播新观念的产生

我们之所以对世界近代史上极负盛名的法国启蒙运动予以高度重视，是因为法国资产阶级全部新闻传播观念的形成和扩散都与其紧密相关，法国大革命的力度与广度也同启蒙运动密不可分，甚至可以说，当时欧洲乃至世界近代新闻传播事业的基本思想原则

之形成也同这场启蒙运动不可分割。

强大专制但又统一稳定的法国波旁王朝，曾经为法国早期资产阶级政治、经济、文化的发展创造了一个良好的社会环境。由于强大王权穷兵黩武的需要，庞大的“皇家手工工场”建立起来了，强调海外殖民的重商主义政策开始实行了，以凡尔赛为中心的宫廷文化繁荣了，法国的工商业在 18 世纪有了长足的发展，法国成为当时除英国以外欧洲工商业最为发达的国家，也是欧洲大陆最强的军事大国，这一切为法国 18 世纪启蒙运动的诞生与流行创造了良好的必要条件。

法国 18 世纪启蒙运动是经济上、文化上势力日趋壮大与巩固的资产阶级与日益反动的封建专制王朝之间的矛盾在文化思想领域的反映，是一大批法国先进的思想家对封建专制制度进行理论批判、宣传资产阶级社会革新思想的产物。伏尔泰、孟德斯鸠、卢梭等人就是这场思想运动中的代表性人物。

伏尔泰是一位对当时整个欧洲都有极大影响力的思想巨匠。他居住在法国一个便于随时逃离封建专制势力迫害的边境小城，著书立说、评论时事，成为法国启蒙思想学派中最为重要的一位代表。伏尔泰的著作激烈攻击专制反动的封建制度，反对封建的贡赋和等级特权，提倡实行“开明君主制”，要求公民拥有宗教信仰、言论和出版的自由。伏尔泰关于言论自由的一句名言在今天听来仍独具睿智：我坚决反对您所说出的每一个字，但我誓死捍卫您说出这些字的自由权利。

孟德斯鸠则是一位在政治学上颇有贡献的伟人。他在代表作《波斯人信札》和《论法的精神》中对封建君主专制制度进行了深刻的分析与批判，所提出的国家的立法、行政、司法三项权力必须分立才能相互制衡、才能避免君主和统治者滥用职权、才能实现公民政治自由的学说对后续发生的各国资产阶级革命和近代宪政制度有着很大的影响。特别是他的“权力制衡”原则，导致了近代西方资本主义国家中新闻传播事业“第四等级”观念与地位的确立，导致了一种社会化的被普遍认同的理念：大众新闻传播事业必须作为一种独立的社会舆论力量，对现代社会中的其他三种权力——立法权、行政权、司法权实施一种有效的社会舆论监督。

卢梭对启蒙运动的重要贡献是提出了人民的“天赋人权”说、“社会契约”论和“主权在民”思想。卢梭认为人是生而平等的，为了维护社会的运作和人民的自由与平等权利，就需要订立某种大家都应共同遵守的社会契约。如果由人民推举出的统治者变成了一个专制暴君，人民就有权废止对他的服从契约，有权用各种方式，包括武力反抗的方式，来推翻暴君的统治。因为立法的权利属于人民，行政的权力属于全体人民的代议国会（议会），而每一个公民的意志则从属于法律这一全体人民总意志的凝聚体，所以法律是人民的意志、人民的主权的体现。卢梭的这些学说和思想对后来的法国大革命及西方文明世界产生了巨大的、不可估量的影响，并为“言论自由”无可争议地属于人民不可被剥夺的一种“天赋人权”学说奠定了理论基础。

现代学者们对法国这场思想启蒙运动给予了很高的评价，认为启蒙运动反映了 18 世纪法国资产阶级反对封建专制主义斗争的日益尖锐，并为后续的法国资产阶级大革命做好了思想上的准备。启蒙学者所提出的一系列学说给予封建道德、权威和信条以严厉的批判，尤其使专制王权和天主教会等反动势力受到有力的抨击。“启蒙思想是资产阶级反对封建制度的锐利的思想武器，在动员革命群众和推动资产阶级民主运动发展方面起了巨大的作用。”① 同样，启蒙运动不仅在精神上、思想上、理论上为未来的法国资产阶级新闻传播事业新体系的建立做好了准备，而且为新体系的建立营造了广泛认同的社会舆论氛围。

二、法国大革命与资产阶级新闻传播事业新体系之关系

如果说启蒙运动带给资产阶级新闻传播事业新体系的是思想和灵魂的话，法国大革命就是这一新体系的暴力“催产婆”。简而言之，大革命打碎了封建的皇家特许出版独占和事先检查制度，废除了封建出版专制机构与法律，埋葬了生存数百年之久的法国封建传播旧体系。大革命提高了法国不同社会阶层的公众对大众新闻传播事业的兴趣，提高了近代资产阶级新闻传播事业在国家社会生活中的重要地位，刺激了新闻传播事业的发展，并为政论报刊在法国后续的悠久传统奠定了强大的基础。大革命横扫了法国境外欧洲大陆的各个封建王朝，促成了西欧、北美各国新阶级、新思想、新传播事业的萌生和发展。大革命为法国外省报刊的崛起创造了必要的条件，为了报道巴黎和其他地区的革命消息，法国各省的地方新闻传播事业在大革命的浪潮中诞生了。

三、《人权宣言》（1789 年）

法国启蒙运动与法国大革命联手为人类奉献了《人权宣言》。《人权宣言》第十一条庄严宣布：“思想与意见的自由交换，为人类最珍贵的权利。因此，每位公民享有言论、著作、出版自由，但是在法律的限制内，应担负滥用此项自由的责任。”宣言第十一条在历史上第一次以清晰明确的表述和严谨简明的法律形式确立了西方资本主义自由竞争时代新闻传播事业新体系的目标、基本原则和思想。普遍的看法是，法国大革命的《人权宣言》为 17、18 世纪资产阶级政治思想的发展全过程做了一个总结。在这个文件中，资产阶级的政治、经济、文化思想的基本结论，被以国家大法、庄严法规的形式固定下来了，其中的第十一条更为“新闻自由”这一资产阶级新闻传播事业新体系中的灵魂要素赋予了鲜明的革命色彩和严谨的法律界定。从此以后，全球的新闻传播事业都受到了其影响。

第二节　历史的进程

从以上的论述中我们可以发现，法国资产阶级新闻传播事业新体系的确立过程与英国相比有着两个显著的不同：其一是出版自由、新闻自由的理论诞生于革命之前并在大革命的洪流中较快地成熟起来，完全不同于英国漫长的渐进过程；其二是在随后大革命

① 周一良，吴于廑．世界通史：近代部分：上册．2 版．北京：人民出版社，1972：57－58.

的政局震荡、党派林立的历史进程中，法国新闻传播事业新体系的成长大起大落、忽进忽退，极不稳定。

一、法国大革命的爆发与新型新闻传播事业的初步建立（1789—1814）

法国资产阶级新型新闻传播事业的诞生是同封建旧新闻传播事业体系的崩溃联系在一起的。1788年12月，国民议会（1789年7月9日改为制宪议会）宣称报刊应享有更多的自由权利，开明贵族代表米拉波伯爵在议会上宣称：法律应给予报刊永久的自由权、最不可侵犯的自由权和最不受限制的自由权。1789年年初，法国国民议会的多数代表赞成报刊自由应予保障，并对皇家特许出版独占和事先检查制度及各种封建集权专制手段表示谴责。1789年5月，屡遭专制国王和封建权贵压迫的全国三级会议在人民的压力下被迫召开，资产阶级和开明贵族立即利用这一机会，开始了新闻自由的斗争历程，巴黎出现了多种抨击政府的宣传小册子和小报盛极一时的自由局面。

此后，在人民大众的革命威胁下，国王路易十六被迫向国民议会宣誓效忠宪法，做出全面让步并失去了对政权的控制。短短几个星期内，伴随着封建上层建筑政治系统的瘫痪，控制报刊的封建旧集权体系也随着王权的突然削弱而迅速地土崩瓦解了。

1789年8月26日，法国制宪议会庄严地通过了《人权宣言》，其第十一条宣称："思想与意见的自由交换，为人类最珍贵的权利，因此，每位公民享有言论、著作、出版自由，但是在法律的限制内，应担负滥用此项自由的责任。"这一条款在法律上彻底否定了一切皇家特许出版独占和事先检查制度，不仅在当时是最先进、最准确的关于新闻自由的规定，在今天看来，也是对人类新闻自由权利最先进、最准确的法律阐述。

由于《人权宣言》和1791年新宪法的颁布保证了言论与出版自由，并将皇家特许出版独占和事先检查制度一律废止，加上当时为可能滥用新闻自由权利而制定的限制性法令还未出现，所以在1789年至1792年近三年时间里，法国——主要是巴黎——的报业空前繁荣。据统计，整个大革命期间共有1 350多种报刊出版，而仅在1789年就有250多种，它们几乎全部都是当时各党派的政论报刊。

在这些政论报刊中，革命派的代表性报刊以布里索的《法兰西爱国者报》、马拉的《人民之友报》、阿贝尔的《杜歇老爹报》等最为著名；反革命派的代表性报刊则有罗儒教士的《国王之友》，以及迪罗祖瓦的《巴黎公报》《使徒行传报》和《小哥迪尔报》等；中立派的代表性报刊有《辩论报》和庞库克的《箴言报》。各个报刊激烈论战、相互竞争，法国新闻传播事业一时非常热闹。

在随后的吉伦特党人和雅各宾党人执政期间，法国的新闻传播事业进入了一个新的阶段。自1792年8月10日起，到1794年的"热月政变"，新闻自由已不再是全民族的所有物了。"红色恐怖"年代里的新闻传播事业很快成为一种强有力的阶级统治专政工具，一个新的问题现实地摆在了人们面前：在革命时期，新闻自由与专政权力能否并行不悖？

1792年8月12日，吉伦特党人的巴黎市政府发布了如下公告："市议会决议，凡为舆论之毒素，如一切反革命党人之报纸编辑人，须即逮捕，而所有印刷机、铅字等设备，一律分配给革命报人。”显然，这体现了新闻出版界的革命专政。

1793 年，法兰西第一共和国公布了自己的宪法，宪法中虽然有一些关于新闻自由的具体条文，但在革命非常时期，这些条款显然难以得到实现。事实上，巴黎当时只有当权的吉伦特党人和雅各宾党人的几家执政者的报刊自由存在着。

1793 年 6 月雅各宾党人上台执政，在其领袖罗伯斯庇尔的领导下开始实施更为严酷的红色专政。在其统治后期，只有雅各宾派公安委员会资助的《公安报》和其他几家官方报刊依然存在，其余的反对派报刊都被强行镇压查封。

“热月政变”之后的督政府和拿破仑执政时期，法国的新闻出版界依然在新的专制权力下苟延残喘。讽刺的是，法国这一当时最为自由的国家竟然迎来了最为专制的拿破仑独裁时代，整个新闻传播事业完全被拿破仑制服，他对新闻出版界实行了一整套行之有效的整肃与控制的强力措施。

拿破仑以强大的军事力量为独裁后盾，对法国新闻出版界加以严格管制：其一是重建出版许可制度，严格控制报刊出版发行，取缔所有反对派言论；其二是发行或资助出版官方或半官方报刊，借以操纵全国舆论。在拿破仑的压制下，1811 年的巴黎只剩下了四家官方或半官方报刊，整个巴黎乃至法国的新闻出版界一片沉寂。

二、封建王朝复辟时期与资产阶级新闻传播事业的抗争（1814—1848）

这一时期的法国新闻传播事业主要生存在两个复辟王朝的历史之中，其一是波旁王朝复辟时期（1814—1830），其二是奥尔良王朝时期（1830—1848）。这两个时期的总体特点是：专制王权的复辟导致旧有的封建新闻传播控制手段全面复活。在反抗这种复辟时，资产阶级的新闻自由观念虽然遭到了重重阻碍和残酷打击，但仍在缓慢稳步向前发展，而封建复辟的政治现实，使法国大革命中就已存在的多党林立、政局多变的局面正式形成了。比如，仅保皇党人在法国就有正统派保皇党人（波旁派）、奥尔良派保皇党人和新保皇党人（波拿巴派）之分；资产阶级本身随着法国大革命的进程逐渐分化为左、中、右三翼；许多相互对立的宗教教派团体势力和一些国外势力在法国的政治代表，都力图以各种形式——包括舆论办报——来影响法国的历史进程。在这样的情况下，政党林立及其相互间的激烈斗争所造成的政局的动荡不安和舆论形态的激烈多变也就可想而知了。这一历史发展的特点严重地影响了法国新闻传播事业新体系的确立进程和发展轨迹。

1814 年莱比锡会战之后，波旁王朝在法国正式复辟，路易十八重返巴黎登基。同年 5 月，路易十八通过发表《圣・瓦恩宣言》和新宪章，允诺尊重新闻自由，但在 10 月 21 日的法令中却又取缔了人民的新闻自由权利。

1819 年，法国资产阶级通过当时的司法部部长塞尔制定了一项新闻自由法案，废除了路易十八在 1814 年 10 月法令中所颁布的新闻出版事先检查制度。但仅过了一年，在著名铁杆王党分子维莱尔的主持下，法国又恢复了封建专制的新闻控制政策。

1824 年，国王查理十世即位，他是个君主专制主义死硬派。1829 年，他任命反动王党分子波利尼亚克组阁，1830 年 7 月 25 日，波利尼亚克颁布了经查理十世签字生效的《波利尼亚克敕令》。该法令强行规定：取消报刊所享有的一切宽容待遇；恢复对报刊的全面审查制度；废除一切报刊的自由发行权；封闭反对派报刊，仅允许极端保皇党人的报纸发行。

《波利尼亚克敕令》的出台和反动国王查理十世的一系列倒行逆施引起了资产阶级、广大巴黎民众，特别是巴黎新闻出版界的强烈不满。1830 年 7 月，在资产阶级自由派喉舌《国民报》著名记者梯也尔和阿尔芒·卡雷尔等人的号召下，巴黎爆发了著名的"七月革命"，波旁王朝再次被推翻。波旁家族的远亲奥尔良公爵继承王位，成立了奥尔良王朝，法国新闻出版界第一次作为一种强大的政治力量显示了自身的存在价值。

奥尔良王朝又称"七月王朝"——历史学家戏称其为"三色旗的君主政体"。奥尔良王朝是在资产阶级自由派的拥戴和帮助下走上历史舞台的，是一个代表法国金融大资产阶级利益的君主立宪制政权。借助新闻出版界和巴黎民众的力量上台的奥尔良公爵，上任伊始便不得不郑重宣布取消对新闻出版界的一切检查，降低印花税及出版保证金，给予陪审团以裁决新闻案件的权力。

然而不久，在正统派保皇党人和资产阶级民主激进分子报刊左右攻击下的奥尔良王朝就开始着手打击不听话的新闻出版界了。1835 年 9 月，以"菲埃斯基谋杀案"为借口，梯也尔内阁敦促议会通过了一项法令，规定加强法庭诉讼，将出版保证金增加一倍，建立对报刊漫画的事先检查制度。但是，资产阶级共和派和新老保皇党人都没有放弃对奥尔良王朝的打击。终于，在 1848 年"二月革命"浪潮中，奥尔良王朝又被高喊着"共和万岁"的巴黎起义群众推翻，法兰西第二共和国成立了。

三、第二共和国与第二帝国时期的法国新闻传播事业（1848—1870）

巴黎人民的起义埋葬了封建的奥尔良王朝，以拉马丁为首的资产阶级"国民报派"和以赖德律·洛兰为首的"改革报派"合作，成立了以资产阶级共和派为首的"临时政府"，随后又在巴黎工人阶级的强大压力下宣布成立法兰西第二共和国。"二月革命"后，法国新闻出版界迎来了一个新的繁荣时期。1848 年 3 月颁布的政府法令规定：新闻出版界享有绝对自由，废除印花税与保证金制，恢复陪审团制，等等。在这个法令的鼓舞下，短短几个月内，巴黎和外省的报刊如雨后春笋般发展了起来。然而好景不长，1848 年 6 月工人起义后，胆战心惊的资产阶级又开始了对新闻自由的多种限制。法兰西第二共和国于同年 11 月颁布的宪法规定：人身、出版、言论、结社、集会、教育、信仰等自由权利都必须受国家监督，不得影响"社会的公共安全"。

1851 年 12 月 2 日，在共和国总统的选举中，因镇压工人阶级和民主运动而威信扫地的资产阶级共和派惨遭失败，老拿破仑的侄子路易-拿破仑·波拿巴（小拿破仑）当选，成为新的独裁者。1852 年，小拿破仑发动反动政变，建立了法兰西第二帝国，即皇帝之位，称拿破仑三世，法国又进入了一个帝制王权的时代。第二帝国一经成立，拿破仑三世立即开始着手打击巴黎新闻出版界。他首先恢复了报刊的皇家特许出版独占和保证金制度，借以严格管制新闻传播事业；又规定报刊出版特许工作及事先检查工作由警察机关负责，该命令一经公布，本有 40 多家报刊的巴黎仅剩下 11 家被允许继续存在。

1852 年 2 月 23 日，拿破仑三世又颁布了一项法令：建立报刊警告制度。依据这项法令，政府有权向任何报刊发出警告，如果第一次警告无效，第二次该报就要受到停刊的惩罚，第三次就会被勒令注销。因此，每家报刊都在政府的警告制度压力下不得不对稿件进行严格的自我检查。

然而，拿破仑三世的专制难以恢复到其叔父老拿破仑的水平，经过几十年的革命与自由思想的熏陶，民主共和与新闻自由的观念业已深入人心。在日益强大的反对势力面前，拿破仑三世对新闻出版界的控制日益力不从心，并逐渐松弛让步了。1868 年 5 月 11 日颁布的新法案规定废除事先检查制度，允许自由创办新报。大批涌现的新报刊以强大的舆论力量使政府威信扫地，人们把 1868—1870 年新闻出版界对政府的不断攻击称为一场蔑视当局的革命。

1870 年，巴黎发生了一起新闻工作者惨案。当时，查理・波拿巴亲王发表了一篇诬蔑《复仇者报》的文章，当该报编辑维克多・努瓦尔等人前往王府，要求亲王赔礼道歉时，这位亲王竟然悍然掏枪打死了维克多・努瓦尔。整个巴黎为之大哗，努瓦尔的葬礼演变成为一场声势浩大的反对第二帝国的群众示威大游行。同年，为摆脱国内政治、经济和社会危机，拿破仑三世冒险发动了“普法战争”并在色当一役中失败被俘。9 月，愤怒的巴黎民众推翻了第二帝国，先是“国防政府”、后是法兰西第三共和国成立，新闻自由得以部分恢复，当局不得不允许报刊可以不经事先检查出版发行。

四、资产阶级新闻传播事业新体系的最终确立（1870—1881）

1870 年 9 月建立的资产阶级新政权就是我们所熟悉的“国防政府”——正是这个政府残酷地镇压了后来的巴黎公社。出于对人民的恐惧，巴黎公社失败后，这个政府依然对新闻出版界实施严格管制，查封了许多家报刊。然而，随着法国工业化和民主进程的发展，随着共和思想与制度的深入人心，法国新闻传播事业自 1789 年以来所持续进行的争取新闻自由的斗争，至此业已汇成了一股不可阻挡的强大力量。正是在这个时期，两个使法国资产阶级新闻传播事业新体系最终确立的重要因素已经成熟：工业化的完成和共和国制度的巩固。于是，资产阶级新闻传播事业新体系的稳固成型便指日可待了。

1877 年 5 月，法国发生了最后一次共和国的政治危机。保皇派的布洛利内阁为在选举中获胜，采取了一系列专横措施压制新闻舆论，使共和派报刊的处境异常困难。在法国新闻传播史上，这次危机成为政府企图控制新闻出版界的最后一次尝试，但彻底失败了。这表明，法国政府再也不能随心所欲地把新闻传播事业置于自己的控制之下了，布洛利的失败还表明，一直在法国历史上兴风作浪的传统保皇派势力已不能再给共和制度带来真正的现实危险了。与此同时，共和派也急于结束政府与报刊持续了近百年的敌对状况。共和派党人清楚地看到，报业对市场利润的追求和竞争使其逐渐分裂并日益商品化，因而传统的政论报刊对公众舆论的影响已被大大削弱了。新闻自由所造成的政治风险已微不足道，政客们完全可能同新闻出版界达成妥协，而无须求助于以往名誉不佳的粗暴干涉方式了。正是在这一背景下，从 1878 年开始，一个专门成立的法律委员会开始着手精心制定有关新闻传播事业的法律草案。经过议会的激烈辩论，1881年7月29日，法国国会通过了一项全新的新闻法律，这就是1881年《新闻法》。

1881年《新闻法》是一部涉及印刷业、报业、报刊销售业、广告业等新闻传播事业各个环节，内容全面、详细的现代新闻法典，它取代了法国过去不同年代中先后颁布的42项相关法令和300多个有关条款。可以说，法国资产阶级革命通过1789年《人权宣言》宣布的新闻自由的伟大思想，经过92年的漫长岁月，至此才得到了法律意义上和现实社会意义上的正式确认。

1881年《新闻法》有两个显著的特点：其一是完全摒弃了任何预防性事先办报资格限制的法律条文，以往的新闻审查、事先领取许可证、保证金制度和印花税缴纳等一切事先限制性措施都被取消了；其二是建立了不包括舆论罪的“事后追惩制”原则。按照西方世界的普遍观点，这项法律赋予了法国新闻传播事业一个当时世界上最为自由化的体制。依据该法，法国资产阶级新闻传播事业新体系正式得以确立。

第三节　分析与思考

法国近代资产阶级新闻传播史的独特进程与历史影响非常深远，极具代表性，值得我们深入研究，总结其中的经验与教训。

一、法国资产阶级新闻传播事业新体系确立进程的特点

如果我们把法国资产阶级新闻传播事业新体系建立的历史与英国资产阶级新闻传播事业新体系的建立过程进行一个简单的比较，就会发现法国新闻传播事业新体系建立与发展的不同特点。

第一，理论先行。法国资产阶级新闻传播事业新体系几乎所有的基本原则、灵魂思想、自由理念在法国大革命这一“催产婆”到来之前，就已在伟大的思想启蒙运动中确立并且成熟了。而英国新闻传播事业新体系却没有经历过像法国这样系统的、为知识界和巴黎人民所普遍接受的事先“思想革命”运动，因而无法做到“思想先行”，只能摸索前进。在法国，早于大革命爆发之前，资产阶级新闻自由的观念便已深入人心，因而革命爆发的第一次高潮就产生了当时欧洲乃至世界最为先进彻底的资产阶级新闻出版宪法条文——《人权宣言》第十一条。这一宪法条文为世界范围的资产阶级新闻传播事业体系树立了理想的典范，成为鼓舞世界人民争取人类新闻自由的口号和目标。

第二，革命开路。法国资产阶级新闻传播事业新体系的建立是在疾风暴雨般的资产阶级暴力革命浪潮中完成的。在大革命的不同发展阶段，一个又一个的政治派别以暴力、阴谋、政变等武装的阶级斗争手段为武器，不断地把他人打倒推翻，并以暴力专政的方式竭力维护自己的统治。残酷的阶级斗争使法国的政局一直动荡不安，保皇与革命交替、共和与复辟轮流。每一个新的政治当权者都出于其统治的现实要求，毫无例外地把新闻自由留给了自己，而对敌人的新闻传媒则实施了严酷的压制与打击。就这样，法

国最先进的资产阶级新闻法律条文与最严酷的新闻专制控制现实之间出现了巨大的矛盾，却又并行不悖。正是因为政局的动荡，从宏观来看，法国整个资产阶级大革命时期的社会发展进程无法为新生的资产阶级新闻传播事业新体系创造一个稳定良好的社会环境。每一次的新闻自由，总是会为后来的政治反对派所推翻，整个社会无法平稳地积累新闻自由的胜利果实，无法逐步稳固地建立起一个替代旧封建社会传播体系的新型社会传播体系。法国资产阶级革命的各种政治派别中缺少工业资本家集团的势力，这也是一个重要的原因。由于法国的工业革命和资本主义市场经济的发展水平与英国相比一直较为薄弱，因而没有较早地形成一个强大的主导性工业资本集团，并在政治上有所作为，这就使得资产阶级左翼集团——富于理想也较为激进的以小资产阶级知识分子为主体的共和派，以及资产阶级右翼集团——以商业金融资本家集团为代表的保守派力量占据了法国革命中资产阶级的主导地位。再加上一会儿代表反动封建势力、一会儿代表资产阶级保守派利益的波旁派、奥尔良派、波拿巴派等一干新旧保皇党人势力的介入，法国革命的进程呈现出一种复杂且暴烈的左右极端性，革命的进程无法把资产阶级新闻传播事业已取得的阶段性胜利成果保存积累下来。相形之下，一个世纪之前就开始了的英国资产阶级改良式的革命，却能在一个较为和平渐进、稳定理性的社会环境中继续进行，其资产阶级新闻传播事业新体系更是通过英国式的渐进改良方式得以逐渐形成。这就是法国资产阶级新闻传播事业虽然在理论上取得了世界瞩目的成就，但在实践中却落后于英美两国的主要原因。

二、政论报刊传统——法国资产阶级新闻传播事业的特殊标志

法国资产阶级新闻传播事业新体系确立与发展的一个重要特征就是新闻传播事业热衷于政治报道，各个新闻媒体政治倾向鲜明，政论报刊持续繁荣并一直在法国新闻出版界占据着主导地位，这成为法国资产阶级新闻传播事业的一个特殊标志。与英国不同，法国资产阶级政论报刊始终扮演着法国资产阶级新闻传播事业的主角，这与法国新闻传播事业新体系的建立过程和较为特殊的国情密切相关。

首先必须予以关注的是法国新闻传播事业的历史继承背景。同借助具有行业公会形式的皇家特许出版公司来对王国内的新闻传播事业进行有效控制的英国封建专制王权不同，法国封建时代的新闻传播事业体系是通过国王和首相的积极支持发展起来的。英国王室的做法是鼓励和保护特许印刷商们的经济利益，并以此为驱动力来达成封建王室的政治目的。这种做法在客观上保护和鼓励了印刷商们的经济行为，使特许印刷商们为了自己的经济利益而卖力地维护王室的政治利益，从而奠定了英国新闻传播事业的商业色彩和牟利动机。这种传统一直延续到了资产阶级革命的时代，使得英国新闻出版界首要关心的问题总与经济利益紧紧相连，而政治利益总是从属于经济利益。这一传统的形成对整个英国新闻传播事业的发展产生了重要的影响。

相形之下，法国新闻传播事业的官方色彩和政治功利性第一的倾向，也逐渐形成了法国新闻传播事业的历史传统。这一传统亦形成了一种强大的惯性力量，对后来的法国新闻传播事业的发展进程施加了有力的影响，从而形成了法国新闻传播事业偏重于政治

性的传统。

其次应该考虑的因素当然是法国资产阶级革命的特殊展开方式：理论先行、疾风暴雨、大起大落、政党林立、血腥专政、阶级斗争、四面受敌、内外战争。这种暴烈革命必然需要鲜明有力的阶级舆论工具来进行宣传鼓动、大造声势、讨伐敌人、统一舆论，必然需要建立自己的舆论宣传工具，并对敌对势力的政治宣传活动予以专政与镇压、驳斥和查禁。所以，政治斗争的现实需要使得政论报刊一直在法国革命的各个发展阶段占据着传播主角的地位，政论报刊因而层出不穷、发展势头强劲。

最后一个导致法国近代史上政论报刊盛行的原因是法国读者的特殊阅读偏好。受革命前启蒙运动的熏陶，在疾风暴雨式的革命进程中积极参与斗争进程，为各自支持的政党集团的每一次胜利欢呼、每一次失败沮丧的法国公众，特别是巴黎的公众，对自己喜爱的政论报刊表现出了一种令人惊叹的忠诚性，形成了法国读者群体特殊的政治性阅读偏好。大量读者对各种各样的政论报刊的需求，刺激了这些报刊的存在与兴旺发达，这是法国政论报刊之所以长盛不衰，一直在法国近现代新闻传播事业中唱主角的根本性原因之一。

三、不同国家、不同模式、不同道路

与其他国家不同，法国近代新闻传播事业的建立过程呈现出一种理论先行、暴力流血、大起大落、曲折漫长的特征，并进而形成了法国近代新闻传播事业政治倾向鲜明、政论报刊发达的特有模式。这反映了每个国家的新闻传播事业的形成与其特殊的国情和历史背景之间紧密相连、不可分割的关系，以及每种新闻传播事业的体制模式都同其所处的社会形态相互影响、相互适应的普遍规律。

封建时代的法国新闻传播事业在强大专制王权的控制下，通过三大官方资助的报刊——政治性的《公报》、文学性的《信使报》和科学性的《学者报》，形成了一个严密的社会信息传播控制体系，有效地为波旁王朝的君主们服务。但是，在 1789 年大革命爆发，封建王权被打倒时，整个官方资助与支持的旧有封建出版管制体系立即趋于全面崩溃瓦解，这就给法国新的新闻传播事业体系的重建工作打下了一个良好的基础。然而，成熟的资产阶级启蒙思想体系，疾风暴雨般彻底的资产阶级政治革命，欧洲地区最为先进的社会生产力水平，这一切要素的存在并不代表一个完美的自由资本主义新型新闻传播事业体系会顺利诞生。事实上，由于革命后的法国政局始终处于资产阶级和封建复辟势力反复较量、此起彼伏的动荡之中，新的新闻传播事业所需要的社会稳定秩序，特别是稳定的政治上层建筑体系一直不存在，因此法国新生的资产阶级新闻传播事业忽进忽退、上下起伏，整体结构很不稳定。这便是法国近代资产阶级新闻传播事业确立的特殊模式，也是我们在此所致力研究的一个重要课题。

近代法国资产阶级新闻传播事业新体系独特的起伏动荡形成方式，以及法国近现代政论报刊能够长期占据其新闻传播事业主导地位的事实告诉我们，每一个国家的新闻传播事业都可能因为一些特殊的历史原因，进而产生出某种不同于其他国家发展的特殊模式。历史的传统不仅仅是一种传统，它更是一种影响当代的现实社会力量，是一种与一个国家特定的政治、经济、科技、生活和其他社会小系统同构而形成的历史发展动力或阻力。正是这些社会子系统在不同历史时期的不同的组合方式、不同的组合时间和不同的存在性质，导致了各国新闻传播事业发展的不同风貌。

联想到当下中国特殊的国情、特殊的传统、特殊的理论与特殊的发展道路，我们也应寻找发现并形成自己的中国特色社会主义新闻传播事业体系，这正是法国近代新闻传播史给予我们的一个重要启示。

练习题

一、名词解释

1. 伏尔泰
2. 孟德斯鸠
3. 卢梭
4. 1881 年《新闻法》
5. 《人权宣言》第十一条
6. 《人民之友报》

二、简答题

1. 法国大革命与法国新闻传播事业新体系之关系。
2. 启蒙运动对法国新闻传播事业新体系的影响。

三、论述题

试论述法国近代新闻传播事业转型的特殊道路与发展模式。

第六章
突进的平坦之路
——美国近代新闻传播事业新体系的确立历史

本章学习要点

- 美国社会转型模式与新闻传播事业新体系确立之互动关系。
- 美国一帆风顺式的资产阶级新闻传播事业新体系确立的历史之路。
- 托马斯·杰斐逊的新闻思想探讨。

相形于英、法两国资产阶级革命中所诞生的道路不同、体系各异的两种资产阶级新闻传播事业发展模式，随着美利坚合众国的诞生而形成的美国新型资产阶级新闻传播事业却呈现出了另外一种迥然不同的新路径，这就是美式的狂飙“突进的平坦之路”。

第一节　背景之回顾

许多历史学家们认为，从表面上看，宗主国英国对北美十三州严酷的殖民压迫是导致美国独立战争爆发的直接原因。但从新闻传播史的角度来看，导致这场战争爆发的另一个重要原因可能是殖民地报刊活跃非凡的反英宣传鼓动活动。如果没有殖民地新闻传播事业这些出色的反英宣传活动，也许这场战争根本打不起来。人们认为，殖民地人民与英国宗主国之间的诸种矛盾仅仅是一堆干柴，而新闻传播领域里的那些革命的鼓动宣传家们则是这场战争的点火人。正是在这场战争中，北美十三州殖民地的新闻传播事业获得了最大限度的成长，迈开了跨向资产阶级新闻传播事业新体系的历史脚步。

一、殖民地与宗主国的矛盾

1607年，来自英国的首批殖民者在弗吉尼亚州的詹姆士河口建立了英国在北美的第一块殖民地；1733年，英国殖民者已占领了东起大西洋沿岸，西至阿巴拉契亚山脉的整个东海岸狭长地带，并建立了十三个永久性的北美殖民地（北美十三州殖民地）。

从殖民地建立伊始，英国的殖民统治者就企图把殖民地变成它的原料供应地和国内商品销售市场，这使得殖民地自身的社会经济发展进程受到了英国殖民统治的严重压制。比如，英国政府为了自身利益，竭力禁止殖民地人民向阿巴拉契亚山脉以西地区移民；为了保护国内资产阶级的利益，又多次颁布禁令，禁止殖民地生产工业制造品和与其他国家直接通商；1750 年的法令还禁止殖民地建立和扩建熔铁炉及制造加工类的企业。“七年战争”后英国战胜法国，夺得了在北美地区的霸主地位，更变本加厉地对北美十三州进行殖民压迫，加速了殖民地与宗主国的矛盾尖锐化，最终导致了独立战争的爆发。

二、特殊的地理环境与殖民地的文化精神

促使资产阶级新闻传播事业新体系在北美产生和发展壮大的另外一些背景因素也值得人们注意，比如北美大陆从来没有过封建专制制度存在的历史，移民们独立的精神及热爱自由的传统，肥沃辽阔的土地和无数个体经济单位，这些因素所奠定的资本主义经济基础也是资产阶级新闻传播事业新体系建立的特定基础，为其产生与成长提供了良好的条件。

18 世纪独立战争前夕，北美十三州的文化知识气氛亦有利于新体系的萌芽和成长。移民们的母国英国的资产阶级革命理论家们的“天赋人权”说、法国启蒙运动的“社会契约”论和“自由、平等、博爱”等最新的资产阶级思想理论，武装了殖民地的知识阶层，并由他们通过各种新闻媒体传递到酷爱自由的普通人民大众心中。

从殖民当局的所作所为来看，英国一系列的政治、经济压迫——尤其是 1765 年的《印花税法案》——使北美十三州全体民众对英国殖民统治者的仇视和反抗情绪日益高涨，为革命的宣传家们提供了攻击的目标。

初期的斗争是从殖民地人民群起反对 1765 年 11 月 1 日正式生效的《印花税法案》开始的。这个法案规定所有殖民地的报刊、法律证件、商业单据和各种印刷品都必须缴纳印花税，大大得罪了殖民地的两类重要的社会文化精英——律师集团和新闻出版界人士。于是，这两部分擅长舆论宣传工作的群体开始不断地对英国殖民当局口诛笔伐，宣传鼓动殖民地人民站起来革命。1766 年 3 月，在殖民地强大的抗议浪潮中，英国殖民当局被迫宣布在北美十三州停止执行《印花税法案》，大获胜利的新闻出版界威信陡增，以更大的热情投入到未来的革命运动之中。

在随后的反对《唐森德税法》和 1770 年“波士顿流血事件”中，殖民地新闻工作者们都做出了自己的卓越贡献。特别是 1773 年的波士顿“倾茶事件”、1774 年第一届殖民地大陆会议和 1775 年莱克星顿战斗的前后，北美十三州的新闻工作者们在团结广大民众、鼓动反英浪潮、形成一致的独立舆论方面做了很多工作，并最终成功“点燃”了独立战争的正义之火。

第二节 历史的进程

新生的美国资产阶级新闻传播事业是伴随着北美十三州民族独立的隆隆炮声而诞生的，又是在欧洲伟大的启蒙运动的孕育下起步的，因此，它既具鲜明的“美式”风格，

同时也包含了西方资产阶级新型新闻传播事业的共性内核，并最终形成了自己较为特殊的发展路径与体系模式。

一、美国独立战争时代的新闻传播事业（1765—1783）

北美十三州独立战争时代的资产阶级新闻传播事业是在革命的浪潮中起步腾飞的。伴随着革命的进程，北美十三州逐渐形成了四个主要的政治势力集团，并各自有着自己出色的宣传家和代表人物，这就是殖民地民主激进派的塞缪尔·亚当斯、温和派（辉格党人）的约翰·迪金森、保皇派（托利党人）的詹姆斯·利文斯顿和革命派的托马斯·潘恩。

（一）殖民地民主激进派宣传家——塞缪尔·亚当斯

塞缪尔·亚当斯于 1722 年出生于波士顿的一个新兴资产阶级家庭，毕业于哈佛学院，是殖民地当时少有的高级知识分子之一。亚当斯自身的经历和家庭变故使他极端痛恨英国殖民当局的重商主义政策——因为正是殖民当局的一系列政治、经济压迫使他和同一阶层的许多殖民地有产者纷纷破产、家道衰落。于是，他开始投身于政治斗争，成为波士顿乃至整个北美殖民地民主激进派的领袖。

亚当斯对革命的贡献首先在于他奠定了这场伟大的独立运动的理论基础。亚当斯依据英国洛克的“天赋人权”说和法国卢梭的“社会契约”论，有力地论证了殖民者对北美十三州统治的不合理性和殖民地脱离英国的必要性，从这个意义上而言，亚当斯可谓是美国的“独立运动之父”。亚当斯的另一贡献就是他把关于革命的独立观点，通过不懈持久的宣传努力灌输到广大民众中去，点燃了革命之火。其中，从事新闻宣传活动是亚当斯和他的亲密战友们的主要工作方式。

亚当斯的这一工作最早是同《波士顿公报》紧密相连的。1755 年，亚当斯的两位思想挚友本杰明·艾德斯和约翰·吉尔共同买下了这家原名为《波士顿公报与乡村新闻》的报纸。几乎是同时，这家报纸成为亚当斯激进的政治团体乃至整个北美十三州激进团体的神经中枢和喉舌刊物，报纸的发行量迅速达到 2 000 份之多，这在那个时代是一个很了不起的数字。

聚集在这家报纸周围的殖民地民主激进分子们迫切希望在北美十三州爆发一场社会革命。亚当斯明白，要想达到这一目的，他们必须想方设法争取到整个殖民地大多数民众的支持。为此，必须加强出色的宣传鼓动工作，在北美十三州建立一个相互支持、压倒敌对势力声音的革命鼓动宣传体系。

亚当斯团结联系各地民主激进派团体传媒的构想是通过“自由之子”这一爱国组织来完成的。这个组织是各殖民地在 1765 年反《印花税法案》的浪潮中建立起来的，亚当斯立即通过它把各州的反英激进分子们和各地的重要新闻媒体联系在一起。随后，以各地的“自由之子”社为依托，亚当斯建立了一个遍布整个殖民地的、一呼百应的革命宣传网络系统——北美“通讯委员会”。

这个宣传网络的“龙头”就是《波士顿公报》，各地的激进派报刊则是这个宣传网络在当地的舆论中坚，其中著名的报刊和发行人有：《马萨诸塞侦探报》的艾赛亚·托马斯，纽约《新闻报》的约翰·霍尔特，《南卡罗来纳新闻报》的彼得·蒂莫西，《宾夕法尼亚纪事报》的约翰·迪金森和《马里兰新闻报》的威廉·戈达德，《纽波特信使报》的所罗门·索斯威克和费城的威廉·布雷德福也是这个宣传团体中的一员干将。

这些殖民地的革命宣传报刊相互间快速地传递各类新闻信息，刊载与转载各地的反英消息及相关评论；广泛发动群众，灌输反英思想，力促全体民众都投入到这场伟大的革命运动中去。正是这些激进的革命报纸和革命宣传家们在独立战争前夜的摇旗呐喊，为殖民地人民后续的独立运动做好了充分的舆论准备工作。

很难想象，如果在北美十三州没有这样一个摇旗呐喊、宣传鼓动的民主激进派宣传团体，如果没有塞缪尔·亚当斯等人的写作、讲演、鼓动、办报，北美这场独立战争能否爆发都还是个未知数。正是亚当斯等人的不懈努力，使殖民地的保皇派分子名誉扫地，使犹豫不决的温和派辉格党人们终于拿起了革命的武器，使殖民地的普通民众最终破除了传统的王权思想、宗主观念，勇敢地投身于这场独立战争之中。也正是亚当斯等人对英国殖民当局坚持不懈的揭露抨击甚至造谣谩骂（这在亚当斯看来是完全必要的），致使英国殖民当局暴跳如雷，接二连三地施展出一系列不理智的暴力高压手段，最终打响了第一枪，燃起了独立战争的战火。

从某种意义上说，整个北美十三州的殖民地独立运动的历史进程是在亚当斯等人的鼓动和操纵下展开的，英国殖民当局因此刻薄地称亚当斯等人是殖民地民众“木偶背后的提线人”。塞缪尔·亚当斯虽然不一定是北美革命运动中唯一一位宣传家，但确实是这场革命运动里所有宣传家中最积极的一个。为了达到既定的目标，亚当斯想尽一切办法，先后使用了不少于25个笔名来写作、发表革命的宣传文章。每当波士顿城的民众在沉沉夜色中看见亚当斯窗口那似乎永不熄灭的灯光时，他们就知道亚当斯又在为他们呐喊了。1775年4月19日清晨，波士顿郊区莱克星顿镇的枪声终于鸣响，整个北美十三州的人民拿起了武器，为塞缪尔·亚当斯日夜期盼、宣传策划的独立战争的最后胜利而战斗了。

（二）殖民地温和派（辉格党人）宣传家——约翰·迪金森

与总是从社会革命的角度来进行宣传鼓动的亚当斯等殖民地民主激进派不同，作为一名精明冷静、讲求实际、深受殖民地富裕有产阶层推崇的著名律师，约翰·迪金森更多的是从私人财产与经济利益的角度出发来考虑革命、独立、战争等一系列重大问题的。迪金森对塞缪尔·亚当斯提倡以革命暴力手段改革社会及“天赋人权”说和“社会契约”论等说法并不感兴趣，他强调必须有力地保护殖民地有产者的个人利益，不能容忍有人未经允许而强行掏抢这些有产者的腰包。迪金森认为，对于一切外来势力——包括英国国会——未经殖民地人民投票确认的“非法”敛财行为，殖民地有产者和人民群众都有权予以反抗，当然这种反抗应该有秩序、有理智，采用温和手段与合法形式。

然而，1767年发生的两件事使温和保守的迪金森大为震惊，思想观念也有所触动。其一是英国国会竟然未经任何形式的民意征询，悍然颁布《唐森德税法》，开了从殖民地直接抽取高额税收之先河；其二是由于未向当地的英国总督按期缴纳额外的不当税金，纽约州议会被远在万里的英国国会强行中止一切活动。迪金森认为，英国本土政府竟然置双方约定的以往法律于不顾，一句话就可以停止殖民地议会的活动，也不经过殖民地议会讨论，就直接由英国本土政府宣布在殖民地征收税金，如此下去，十三州殖民地的有产者们非破产不可。为此，迪金森拿起了笔，开始站出来大声地进行宣讲与抗议了，这就是1767—1768年他在《宾夕法尼亚纪事报》上连续发表的12篇题为《宾夕法尼亚——农人来信》的著名系列政论文章。

在这一系列政论文章中，迪金森有力地宣扬了他的温和派政治、经济观点，证明了英国政府的一系列征税行为直接侵犯了殖民地人民的正当权利。他激情洋溢地写道：让这些思想深深印入我们的脑海，即我们没有自由就不能快乐；如果他人不得到我们的同意即有权随意夺取我们的财产，我们的财产就无安全可言；国会向我们所征的各种税收，即是以这种方式来夺取我们的财产。由于迪金森的“农人来信”系列文章写得既精彩又富有说服力，因而被人们广泛阅读，到处流传，影响深远。在整个北美十三州，除三家报纸外，几乎所有的殖民地报刊都转载刊登了这位“宾夕法尼亚农人”的全部作品。

除了“农人来信”系列政论文章以外，迪金森还在其他报刊上撰写了大量文章，反复宣传他的观点和意见。迪金森的贡献是明显的，虽然他厌恶革命，但他的言行——特别是他卓越的宣传活动——却有力地促成了这场革命。他的文章深入浅出、清晰明确、严谨有力地阐述了那些让北美十三州殖民地有产阶级深感必须捍卫的一系列基本原则，为这场革命运动做好了充分的舆论准备。迪金森那些代表殖民地辉格党人（温和派）利益的文章影响和促成了这个集团最终走上同殖民地母国决裂的道路。历史学家们认为，在为美国独立战争制造舆论方面，除了塞缪尔·亚当斯外，迪金森起的作用比其他人都大，人们因此称誉他为“革命的笔杆子”。

但是，当革命要求人们必须拿起武器保卫自己的时候，殖民地的温和派党人们便面临着两个艰难选择：或者忠于英王乔治三世，或者忠于造反的殖民当局——前者带给了他们所珍视的传统法律和社会秩序，而后者则代表着他们早已垂涎三尺的自由企业制度和发财的希望。迪金森自己也面临着这种痛苦的两难抉择。他十分清楚，要保护自己这一阶层的根本利益不受损害，只有进行革命性的独立战争，但他又不忍心脱离亲爱的祖国彻底独立。于是，他最终拒绝了在《独立宣言》上签字，却拿起了来复枪奋起保卫自己的家园。

（三）殖民地保皇派（托利党人）宣传家——詹姆斯·利文斯顿

詹姆斯·利文斯顿是当时北美大陆上公认的一位保皇分子，即那个希望继续凭借门第、财产、地位及传统进行殖民统治的保皇集团的代表。他所出生的宗教气氛浓厚的英国宗教书籍出版商家庭一方面给予了他国王与宗教神圣不可侵犯的观念，另一方面也给予了他对出版的个人喜好及出色的家传印刷手艺。

利文斯顿在1762年移民纽约，1773年各殖民地造反前夕，他创办了一份报纸——《利文斯顿纽约公报》（又名《康涅狄格、新泽西、哈德逊河与魁北克广告周刊》，简称《利文斯顿纽约公报》）。虽然报名长得有点烦人，但这份报纸印刷精美、内容丰富、广告众多、影响颇大，行销殖民地各地甚至海外，1774 年其发行量就达到了惊人的 3 600 份之多，当时的各殖民地报刊发行量无一能出其右。

利文斯顿是一个很有政治头脑的精明的报纸编辑。虽然思想保守、反对革命，但在十三州殖民地民众强大的反英浪潮中他却不敢明言保皇，于是便采取了一种“狡猾”的编辑方针。他高举客观、公正的旗帜，声称他所创办的报纸是一个社会公器，任何人都有权利求助于他，他的印刷所也向任何党派的出版物开放。在讨论革命与独立等重大问题时，利文斯顿总是刻意地从正反两个方面来进行所谓的“客观分析”和公平论辩——但奇怪的是，利文斯顿最后的结论却总是一样的：革命无道理，独立要不得。

利文斯顿可谓北美十三州（甚至美国）历史上最早提出并采用“客观主义”这一报道理念的新闻工作者。但是他的这种所谓“客观报道”手法和最终总是一样的结论却引起了革命激进团体的愤恨。纽约的“自由之子”社领导者组织了大批革命群众冲入利文斯顿的印刷所，捣毁了所有的铅字与机器，当街烧掉了利文斯顿的模拟画像，并抓住了他本人，强令其在一个侮辱性的悔过文件上签字画押，当众游街公开承认错误。

“莱克星顿枪声”爆发的第三天，即 1775 年 4 月 21 日，利文斯顿不再客观公正了，同他的殖民地民主激进派报刊对手一样，他也公开成了一个有党派的报人。利文斯顿把他的报纸直接更名为《保皇公报》，其报道满篇充斥着针对独立战争革命领袖们的凭空捏造的攻击与污蔑，载满了反对革命的各类新闻和鲜明言论。在被革命派群众使用暴力驱逐回英国后，1777 年利文斯顿又作为英王的一名特许印刷商，跟随着英国镇压殖民地独立运动的武装部队重返纽约，并在纽约继续经营那份习惯于捏造革命派内部分裂消息、杜撰革命必将失败的故事、总是刊登英国必胜言论的《保皇公报》——它也因此被殖民地民众公认为“利文斯顿的说谎公报”。1783 年新年前夕，获得了胜利的纽约革命政府查封了利文斯顿的《保皇公报》。同其他被迫离开北美大陆的殖民地保皇党人不同，利文斯顿选择继续留在纽约，以经营一家书店为生，直到 1802 年悄然病逝。

（四）殖民地革命派宣传家——托马斯·潘恩

在殖民地众多的革命宣传家中，托马斯·潘恩非常值得一提。这位出身贫贱的英国移民于 1774 年手持对他赞赏有加的本杰明·富兰克林（当时的十三州殖民地驻法大使）的一封亲笔介绍信来到北美，并很快在为杂志《宾夕法尼亚》撰稿的过程中确立了其作为一名出色的宣传家的地位。他最早的著名的作品就是 1776 年 1 月出版发行的一本宣传小册子——《常识》。

《常识》发表的背景是这样的：虽然经过塞缪尔·亚当斯等一大批革命宣传家的极力鼓动，北美十三州殖民地独立战争终于爆发了，但在整个殖民地中，保皇派的喧嚣和以迪金森为首的温和派的犹豫不决却使这场战争一开始就陷入了难以为继的危险境地。保皇势力的强大影响在殖民地上层集团和下层民众中都广泛存在，甚至当时殖民地抵抗英军的大陆军总司令乔治·华盛顿将军一开始也把他的队伍称作“英王陛下的部队”——这表明其只反对英国国会，而不反对英王的立场。令人啼笑皆非的一个奇怪现象是：大陆军的士兵们每天早晨先在军营里为英王乔治三世做祷告，然后才出发去同英军作战。这些不利的分裂现实和诸多咄咄怪事，充分说明在此时此刻革命的舆论是多么重要。为了广泛动员殖民地人民坚决果断地参加这场革命，抛弃一切陈腐的封建传统宗主国观念，托马斯·潘恩奋笔疾书，写出了他那本虽不满 50 页却名垂青史的小册子《常识》。

在《常识》中，潘恩猛烈抨击了英国政府的暴政，控诉了英国一直以来暴虐的殖民压迫，严厉批判了英国封建君主专制政体的腐朽与凶残，坚决主张北美十三州殖民地同英国彻底分离、实现独立、建立共和政体，激烈地号召全体人民为此拿起武器——因为“辩论的时期已经结束，应该用武器这最后的手段来解决争议”了。

潘恩的这种激进的资产阶级民主主义思想，令殖民地保皇分子们产生了巨大恐惧。1776 年年初，费城神学院院长威廉·史密斯牧师以“加图”为笔名在《宾夕法尼亚公报》上撰文激烈攻击《常识》。潘恩立即于四五月间在《宾夕法尼亚邮报》上连续发表了四封反击“加图”的政论书信，给予保皇分子以迎头痛击，这就是著名的《林中居民的信札》。尽管有少数人反对，但在短短的三个月里，《常识》卖出了 12 万册之多——北美十三州殖民地稍能识字的人几乎人手一册，阅读这本激动人心的小册子。就这样，《常识》出版的消息不胫而走，像风一样飞速地传到了新英格兰的每个农场和纽约不同商号的办公室，传到了弗吉尼亚的各个种植园，从北美东海岸的北部到南部，人们纷纷热烈地讨论着潘恩大胆的独立主张。突然之间，“独立”这两个在两三个月之前还被认为是无法无天、过激犯罪之词的字眼，现在却变成了殖民地每一个人的口头禅了。在随后而来的斗争中，独立的浪潮终于汇成了势不可挡的滚滚洪流，保皇派和温和派微弱的声音完全被独立的号角淹没了。1776 年 7 月 4 日，殖民地第二届大陆会议通过的《独立宣言》向全世界庄严宣告：北美十三个联合起来的殖民地，从此成为“地球上的国家之一，自然法和上帝认为他们应该享有独立的和平的国家”——美利坚合众国。

《危机》是托马斯·潘恩撰写的另一本著名的系列宣传文章小册子。1776 年年底，殖民地独立部队大陆军遭遇了一连串的军事失败，部队军心涣散，逃兵比比皆是，人民也情绪低落。值此革命的又一危急关头，作为大陆军总司令华盛顿将军麾下文职军人的潘恩又拿起了笔，在低矮昏暗的军营帐篷马灯旁写出了系列文章《危机》的第一篇。这篇文章随即被刊登在 1776 年 12 月 19 日《宾夕法尼亚周报》上并迅速引起了广大公众的热烈反响。它的开篇卷首便深深地吸引了读者——潘恩用炽热的激情这样写道：“此时此刻，正是考验人们的灵魂的时候。在夏天的季节来当兵，在阳光明媚的时候才爱国的人，在这场危机中固然会把为国效忠视为畏途，但是，现在面对危机挺身而出的人们却值得我们男女同胞的敬爱和感激。暴政，像地狱一样，是不会轻易被征服的。然而我们有一点可以使自己感到欣慰：战斗愈是艰苦，胜利愈是辉煌。得来太便宜的东西，我们就会等闲视之——任何事物唯其昂贵才有价值，只有上帝才知道该怎样给它的商品标定一个适当的价格。所以，假如自由这样一件如此神圣的东西竟不会被定以高价，那才奇怪了。”

《危机》的这篇文章立即被各殖民地爱国报刊转载并马上在广大的民众中广泛流传开来，以至于幼稚学童都能背诵上述开篇文字。潘恩的这篇文章刚刚脱手，善于运用报纸宣传鼓舞军心的华盛顿将军立即下令把文章念给他那些已被冻得麻木、萎靡不振的士兵——这篇正义磅礴、极富鼓动性的文章果然使沮丧的士兵们振作了起来。华盛顿将军不失时机地带领士气高昂的士兵们跨过波托马克河，在特伦顿和普林斯顿打了两个大胜仗——独立战争的不利局面终于被扭转过来了。

从此以后，一直到独立战争结束，革命每每进入关键时刻，潘恩便撰写出一篇《危机》的续篇——他先后共写了13篇。这些文章有鼓舞士气的，有抨击英国派遣议和来使的，有揭露保皇派反革命阴谋的：它们毫无例外地成了美国报刊史上最为著名的政论文章之一。托马斯·潘恩用自己的头脑、笔杆和勇气，为美国的独立战争做出了无人可以替代的杰出贡献。

就这样，在1765—1783年这一革命时期，北美十三州殖民地的资产阶级新闻传播事业在规模、声誉和影响力上都有了惊人的发展。殖民地资产阶级新闻传播事业新体系已成为新建立的美国社会中一支举足轻重的力量。这一切同殖民地报业在美国独立革命中的出色表现密不可分。在独立战争的每个重要关头——1766年《印花税法案》的废止，1770年波士顿流血事件，1775年莱克星顿枪声，1776年《独立宣言》的发表，1775—1783年数次重大的关键战役——殖民地的革命报刊都发挥了自己的出色作用，受到了广大人民群众的普遍欢迎和高度尊敬。新生的北美资产阶级新闻传播事业从独立战争中脱颖而出，并得以在后续的美国历史进程中扮演着至关重要的角色。

二、政党报刊时期及资产阶级新闻传播事业新体系的确立（1784—1833）

（一）美国政党报刊——“党派谩骂”现象

独立战争胜利之后，美国的政治家们在如何组织联邦政府及处理外交等问题上产生分歧，形成了两大政治派别集团：其一是以亚历山大·汉密尔顿为首的联邦派，其二是以托马斯·杰斐逊为首的反联邦派。两派在联邦宪法的采用、关税和州债负担、法国问题、对英缔结和约这四个主要问题和许多细节上矛盾尖锐、互不相让。这些争执马上反映到了该时期的新闻传播事业中，于是，战争时期论战的硝烟尚未散尽，新的论战又已开启，美国新闻传播史进入了一个各个政党所支持的政论报刊相互攻讦的新时期，它所显现的突出特征是报刊间激烈的党派谩骂。

联邦派和反联邦派都有着自己的宣传媒体和著名的笔杆子。联邦派著名的报纸有1789年4月在纽约问世的《合众国公报》，由约翰·劳诺主编；1784年创办于波士顿的《哥伦比亚前哨报》，主编与发行人是拉塞尔少校；1797年3月创刊于费城的《箭猪公报》，由威廉·科贝特主编；1801创刊于纽约的《纽约晚邮报》，由科尔曼主编。反联邦派的报刊则有1791年创办于费城的《国民公报》，由菲利普·弗伦诺主编；1790年创办于费城的《曙光女神报》，由贝奇主编，后由杜安接手。这个时期政党报刊的含义是：报刊公开标榜为政治服务，自觉成为党派政治斗争的工具，接受政党津贴资助；报刊论战时以我画线，以宣传本党的政治主张为主，常常夸大其词，甚至无中生有、捏造罪名、诽谤对方；报刊主要刊登政治哲学文章，长篇大论、内容深奥、文字艰涩，读者们多为本党成员、少数政客及知识分子阶层。

这一时期报刊间党派谩骂成风，报刊论战激烈，言词文字粗野，不择手段地诽谤污蔑乃至人身攻击，不讲求任何客观公正原则——有时办报人之间甚至相约决斗，大打出手，枪棒相见。

威廉·科贝特可谓是这一时期党派谩骂的一个典型标本。在《箭猪公报》创刊号上他直言不讳且厚颜无耻地宣称："我将不做公正不偏的陈述，那将毫无用处，而且毫无意义。"他用这样的文字来刻毒地描绘他的对手——费城《曙光女神报》主编贝奇："这个穷凶极恶的无耻小人（不愧是老本杰明的子孙）知道，凡是有点常识的人都对他嗤之以鼻，把他看作一个信口雌黄的说谎者、一个工具、一个被人收买的走狗……他是一个面目狰狞的魔鬼，他的目光从未逾过你的膝盖，他一脸菜色，双颊凹陷，双目呆滞，他给人的总印象是：恰如在示众架上吊了一个星期或十天的那么一个家伙！"

显然，这是一场极不体面、极不文明却又别开生面的报刊小型战争。争吵、谩骂、诽谤、中伤、大喊大叫，外加街头相斗、大掴耳光、棍棒交手、刀枪决斗，煞是热闹。这场指黑为白、造谣污蔑、相互攻讦、党派谩骂的政党报刊攻讦丑剧一直延续到1833年前后才被大众逐步抛弃。

（二）《人权法案》的制定——新闻传播事业新体系的正式确立

美国第一批宪法修正案（十项条款，又被称为《人权法案》）是在这样的背景下产生的：从远因来看，独立战争中深入民心的"天赋人权""社会契约"等资产阶级民主观念在美国已形成了强大的政治思想力量，这种自由思想成为《人权法案》的直接源头，《人权法案》正是这些思想的法律形式的表现；从近因来看，汉密尔顿领导的费城秘密制宪会议起草的联邦新宪法既未提及新闻自由，也未提及人民的诸种自由权利，与1776年的《独立宣言》相比大大倒退，因而遭到全国民众和进步政治团体的激烈反对。为了尽快争取到十三州中至少九个州的批准，使新宪法能够生效，汉密尔顿的联邦派党人被迫向人民让步，允诺成立一个专门的委员会来制定一批宪法修正条文，这就是宪法第一批修正案——统称《人权法案》。

《人权法案》的起草工作是由杰斐逊的挚友和学生麦迪逊领导的一个委员会负责的。《人权法案》的具体条文——特别是新闻自由方面的条文——并非凭空提出，乃是麦迪逊民主思想和当时许多州宪法中相关法律条文的混合。事实上，在1787年，北美十三州中已有九个州为新闻自由提供了相关法律保护。麦迪逊的第一稿认为"任何一州都不得侵犯言论自由或良心平等权利"，审议委员会将其增改为"或新闻出版自由的平等权利"，最后，经参众两院修订后，该条款作为宪法第一修正案于1791年批准生效。

美国宪法第一修正案的具体内容如下："国会不得通过建立尊奉某一宗教，或禁止宗教自由的法律；不得废止言论自由与出版自由，或限制人民集会、请愿、诉告的自由。"这条宪法法律为美国资产阶级新型新闻传播事业提供了迄今最为有力的法律保障。

宪法第一修正案的进步意义极为重大。其一，它是世界上最早的保障新闻自由的成文法。在英国，当时的新闻自由正在各种专制压力下痛苦呻吟。在法国，虽有1789年《人权宣言》第十一条，但它仅仅是一个精神原则，并未形成切实可行的法律条文。当时在欧洲乃至于世界大部分地区，封建专制制度还占据着统治地位。在这种时刻，宪法第一修正案的制定，无疑具有极大的历史进步意义。其二，从法律的意义上来看，宪法第一修正案以宪法这一国家根本大法的成文形式，规定给予民众很大的（也许在某种程度上是形式的）民主权利和新闻自由。由于它属于国家根本大法，又明文规定国会不得“废止言论自由与出版自由”，这就使得无论是美国的总统还是国会，想要在不受高等法院抵制的情况下通过某种行政或立法手段剥夺人民的新闻自由，是极其困难的。事实上，宪法第一修正案一直被看作美国历史上第一个也是最重要的一条新闻法规，这一法规一直延续至今，并有效地起着保障美国新闻自由的巨大作用。其三，宪法第一修正案从法律上保证了美国资产阶级民主权利和言论及新闻自由，它标志着美国资产阶级新闻传播事业新体系的正式确立，并作为这一体系的灵魂和中坚力量，保护与扶持了新体系的健康成长。

（三）“言论四法” 的制定及取消——新闻传播事业新体系的巩固

1797 年，约翰·亚当斯宣誓就任美国第二任总统时，美法战争一触即发，党派斗争更为激烈。这种混乱局面及强烈的敌对情绪，促使亚当斯伙同联邦派党人所控制的国会，于该年夏天通过了违反宪法中有关新闻自由条款的四项言论法案。

这四项言论法案又称“言论四法”，总称是《外国人及煽动叛乱法案》（又称《处置外侨法案》），它包括《外国人归化法案》《外国人法案》《敌方法案》和《惩罚犯罪法案》。

美国历史上的这四项法案又常常被人们称为“侨民法”，因为它们针对的是当时的外来侨民，是当局专门为打击那些有民主激进思想倾向和支持杰斐逊反联邦派的外国侨民而特意制定的。此法将外侨获得美国国籍的年限由原来规定的 5 年延长至 14 年，并授权总统可将他认为是“颠覆分子”的任何人驱逐出境。

与此同时，国会又制定颁布了“镇压暴乱法”，即著名的《惩治煽动叛乱法案》，它是当局专门用来打击、迫害敌对派别的报刊编辑和发行人的。该法规定：凡发表文章或用言论恶意中伤政府、国会或总统，“意欲诽谤、污辱或损害其名誉”者，一律要受到罚款或坐牢的惩罚。

《惩治煽动叛乱法案》实际上是美国新闻传播史上的第一部诽谤法，从历史的角度来看，该法的某些条文还是有一定进步意义的。比如该法提供了两项保障被告权利的措施：其一，被告可以提出真情与事实作为辩护理由；其二，陪审团对法律和事实两个方面都有权做出裁决。这是 1735 年安德鲁·汉密尔顿在曾格案件中提出的两个相互关联的重要原则，至此被正式载入美国法律之中。

但是，问题的另一面是：在一般情况下，每一个被告往往很难确定他所报道的事情没有丝毫的差错，而联邦派执掌审判权力的法官们在这类案件中特别强调的“一旦诉之法律，反驳者必须证明每项指责均属事实，他必须彻底予以证明”，是非常难实现的。这种事实必须全部真实，如果事实难以达到百分之百的准确就有着潜在的被起诉的危险，这就使得《惩治煽动叛乱法案》自然地起到了某种威胁记者、控制舆论、堵塞言路的作用，成为联邦政府官员们用以整肃舆论、镇压报刊自由的合法依据。故而，许多反联邦派党人纷纷在“谋叛”“煽动”的罪名下横遭迫害，而肆意辱骂杰斐逊及反联邦派党人的一些外来侨民或联邦派报刊作者却逍遥法外、从未被起诉，这更加暴露了政府制定与实施“言论四法”的党派私欲。正是在这一时期，美国新闻传播史上出现了一段政府企图控制新闻自由的“黑暗时代”。

“言论四法”的实施很快遭到美国广大民众的强烈抗议。1798 年冬天，民主共和党人（即后来的民主党）占优势的弗吉尼亚州和肯塔基州议会分别通过了两项决议案，抗议“言论四法”和《惩治煽动叛乱法案》，并肯定了各州对联邦政府的不合法行为拥有废除权。在 1800 年举行的总统大选中，人民的意志得到了强烈的体现——托马斯·杰斐逊以压倒性的优势当选为美国第三任总统。1801 年 2 月，众议院以 53 比 49 的多数票挫败了联邦派党人欲将《惩治煽动叛乱法案》等法案有效期延长两年的议案。1801 年 3 月 3 日，《惩治煽动叛乱法案》等法案到期自动废止了，杰斐逊总统即刻赦免了所有因“言论四法”而被捕入狱的囚犯，并将尚待审理的此类案件一律撤销，把以前此类案件中的罚款加付利息偿还给所有的被告人——“言论四法”及《惩治煽动叛乱法案》遂寿终正寝。

这一时期美国人民为新闻自由所做出的斗争和努力深入民心，美国资产阶级新闻传播事业新体系的大厦已趋稳固，随之而来的一个历史现象更保证了它的成长，这就是在整个 19 世纪前半叶（1801—1841），除第六任总统约翰·昆西·亚当斯（第二任总统约翰·亚当斯的儿子）属辉格党人（即后来的共和党）以外，其余五任总统全部由民主党人担当。特别是杰斐逊（两届）、麦迪逊（两届）、门罗（麦迪逊的学生，两届）和杰克逊（著名平民总统，两届）这几位总统任内，民主思想和新闻自由原则一直受到政府的鼓励和支持。经过近 40 年的平稳过渡，美国资产阶级新闻传播事业新体系完全稳定，彻底巩固了。

第三节　分析与思考

虽然同样是西方社会主流化的新型资产阶级新闻传播事业，但英、法、美、日、德五国近代新闻传播史的发展道路是非常不同的。这就需要我们分析与思考：为什么具备同样性质的资产阶级新闻传播事业，却在不同的国家、不同的地域、不同的历史时段呈现出不同的发展路径与模式呢？本节的相关内容就是基于这一思路而展开的。

一、北美十三州独立的新闻传播事业新体系的确立之路

北美十三州新闻传播事业新体系的建立标志着一种新的社会大众信息传播体系的确立。与和平渐进改良发展的英国新闻传播事业体系，大起大落、忽进忽退的法国新闻传播事业体系和日本及德国走形变样的“二元一体化”新闻传播体制相比，新生的美国资产阶级新闻传播事业体系的确立之路要顺利得多。究其原因，美国资产阶级革命的彻底性是新的新闻传播事业体系得以确立和发展的第一个重要前提。

美国资产阶级革命的彻底性表现为理论准备的充分和革命宣传的深入；表现为资产阶级革命与民族独立战争两者的结合和最终彻底、全面胜利的获得；表现为《独立宣

言》和《人权法案》等一系列革命先进思想的诞生；表现为革命后专制统治企图的失败和民主党人近40年的顺利执政过程，这一切为美国新的资产阶级性质的新闻传播事业体系的建立提供了良好的社会、体制、思想、经济等各方面的发展空间和支撑力量。

虽然跟法国大革命一样，美国资产阶级革命的进程也充满了“铁与火”，即也是以暴烈的战争方式来解决两个阵营的矛盾，但是，美国资产阶级革命所具有的民族独立性质使它的统一战线阵营要比英国殖民统治者和少数保皇党人强大得多，从而形成了阶级对垒鲜明、民族矛盾突出的殖民统治与反殖民统治的敌我双方斗争。于是，胜利的一方能够以敌人的彻底失败为前提，较为自由顺利地建立自己的新闻传播事业新体系。相形之下，法国大革命触及了多个社会阶层的利益，革命的左、中、右和保皇的新旧各派势力都牵涉其中，这导致了不同的阶级和政治集团势力在不同时期的力量组合的多样变化，使得革命忽进忽退、大起大落，从而削弱了资产阶级革命的正面力量，也使其新闻传播事业新体系的建立过程具有了曲折起伏的基本特征。

美国的新闻传播事业与法国的新闻传播事业也有一些共性。比如，在相当长的一段时期内，政论报刊一直是新闻传播事业的主角；革命进程中的每一个关键时刻都伴随着不同集团派别的报刊论战和舆论争吵。这一方面促进了民众对大众新闻传播事业的重视，使得新闻自由等一系列思想和概念逐渐深入人心，另一方面也使得当权者——从英国的殖民地统治者到独立后的美国联邦派党人——对新闻传播活动实施专制控制之企图的实现变得越来越困难了。令人庆幸的是，美国《独立宣言》和新的宪法修正案为该共和国的政治活动制定了较为科学明智的法律框架和运作程序，使得美国人民的集体意志——要民主不要专制、要新闻自由不要新闻控制——能够被鲜明地、决定性地展现出来，那就是他们通过总统选举，坚定地选择了更能代表人民意志和要求的民主党人为执政者，确立了民主党人在建国初期近40年的统治地位，从而为美国资产阶级新闻传播事业新体系的确立和发展提供了有力的政治保护。当新的新闻传播事业经历过那个易被扼杀和管制的“幼年期”，成长为强大的独立社会中坚力量时，它就不仅仅是政治系统的一个简单附庸，而是成长嬗变为一种能够反过来对政治、经济、文化和其他社会生活施加重大影响的有力因素。建国初期民主党人的长期执政经历为美国新型新闻传播事业的茁壮成长提供了关键性的支持，这是美国新闻传播事业新体系得以顺利确立的第二个重要原因。

二、从《人权宣言》到《人权法案》

从法国大革命与新闻传播事业新体系确立的互动关系来看，法国大革命催生了当时最为先进科学的新闻传播思想，新体系的实践过程又为大革命的不断深入提供了广泛的舆论与宣传支持。然而，革命与新闻自由等思想观念并不总是相互支持、共同发展的，政治斗争的历史显示了一条基本规律：无论哪一种政党集团，它们一旦成为统治者后，都会自觉或不自觉地呈现出某种一致性的思想观念和行为方式——不管这些思想观念和行为方式是被冠以民族的旗帜，还是插着资产阶级或无产阶级的标签。从政治学的一般规律来看，统治者（无论来自哪个政党集团）都需要稳定的社会秩序和被统治者的服从。这就使得他们对本质上是在对其统治权力实施舆论监督和权力分享的新闻自由思想及观念十分抵触，两者间总是天然地处于一种对立的态势。所以，即使是如雅各宾派这样彻底的法国资产阶级革命集团，上台以后也会对新闻自由予以有利于自己的解释，并在实践中实施了可怕的“红色恐怖”专政，使得巴黎的新闻传播事业下滑到了革命爆发以来的最低点，新闻自由理念完全被肢解和抛弃。同样，英国都铎王朝君主们钳制新闻传播事业的方法和精神也完全被革命后的新统治者们——“长期国会”和历届的托利党人、辉格党人政府承继了下来，并在新的形势下“发扬光大”了。美国革命前殖民统治者的所作所为与革命后联邦派党人政府的“言论四法”，在压制异己舆论、巩固自己之统治方面的功能是完全一样的。这些状况有力地反映出新闻传播事业既受阶级这一社会集合体的重大影响，也受民族、殖民与被殖民、统治与被统治等各种社会态势、地位的影响。更进一步来说，它还受宗教势力、文化传统、性别阶层、地理环境、外来影响等多重因素的制约。同时，这些状况也说明了在政治斗争中，确实存在着一些科学运作规律——比如统治阶层与被统治阶层对新闻传播事业功能与性质的不同认识和态度。

从另外一个角度来看，新闻传播事业本身也存在着一些客观发展规律。由于新闻传播事业总体上属于上层建筑，即政治系统中的一个部分，它也就同政治学一样，在具有鲜明阶级性的同时，也具有了某些科学的、不以人们的意志为转移的客观规律性，其中，最主要的部分便是人类实现新闻传播自由权利的客观法律形式。

就像人类文明的众多成果是通过各个国家、各个民族人民的努力在各个不同历史阶段的创作积累起来的一样，18、19世纪世界范围内的资产阶级新闻传播事业新体系的确立也为实现全人类的信息更加自由的传播——新闻自由，做出了不可磨灭的贡献。这主要体现在法国的《人权宣言》第十一条、曾格案件中的两个重要原则和美国的《人权法案》第一修正案的制定上。

法国大革命中的《人权宣言》第十一条第一次从全人类的角度（尽管法国资产阶级是以全人类的名义来达到自己本阶级的私有目的的），清晰、准确、严谨、透彻地宣告了人类与生俱来的一项基本权利——思想与意见传播的自由。同时，它还提出了人们必须承担“滥用此项自由的责任”，站在当时人类文明的最高高度上奉献了一种先进的法律思想，并最终使之成为近现代社会中一项基本人权。曾格案件里所提出的“事实可以作为司法审判的辩护理由”、由普通民众组成的司法陪审团有权对言论案件的性质（有罪或无罪）做出决定性的判断这两项原则，也都从制度层面成功抵制了统治者（不管是何种性质的统治者）肆意压制被统治者言论自由的企图。美国宪法第一修正案更是针对统治阶层意在钳制在野力量、治下民众新闻自由的企图，一劳永逸地宣告政府不得以任何理由制定旨在剥夺人民言论、出版、传播自由的任何法律。

由于资本主义本身具有历史局限性和阶级局限性，它所创造的一系列文明制度和思想理念在其社会现实生活中并不能得到彻底的（甚至较好的）实现。由于资本的私有性质，资产阶级在法律上所赋予人民的新闻自由权利一旦经过现实社会中资本（金钱）这一现实力量的具体约束和限制，就会使得人民大众实现其新闻自由的能力被悄悄地阉割了。比如在资本主义国家，有钱才有自由，无钱则无法享有许多自由。因为私有财产神圣不可侵犯，所以谁出钱办大众传媒，谁就有权发言，而且有权不发表他人的言论。没有钱创办大众传媒，就没有自由使用大众传媒。所以大众在法律上拥有的新闻自由权利在现实中会因为缺乏金钱而无法得到真正实现。然而，与封建集权主义社会相比较，资本主义社会的人民大众在制度上、法律上、思想观念上确实已经获得了前所未有的权利，也在这些权利的基础上或多或少地获得了一些言论、出版、传播的实际自由，这为未来扩大、发展此类基本人权提供了坚实的文明基础。

更为重要的是：这些用以实现人类的新闻自由或者抵制统治者压制人民使用新闻自由权利的制度化文明成果（法律形式）中，有一些是完全能为全人类所共有共享的。我们绝不能因为它是资产阶级首先提出或在资本主义国度中日益成为虚伪的民主自由的一块“遮羞布”而忽视其应有的价值。

练习题

一、名词解释

1. 塞缪尔·亚当斯
2. 约翰·迪金森
3. 詹姆斯·利文斯顿
4. 托马斯·潘恩

二、简答题

1. 简述美国政党报刊的特点。
2. 试分析美国《人权法案》的制定对新闻传播事业的意义。
3. 简要分析和评价杰斐逊的新闻思想与影响。

三、论述题

1. 试分析美国资产阶级新闻传播事业新体系形成的特殊模式。
2. 试论述资产阶级新闻自由的价值。

第七章
“二元一体化” 的变通之路
——日、德近代新闻传播体制的确立历史

本章学习要点

- 日、德近代社会转型与“二元一体化”新闻传播体制。
- 日、德二元社会结构与两国“二元一体化”新闻传播体制的关系。

日本和德国是近代西方资本主义体系中两个很有特色的国家。虽然远隔万里，两国的历史却有着很多惊人的相似之处。近现代日本新闻传播事业明显地具有东方文明背景和浓烈的本国传统特色，呈现出某种“日式”色彩，从而与有着类似近现代历史背景的德国（第二帝国时期的德国）构成了一种相异于英、法、美西方主流新闻传播事业的特殊模式。

第一节 背景之回顾

1868 年日本的明治维新运动，开启了该国近代资本主义发展的历史进程，而 1871 年的普鲁士公国以俾斯麦的“铁血政策”统一了德国，正式掀开了德国资本主义发展的历史一页。但是，在这一近代历史转型进程中，日、德两国却都不约而同地保留了以皇权为中心的封建旧势力元素，并发展出一种符合本国国情的混合型“二元一体化”社会结构。两国近代新闻传播事业的建立与发展也都是在上层统治者的严密监视和控制下，作为统治者用来实现其各项政策目标的一种社会工具而展开的。

溯本求源，这两个国家近代新闻传播事业的特殊演化模式，是与两国近代化发展的特殊道路紧密相连的，这就是日本与德国近代社会演化进程中存在的“二元一体化”社会结构和“二元一体化”并存因素。这种社会“二元一体化”现象的存在导致了世界近代新闻传播史上一种独特的新闻传播事业体系——德、日“二元一体化”新闻传播体制的出现。

一、日、德近代化进程与“二元一体化”社会转型特征

什么是“二元一体化”社会结构及“二元一体化”并存因素呢？最为简略的概括是：在某种社会生活结构中传统因素与现代因素的并存与对立现象，以及这种“二元一

体化”现象所构成的一种普遍的、相对稳定的社会结构。具体到这两个国家的近代化发展历史中，就是以往的封建因素和近代的资本因素在这两个国家近代历史中长期并存与对立统一的现象。

一方面，从外部来看，明治维新运动之后的日本和1871年统一后的德国似乎已经是很典型的近代资本主义国家了。近代西方社会中常见的民主政治形式、市场经济法则、工业化文明形态、近代社会生活价值观念等，至少在表面上都已占据了两国社会的主导性地位。但事实上，旧的封建因素、等级特权势力从未根本消失过，反而十分强大地继续存在着，并有效地制约和改造着两国社会表层化的西方资本文明。

从另一方面看，这两个国家中资本的力量也确实为上层统治者所允许、扶持、鼓励并得以顺利存在与发展——因其可以为统治者带来强大的现代化经济基础和国家军事力量。不过，外来资本的因素总是被人为地严格限制在经济与科技领域里，与其相伴的西方民主化政治体制和文化理念却不允许随之而生。日、德两国先天就弱小无能的民族资本家们对此并不十分抱怨，因为日本天皇政府和德国军事“容克”贵族集团用武力统一的国内稳定市场和持续不断的对外侵略掠夺，保证了他们的资本原始积累过程的顺利进行，给两国的民族资产阶级带来了极大的财富。

同封建专制王权时期的英国都铎王朝和法国波旁王朝治下的市民阶层（资产阶级的早期萌芽阶层）一样，近代日本和德国的资本家们发现，只要他们不在政治上对统治者构成现实的威胁，就大可在雄心勃勃、强悍好战、专制集权的统治者的庇护下放手挣钱，发展自己的私人企业。日本与德国悠久的封建专制传统和强大的现实统治力量使得资本家们能够忍受专制政治体制给其企业发展带来的小小不便，而乐意在追随日本天皇和德意志第二帝国皇帝们（霍亨索伦家族）的历史发展进程中，在国家军国主义强权的保护下，通过对外掠夺和对内压榨广大普通民众来获取更多更大的资本利润。

从另外一个角度来看，日、德两国“二元一体化”社会结构的形成根源与两国迈入近代化历史门槛的独特进程也大有关联。从两国近代化历程的开端来看，日本的资产阶级革命“明治维新运动”是一场由统治者内部矛盾和西方列强的外来压力促成的自上而下的“革命”。领导这场“革命”的竟然是本该成为革命对象的日本封建“大名”（诸侯）、开化武士和明治天皇等封建“开明”势力。这种“革命”力量的怪异组合方式使得日本的近代化进程一开始就被抹上了浓郁的封建集权色彩，并具有了不同于西方自下而上式的资产阶级革命的特点，成为一种由封建上层集团中的某些政治派别事先确立好方向与界限，然后整合全社会的资源，通过一种自上而下的方式进行的社会改良运动。

德国的情况也很相似。德国近代民族统一国家的建立，为资本主义制度的确立和发展创造了条件，然而在这一进程中，由于德国资产阶级先天弱小无能，根本不可能肩负起通过疾风暴雨式的自下而上的资产阶级革命，在德国建立近代资本主义民族国家的重任。因而这一历史性目标的实现是通过一个封建君主专制国家——普鲁士公国——的王朝统一战争，即宰相俾斯麦的“铁血政策”来完成的。这个历史性的现实使得普鲁士公国和这个国家中最主要的社会基础——封建的军事“容克”贵族集团在统一后的国家中占据了举足轻重的地位。这个被统治者称为“德意志第二帝国”的国家之封建集权色彩就可想而知了。

日本和德国历史上之所以会产生这样一种新的资本主义“二元一体化”近代国家类型，正是因为这两个国家迈入近代资本主义化的进程，是由本该作为资产阶级革命对象的旧有封建集团中，自觉或不自觉感受到时代需求的“英雄”人物们领导完成的；正是由于在这一社会近代化转型过程中，日、德两国的君主们先天地具有了把握两国社会转型的方向、速度、程度、范围的特殊权力；正是因为在后续建立起来的近代社会体制中，其国家基础结构是由社会中固有的封建因素与外来引进的资本因素在相互妥协、相互融合、相互摩擦、相互共存中形塑的。

二、“二元一体化” 君主立宪政体

日本和德国的近代“二元一体化”社会特征，相应地导致了两国政治制度史上“二元一体化”君主立宪政体形态的出现，即日本的近代天皇制和德意志第二帝国的君主立宪制。从实质上来看，两国的“二元一体化”君主立宪政体是一种介于封建集权政体与资产阶级民主政体之间的“杂交”政体，是两国资产阶级和封建贵族阶层相互妥协、分享权力的产物。虽然“二元一体化”君主立宪政体的外表同西方诸国，特别是英国的（君主立宪）民主制政体一模一样，但其实质却大相径庭。

日、德两国“二元一体化”君主立宪政体的重要特征之一是：君主的权力不受议会和宪法的限制。两国的国家政体中虽有完备的立宪机构，但国家的实权却并不掌握在民选产生的议会手中，而是掌握在君主及君主遴选的亲近的少数人手上。明治维新后的日本议会表面上也同欧美一样由两院构成，但其上议院的人员全部由以往的贵族——“华族”组成，他们几乎全部是世袭或由天皇任命的；下议院虽由普选产生（有财产限制），但权力很小，只有审议、预设、咨询和追认内阁等形式上的权限，而议会的召开、休会和解散完全由天皇决定——因为宪法早已明确规定天皇“以帝国议会之协赞，行立法权”。日德“二元一体化”君主立宪政体的另一个重要特征是：政府内阁是君主行使行政权力的中枢组织机构。内阁实质上是根据君主的意志组成的，首相由君主任命，内阁不是对议会负责，而是对君主本人负责，内阁的去留完全取决于君主的决定，在这一过程中，来自下层民众的意志和影响极小。

日本和德国的这种“二元一体化”社会结构，特别是“二元一体化”君主立宪政体，对两国近代新闻传播事业的根本性质、基本职能的确立及未来发展的方向起到了一种决定性的制约作用，并使得两国的新闻传播事业体系被深深地打上了“二元一体化”社会结构及“二元”因素的特征烙印，从而成长为另外一种不同于欧美诸国正统近代新闻传播事业转型的模式。

第二节　历史的进程

限于手头的资料，我们将重点研讨日本近代新闻传播事业发展进程中的“二元”因素及其表现方式，并把研究的重心放在近代日本既不同于以往纯粹封建化的，也不同于

西方诸国纯粹资本主义性质的特殊的“二元一体化”新闻传播体制产生、定型和发展的历史进程。

一、日本近代新闻传播事业的萌芽和新体系的初步确立（德川幕府末期—1872年）

（一）日本官办的近代新闻媒体

日本在德川幕府之前，一直延续的是上层封建集权主义新闻传播事业体系。但到了德川幕府末期，因为时代的变化和应对外来危机的需要，出现了两种带有强烈近代色彩的官方信息传播工具，这就是德川幕府所允许发行的《荷兰传闻书》和《官版・巴达维亚新闻》，它们构成了日本近代新型新闻传播事业的早期萌芽。

在整个日本“锁国时代”，德川幕府唯一交往的西方国家就是当时的“海上马车夫”荷兰。德川幕府末期，当时日本唯一的对外出海口——长崎“出岛”上的荷兰商馆应幕府的要求，每年向幕府提供一份世界各国情况报告书，这份报告书由幕府官办的外事翻译机构“洋书调所”译成日文，名为《荷兰传闻书》。它是当时幕府了解外部世界的唯一信息来源，仅供最高层的大将军及重臣阅览，是政府绝密级文件，也是日本境内第一份具有近代色彩的、非公开的官方新闻媒体。

后来，随着幕府逐渐增加与各国的交往，特别是1853年美国佩里舰队“黑船来航”以后，长崎出岛上的荷兰商馆奉命直接向幕府呈送荷兰东印度总督府［设在印尼的巴达维亚（今雅加达）］的机关报——《爪哇新闻书》（1853年创办，周刊）。这份报纸仍由“洋书调所”译成日文，供统治者重要成员内部参阅。自1862年起，为了适应形势，幕府大将军准其以《巴达维亚新闻》的名义公开出版发行，因为是官办，故被人们冠以“官版”字样，全称《官版・巴达维亚新闻》。

《官版・巴达维亚新闻》是日本最早公开发行的一份官办近代报纸，它使用木版活字印刷，线装书版式，分卷出版，不定期发行，数量很少。严格而论，《官版・巴达维亚新闻》是一种新闻书而不是报纸，但由于其公开发行，内容又是当时鲜为人知的海外世界的消息，加之读者对象主要是各地的诸侯大名、上层武士、国家官吏等，因而影响是巨大的。虽然《官版・巴达维亚新闻》较为原始，但因公开发行，报道时事，所以同以往上情下达式的封建官方信息传播系统有很大不同，人们认为它是日本近代报业的先驱，它应该是当之无愧的。

继《官版・巴达维亚新闻》之后，德川幕府还责成“洋书调所”陆续出版发行了《官版・海外新闻》《官版・中外新闻》等一系列以香港、广州等地中文近代报纸为蓝本的翻译报纸，它们都是被幕府严格控制的日本早期官方新闻出版物。

（二）日本的早期外报

1853年，美国的佩里少将率领舰队用武力打开了日本的门户，强迫其签订了《日美和亲条约》（1854年）。在被迫签订《安政条约》（1858年）等一系列不平等条约之后，外国人在日本逐渐多了起来。外国人在日享有“治外法权”等特殊权益，他们便在日本外国人居住区陆续发行了一批外文报刊和日文报刊，这类报刊主要集中于外国人居住的两个港口城市——长崎和横滨。

日本最早的外文报纸是英国人汉沙德于 1861 年 6 月 22 日创刊的《长崎航讯》，同年 11 月该报迁往横滨，改名为《日本信使》。另外，在横滨还陆续出现了《日本快邮》《日本商业广告新闻》《日本时报》等为外国人服务的外文报刊。

第一份非官办日文报纸《海外新闻》是由美籍日裔滨田彦藏创办的。滨田彦藏本来是日籍，在海难中被美国船只救起，后赴美并获得美国国籍。他回国后于 1864 年创办了《海外新闻》，该报对日本近代新闻传播事业产生了很大的影响。此外，英国传教士贝里也曾于 1867 年在横滨创办了一份日文报纸《万国新闻纸》。

由于日本从未有过真正意义上的近代新闻媒体，因而外国人在日本创办的这些近代报刊成为日本人模仿的对象，对日本近代新闻传播事业产生了直接且强烈的影响。

（三）知识分子的“手抄译报”

除了官方准许创办的近代新闻媒体和外人报刊外，幕府所辖的“洋书调所”里的一批学者翻译横滨、长崎等港口城市出版的外文报纸，然后手抄复印，形成一种新闻书，这就是日本的“手抄译报”。著名学者柳河春三组织的“会译社”是当时从事手抄译报的中坚同人组织。手抄译报虽然不是官方正式出版的印刷品，数量也不多，但因为是直接翻译在日外报上的诸多消息，信息量大，很受读者欢迎，因而影响甚大。它们主要是供一些幕府当局官员和“洋书调所”的学者内部传阅，并不对外销售，但在统治集团和中上层社会精英分子中有着广泛影响。

（四）日本早期的近代政论报刊

随着政局的发展与变化，1867—1868 年间日本进入了政局动乱时期，幕府派和尊王派两大敌对政治集团形成了。他们不仅在政治、军事上刀剑相向、残酷拼杀，也各自利用最新的近代新闻媒体，在新闻传播领域摇旗呐喊、笔墨交锋，从而形成了日本最早的政论报刊。

幕府派报刊的根据地在江户（东京）和横滨，其创办者大多是幕府“洋书调所”的学者和幕府的官吏旧臣，主要有：柳河春三的《中外新闻》（1868 年 2 月 24 日创刊），福地源一郎的《江湖新闻》（江户），过里之助的《远近新闻》（横滨）。这些报刊积极报道“戊辰战争”（明治战争），支持与赞助幕府军队，对以明治天皇为首的新政府横加抨击，倡言尊王必败，在舆论战线上为幕府大将军摇旗鼓吹、呐喊助威。

尊王派的报刊根据地主要在天皇新政府的所在地京都和大阪两地。京都主要的报刊有新政府官办的《太政官日志》（1868 年），民间人士创办的《都鄙新闻》；大阪则有《内外新闻》《各国新闻纸》等。尊王派报刊一致拥护明治新政，猛烈抨击幕府派的所有政见，倡言尊王必胜、拥幕必败。两派报刊唇枪舌剑，你来我往，打得不亦乐乎。

显然，这些早期的政论报刊同以前的《荷兰传闻书》、《官版·巴达维亚新闻》和手抄译报相比更加接近西方近代报刊样式。相较来看，较早的官办新闻纸等只是单纯报道政府上层集团感兴趣的海外消息，这批早期的政论报刊则作为一种言论的大众传媒活跃地存在于日本的政治、社会生活之中。无论是从印刷编排还是其所发挥的社会影响力来看，它们都比以往的新闻媒体更为先进、更富有近代色彩。

1868年4月，明治政府的军队推翻了德川幕府政权，取得了全面胜利。新政府建立伊始就取缔了所有的原幕府派报刊，这些报刊的发行人和编辑许多被捕入狱，敌对的新闻媒体被一扫而空。在这个基础上，明治政府马上开始着手建立自己的“御用报刊”体系，日本近代报刊的一个新的时期到来了。

（五）明治政府“御用报刊”体系

在这一时期，明治政府大体上是通过三个步骤逐步建立起自己所信任的“御用报刊”体系的。

第一步，明治政府于1868年4月28日公布了一个太政官（国务机构）公告，规定今后的任何出版活动都必须事先得到政府的许可。通过这一纸命令，明治政府把掌握新闻媒体的大权牢牢地控制在了自己的手中。

第二步，明治政府随后又于1868年6月8日公布了一个太政官公告，诏令对任何未经特别许可而出版发行的报刊，都将予以严厉的处罚。在这个公告宣布之后，各地所有以往拥护旧幕府的报刊统统被取缔，反对派报刊销声匿迹。

第三步，明治政府于1869年2月8日公布了日本新闻传播史上第一个正式的新闻法规——《报纸印行条例》（八条）及附录（五条）。《报纸印行条例》的第二条以法令的形式明文宣布：报纸发行采取许可制度；第五、七、八条则对各种报刊的刊载内容做出了原则性的规定，其中最为重要的一项限制性条款是第五条中“不许妄加批评政法”的内容。显然，使用譬如“妄加”一类内涵不确切的词语，实际就等于禁止报刊随意批评政治和法律。就这样，通过报纸登记许可发行制度及只允许报刊在无关紧要的社会领域中报道，明治政府掌握了新闻媒体的大权，实际上基本否定了报刊的言论自由权利。

但是，明治政府又对创办新式近代新闻媒体抱有极大的热情，对近代报刊所带来的大众宣化教导功能极为崇拜，因此非常鼓励创办各种民间新式报刊。《报纸印行条例》公布后不久，在政府的支持下，旧有幕府系统的报纸纷纷复刊，大批新的报纸也相继创刊了。这些新的报纸都已站在新政府的立场上，以满腔的热情大量刊载维新变法的一系列措施，介绍欧美各国的科技文化，宣传新政的方针要略，歌颂新政府的丰功伟绩。明治政府与该时期的报刊进入了一个“蜜月期”。

这个时期内创刊的日本报刊很多，而这些报刊几乎都同政府保持着良好的关系，与一些重要的政府官员大吏更是交情匪浅，甚至可以说每个重要报刊都有相当硬的政府后台。比如，1871年1月，日本最早的日报《横滨每日新闻》是在神奈川县县令井关盛良的大力支持下，由子安峻、岛田丰宽等人创办的；1871年，政府参议员木户孝允协助他人创办了著名的《新闻杂志》；1872年2月，著名报人条野傅平、落合芳几联手创办了东京第一家日报《东京日日新闻》，其后台是政府高级官员、参议员大隈重信和司法大臣江藤新平。这些报纸创刊伊始，还受到了大藏省（财政部）的特别关照，该省专门发文要求各府县官吏们把按期购买《横滨每日新闻》《新闻杂志》和《东京日日新闻》作为一项义务来执行。

同样，1872 年 7 月，在日本首任邮政长官前岛密的授意下，著名的东京《邮便报知新闻》也创刊了，并很快利用其特殊身份和邮政便利条件发展得蒸蒸日上。1872 年 4 月，英国人布拉克创办了日本"左院"的机关报《日新真事志》，该报更是在新闻来源和财政上得到了政府的大力资助。在这一时期，明治政府满怀热情地把近代报刊作为实施其文明开化政策的有力工具而加以全面扶持。

从上可知，日本近代的"二元一体化"新闻传播体制是在传统（政治）和近代（资本）双重因素磨合的背景之下，在日本明治政府的主观指导与热情鼓励下逐渐创立的。

二、"二元一体化" 因素并存局面的形成——新传播体制的建构和发展（1873—1918）

明治政府建立伊始，天皇即颁布诏书"明定国是"，昭告天下，大力推行"殖产兴业、文明开化、富国强兵""三大国策"，广泛吸收学习外来文化，全力发展近代资本主义经济。明治政府这一自上而下的激进改革姿态，打开了日本国民以往狭隘的头脑，促进了日本的对外开放。近代西方英、美、德、法等国的自由民主思想、宪政主义、自由贸易政策、国家主义等各种思想纷纷涌入，成为影响日本国民的外来主流文化。英美派的福泽谕吉，法国派的中江兆民，德国派的加藤弘之、津田真道等启蒙学者及思想家们接二连三地把斯宾塞的社会学、达尔文的进化论、亚当·斯密和边沁的古典经济学、孟德斯鸠和卢梭的自由民权思想、斯坦因·波特曼的国家主义等西方思想都介绍到日本来了。这些西方文化的传入，加上日益快速发展起来的实体性资本经济，逐渐增强了日本近代新闻传播事业中资本元素的力量。具体到新闻出版界的表现，就是日本近代新闻媒体在天皇政府的扶持下起步以后，很快便开始尝试沿着自身的内在客观发展逻辑，走上了一条同明治政府从甜蜜"蜜月期"到逐渐分手的决裂之路——日本近代新一轮的政论报刊的兴盛和政党报刊之间的激烈争论。随后，在如梦方醒的明治政府的持续高压与强力打击下，日本的近代新闻传播事业先后经过三次起伏动荡，才最终不得不臣服于政府的集权统治，从政治与文化领域逐渐退缩，走上了积极配合宣传政府各项国策、埋首全力经营新闻市场的另一条道路，并最终形成了世界新闻传播史上独特的"二元一体化"新闻传播体制。

（一）第一次起伏——从政论报刊到政党报刊

由于日本近代新闻传播事业诞生于内忧外患、战乱频繁的明治维新前后，诞生伊始便同政治斗争紧密相连，较强的政论色彩成为日本近代新闻媒体的一大特点。明治新政权建立之后，日本近代报刊得到政府的大力扶持，如雨后春笋般快速发展起来。然而，日本近代报刊壮大之后，在外来文化和西方新闻传播事业的参照刺激下，必然地开始走上了追求新闻自由的逻辑轨道，这就与明治政府一厢情愿的国家媒体工具的定位有所冲突。19 世纪 70 年代，以日本朝野上下关于"征韩"问题所引发的分歧和随后兴起的"自由民权运动"为开端，新一轮的日本近代政论报刊兴起，并走上了批评政府、要求新闻自由、企图谋求同西方一样的新闻传播事业独立地位的道路。

1. 报刊的分裂与党派争论

19 世纪 70 年代初的明治政府，政府高官大吏们因在“征韩”（朝鲜）的时间、方式等方面产生了政见分歧而发起了一系列的政治斗争，这些政治斗争对日本近代报业的发展产生了重大影响。明治初期在政府统一扶持鼓励下向着殖产兴业、文明开化、富国强兵三大共同目标发展的近代报业，随着政府要员们的分裂，也追随着报刊各自后台的政治态度而演化为“征韩”争议中的“急进派”报刊和“渐进派”报刊两大敌对阵营。新时期的日本近代政论报刊出现了。

1874 年 1 月 17 日，因“征韩”争议而下野的官僚江藤新平、板垣退助和后藤象二郎等人向“左院”递上了《创设民选议院建议书》，要求在日本实行立宪制，开设国会。第二天，“左院”御用报纸《日新真事志》不顾当局的反对，独家刊载了这份建议书，立即引起了广泛的社会轰动。同年 2 月 3 日，反对派加藤弘之在该报著文，抨击民选议院提案建议为时过早，不适合日本国情，从而引发了社会大争论。

在随后的争论中，两派报刊在“征韩”问题上的对立，先是从“急进派”与“渐进派”报刊的对立演化成为“反政府派”与“政府派”报刊的对立，后来又随着自由民权运动的发展演变成为“民权派”与“官权派”报刊的对立。日本政论报刊的大对垒、大争论使得一个政论报刊大发展的时代来临了。

新闻媒体的分裂与争斗意味着以往明治政府同新闻传播事业的“蜜月期”结束，日本的报刊迅速发展分化为以言论为主的政论大报和不涉及政治、以社会娱乐新闻报道为主的通俗小报两大类型。其中，官权派与民权派两大阵营的政论大报成为这一时期占据了社会舆论主导地位的新闻媒体。

1874 年，官方邮政局御用的《邮便报知新闻》和《朝野新闻》因为著名民权派人物粟本锄云和成岛柳北的加入，而很快转变为两份著名的民权派报刊。官方的《日新真事志》也脱离了“左院”的控制而开展了一系列独立的新闻报道活动，成为民权派报刊的一员。新的激进民权派报刊纷纷创立，加入论战。而以福地源一郎为代表的《东京日日新闻》则声称坚决为太政官报道服务，以官方的新闻信息来吸引读者，拥护官方对“自由民权运动”的观点，从而成为官权派报刊的中心喉舌。

民权派和官权派两大报刊阵营的激烈论战，从客观上吸引了日本大众对近代新闻传播事业的关注，扩大了报刊在社会上的影响。这场在“征韩”和“自由民权运动”上的报刊大论战，使大批的中下层民众被吸引到国家的政治生活之中，报刊也以自身的努力推动了“自由民权运动”的深入发展，民权派报刊作为“自由民权运动”的鼓吹者和旗帜，可以说在这一时期里出尽了风头。

但是，由于风头甚健的民权派报刊把自身发展要求中的“言论自由”主张作为“自由民权运动”的一个重要部分，民权派报刊的许多著名发行人、编辑和记者都是“自由民权运动”的骨干分子，因此民权派报刊与明治政府不可避免地发生了尖锐的冲突。

2. 天皇政府的残酷打压与强行矫正

明治天皇与政府对自己亲手扶植长大的这些“御用”报刊的反叛行为痛心疾首，极为愤慨。政府一改以往对新闻传播事业热心扶持、一概保护的政策，从以往的无条件全部扶植 180 度地转变为选择性保护，并对反政府派报刊的言论实施严厉的镇压。

1873 年 10 月 9 日，明治政府重新颁布了《报纸发行条目》，增加了许多严格的条款，旨在抑制“征韩”急进派报刊的发展势头。1875 年 6 月 20 日和 6 月 28 日，明治政府又接连颁布了《新闻纸条例》和《谗谤律》。前者大大扩展了禁止报刊刊载内容的范围，并规定了对违反者的严厉惩罚措施；后者更详尽地规定了一系列有关报纸发行、印刷、撰稿、报道等方面的细则，对违反者轻的予以罚款、停售的处置，重的则予以停刊、监禁。同时，政府还特别设置了“皇族不敬罪”和“官吏侮辱罪”等罪名，对相关报刊与报人予以严厉打击。1876 年 7 月，政府公布的《太政官第 98 号布告》声称：“凡妨害国家治安者，内务省将禁止或停止其（报刊）的发行。”

就这样，在这短短的一段时间里，日本新闻出版界便遭到了来自政府方面的可怕打击。仅在 1873—1875 年，全国就有 300 多名记者和报人先后受到罚款、拘捕、监禁等严厉惩处。1875 年 8 月 20 日，《东京曙光新闻》主笔末广铁肠因为在该报刊登了一篇批评新的报纸发行条例的读者投书而被捕入狱。同年 8 月 28 日，《朝野新闻》的主笔小松英太郎等人也因触犯相关条例而被捕入狱。在这一时期，仅仅因为触犯了《新闻纸条例》而被捕的新闻工作者就多达 200 多人，著名的民权派报刊的报人们如末广铁肠、粟本锄云、成岛柳北等人均遭到了政府的迫害。一度活跃非常的日本政论报刊在突如其来的政府强权打击面前束手无策，很快便失去了生气。至此，民权派报刊的社会宣传运动迅速跌入了低谷，日本新闻传播史上的“黑暗恐怖”时代（特指 19 世纪七八十年代这一时期）到来了。

3. 政党报刊时期的来临

“自由民权运动”和民权派报刊的宣传活动虽然饱受打压，但也给日本社会的发展进程施加了一定的影响。“自由民权运动”深入广泛地发展起来，众多社会阶层介入其中，加上不同政治党派对政府所施加的压力，日本政府被迫在打击反对派的同时做出一些有限的让步。比如 1881 年，明治天皇颁布诏书，许诺将在 1890 年开设国会，实行宪政。这一政府宣告立即促成了以往的各种政治势力迅速分化组合为不同的政党集团，以便扩大社会影响，在未来的国会选举中获胜组阁。这样，日本历史上出现了一个近代政党派别活动频繁的时期，主要的政党如自由党、立宪改进党和立宪帝政党等纷纷成立，以往的个体化的政论报刊也适应形势的发展，迅速分化组合为各个政党的机关报刊。为了加强宣传，在未来的竞选中占有一席之地，各党精英纷纷聚集于各个报刊编辑部之内，报纸与杂志作为各个政党发表宣言、相互论战的舆论工具再度活跃起来，这标志着日本近代新闻传播事业进入了一个“政党报刊”宣传时代。

这一时期日本各政党的主要代表性报刊有：自由党报刊系统的《朝野新闻》（末广铁肠主编）、《自由新闻》（1882 年创刊于东京，马场辰猪主笔）、《立宪政党新闻》（1882 年创刊于大阪，古泽滋主笔）；立宪改进党报刊系统的《邮便报知新闻》（矢野文雄、犬养毅主笔）、《东京横滨每日新闻》（沼间守一、岛田三郎主笔）、《大阪日报》（1876 年创刊于大阪）；立宪帝政党报刊系统的《东京日日新闻》（福地源一郎主笔）、《大东日报》（1882 年创刊于大阪）；还有中立派报刊系统的《时事新报》（1882 年创刊于东京，福泽谕吉主笔）、《朝日新闻》（1879 年创刊于大阪）。中立派的两家报刊极具社会影响，特别是福泽谕吉的《时事新报》大力鼓吹日本“脱亚入欧”论，为日本社会的未来发展提供了重要思路。

除了这些中央级别的政党报刊以外，在地方上，各个政党的基层组织也纷纷利用政党的经费创办自己的报刊，与敌对党派的报刊展开了激烈的论战。

由于日本政府对异己报刊的残酷打击，以及政党报刊对一己之私利的追求，这一时期的日本政党报刊逐渐堕落为各个党派争权夺利的小集团工具，不再有“自由民权运动”时期政论报刊的先进批评意识和勃勃锐气。与美国独立战争后所出现的政党报刊“党派谩骂”现象相似，日本该时期的各政党报刊相互之间也热衷于攻讦谩骂、指黑道白、吹捧自我、诋毁他人。日本政党报刊的堕落行为逐渐遭到了广大民众的普遍反感，读者对报刊间无休止的党派谩骂及一幕幕丑剧感到愤怒，加之政府趁机施压对其进行分化瓦解，以及“自由民权运动”的衰落，日本政党报刊繁荣未久，就迅速地走向衰败。

1884 年，自由党首先宣布解散，其麾下的报刊再次重新组合。随着 1890 年“帝国宪政”的颁布和日本式君主立宪制度的确立，日本政党报刊又一次分化组合，有的报刊随政党瓦解而停刊，有的则逐步独立并转向中立性的大众报刊，兴盛一时的政党报刊逐渐烟消云散、荡然无存了。

（二）第二次起伏——从商业化营利报刊到企业化经营报刊

日本政论报刊遭到了政府的严厉打击，被迫在政党报刊中重新寻找自己的位置。然而，政党报刊也好景不长，这昭示着在日本“二元一体化”社会结构里，政治性报刊的发展变得十分艰难。受到来自统治者上层的持续压力和来自社会下层的商业因素的逐渐吸引，日本的近代新闻传播事业开始走上了一条专心从事商业化、企业化的发展新道路。

1. 小报的兴盛

早在 19 世纪 70 年代，日本近代报业便在多种因素的综合作用之下开始分化发展为大报与小报两大类型。大报通常指政论-政党报刊，而小报则代表着日本近代新闻传播事业的另一个发展方向——资本与市场元素的报刊，即以营利为主要目的的商业化通俗大众报刊。

日本小报的出现肇始于 19 世纪 70 年代，其产生的原因主要有两个：其一，以社会精英为读者对象的大报一贯注重政论，无暇涉及“低俗”的社会新闻及轻松娱乐的内容，而且大报都用正规的汉字写作印刷，版面庄重严肃，以深奥高雅的语言论述政治时局和哲学义理，长篇大论、售价昂贵，一般中下层民众无力接触。这样一来，传统大报便无法适应明治维新以来逐渐增多的社会中下层读者的通俗阅读习惯和需求。其二，明治天皇政府对政论-政党报刊的一系列残酷打击迫害，对后来的一些报人产生了一种明确的引导性启示。既然政府强力打击政治性报刊，政治报道领域风高浪险、处境艰难，那么创办没有政治风险的商业小报似乎是唯一可行的选择了。正是这两个社会因素导致了 19 世纪七八十年代小报的盛行，开启了日本新闻传播史上意义重大的报刊转化的历程，日本“二元一体化”新闻传播体制逐渐成形了。

最早的小报是 1873 年年初创办的《东京假名书新闻》和《每日平假名新闻》。这两家报纸率先适应普通读者的阅读水准，首先采用日文拼音字母平假名和片假名文字写作、编辑、排版和印刷，成为新型报纸小报的先锋。大多数较为成功的小报都是在 1874—1879 年先后问世的，最富有代表性的小报是 1874 年 11 月 2 日创刊于东京的《读卖新闻》（子安峻创办）和 1879 年 1 月 25 日创刊于大阪的《朝日新闻》。由于小报主要面向社会中下层读者，所以具有一些共同的基本特征：一般没有社论和政论文章，只是客观地报道和刊载大量社会新闻；经常以章回小说的形式连载侦探、文艺小说和纪实文章；版面形式较大报活跃得多，经常刊印各类插图，以吸引读者关注；售价低廉，通常都是在街头叫卖；编辑和记者们多为幕府末期民间戏剧文学工作者，比较接近和了解中下层读者的心理嗜好和阅读口味，小报的文章语言通俗易懂，符合大众的阅读水平和兴趣；小报刊印的文字很少使用汉字，大部分文章使用片假名、平假名标记注音；小报几乎都不涉及当时的政治热点，努力超脱于各个政党派系争论之外。正是因为小报具有以上特征，所以它诞生伊始便受到了广大中下层读者的欢迎，且没有受到政府的注意和限制，从而顺利地发展了起来。

下面以东京《读卖新闻》为例来简单地看一看日本小报的上述特征。《读卖新闻》是子安峻于 1874 年创办于东京的一份小报，其编辑方针就是“通俗浅谈”四个字。该报刊登的文章中所有汉字都附有假名注音，文章内容通俗浅易。为突出该报的平民色彩，其报名也取之于德川幕府时期的民间印刷品“读卖瓦版”中的“读卖”两字，意为内容吸引人，报童可边读边卖。《读卖新闻》的版面文章主要为政令性的布告和市井新闻、漫谈、连载小说等，内容不外乎孝子贞妇、市井流谈、民间俗语警句、社会斗殴流血事件、通俗小说等，主要面向不关心政治的普通知识分子和广大的中下层读者。该报创刊时发行量仅 200 份左右，第二年即上升为 10 000 多份；1878 年前后，《读卖新闻》的日发行量已达到了 33 000 份之多，居全国报纸发行量首位。

2. 中报的出现

除了小报以外，受政府严厉打击、分化瓦解的政党报刊也随着形势的变化而开始了新一轮的嬗变，这就是以独立性为标志、以通俗性为手段、以营利性为目的的中报的出现。

由于报刊发展趋势的变化和政府的强制性矫正，在政党报刊逐渐衰落之时，日本近代新闻传播事业发生了一些引人注意的变动。在这一时期，中立派系统的政治性大报《时事新报》和小报中的《朝日新闻》等报刊开始以独立的姿态向前发展，逐渐形成了一种新的报刊类型——中报。首先是启蒙学者福泽谕吉主办的《时事新报》打出了“不偏不党”的旗号，高唱“官民调和”的论调，从而避免了政府的镇压，得以顺利发展。1889 年新创立的《日本》（陆羯南创办）更是鲜明地倡导“独立”的编辑方针，从而揭开了日本商业性报刊发展的序幕。一些处于分化瓦解状态的、日益衰落的政论大报也开始出现向标榜客观独立的中报（以不偏不党的态度来立论、以通俗大众的编辑为宗旨）靠拢的现象。而通俗的小报群落中的一些“有志”小报，也开始出现向中报靠拢的趋势。就这样，在 19 世纪后半叶，日本近代新闻传播事业开始了向现代化的迈进，以营利为主要目的的日本现代商业性大众化报刊时代来临了。

19 世纪末至 20 世纪初，是日本新闻传播事业从以往的政治性大报和猎奇性通俗小报向营利性的企业化经营报刊中报转变的时期。这一变化的历史背景和过程可以概括为：在日本社会中资本主义工商业的逐步发展提供了必要的物质条件的背景下，在经历了政论-政党报刊的起伏衰落和民间通俗小报的兴起嬗变的过程中，在日本集权政府严厉打击、监督、限制报刊政治化发展方向和势力的矫正性“指导”下，日本商业性企业化现代大众报刊在市场中的地位逐渐确立。

（三）第三次起伏——“大正时代”的新闻自由浪潮与新闻出版界的最终臣服

由于明治维新以来“殖产兴业、文明开化、富国强兵”三大国策的推行逐渐收到实效，日本资本主义市场经济在20世纪初得到了较大发展，资本经营的社会化市场竞争框架已初具规模，与新闻传播事业相关联的社会生产力也达到了较高的水平。特别是现代化的电报、电话等通信设施在全国主要大型城市的使用和以蒸汽为动力的马里诺尼高速轮转印刷机的引进，标志着新闻市场竞争时代的来临。这样，在确立现代化的大众报刊的过程中，日本现代新闻传播事业开始出现了一些不同于以往的新特点。

1. 新闻的速报

进入20世纪后，嬗变为商业性大众化的日本新闻出版界已开始把“新闻本位”作为报刊得以生存的一个基本原则加以奉行，因而各报在新世纪所展现的第一个动作便是新闻报道的全面竞争，在这一竞争过程中，对新闻的速报逐渐成为一项基本的报业竞争内容。

1881年10月12日，日本天皇下诏开设国会，远在大阪的《朝日新闻》利用电报快速传递天皇的敕令，作为第一家全文发表了诏书内容的媒体，一举压倒了东京和大阪的各家报刊，引起了举国震动。以此为开端，日本新闻出版界展开了新闻速报的全面竞争，这同以往注重政论的政论-政党报刊和一味迎合庶民街谈巷议的小报的竞争方式很不一样。1889年2月11日，日本天皇颁布《大日本帝国宪法》，日本各家报纸纷纷派出强大阵容，准备以最快的速度抢先报道。这一次又是大阪的《朝日新闻》依赖其雄厚的资本和官方的照顾，击败了所有的竞争者，顺利地第一个将《大日本帝国宪法》全文用专线电报发往大阪，抢先印出特大“号外”出售。这种激烈快速的新闻报道竞争和大街上报童大声叫卖“号外”的喊声，宣告了日本新闻报道时代的序幕被拉开，这正是现代新闻传播事业的一大特点。

2. 企业化经营

在这一时期，伴随着社会生活中日益增长的资本主义经济元素，日本报业的经营方式也由以往的手工作坊式转变为企业化的经营方式，新闻传播事业作为一种新型的营利性企业组织，逐步被纳入整个资本主义市场经济结构之中，以完全营利性为首要目的的报社企业化经营模式形成了。

1880年，著名记者矢野文雄从海外归来，他效仿西方资本主义商业性报刊经营模式，开始对著名大报《邮便报知新闻》实行重大改革。1886年，《邮便报知新闻》宣布进行改版，采取了一系列措施：缩短文章篇幅；报道内容通俗化；全面降低报纸售价；编辑部实行重大改组，聘请有教养、有水平的人士出任报社的编辑和记者；完善报纸的发行系统；使用平假名、片假名标音，限制汉字的刊载数量。矢野文雄的这一系列旨在促进报社盈利能力的改革使该报的固定读者马上从原有的四五千人猛增至

25 000 多人。

《邮便报知新闻》的改革影响很大，特别是其降低报价的措施很快得到了其他报社的响应。在1886年一年之内，《东京日日新闻》《时事新报》《朝野新闻》《东京横滨每日新闻》等著名报纸纷纷降低售价，相互间展开了一场争夺读者的猛烈竞争，这也可以算是日本报刊从近代政论宣传工具向现代市场盈利工具转变的一个标志。

3. 重视刊登广告

除了加强新闻报道和企业化经营以外，这一时期的日本报业已开始看重广告的刊载。这一方面是适应日本社会中资本主义商品经济发展的需求，另一方面也是新闻出版界自身发展的必然之路。资本主义商品经济和现代化新闻传播事业相互支撑，促进了两者的共同发展，这集中表现在广告发展上。作为报业主要的生财之道，广告的刊登逐渐成为各报社首要的大事。

最早看到刊登广告好处的报人就是日本著名启蒙思想家、学者与报人福泽谕吉。他在1883年10月《时事新报》的一篇社论中指出，对于报纸的买卖来说，广告犹如士兵的武器一样重要。1883年，福泽谕吉主持的《时事新报》的广告费已占该报总收入的23%并逐年继续增长。福泽谕吉在报社内配备了广告募集者，专门收集社会各界欲刊登的各类广告。1886年日本第一家广告代理商行“三成社”就是在福泽谕吉等日本广告界前辈的建议下成立的。福泽谕吉的做法很快为众多报刊所效仿，得到大量广告支撑的日本新闻传播事业更加迅速地成长起来了。

4. 评论的中立化

商业性“中报”的最大特征之一便是竭力保持政治上的中立。如前所言，这一时期的报刊言论早已不再像以往的政论-政党报刊那样注重党派色彩，而是积极倡导一种“不偏不党”的中立态度。当时的报刊对时局和重大社会事件的评论大多是从商业性经营者角度考虑，然后自认为采用了“国民立场”的温和口吻，客观中立地评述有关社会问题。这种风格形成了该时期大多数报刊的言论特征，这种普遍的言论中立的表现也可以被看作日本现代商业性大众报刊时代来临的一个标志。

5. 激情主义的报道风格——“黄色新闻”现象

为了与对手进行新闻竞争，大众报刊大多不可避免地走上了激情主义的“黄色新闻”之路，这一进程在日本也出现了，这就是以《万朝报》和《二六新闻》为代表的一批“黄色报刊”的出现和盛行。这批报刊为了获取商业利益和社会影响力，发起了日本新闻传播史上的揭露丑闻运动和“黄色新闻”报道风潮，对催熟日本商业性大众化新闻传播事业起到了很大的作用，因为后面有关章节将涉及这部分内容，故不在此赘述。

6. “大正时代”的新闻出版界与“护宪运动”

“大正时代”（1912—1925）的日本新闻出版界凭借商业经营所获得的无穷活力，企图在社会领域获得声誉，因而开始接二连三地掀起了旨在提高自身社会地位与威望的大规模社会群众运动，其中最大的一场运动便是著名的“护宪运动”。

通过几次对外侵略战争，日本社会中的封建军国主义势力在这一时期大大增强。在“大正时代”，日本军国主义势力不断膨胀，逐渐超出了单纯的军事领域，开始对社会其他领域产生重要影响。日本“军部”势力向政治领域的频繁扩张引发了政府的危机，特别是 1912 年 12 月，军部的代表桂太郎将军第三次在军队的支持下成功组阁，军部势力得以大大扩张，从而引起了日本新闻出版界和社会各阶层民众及资产阶级自由派分子的强烈不满。日本新闻出版界一马当先，率先发起了“倒桂运动”，进而将其发展为目标是保护“宪法政治”、冲破阻碍宪政和舆论的藩阀、打倒元老和军部封建集权势力的“护宪运动”。显然，这是日本新闻出版界在新的形势下对日本政治领域的又一次新的冲击。

“护宪运动”的初期，日本新闻出版界取得了很大的胜利。1913 年 2 月 11 日，在全国人民一致的声讨下，桂太郎内阁被迫辞职并垮台了。1914 年，新闻出版界又揭露出一起震惊国内外的高级官吏贪污巨案——“西门子事件”，从而引发了大规模的群众抗议活动，最终迫使执政才一年的山本内阁也不得不解散了，日本新闻出版界在这些胜利中大大地提高了自己的社会声誉。

但是，在取得这一系列胜利的同时，日本新闻出版界自身的一些先天性不足也暴露出来了：其一是自身不能团结一致，经常发生“内讧”；其二是浮躁虚夸，取得一点小小的“胜利”便得意忘形、沾沾自喜；其三是实现新闻自由的社会群众基础薄弱，仅仅满足于率领民众进行一个又一个风风光光的社会“讨伐”运动，却鲜见系统的思想启蒙；其四是政治运动报道中总是混杂着各家报社的一己私利，并导致了组织行动的分裂。所以，在所谓的轰动性“胜利”面前，日本新闻出版界日益变得忘乎所以，不断地发动一些越来越没有意义的社会喧嚣“运动”，殊不知早已被弄得恼火透顶的藩阀、军部和其他极右势力正伺机而动，准备给予日本新闻出版界一个毁灭性的打击。

7. “白虹贯日”笔祸事件

1916 年 10 月，陆军元帅寺内正毅出任首相，组成了寺内内阁，开始蓄意对新闻出版界实施非难和打击。不甘示弱的新闻出版界立即予以回击，终于在 1918 年 8 月发生了著名的“白虹贯日”笔祸事件。日本新闻出版界从此一蹶不振，日本的“二元一体化”新闻传播事业在日本政府近半个世纪的数次强力矫正下最终成型了。

一战之后，俄国十月革命取得成功，引起了帝国主义列强的仇视。1918 年 8 月，日本趁苏俄遭受西方列强干预之际，出兵侵占西伯利亚。在此期间，以《东洋经济新闻》和大阪《朝日新闻》为首的新闻出版界宣称“日本出兵西伯利亚没有明确理由”，反对寺内政府的这一出兵行为。为此，先后有 50 家报刊受到了寺内政府的惩处。与此同时，寺内政府还严厉禁止报刊报道国内各地关于“米骚动”的任何消息，从而进一步引发了日本新闻出版界的强烈不满。1918 年 8 月 25 日，全国 84 家报刊的记者代表云集大阪，召开了“关西记者大会”。大会一致做出决议，要求寺内内阁立即辞职，并要求切实保障新闻报道自由，确立宪政体制。

积极报道大会消息的大阪《朝日新闻》在 8 月 26 日的晚刊中刊登了该报记者大西利夫的一篇重头消息。文章写道：“以金瓯无缺为骄傲的我大日本帝国，现在不是逼近了可怕的最后裁判的日子了吗？白虹贯日，古人说的这一不祥之兆正默默地像雷电一样在挥动肉叉的人们头上闪亮。”

由于在报道中使用了日语里代表重大灾难之兆的“白虹贯日”一词，大阪《朝日新闻》遂被寺内政府以刊载“这一消息是暗示革命”为理由提起司法起诉。审判的结果是刊登这一消息的当天报纸被禁止发售，已售出的报纸必须全部予以收回销毁，作者大西利夫和编辑山口信雄均被判刑两个月，社长村山龙平被迫辞职，总编辑鸟居素川、大山郁夫和许多编辑也都被迫退出该报，甚至有人因此事而被迫在报纸上发表了“辨明悔过书”。同年 12 月 1 日，饱受压力的大阪《朝日新闻》社被迫在本报上向全社会发表了一篇公开道歉声明，声称：“反省我报近年的言论，颇不稳健、失于片面，这样的倾向，实际是违反我社信条的……我社已自知其过，今后当树忠厚之风。”就这样，一贯站在主张言论自由队伍前列的大阪《朝日新闻》自此元气大伤，在政治上彻底丧失了斗志，从此默默埋首商业活动，再也不敢倡言言论自由等自由主义论调了。

“白虹贯日”事件是日本现代新闻传播史上最大的一次笔祸事件。通过利用日本下层普通民众对于对外侵略战争的狂热支持和对苏俄革命的隔膜恐惧，反动的日本寺内政府以新闻出版界“反对生存战争”和“暗示革命”这两条重大理由，终于将日本新闻出版界的自由派浪潮给镇压了下去。

第三节　分析与思考

从以上相关社会背景与历史进程的叙述中可以清晰地看出：日、德两国近现代新闻传播事业的发展模式是极为独特的。这种独特的模式因为迥异于所谓西方“正统型”近代资产阶级新闻传播史的发展方式，为人们提供了另一种历史发展模式的标本，具备极大的研究与思考价值。

一、“二元一体化” 新闻传播体制的基本特征

如前所述，日本和德国近代新闻传播事业的“二元一体化”体制实际上是一种介乎封建集权与资本主义市场体制之间的半政治集权、半市场自由化的混合型新闻传播体制——其中（封建）集权的因素以政治系统的形式占据着主导性的支配地位。它的特殊的质、特殊的点存在于这种体制所包含的“二元”结构、因素及其一系列的历史外化现象中。

这种对应日、德两国“二元一体化”社会结构的新闻传播事业首先展现为一种矛盾的割裂：政治集权化与经济市场化之间的矛盾，新闻传播政治上的“一个声音”和经营上的自由放任之间的矛盾。而这种种割裂和矛盾又被政府强制性地包容在一个奇怪的体制之内。

从资本因素来看，它来自日本社会现实生活中日益强大的资本主义经济基础，是这个基础在新闻传播领域的历史化外现。基于这个强大的经济基础，日本新闻出版界对来自西方“正宗”的资产阶级新闻传播理论顶礼膜拜，强烈要求在日本也施行这些理论，以实现新闻媒体的独立地位和经营需求。这些资本在新闻传播领域的存在，必然要求媒体在这一领域中逐步实现自己的资本特性——这就是新闻资本的自由竞争和“第四等级”政治地位的确定。这种要求的外在表现集中体现在对“新闻自由”的追求和新闻媒

体盈利观的确定。对自身的盈利观的确定又必然地派生出新闻媒体对独立性的要求和对自身社会职能、作用、地位等一系列问题的思考。具体表现为新闻媒体不愿意仅仅作为国家的一种舆论宣传工具，而是强烈要求能够独立于国家政权系统之外，强烈希望作为一种社会的中介和舆论监督机构，向广大民众提供一个广泛的“公共论坛”，强烈要求新闻出版界拥有充分的自由来报道新闻事件和销售新闻商品，以满足社会公众对信息的需求和自身商业目标的实现。为此，新闻出版界必然会要求新闻的各项自由——采访的自由、写作的自由、制作传播的自由、阅读购买的自由，必然强烈地反对政府对新闻出版界的任何控制行为和新闻传播集权主义理论的一系列基本原则。

从封建因素来看，它的存在也来自日、德两国深厚的历史传统和社会现实。例如天皇的传统权威、封建等级制度、藩阀财团、官僚元老、武士阶层、军部势力等，这一系列日本社会中的封建集权因素反映到新闻传播事业之中，必然构成了一种残缺但却有力的集权主义强控机制。从历史上看，天皇和君主等封建因素本应是资产阶级革命的对象，但在日本和德国，这个“革命”却阴差阳错地在天皇与君主的领导下冲向了“闭关锁国”的封建德川幕府和千百个分裂的德国封建小公国。日本和德国不是通过一般的自下而上的资产阶级市民革命，而是通过自上而下的明治维新改良和铁血的“王朝战争”完成了两国向资本主义转型的宏伟历史进程。因此，资本因素是统治者们后天人为培植、陆续引进的，封建统治者必然要将其控制在统治者所能容忍的范围之内。具体地说，资本的生殖、经济的繁荣、国力的强盛是两国统治集团所强烈需要的，而市场经济随之派生的资本的自由、资本的社会本位却是统治者所极力压迫、打击控制的。这就是日本和德国的统治者始终抓住超经济的国家统治权力和专政工具不放，对社会体制内部新闻传播事业的自由主义倾向实施不断严酷打击、限制矫正政策的根本原因——亦是这两个国家产生“二元一体化”新闻传播体制的根本原因。一方面，两国的统治者允许甚至鼓励新闻媒体在不伤害国家根本体制、保持社会稳定秩序的前提下去赚钱、搞“黄色新闻”、确定新闻本位和先进的企业经营方式；另一方面，统治者又通过一系列严厉的法规、强大的国家机器来防止新闻出版界“越界犯规”，并强烈要求新闻传播事业在他们的领导下为国家和社会提供“有益的贡献”。

就这样，处于“二元”因素夹缝中的日本、德国的近代新闻传播事业，最终形成了一种既有较为隐蔽的封建集权主义原则和控制方式，又能容纳资本主义市场元素部分内容的独特的新闻传播体制。这是一种残缺的、隐蔽的而又强大的封建集权主义因素和虚假的、歪曲的、片面的资本自由主义因素的奇特组合——“二元一体化”社会结构、“二元一体化”因素并存的日、德近代新闻传播体制。

显然，近代日本与德国的这种新闻传播事业所呈现出来的典型性“二元”分割类型，迥然不同于西方“正统”欧美资产阶级新闻传播事业，这是由日本和德国近代新闻传播事业的社会母体本身的“二元”性决定的。“二元一体化”新闻传播体制的特征就是政治上的无所作为和经济上的市场化，更是这两者在统治阶层的需要下强制分割与整合的最后结果。这种体制同时具有资本主义和封建集权的长处和短处，但也存在着在一定的历史机缘下或者走向其正面（民主自由化），或者走向其反面（法西斯化）的多种可能性。

二、如何科学评价日、德“二元一体化”新闻传播体制

首先必须肯定的是：日、德两国近代“二元一体化”新闻传播体制的形成与运作乃是两国历史发展的一种必然结果，是两国具体的国情在应对强大的外来危机的压力下，在社会向近现代化转型的历史过程中被迫的也是自觉的历史选择。

必须指出的是，处于人类不同发展阶段的新闻传播事业的水平、性质与方式总是受当时社会母体的政治、经济、文化、科技等因素的结构性、交叉性、水平性制约。因为社会母体整体的近代化转型模式也整体性地影响与制约着这个社会中的新闻传播子系统。日、德近代化历史进程的特殊点就在于：两国不得不采取一种自上而下的“二元一体化”混合模式，才能最好地动员社会各种力量，完成最符合社会大众根本利益的现代化转型。所以，在日、德两国封建势力强大的现实土壤上，采用混合式的“二元一体化”社会结构来组织动员大众（民族）迈入近代化与现代化社会无可非议。因此，日、德混合型“二元一体化”新闻传播体制乃是当时最为符合两国民族根本利益的社会信息系统模式。至于后来在这个基础上发展衍生出来的现代法西斯新闻传播体制，则是“二元一体化”新闻传播体制（也是“二元一体化”社会结构）的一种“癌变”现象。每种社会结构都有其优劣两面——“二元一体化”社会结构的一个重大劣势就是本身具有“癌变”化为法西斯社会结构的缺陷——当然，它也存在着在民主自由力量的主动引导下转化为民主政体的可能性。所以，单纯地指责“二元一体化”新闻传播体制的反动性是不符合历史唯物主义和辩证法的。

日、德两国的这段历史还告诉我们，每个国家具体时代新闻传播事业的模式（特殊道路、方式、结构与功能）都是不同的，也都是具体的、时代性的、国情化的。各国新闻传播事业的发展之路既要遵循一定的客观规律（比如现代新闻传播事业的普遍性客观发展转型规律），亦会受到各自社会历史环境因素的强烈制约，它只能在特定的基础上发展出特定的社会结构。所以，英国人民根据英国当时的社会近代化转型需要，依据英国的国情现实，发展出了一整套独具英国特色的“渐进改良型”新闻传播事业转型模式。法国人则依据法国的具体国情选择了疾风暴雨式的社会大革命方式，其新闻传播事业转型方式也受制于大革命，呈现出法式革命的“起伏波动”特色。美国民族独立战争的特殊环境则造就了美式“狂飙突进”一帆风顺转型模式。日、德两国则在各自特殊的现代化转型历史进程中，选择了新旧元素混合统一式的“二元一体化”社会转型模式。

当前的中国现代新闻传播事业也正处于一个重要的历史转型时期。它必然要受到新时期中国特色社会主义发展模式的总体性制约，即处于“一个中心、两个基本点”的基本路线指导下（以经济建设为中心是兴国之要，改革开放是强国之路，四项基本原则是立国之本），也在改革的摸索进程中找到与发现了中国特色的“二元一体化”新闻传播体制。这就是把中国共产党的政治统一优势元素和社会资源市场化元素整合起来，用以推动中国新闻传播事业现代化转型与发展的伟大进程。在此社会总体结构制约下，当下中国式“二元一体化”新闻传播体制的产生与存在当然自有其历史的必然性。（所谓的“二元”是指党报、党刊、党台等媒体系列和对市场负责的自负盈亏企业化大众传媒系

列并存；所谓的“一体”是指两者在根本利益上均统一到为社会主义现代化建设服务与协助完成中华民族伟大复兴的共同使命。）当然，中国的新型“二元一体化”新闻传播体制与日、德两国近代“二元一体化”新闻传播体制有着质的不同，但日、德两国近现代新闻传播事业的转型模式与历史进程确实值得我们以史为鉴，深入思考。

练习题

一、名词解释

1.《荷兰传闻书》

2.《官版·巴达维亚新闻》

3.“白虹贯日”事件

4.《读卖新闻》

5.《朝日新闻》

二、简答题

1. 什么是“二元一体化”新闻传播体制？

2. 简述日本“二元一体化”新闻传播体制的形成。

三、论述题

1. 试分析日本早期新闻传播事业与德国早期新闻传播事业的异同。

2. 试论述与分析日、德两国近代新闻传播事业的“二元一体化”转型模式。

第八章
邪恶的异化转型之路
——德、日、意、西法西斯新闻传播体制的确立历史

本章学习要点

- 现代法西斯社会体制与法西斯新闻传播事业的关系。
- 法西斯思想理论体系与法西斯新闻传播事业的互动。

上一章中论述的日、德近代新闻传播事业独特的“二元一体化”发展模式，因为某种内在的历史“集权基因”和外在的社会发展环境需求，后来竟然演化成为人类新闻传播史上极为邪恶的一种极权主义现代法西斯新闻传播体制。日、德两国此类现代法西斯极权主义新闻传播体制，包括现代意大利、西班牙等国的法西斯新闻传播体制是怎样形成的呢？本章的基本内容将围绕着这一重大问题而展开。

第一节　背景之回顾

现代法西斯新闻传播体制在人类历史上的出现并非偶然，它与20世纪世界范围内法西斯社会体制的出现紧密相关，而法西斯社会体制的出现更是与那个时代人类社会一系列深层次的历史背景及原因不可分割。

一、现代法西斯社会运动的历史起源

从历史背景来看，20世纪所出现的法西斯化的国家都曾受过集权主义的强大影响。近代德国的历史与德意志第二帝国紧密相关，近代德国事实上是封建军事强国普鲁士的一个政治产物，是普鲁士权相俾斯麦自上而下的“铁与血”强权统一政策的产物。尽管资本主义经济在统一后的德国国家力量的扶持下获得了迅速的发展，使德国国力大增，但是，资本主义经济的快速发展，并未带动资本主义民主政治力量的提升，相反的是，封建的军事“容克”贵族集团和反动的第二帝国君主们却从中获得了生存发展的雄厚财力，并产生了不可遏制的对外侵略野心。当德国原本狭小的民族生存空间与君主们对外侵略的野心产生尖锐的矛盾时，发动对外侵略战争以获取更大的“生存空间”，攫取更多的原始资源、市场、殖民地的念头便日益强烈。为了所谓的国家利益、民族利益，统

治者必然要求实行专制化的政治架构和强权化的组织形式，以求把国家有限的人力、物力和财力集中起来，实现其“伟大”的帝国梦想。第一次世界大战就是德国这一系列政策带来的后果，而战败的耻辱、艰难的生存压力和民族利益被“不公正地掠夺”的流言更增加了整个德意志民族报复敌人的决心。于是，法西斯极权主义这个人类历史上的政治怪胎便在希特勒这种蛊惑人心的政客的操纵下，在二战爆发之前的德国应运而生了。

近代日本社会产生法西斯政体的深层原因也来自它独特的历史传统和地理环境。众所周知，近代日本的历史是在抵抗、学习、融合西方外来文明的进程中逐渐形成的。在这一进程中，日本渐渐地演化为一个典型的“二元一体化”体制的国家——经济上的市场资本主义和政治上的封建集权主义的混合。伴随着对外数次侵略战争的成功，天皇制度和军部势力在日本社会生活中的威信和权力的增强，对外侵略战争对日本近代资本主义经济的强烈刺激等种种因素，逐渐导致日本社会及民众向集权主义整体性倾斜。第一次世界大战并没有给日本带来实质性的“好处”，而生存空间的狭小、资源的贫乏、单一的民族及近百年实施现代化所产生的野心终于导致了日本“大东亚共荣圈”全球争霸概念的提出。全国军民为达成此项最高国策而自愿进行国家的“一体化统制”——即法西斯化的过程。当整个日本民族都被绑在这辆“一体化统制”的法西斯战车上时，日本发动对外战争就不可避免了，法西斯新闻传播体制也自然成为这个“一体化统制”国家结构中不可缺少的重要一环。

二、现代法西斯主义崛起的社会背景

除了专制主义的历史传统以外，现代法西斯主义浪潮崛起的另一个重要原因就是对狭隘民族私利的狂热追求和现实生活中的沉重压力，导致了下层民众“集体无意识”的行为盲动和对民族强权领袖人物的期盼与膜拜。

从总体来看，虽然西班牙和意大利的情形与日本和德国略有不同，但两国专制的悠久历史传统，对民族自身狭隘利益的疯狂追求，一战后动荡不安的社会生活压力所导致的无数民众对领袖、强者、伟大人物的强烈企盼，这些可能产生法西斯极权专政的因素在这两个国家中都有存在。于是，当意志果敢、富于行动力的意大利法西斯党魁墨索里尼登高一呼、率众进军罗马时，意大利脆弱的资产阶级民主力量根本无法与之抗衡。当西班牙佛朗哥将军的叛乱军队进军马德里时，薄弱的西班牙民主政府自身也没有力量可以阻挡叛军的进攻。整个西班牙民族抵抗法西斯政权的集体意志是微弱的，即使国际进步力量全力支持西班牙民主政府平叛也无济于事，法西斯极权势力的上台在当时的西班牙已不可避免。

综上所述，集权主义的历史传统、动荡不安的现实生活压力以及失去理智的“集体无意识”民众的自私盲动情绪，是促成现代法西斯政权出现的三个重要因素。

以国家主义、民族主义、专制主义为基本特征的现代法西斯德国、日本、西班牙、意大利等国家的出现，导致了现代法西斯新闻传播体制的出现，从而为人类的新闻传播事业提供了一个极其重要的反面标本。下面的章节我们将就法西斯新闻传播体制的一系列特征和历史进程展开相关论述。

第二节　历史的进程

现代西方几个国家的法西斯新闻传播事业发展进程均集中于第二次世界大战前后，并均具有较为统一的法西斯哲学观念与思想体系，都具备较为一致的新闻宣传要素和极权统制运行方式。当然，因为国情不同，德、意、日、西诸国的现代法西斯新闻传播体制也有着一些显著的差异。

一、意大利与西班牙法西斯新闻传播史

（一）意大利法西斯新闻传播体制的确立

在欧洲近代史上，意大利是一个不幸的国家。1870 年以前，意大利长期处于外国侵略者的瓜分统治之下，由于经济落后、人民贫困、报业萧条，新闻传播事业很不发达。1870 年，意大利独立统一运动完成，奠定了近代意大利新闻传播事业的基础。但由于积弱过久，意大利政治民主化程度较低，经济也相当落后，没有产生像英、法、美等国那样的工业革命，也没有形成自由资本主义工商业市场繁荣兴盛的局面。因此，意大利的资产阶级新闻传播事业始终落后于西欧和美国的发展水平。在一战前，意大利资产阶级报刊主要集中在米兰、都灵等几个有限的大城市里，较著名的有米兰的《晚邮报》和都灵的《邮报》。所有的报纸在内容上仍以政治新闻及政论为主，在财政收入方面，广告很少，实力薄弱，谈不上企业化经营，难以在经济上获得财政独立。

一战后，意大利虽然是战胜国之一，但获利甚微。而参战带来的经济破产、通货膨胀和对外债台高筑，导致了工人罢工、退伍军人失业，全国陷入一片混乱和不满之中。这种局面十分有利于法西斯主义在意大利滋生。意大利的法西斯党是墨索里尼于 1919 年组建的。墨索里尼曾是一位新闻记者，他于 1914 年在米兰创办了《意大利人民报》。一战后，他继续主编该报，同时开始组建法西斯党，鼓吹社会主义和国家主义，吸引了大批不满现实的退伍军人、工人、农民和小资产阶级分子。1922 年，墨索里尼率领法西斯党徒进军罗马，在意大利取得了政权。

墨索里尼政府成立以后，旋即在各个领域实施法西斯专政。在新闻传播领域，新政府颁布了新闻法，限制和打击反对派报刊。依据此法，意大利全国的报刊被命令强制合并，一个地区只能有一家报刊。通过“合并”，法西斯政府消灭了不少反对派报刊，达到了统一言论的目的。1924 年 7 月，墨索里尼政府规定，新创报刊必须经法院检查核准，而且必须经当地行政长官同意方可创办，从而把管控各地新闻媒体的大权掌握在了法西斯官员手中。

1925 年，墨索里尼政府又公布了《新闻记者登记法》，同时组织全国性的记者工会和报纸发行人协会，在意大利彻底实行新闻传播事业的法西斯化体制。

《新闻记者登记法》是世界上第一部最具法西斯色彩的记者登记法。该法的重点内容在于遴选记者的资格以及对记者的监督措施。该法规定："凡是有违反国家利益行为者即撤销记者资格。"显然，在"国家利益"名义下，凡不对法西斯政权效忠者均不能从事新闻传播事业。在这条法令的限制下，约有数百名著名记者被拒绝登记，失去了从事新闻传播事业的资格。审查记者登记资格或处罚登记记者的工作由法西斯政府的司法部从记者工会中选出的"五人委员会"全权负责，这个"五人委员会"直接受司法部的监督和领导。

1929 年，墨索里尼在一次会见各报社长时全面阐述了他心目中的法西斯新闻传播事业的神圣使命。他说："凡对政府有益者应积极实施，反之则应加以拒绝。"他认为，新闻传播事业是政府事业的一部分，不能由私人自由经营，否则会破坏新闻传播事业对国家整体目标的贡献。

意大利法西斯政府的最高新闻管理机构是内政部新闻管理处，该处后被分出，并升格成立为国家新闻宣传部，由墨索里尼的女婿齐亚诺亲自担任部长。该部每日对全国各报用口头、文字或电话的方式颁发指示——这些指示大至新闻政策，小至具体的新闻标题、文章内容，一应俱有，十分详细周全。对于外国报刊、电台、通讯社驻意大利的记者，墨索里尼政府也采取了强硬的控制措施。1924 年以后，意大利政府开始对外籍新闻记者的新闻稿件也进行新闻检查，凡批评墨索里尼或对其政府表示不友好的电讯及消息均不得拍发国外。若有类似电讯拍出，这些外籍的特派记者就有被判 5～15 年有期徒刑的危险。对外电的检查是由邮政总局和新闻宣传部共同执行的，检查人员可以任意地删改新闻内容，亦可扣压新闻稿件，不准发出或延迟发出。就这样，意大利法西斯政权通过对国内外新闻传播事业的控制，在世界上最早建立起了一个法西斯化的极权主义新闻传播体制。

（二）西班牙法西斯新闻传播体制的确立

在欧洲，西班牙也是一个封建专制传统势力强大的国家，故而它的政治、经济、文化事业也全面落后于西欧其他国家和美国。1936—1939 年，反动将军佛朗哥发动了内战，武力推翻了脆弱的西班牙共和国，在西班牙境内建立了法西斯政权。在新闻传播事业上，西班牙也是最早建立以管制、监督、控制为特征的法西斯新闻传播体制的国家之一。

佛朗哥法西斯政府成立伊始就颁布了专门的新闻法，通过法律的形式正式建立起西班牙法西斯新闻传播体制。这部新闻法第一条即明确规定："全国报纸的组织、监督、控制归于国家。"第二条又进一步规定："前述职权归于国家者即有：（1）报纸发行的推广及数目的调整权；（2）对社长、人员任免的干预权；（3）对新闻记者职业的规定权；（4）对新闻活动的规定权；（5）不加遏制的检查权；（6）其他本法第一条内容所引申的权力。"依据此项新闻法，西班牙新闻单位的人事、发行、编辑政策、新闻取舍标准及其他一切新闻活动都处于政府的强力控制之下，新闻传播事业成为法西斯政府的舆论工具，为法西斯政权的巩固和发展效力。

这部对新闻及言论实行严格管制的法西斯化的新闻法是于 1939 年公布实施的，共施行了30余年。在二战后，特别是进入20世纪60年代后，这项法令才略有改变。1966年，西班牙新政府通过的新的新闻法《新闻出版法》全面取代了佛朗哥政府的那部法西斯新闻法。

二、德国法西斯新闻传播体制的确立

如前所述，近代的德国从未真正资本主义化，封建的因素根深蒂固地存在于德国的社会传统之中。一战后，德意志第二帝国瓦解了，随后建立的魏玛共和国宣布了《魏玛宪法》，从而使德国在表面意义上拥有了第一部资产阶级宪法。但是不久之后，德国政权即落到以希特勒为首的法西斯纳粹手中，从此开始了德国法西斯“第三帝国”的残酷统治。

希特勒原为奥地利人，后迁入德国慕尼黑。一战中他曾参军入伍，负伤而归。一战后，由于德国社会政治经济的全面危机，希特勒于1919年在慕尼黑加入德国工人党并于1920年取得了该党的实质控制权，将其改为纳粹党，开始了其法西斯夺权活动。1931年，德国陷入了世界性的经济危机，工人失业、企业破产，中产阶级濒于毁灭，农民贫困不堪，民族复仇主义情绪日益高涨。借助这一有利的形势，希特勒的纳粹党在德国各社会阶层中获得了惊人的发展，很快成为德国最有影响的大党。1933年1月30日，希特勒的纳粹党经过法律选举程序正式成为德国执政党，希特勒被狂热的德国民众选举为总理，后又成为国家元首。

希特勒在取得政权后立即实行法西斯独裁制度，先后解散了其他政党，社会民主党和共产党的报刊也受到了沉重的打击。1933年2月27日“国会纵火案”以后，希特勒借此将51家共产党报刊停业，同时封闭了社会民主党的130多家报纸。2月28日，希特勒通过兴登堡总统发布命令，宣称“为了保障国家和人民的安全，宪法规定的新闻自由暂时中止”，从而取消了《魏玛宪法》规定的新闻和言论自由，肆无忌惮地施行法西斯的“舆论一律”。

1933年3月，纳粹政府成立了国家宣传部，由戈培尔担任部长。戈培尔以坚信“谎言重复千遍即成真理”而闻名，专门负责为“元首”尽职管制全国报刊电台的言论及新闻报道，并负责法西斯国社党的整体宣传工作。1935年7月，纳粹派遣挺进队以暴力的形式夺取了沃塞尔报团的财产，乌尔斯坦因报团也在“反犹”运动中被没收财产。同年9月，依据德国《国家文化学院法》创设的“国家新闻学院”开始负责严格控制全国的新闻传播事业。

在反对派报刊被消灭殆尽后，纳粹政府即着手建立德国的新报业——为政府效忠的法西斯新闻传播事业。1933年10月4日，依据意大利的《新闻记者登记法》，德国也颁布了《新闻记者法》。该法规定：“各个新闻单位的负责人必须由宣传部部长直接任命；一般记者唯有符合下列条件方可成为记者：（1）必须为德国人；（2）具有公民权及管理的资格；（3）受过专门教育；（4）祖籍为纯种的雅利安人而未与其他各族成员结婚；（5）各新闻单位领导人必须保证在其宣传媒体中不得有反对德国国防、教育、经济及荣誉的任何报道。”该法实施细则中还专门规定：凡从事马克思主义新闻工作，或做出其他政治上有害行为者，一律不得从事新闻传播事业。到 1934 年，德国的报刊从 1930 年的 4 703 家降至 1 200 家——剩余的绝大部分都是表示彻底效忠希特勒政府的御用新闻机构。至此，希特勒完成了对德国境内报刊的全面掌控。

1933 年，具有悠久历史的德国沃尔夫通讯社被勒令停止对外供稿，由政府全盘接管。法西斯政府将该通讯社和成立于 1915 年的海通社合并，改组为国家直接经营控制的德国通讯社，成为希特勒政府统一进行对外宣传的喉舌。至此，在新闻通讯社方面，纳粹政府也完成了自己的统制步骤。

德国的广播事业原来都是商业化的私营制。1933 年后，广播事业也全部为国家宣传部所控制。同年，德国开始以英语、德语等多种语种对外进行国际宣传广播。整个二战期间，广播电台始终是戈培尔之流进行法西斯宣传工作的主要工具之一。

三、日本法西斯战时新闻 “统制体制” 的确立

在日本新闻传播史上，1936—1945 年这段时期的新闻传播事业被称为“统制体制”新闻传播事业——即法西斯军国主义新闻传播事业。日本法西斯新闻传播事业的形成，主要是通过改造以往的日本新闻传播事业，逐步建立战时统制体制而完成的。

（一）政府管制情报机构的确立

1931 年“九一八”事变之后，日本法西斯军部的势力大为增长，对全国新闻信息情报工作的管控逐渐加强。同年 9 月，日本外务省建立了一个非正式的情报委员会，由外务、陆军、文部、内务等各省选派若干委员和干事组成，直属内阁领导，其职责是就当时如何统一国内舆论、加强时局宣传而向政府提出相关建议。1936 年 1 月，日本军国主义统治当局又正式成立了列入官制的“内阁情报委员会”。该委员会直属内阁总理大臣领导，其任务是对各省部有关信息情报共享事宜进行统筹联络和调查，并通过这一委员会对来自各个渠道的信息情报中有关战时国策的材料加以处理，再传达给有关部门，为政府的新闻情报宣传工作统一口径。

1937 年“七七事变”后，“内阁情报委员会”易名为“内阁情报部”，拥有了更大的权限。该部所新增的一项重要任务是“开展不属于各厅范围内的报道、情报搜集和启发宣传活动”。内阁情报部起用了当时日本新闻出版界、经济界、文化界等各行业富有学识的民间人士承担报道和宣传咨询工作，加强了协调全国信息情报的职能。

太平洋战争爆发之前，为了强化全国战时宣传报道体制，实施更加有力的一体化控制，日本政府于 1940 年 12 月 6 日废除了内阁情报部，将一些相似的政府机构合并为一个更大的专业职能部门“内阁情报局”。该局直属内阁首相管辖，是日本政府负责全国战争宣传报道的中枢机关，共分为五个下属部门：第一部主管计划、情报调查；第二部主管国际宣传；第三部主管新闻检查；第四部主管国内宣传；第五部主管对国内文化宣传团体的指导。至此，日本法西斯政府控制言论的宣传情报机构最终形成。

（二）同盟通讯社的成立

“九一八”事变后，国际舆论开始不利于日本。与此同时，日本国内新闻机构之间的不同意见、不同报道也造成了对外宣传舆论的不统一。日本政府迫切地感到有必要成立一个国家级别的通讯社，以统管方式加强对内对外的整体宣传工作。

当时，日本的私营通讯社主要有两大家——日本电报通讯社（电通社）与新闻联合通讯社（联合社）。电通社与美国的合众国际社有合作关系，联合社则与路透社和美国联合通讯社挂钩，两社一直处于竞争对立状态。1932 年 11 月，内阁情报委员会做出决定，尝试把电通社和联合社合并，成立一个国家级的通讯社，但谈判没有成功。

1936 年 1 月 1 日，在政府强有力的要求与支持下，联合社主导成立了一个新的通讯社，即同盟通讯社（同盟社）。在此之前，日本电讯省制定并公布了国际电报规则，规定凡传播新闻信息的电报，其收发电讯权仅限于同盟社一家。这一措施给予电通社以致命打击，同盟社从此得以在政府的庇护下单独享受种种特权。1936 年 5 月 31 日，电通社被迫向同盟社妥协，两社在日本政府的压力下正式合并。

从此以后，同盟社作为唯一代表日本政府的国家级通讯社全面控制了国内外一切电讯消息，在日本军部的支持下，该社不仅在国内有了相当大的发展，而且随着日本侵略军进入亚洲各国，扩大了在亚洲地区的势力。由此，日本法西斯政府顺利实现了其旨在控制国内外通讯消息、统一国内舆论的意图。

（三）日本相关战时新闻管制法规的制定

中日战争爆发前后，日本政府就已经通过其颁布的新闻诸法和其中的有关条款来钳制新闻出版界：法律包括 1899 年 7 月 15 日颁布的《军机保护法》，1939 年公布的《军用物资秘密保护法》，1941 年 3 月 7 日公布的《国防保安法》等；条款则如陆海军、外务大臣有权禁止报刊登载有关本省事务的稿件。这些法规都在中日战争爆发后被日本政府用来管制报刊，强化言论控制。

最重要的言论控制法规是 1938 年 4 月颁布的日本《国家总动员法》第 20 条。该条款规定：“政府在战时因国家动员所需，得以勒令对报纸及其他出版物的记载予以限制或禁止。”可以说日本后来出现的一系列战时新闻管制法规都以此为依据。

1941 年，依据《国家总动员法》第 20 条，日本政府公布了《新闻纸等刊载限制令》。同年 12 月 8 日太平洋战争爆发，19 日，日本政府又颁布了《言论、出版、集会、结社等临时取缔法》，将报刊的创办与发行由申报制改为许可制，并规定政府有关部门有权勒令报纸停刊。1942 年 2 月 24 日，日本政府又公布了《战时刑事特别法》，扩大了战时犯罪、处罚的范围。这些都是日本法西斯政府用以控制全国舆论，建立法西斯新闻传播体制的法规。

（四）对新闻出版界的全面掌控和报业大合并

1941 年 5 月 26 日，在“内阁情报局”的指导下，日本报刊界成立了政府御用的报业公会——新闻联盟。1942 年，该团体改名为“日本新闻协会”。该团体由当时新闻界知名人士和政府官员组成，内阁情报局局长及警察局局长均为该协会理事。它的主要任务是：(1) 协助政府统制言论；(2) 调查、改善新闻编辑及经营；(3) 调查新闻用纸及其他资源的配额；(4) 研究全国报业合并问题。

日本新闻协会在有关当局的授意下，效仿纳粹德国的新闻记者法制定了日本的记者“规章”，要求从事记者工作的每个人都必须“明誓确保国体”和“确保国家使命”才有资格登记。

1941 年 12 月 13 日，依据《国家总动员法》第 16 条，政府又公布了《新闻事业令》及实行规则。根据《新闻事业令》，“新闻事业协会”成立了，专门负责报业战时的自我管理，并在报纸的编辑、经营、销售、用纸、资财的分配和全国记者的登记、培养等方面协助当局对新闻传播事业进行控制。

除了成立新闻事业协会外，《新闻事业令》还包括如下内容：(1) 报刊发行仍采取许可制；(2) 内务大臣认为必要时，得令报纸出卖、承让或合并。依据《新闻事业令》的这些内容，日本政府开始了对全国报业史无前例的整顿合并运动。整顿合并的中心意图就是实施“一县一报”制，把全国各地所有的新闻报刊都有效地掌控在政府手中，为法西斯战争宣传服务。日本的这次报刊界大合并运动于 1942 年 2 月正式展开，根据《新闻事业协会决议》：(1) 东京一地保存全国性报纸三家，地方性报纸及产业界报纸各一家；(2) 大阪一地保存全国性报纸两家，地方性报纸及产业界报纸各一家；(3) 每府、县均只准有地方性报纸一家。依据这项决议所展开的日本报业大合并运动的最后结果是：1939 年时日本的 848 家大小报刊，到 1942 年时只剩下了 54 家。所有的反对派报刊都在大合并中被查封了，这 54 家留下来的报刊完全是法西斯政府的喉舌机关。另外，日本政府还对处于其殖民统治下的朝鲜、我国台湾和东三省的新闻传播事业也实行统一管制，通过当地的殖民总督或行政当局进行对口管理，或者分别纳入日本国内各大报刊系统进行控制。

就这样，通过以上诸种手段和强硬措施，日本法西斯军部和政府将新闻传播事业的用纸、资产、编辑、情报、宣传等各项事务全部控制起来，建立了所谓“统一指导”的全国战时新闻体制。在这种体制下，日本新闻出版界各种媒体完全成为政府操纵下的喉舌耳目和宣传机器，狂热地报道战争消息，吹嘘“皇军”的伟大胜利和“大东亚共荣圈”的迷梦，欺骗日本人民。这一时期的日本法西斯新闻传播事业在制造战争舆论、煽动民众狂热的战争情绪及统一国内外宣传口径等诸方面都起了极大也极坏的作用。此时的日本新闻传播事业已经彻底抛弃了以往资产阶级报刊所标榜的“客观”“公正”“民主”外衣，完完全全地堕落为法西斯政权的战争宣传鼓动工具。

第三节　分析与思考

法西斯新闻传播体制是人类历史上最为丑恶、反动的一种新闻传播体制，是在资本主义国家与社会主义国家中都有可能产生的一种社会“恶性肿瘤”。鉴于它的巨大危害性，鉴于在西方的德国、东方的日本都曾出现过这一体制或其苗头，我们有必要对其做一深入解析，以之为鉴，引以为训。

一、现代法西斯思想体系与法西斯新闻传播体制

从总体上看，法西斯新闻传播体制是一种有着自己一系列完整哲学基础和思想体系，有着严密的组织性与纪律性，追求高度统一的社会化新闻宣传体制，我们的分析必须先从它的哲学思想入手。

从德国和日本两国法西斯主义产生与发展的历史来看，它的基本思想观念是：用高度集权的强大组织方式，达成特定的社会目标。这个特定的社会目标就是本民族的“强大兴盛”——以其他民族的被侵略、被压迫的悲惨结局和本民族中绝大多数民众的个体自由和尊严的丧失为代价。比如，在希特勒的法西斯思想体系中就有一个基本的“民族共同体”的概念。希特勒认为人类社会中根本不存在马克思主义者所谓的阶级划分，而只存在着一个个不同的“民族共同体”。优秀的雅利安人种是作为一个高度社会化的“民族共同体”存活在这个世界上的，它是人类中最为优秀的一个种族。所以，必须从维护德意志“民族共同体”最高利益这一时代的高度来进行全面斗争。德国人民的所有行动都必须以这个“民族共同体”的总体利益为唯一的衡量标准。依据这个思想，希特勒自然地提出了代表德意志“民族共同体”根本利益的法西斯政权是至高无上的、具有最广泛的民族代表性和最高权威性的理论，也自然地提出了“一个民族、一个国家、一个政党、一个领袖”的法西斯政治宣传口号。在这个法西斯理论中，大众新闻传播事业应该且只能是作为一个为德意志“民族共同体”最高利益奋斗的有力工具而存在。它所有的生存价值和活动意义就是为雅利安种族服务，为代表着雅利安“民族共同体”根本利益的希特勒政权服务，任何对它的服务性质、工具性质、宣传鼓动性质的歪曲和脱离都是对整个德意志“民族共同体”的反叛和犯罪。希特勒就是这样利用了这个所谓的“民族共同体”思想，把德国的新闻传播事业牢牢地绑在了自己的法西斯战车上。

希特勒及法西斯党宣传理论的另一个重要方面是“超人”理论和伟大领袖思想（元首概念）。希特勒利用了人们的一个常识性的经验判断，即断定在同一种族的人群之间，人与人的体力、智力差别是极大的。在德意志“民族共同体”中，永远存在着精英阶层和普通群众的巨大差异，存在着“超人”与俗人的根本性差异。因此，“超人”和精英们责无旁贷地要比他人更多地肩负起对“民族共同体”的伟大责任，更有权指挥其他民众为“民族共同体”的兴亡而斗争。所以，法西斯精英阶层先天地拥有智力上的优势，必须用外在的强力宣传灌注方式，把伟大的“民族共同体”思想和意识灌输给千千万万的普通群众，必须利用普通群众共同存在的先天弱点，即“集体无意识”，使用浅层次感官刺激、重点宣传、外部灌注、反复洗脑等多种宣传方式，把法西斯思想和“超人”理论同广大群众紧密地结合起来。为此，法西斯政府就必须对全社会新闻传播事业进行严密的组织化，而绝不能把新闻宣传工具不负责任地交付给个体资本家和小商小贩，任凭这些个人业主利用“虚伪”的民主自由理念来进行市场竞争牟利，为捞取个人的一己私利而将伟大的“民族共同体”大业置之度外。政府必须将整个社会新闻传播事业断然纳入纳粹党的整体事业之中，在“元首”的绝对领导下将其与其他社会系统进行全国

“一体化”组合集中，这样才能收到手动臂随、令行禁止、统一集中、强大无比的宣传功效，才能形成统一的民族合力，完成“伟大”的德意志“民族共同体”复兴大业。

日本法西斯新闻传播事业也有着一整套反动的法西斯理论，这些理论和思想成为其开展新闻传播活动的哲学基础。由于日本近代特殊的历史背景，日本的近代化进程是以保国保种、民族自强为最高目的的，而且这一进程是在封建性质的天皇体制的领导下进行的。所以，大和民族的兴亡、帝国的“武运长久”、以日本为核心的“大东亚共荣圈”的建立乃是国家和民族的唯一长远目标。为了突破西方老牌帝国主义对新生的日本帝国的压制，为了拓展自身狭小贫瘠的生存空间，日本就必须持续地进行对外扩张，而民族利益、国家兴亡便成为天皇独尊和军部独裁的最有力的借口。在数次把日本近代新闻传播事业民主化的势力完全打压下去之后（以“白虹贯日”笔祸事件为标志），日本法西斯政权借助对外侵略战争，实行“国家总动员”，把日本人民的一切民主自由权利都悉数剥夺，最终建立了日本法西斯专政体制。

追随着日本打造“大东亚共荣圈”的最高目标，日本的现代新闻传播事业自觉或不自觉地成为法西斯政权的有力工具和无耻帮凶，成为所谓民族最高利益的坚定维护者，并为此不惜抛弃自己以往追求的一切民主自由理念。

二、法西斯新闻传播事业体制分析

历史的经验告诉我们，一个民族的整体利益对其来说自然是极为重要的，在危机时刻以民族的整体利益为目标来动员全民族的合力也是可以理解的，但是，任何事情都应该有一个底线，有一个合理的尺度。如果一个民族的利益之实现必须以其他民族利益的丧失为前提，如果一个民族的兴起必须以其他民族的屈服为代价，如果一个民族的欢乐必须以其他民族的痛苦（甚至被殖民、被亡国）为前提条件，那么这种利己害人的“民族利益”就超出了正当的范畴，走上了异化的邪路。所以，当任何统治者用“民族主义”口号来强化其对整个社会系统力量，特别是新闻传播事业的绝对控制的时候，人们必须保持高度的警惕，绝不能在追求正确的目标时跨过了真理的界限，走上可能导致严重损害真正民族利益的错误方向。

历史的另一个经验是：在任何时候，新闻传播事业都必须保持对政治系统的一定程度的独立性，而决不能丧失自己对社会发展方向、社会管理方式的预警监督和批评功能。历史的经验和政治科学的规律还告诉我们，在任何时候，新闻传播事业作为一个独立的社会“多元化”元素都比随波逐流的“舆论一律”之“一体化”要好得多。为了防止潜在的法西斯专政现象出现，新闻传播事业必须作为一种制度化的社会制衡力量独立存在和发展。

从更深层次的原因来看，现代德国和日本法西斯新闻传播体制的产生，乃是两国不健全的、独特的社会传统的集权化潜在结构机制所导致的。这种新闻传播体制乃是两国近代“二元一体化”社会结构在新闻传播事业中的放大和反映。这就印证了这样一条规律，即某种社会中的新闻传播事业总是同其所处的社会整体环境协调一致地同构共存。

三、特定社会结构与新闻传播事业的法西斯化之关系

如前所述，遵循上述历史规律，我们是否只能悲观地得出这样一个结论：一些国家的现代法西斯新闻传播体制是一种不可避免的客观的历史存在物。从某一个角度来看，当这种“二元一体化”的社会已经发展到很成熟的程度，又没有强大的外力干涉矫正时，法西斯化的出现似乎是不可避免的。

但从另一个角度来看，情况可能又会有所不同。在对历史发展规律的探讨中，人们发现了这样一个规律，即一个社会的历史发展过程乃是其社会结构演变的历史过程。一个社会结构的主要内容，可以近似地划分为三个子系统——经济子系统、政治子系统、意识形态子系统（后来又有了社会科技子系统）。当这三个子系统之间产生了一种相互适应、相互促进的“同态结构体”时，比如当封建社会内部产生了商品经济因素（经济小系统）、市民自治组织（政治小系统）、人文主义启蒙思潮（意识形态小系统）时，一个潜在于封建母体中的新的社会结构便与母体同构组合、相互支撑着逐渐产生了。以后这个社会的历史就仅仅是这个母体中的“潜社会结构”如何破胎而出，代替它的母体“显社会结构”（封建社会）的一个必然过程罢了。这一历史规律的描述指出了一个极为重要的事实：潜社会结构里的各组织要素产生、发育、认同的过程中，这种潜社会结构的组合发展方向可能是多元的——这取决于不同性质的三个“潜组织”要素产生、发育、认同的不同过程与不同发展程度。如果这三个社会子系统的“潜组织”会同时顺利产生、发育认同、相互支持，结果就会出现一个崭新的潜社会结构三角体；如果这三个社会小系统中产生了两个同质的系统、一个异质的系统，那么它们三者组合起来，就会产生一个不规则的、特殊的潜社会结构组合；如果这三个社会子系统中的两个是异质的（旧社会形态性质的），只有一个是新质的，那么新社会的组合与发展将是相当困难的；如果三个社会子系统不能相互适应，而是相互矛盾、相互斗争并最后同归于尽了，则结局就可能是旧的社会结构继续存在。最值得注意的是，在一个社会的“潜组织”产生、发育、认同的几个关键性的历史时刻，各种各样的因素都能制约、影响它们，其中极为重要的一种力量就是人的主观能动性。可以说，人类认识社会发展客观规律的能力、人类的主观能动反作用能力在这些非常关键的历史时期显得极为重要。当人类能够利用自己认识客观规律的能力发现各种社会潜在元素、潜在结构的产生与发育时，就既可能有意识地去主动抑制某些潜在元素的产生和发展，也可能有意识地去主动促进某些潜在元素的顺利产生、发育及认同。从这一角度来看，我们认为人类确实能在特定的历史时刻改造特定的历史，主动推动历史前进——当然这种改造和推动不是随心所欲的，而是必须在深刻掌握辩证历史唯物主义客观规律的前提下进行的。因为人也是特定历史的产物，也只能在有限的认识客观规律的前提下来创造历史。但是，如果人类错过了改造历史、推动历史的特定时机，一旦母体社会中新生的“潜组织结构”自行认同、组合发展起来了，人类在相当长一段时间里就无力改变其性质、内涵和发展之路了——最多只能是暂时阻碍或加速这一历史进程而已。

四、人类的历史主观能动性能否阻止与消弭法西斯社会与新闻传播体制

如果我们把上述理论运用到对法西斯新闻传播体制的解析上，就会发现这样一个结论：如果人们不能在合适的特定历史时段，在历史的某个“特定时刻”去主动阻止与消除那些产生法西斯主义的社会结构中的根本性隐患缺陷，那么一旦某些条件成熟、某些因素催化，这种有缺陷的社会体制就有可能立刻向法西斯体制这一恶性的社会肿瘤演化。人们制约这种演化的关键时机就是这种体制产生之初和其受到外力影响出现某种危机震荡的时候；适于改革的关键部位就是这种有缺陷的社会体制的内部结构；改造的目标就是把先天不足的某些社会小“异质”系统适时地改造成为“同质”系统，使社会的三个子系统尽量“同质”协调起来，并通过建立制度性的预防措施来抑制社会结构中可能产生恶性“癌变”的不良细胞。这个历史的改正过程很像我们对人的肌体中癌细胞的处理一样，只有及早发现躯体中的癌细胞，正确诊断其部位、性质与阶段，尽量人为地实施外部干预——手术切除、免疫功能启动、“定向靶标”治疗等及时有效的方法——才有可能治好癌症，避免癌症扩散至一发不可收拾的最坏结局。如果因为种种原因错过了治疗的最佳时机，人们对已经扩散的癌症就无可奈何了，只能最终被动地与其“同归于尽”。

比如，在日本近代史上就曾经有过好几次改造其“二元一体化”体制缺陷的大好时机。第一个时机是明治天皇政府建立初期，因为如何建立一个学习西方、迅速实行现代化的国家体制是摆在明治政府面前的重要任务。由于明治维新集团具有封建性质，因此其建立的国家体制只能是“二元一体化”的混合体制，新闻传播事业作为统治阶级的一个瞩目的助手和工具而被“宠幸”，成为天皇的“御用工具”，新闻传播事业与政治、经济的关系一开始就出错了。第二个时机是日本政论报刊兴盛时期。当时各种思想流派进入日本，原有的国家统治体系处于某种危机震荡之中，在这个时候，或者开展新的社会改革运动，或者政府自身顺应社会压力进行一些变革，日本的“二元一体化”社会结构还是有可能发展成为“一元化”资本主义结构的。但是，反动势力利用惯常的高压手段压制了这场社会改革运动，使日本社会的“二元一体化”趋势不仅没有被削弱，反而被强化了。到了20世纪初的“大正时代”，强大的市场经济支持下的日本新闻出版界和广大民众第三次也是最后一次发起了改造“二元一体化”社会结构的努力。然而，伴随着数次侵略战争而势力大增的代表军部势力的寺内政府利用所谓的“白虹贯日”笔祸事件，把广大民众的民主浪潮强行镇压了下去。从此，日本沿着不可挽回的法西斯体制轨道快速地滑向了无底的深渊。

德国的情况也很相似。1848年欧洲资产阶级革命爆发时，德国资产阶级就因为自身的软弱无能丧失了掌握政权、统一全国的历史性机会。第一次世界大战以后，德国曾经面临重建资本主义民主制度的良好机会。但是，对无产阶级革命的恐惧和不平等的《凡尔赛和约》引发的民族仇恨氛围，最终导致了德国希特勒法西斯政权的“合法”上台。于是，德意志民族历史上最大的悲剧便不可避免地发生了。

练习题

一、名词解释

1. 德国通讯社

2. 同盟通讯社

3. 新闻“统制体制”

4. 戈培尔

二、简答题

1. 简略叙述日本法西斯新闻传播体制建立的步骤。

2. 简略叙述德国法西斯新闻传播体制建立的步骤。

3. 简略叙述意大利法西斯新闻传播体制建立的步骤。

三、论述题

1. 试分析日本法西斯战时新闻传播体制的内容与特征。

2. 试分析德国纳粹法西斯新闻传播体制的理论基础与外在特征。

3. 试分析法西斯新闻传播体制。

4. 从“二元一体化”到“一体化”，试论述日、德现代法西斯新闻传播体制的形成与影响。

第九章 外部强力植入的转型模式——二战后日、德新闻传播事业新体系的确立历史

本章学习要点

- 日本“外科手术式”新闻传播事业新体系的确立之路。
- 日、德战后社会新生的新闻传播事业体系。

历史传统、文化的特殊性和各种机缘，使得日、德两国的现代法西斯社会结构无法从其内部找到进化发展的先进历史力量，不得不被动地依靠外来的“帮助”获得解放。于是，在二战后现代国际社会新秩序下，一种新型现代新闻传播事业出现了，这就是借助外界的“火与剑”，通过全面而又残酷的“外科手术式”的“毒瘤”切除和强制性、外部移植性的民主基因植入“培养”，在日、德两国被彻底毁灭的法西斯极权体制废墟上，强行确立的西方经典式的现代资产阶级新闻传播事业新体系。

第一节 背景之回顾

为了深入了解这种“外科手术式”的“切除与植入”模式，我们首先必须了解第二次世界大战后，被同盟国军事占领后的日、德两国社会发展的新方向与新道路。

一、二战与军事占领

1945 年 8 月 15 日，日本法西斯军国主义在世界人民，特别是中国人民的沉重打击下战败投降，被迫低下了傲视亚洲各国人民近半个世纪的头颅。日本不仅在太平洋战区遭到了美军的沉重打击，损失了几乎全部的海陆空作战部队，它的百万精锐陆军部队“关东军”也在我国的东北地区被苏联红军打了个落花流水。中国人民的八年全面抗战更是消耗掉了日本军国主义的极大国力。日本投降之前，曾叫嚣“本土决战”、全部“玉碎”的日本本土遭到了美国威力惊人的两颗原子弹的轰炸，广岛、长崎两地的几十万生灵因为军国主义分子的死硬态度而瞬间灰飞烟灭。1945 年战败后的日本国力消耗殆尽，人民贫困潦倒，天皇自身难保，整个日本的民族自信心几乎全部丧失。在这样的背景下，以美国麦克阿瑟将军为总司令、以美军为主体的同盟国军队进驻日本，接管了

全部政府权力。

1945年5月9日战败投降后的德国的情况大同小异。英、法、苏、美四国盟军分区占领了整个德国，并通过纽伦堡战犯大审判，对德国法西斯势力进行了严正的法律惩处。战败后的德国因为西方与苏联的对抗而分裂成了德意志联邦共和国和德意志民主共和国两个国家。由英、法、美三国占领区合并成立的联邦德国同日本一样，在外来军事力量的要求下被迫进行了一系列"切除与植入手术"。以往根植于德国传统中的军国主义、反民主势力被根除殆尽，西方社会模式中的一整套资本主义民主社会的政治、经济、法律与文化制度被照本宣科地全部"移植"进来，形成了联邦德国乃至两德统一后的当代德国社会生活运行的基本机制。

二、日本军事占领时期"切除与植入"社会改造政策的制定

对于宿敌日本，深怀珍珠港之恨的美国人一开始是倾向于全面占领、直接进行殖民统治的。但是，为了配合二战后迅速来临的全球冷战需求，美国需要在亚洲地区扶持一个自己的忠实属国。另外，从民族文化和历史传统特性等方面考虑，美军也决定保留日本的天皇制度，同时又希望从整个国家制度层面上对日本社会进行一场全面的强行改造，以彻底消除未来的敌对隐患。为达成这一目的，美国人采取了军事占领体制下的"切除与植入"社会改造政策，对日本社会中与西方民主自由理念和资产阶级"三权分立"制衡原则相抵触的旧有思想和极权制度因素进行了彻底的"切除"，又全盘"植入"了一整套西方政治、经济、文化、教育制度。这种"切除与植入"社会改造是以强大的军事实力为后盾，以不容商量、不考虑接受心理的"速成"方式强制完成的，旨在迅速地在日本本土建立起典型的"西方式"资本主义社会制度，为美国的全球战略利益服务。日本战后新闻传播事业体系的整体改革过程就是在这一系列背景下展开的。联邦德国战后的新闻传播事业体系改革也是在盟军这种"切除与植入"的双向过程中完成的。

第二节　历史的进程

由于篇幅的限制，本节重点介绍美军占领下的日本现代新闻传播事业新体系的发展路径与进程。

一、日本资产阶级新闻传播事业新体系的切除与植入过程

日本真正富有资本主义市场自由竞争特色的新闻传播事业新体系，是二战结束后在美国人的强大占领压力和明确的政策指导下快速确立的。战前日本的"二元一体化"社会结构，使日本以往的新闻传播事业呈现出一种独特的"二元一体化"混合特征，无法自我转化为以自由竞争、新闻独立为特点的欧美式的新闻传播事业类型，因而在二战后同其社会母体一样，受到了强制性的切除改造，并在新的指导原则下，按照新的方式开

始了新的体制建设工作。

1945 年 8 月 15 日，日本广播协会（NHK）的电台播放了天皇亲自宣读的接受《波茨坦宣言》的诏令（史称“玉音广播”），宣告日本投降，战败国日本从此被置于盟军（即美军）的占领之下。9 月 2 日，正式签订投降书的仪式在东京湾的美国海军“密苏里号”战舰上举行，标志着日本军国主义和法西斯势力的彻底战败与投降。9 月 15 日，以美军麦克阿瑟将军为总司令的盟军总司令部（GHQ）搬迁到东京，正式开始了日本历史上的“占领时期”(1945—1952)。

（一）占领初期的盟军新闻政策

为了从根本上改造日本的国家整体性质，消除未来的敌对隐患，美国占领军开始了对日本社会的整体改造工作。对于新闻传播事业，驻日盟军总司令部也遵循着西方式的民主化原则，强迫日本的新闻传播事业体系向美国式的新闻传播事业体系靠拢。

1. 日本新闻媒体的独立

占领初期，盟军总司令部的新闻政策重点之一就是把日本的新闻媒体首先从政府手中解放出来，把以往的政府舆论宣传工具变为独立的社会公共舆论工具。依据《波茨坦宣言》第十项中的“日本政府应排除一切障碍在日本国民之间恢复、加强民主主义的倾向，应确立言论、宗教、思想的自由以及对基本人权的尊重”，盟军总司令部有关部门对当时的日本吉田茂政府连续发出一系列指示，开始指导日本新闻传播事业体系的改造工作。

1945 年 9 月 24 日，盟军总司令部颁布了《关于报纸同政府分离的备忘录》，正式提出了报纸和通讯社必须脱离政府控制，获得独立自主权利的改进意见。9 月 27 日，盟军总司令部又颁布了《关于报纸和言论自由的追加措施的备忘录》，要求日本政府即日起立即停止并禁止其对报纸、广播、出版、电影等大众传媒的检查和其他一切管束。该文件的第七项还特意提出了废止以往日本政府所颁布的旨在进行新闻管制的一切法规——包括二战前和二战中的日本《新闻纸法》《国家总动员法》和《新闻纸等刊载限制令》等在内的总共 13 个与新闻管制有关的国家法规从此一律失效。日本历届政府战前和战时颁布的针对新闻传播事业的管制法规被一律强行废止。

10 月 4 日，盟军总司令部又紧锣密鼓地发布了《关于废除对政治自由、公民自由和宗教自由的限制的备忘录》，要求日本政府彻底检查并废止一切妨碍人民政治、宗教、集会和言论自由的法令、条令和相关法规，与之有关的政府管制机构，包括原内务省的警保局、特高组织和内阁情报局等都在强行撤销之列。

10 月 16 日，盟军总司令部发布了《废除日本政府对电影界的控制的备忘录》，停止了政府对电影事业的管制。

1946 年 6 月 22 日，盟军总司令部发布了《关于禁书及其他被禁出版物的备忘录》，指示日本政府允许所有战时和战前的被禁出版物重见天日。

2. 盟军总司令部新闻审查指导制度的确立

盟军总司令部一方面把日本的新闻媒体强行从政府手中解放出来，另一方面又对其进行严厉的审查与指导，以促使其尽快建立新的体系，适应美国的利益。1945 年 9 月

19日，盟军总司令部颁布了指导性的《新闻守则》（全称《关于日本的报纸准则的备忘录》），其要点是：其一，报道须绝对真实；其二，充分解释盟军占领的目的；其三，不得刊登损害盟军利益的批评及不利于盟军的新闻。显然，盟军总司令部是以武力为后盾，强行指导日本的新闻出版界学习新的运作原则并维护盟军利益。

1945年9月22日，盟军总司令部又发布了《关于日本广播准则的备忘录》，与《新闻守则》一同构成了盟军对当时军事占领状态下的日本所有的报纸、广播、出版、印刷等大众传媒的统一审查标准。

盟军总司令部的新闻审查采取半军事化的“事先审查制”，主要审查内容涉及两个方面：其一，确保日本大众传媒对占领军和联合国有关言论及报道的正确性；其二，确保日本的社会民主化进程正常推进。与之相应的是，日本新闻媒体上凡是肯定以往军国主义思想和超国家主义行为的或具有封建集权色彩、非民主主义的言论报道均在被禁止之列。

盟军总司令部的审查相当严格，如果大众传媒违反了上述两个方面和有关条例的规定，那么当事者将受到严厉的军事审判，这一强力措施对于促使日本各新闻媒体积极执行盟军总司令部的新闻政策产生了很大的威慑作用，促使战后日本大众传媒迅速“西化”。

比如，被盟军强行解散之前的日本同盟社曾因擅自报道盟军的19件暴行而被勒令停止发稿19个小时以示惩戒。1948年5月，日本的《体育》杂志由于刊登《美国的裸体展示》一文，被认为有意丑化美国形象，杂志主编被军事法庭判处重体力劳动一年，缓期执行，并罚款15万日元，整个日本新闻出版界为之震动。深恐冒犯美国占领军当局的日本战后新闻出版界从此谨言慎行，不敢越盟军总司令部指示的“雷池”一步。

3. 对战时日本新闻出版界的“切除”与“整肃”

除此之外，盟军总司令部还采取了更为制度化的措施来惩罚二战期间日本军国主义的宣传帮凶，这些措施包括：

第一，解散同盟社，建立新的国家级独立通讯社。1945年9月24日，在对外侵略战争中曾因宣传法西斯军部的战争政策而取得过很大“功绩”的日本国家级通讯社同盟社，在得知盟军总司令部即将发布严厉指责它的文件之前便主动通知对方，将马上自动解散。盟军总司令部迅即指导设立了另外两个独立的日本通讯社法人机构——共同通讯社和时事通讯社，以代替同盟社的角色。与之前同盟社的国家官方通讯社性质不同，这两家新的通讯社都通过法律手段获得了相对于政府的独立地位。它们作为独立采集国内外新闻，并为全国的报刊、电台服务的专业新闻信息通讯服务机构马上运作了起来。

第二，全面实行西方式的新闻行业自律。1946年7月23日，根据盟军总司令部的指导，日本新闻出版界成立了新的全国性新闻团体——日本新闻协会。该协会在盟军总司令部“民间情报教育局”的具体指导下制定了日本新闻出版界第一个新闻伦理纲领。这个充满了西方新闻职业道德色彩的文件马上作为行业内部的道德自律准则在全国新闻从业者中得到了广泛推广。

第三，对战时日本新闻媒体领导骨干的整肃和驱逐。对那些战争期间曾经积极从事军国主义战争宣传工作的新闻媒体领导骨干进行甄别和整肃，也是军事占领初期新闻政策的一个重要方面。1946 年 3 月，盟军总司令部公布了第一批战犯嫌疑者的名单，其中就有战时《读卖新闻》社社长正力松太朗等四名著名新闻人士。其实早在 1946 年 1 月 4 日，根据盟军总司令部的指令，日本各个新闻媒体就已经自行开始了针对战时新闻工作者的整肃工作，战争期间曾经担任过社长、总编及主要编辑、记者等要职者均在整肃之列。同年 2 月，盟军总司令部正式公布了一项“公职开除令”，被列入应立即被驱逐出战后新闻媒体的新闻人名单者共 351 人（在职者共 75 人）。盟军总司令部的“公职开除令”要求名单上的人员一律无条件地马上脱离新闻出版界，并永远不允许这些人重返。这项甄别与整肃措施使战后日本新闻媒体的领导层面目为之一新，民主改革势力开始处于领导地位。

显然，盟军总司令部初期的这些新闻政策旨在用强力割除旧有的日本法西斯新闻传播体制身上的历史“毒瘤”，全力促成日本战后新闻出版界内外部民主化制度的形成，彻底改造日本社会旧有的新闻传播事业体系，彻底根除日本新闻出版界中法西斯军国主义和封建主义势力及其影响。

作为日本战后新闻出版界改造的标志性成果，1946 年 11 月 3 日《日本国宪法》颁布，其中的第 21 条明确规定：“保障（公民）集会、结社、出版、言论及其他一切表达的自由，不得对之进行审查。”这是日本历史上第一次以宪法这种国家根本大法的形式，明确了对日本人民新闻自由、言论自由的法律保障。显然，与以前的《大日本帝国宪法》第 29 条的“在法律许可范围内”公民才有表达自由的规定相比较，这是性质完全不同的新的全面自由。从这个意义上来看，日本战后新闻传播事业新体系的确立，绝非战前所谓的新闻自由的恢复，而是日本资产阶级民主性质的新闻自由的真正开始。非常明显，美国人所实施的这一系列社会改革，就是旨在对日本传统的社会结构进行一场大规模的“外科手术”（旧基因切除和新基因植入），以确保未来的日本社会完全符合美国人的理想模式，彻底消除今后日本在亚太地区对自己的敌对隐患。

从客观效果上来看，盟军总司令部的一系列新闻改革方针确实成功地强迫日本人完成了自身所难以完成的历史性改革任务，较为彻底地改造了日本旧社会的新闻传播事业，促使它把政府与大众的关系从以往“自上而下”的集权指导工具模式，变为“自下而上”的自主经营发展与监督模式。整个日本新闻传播事业体系第一次被摆放到了与西方欧美自由主义新闻传播事业体系相同的社会位置上来了。

（二）盟军总司令部后期新闻政策的改变

盟军总司令部初期的一系列新闻政策在打击日本法西斯军国主义和封建主义势力的同时，也客观上促成了战后日本人民民主革命运动的空前高涨。1945 年 10 月，依据有关法律，以日本共产党人为主的许多政治犯均获释放，日本共产党、社会民主党等进步党派都陆续恢复或成立，并可以依法进行公开的社会政治活动。同年 10 月 20 日，日共机关报《赤旗》公开复刊，日本新闻出版界中左派势力和民主革命浪潮日益高涨。

1. 盟军总司令部对新闻政策的调整

对于日本民主革命运动新浪潮的高涨，盟军总司令部很快就感到惊慌不安。美军

“切除与植入式”社会改革所引发的日本左派社会进步势力，特别是日本共产党人势力的增强，是美国人始料未及、极不愿意看到的。随着国际上苏美冷战的激化，东西方两大阵营间“铁幕”的落下及美国本土的反共政策的实施，多种因素对盟军的占领工作和后续的改革运动产生了很大的影响。从1946年五六月份开始，盟军总司令部的新闻政策顺应整个盟军总司令部的新旨意开始发生大幅度的“向右”转变，最主要的变化之一就是加强了反共的内容，并开始对日本左翼社会进步势力进行打击和压制。

1946年5月，盟军总司令部解除了同情左倾势力的盟军“民间情报教育局”局长戴克准将和该局新闻科科长巴可夫的职务。随后，盟军总司令部对战后富有民主激进色彩、受日共影响较大的《读卖新闻》社首先发难。新就职的“民间情报教育局”报纸出版科科长英勃顿少校宣称该报违反了盟军总司令部所颁布的《新闻守则》，致力于宣传一党一派的利益，要求报社在限期内必须改组编辑部，结果使当时以《读卖新闻》社编辑局局长铃本东明等为代表的一大批民主进步分子被迫退出该报。

另一家报纸《北海道新闻》在民主改革运动中的呼吁呐喊，也引起了盟军总司令部的不满。英勃顿少校亲临该报的北海道办公地发表演说，对该报加以严厉斥责，限令其进行全面彻底的改革，否则将采取强硬措施。为此，该报社的25名日本共产党员被迫退出。

另外，对于当时《朝日新闻》《西日本新闻》等报社的民主激进化倾向和宣传，盟军总司令部也进行了直接干预，即借口报纸具有严重的“赤化”现象，迫使报社先后将社内的日本共产党员和一些民主进步人士排挤出去。

1948年3月3日，盟军总司令部鉴于日本新闻出版界的一系列工潮运动所涉及的编辑权利问题发表声明（通称“三·三”编辑权声明），明确宣布新闻媒体的编辑权归属相应的经营者，工会不得侵犯、压迫其的编辑权，同编辑权有关的事项不属于工会交涉范围。这一声明态度鲜明地支持了日本新闻媒体资本持有者的经营管理权和媒体编辑权，对当时的日本新闻出版界系列罢工运动和社会民主浪潮产生了消极影响。3月16日，日本新闻协会理事长就日共领导的新闻出版界大罢工一事发表声明，再次回应盟军总司令部的表态，明确表示媒体的编辑权属于其经营者、编辑者。

2. 朝鲜战争的爆发与日本新闻出版界的第二次“整肃”

1950年6月25日朝鲜战争爆发后，盟军总司令部的反共反人民政策更加露骨，日本整个社会改革进程亦发生了巨大的转变，民主激进的改革措施基本上都停顿下来了，而反共反人民的防范措施却纷纷出台。朝鲜战争爆发的第二天，盟军总司令部即以“假报道”为借口，勒令日共机关报《赤旗》停刊30天。停刊期限未到，7月18日盟军总司令部又对《赤旗》和日共系统的其他报刊采取了无限期停止发行的强硬措施。7月24日，盟军总司令部又命令整个新闻出版界再次进行“整肃”运动。不过，这次整肃的目标已从以往的军国主义右翼分子转向左翼的进步记者和共产党人了。结果，总计704名日共党员和具有进步民主倾向的新闻编辑与记者被革除公职，近千种进步刊物遭到取缔，造成了战后日本新闻出版界又一次人人自危的恐怖局面。日共的新闻干部更成为这次“整肃”运动的主要对象，受到整个社会反动势力的压迫，才恢复公开活动身份不久的日共又被迫转入地下。

盟军总司令部的反共政策表明，美国人战后在日本所进行的这场大规模的社会改革运动是有着清晰的目的性和阶级性的。日本社会改革运动的阶级性在盟军总司令部后期对左翼进步民主势力的打击和迫害中暴露无遗。美国占领军对日本新闻传播事业的改革运动方向性的指导、鼓励与强力调整，明确无误地显示出其阶级局限性，这对后来的日本新型资产阶级新闻传播事业产生了持久深远的影响。

二、《旧金山和约》后的日本新闻传播事业

1951年9月8日，同盟国对日和约《旧金山和约》签署，以此为标志，军事占领阶段临近结束。1952年4月28日，《旧金山和约》和《日美安全保障条约》同时生效，从而正式结束了盟军在日本的军事占领时代。

两项条约正式生效之后，盟军总司令麦克阿瑟将占领军对日本的行政权完全归还给了日本吉田茂政府，盟军总司令部相应的一系列新闻管制条例包括报刊条例、广播条例，以及无限期禁止日共机关报《赤旗》发行等备忘录和措施也随之全部废止失效，日本重新成为一个独立自主的主权国家。在盟军的指导与帮助下，日本战后新生的新闻出版界摆脱了一百多年以来封建集权主义和法西斯军国主义的传统管制，在遵行盟军总司令部旨意进行的民主改革运动中第一次真正建立起了一个西方资本主义式的新闻自由体系，并立即追随资本运作的商业规律，展开了全国性的新闻竞争，沿着资本主义企业化报刊、广播的发展规律迅速前进。毫无疑问，日本战后这种所谓的新闻自由是具有鲜明的“美式”特征的。

（一）市场竞争时代的重新降临

早在占领初期，伴随盟军总司令部新闻政策的落实和日本经济的逐步恢复，日本新闻出版界便展开了自由的商业市场竞争，这一竞争是以日本的“晚刊旋风”为标志的。

1946年11月3日，《神户新闻》首先发售以普通市民为读者对象的晚刊，引发了日本各报争相创办晚刊的浪潮。12月1日，两家最大的日本报纸《朝日新闻》和《每日新闻》的晚刊也相继出版发行。12月20日，《读卖新闻》不甘落后，也推出了自己的晚刊。这样，全国性的三大报纸以各自独立的城市晚刊为开端，拉开了战后报业商业化自由大竞争的序幕。

东京地区“晚刊旋风”的竞争首先波及了其他城市的独立晚报，特别是日本各地的地方报纸。在这次自由竞争中，由于受到了全国三大报刊强有力的冲击，在残酷的竞争压力下，所有参与竞争的晚报均以色情性、轰动性的新闻报道为“重磅炸弹”招揽读者。各报的社会部急剧扩大，编采人员迅速增加，而这种“黄色新闻”的竞争，虽然受到了社会大众的非议，却通常因被证明是招徕读者的有效手段而被肆无忌惮地加以使用。这一时期的日本晚报就像欧美国家廉价报刊时期那样，进入了一个疯狂的利润追求阶段。

在来自全国三大报纸《朝日新闻》《每日新闻》《读卖新闻》晚刊的强力竞争压力下，许多大城市的新兴晚报首先面临难关，大量的晚报读者被拉走，一些报社被迫倒闭

或合并，地方报业也强烈地感受到了来自三大报纸的竞争威胁。日本境内的全国性新闻市场逐渐形成了，资本主义企业化的商业新闻运行机制完全建立起来，并迅速成为主导性的新闻传播模式。

在“晚刊旋风”刮起的同时，各报社开始了全面的竞争和发展。《朝日新闻》《每日新闻》两大报社整顿了东京、大阪和西部总分社，并于 1952 年 2 月分别进入了名古屋等城市，并在名古屋市设立了两报的中部总分社。专业报刊间的竞争更是不甘落后，1950 年 3 月，大阪的《产业经济新闻》进入东京；东京的《日本经济新闻》也不甘示弱，于 1951 年 1 月打入大阪；1951 年 10 月《读卖新闻》把自己的触角伸入大阪。各报在东京以外的大城市中也展开了激烈的商业竞争。

1951 年 7 月，《产业经济新闻》率先组建起该报的“专售网络”，增强了该报的竞争力，这成为战后日本新闻出版界自由竞争的一大标志。其他各报也纷纷采取有力措施，相继设立自己的连锁贩卖店和专售网络。至此，各个新闻媒体彻底打破了 1941 年日本战时所形成的“共同贩卖体制”渠道，通过自己的专售网络展开了真正意义上的、残酷的商业自由竞争。

随着日本经济情况的进一步好转，1951 年 5 月 1 日，新闻纸分配制度和对新闻用纸的管制全面废止，报业的企业竞争犹如决堤的洪水，更加迅猛地展开了。特别是在朝鲜战争中，日本作为美军的军火生产基地大发横财，国民经济恢复迅速，民众生活也日趋安定富裕，在此社会背景下，报刊的发行量日趋增大。二战后的日本报刊发行总量为 1 418 万份，而在 1952 年年底就已猛增到历史上最高的 3 200 万份了。

（二）“电波三法”的出台和公共、私营混合广播电视体制的确立

在报业激烈竞争、全面发展的同时，日本的民营广播和电视事业也蓬勃兴起。1950 年，日本国会分别通过了《广播法》《电波法》和《电波监理委员会设置法》（即所谓的“电波三法”），加快了日本广播与电视事业的建设步伐。根据《广播法》，日本 NHK 作为具有特殊地位的公共法人资格社团受到了国家的特殊关照，从而获得了垄断性的竞争地位，迈开了新的前进步伐。与此同时，《广播法》等法规也为民营广播和电视事业的发展开辟了道路。1951 年，名古屋的中部“日本广播”和大阪的“新日本广播”（即现在的“今日广播”）问世，以此为开端，新的民营电台、电视台不断涌现，形成了日本广播和电视事业两条腿走路的公共与私营混合的广播电视新体制。

就这样，在《旧金山和约》签署后不久，日本的战后“西方式”的现代新闻传播事业新体系在盟军的强力督导、扶持和规范下正式确立了。至此，日本的新闻传播事业可以说彻底摆脱了以往“二元一体化”社会结构基础上的日本近代混合式新闻传播体制，真正获得了与以资本市场自由竞争为特征的西方资本主义各国新闻传播事业相近的地位、职能和规模。

但是，传统的因素和影响并不会立即消失。日本政府害怕盟军的撤离会造成“权力真空”，便很快抛出“治安立法”，以继承盟军总司令部管制下的监督职能。这一立法具体化为《破坏活动防止法案》，其中就包含着制约新闻自由的一些危险条款，这一法案于 1952 年 7 月不顾新闻出版界的强烈反对而获得通过。另外，在《日美安保条约》中

也含有类似的条款。根据这类条款，日本政府又分别通过了《刑事特别法案》和《秘密保护法案》，并先后于 1952 年 6 月 7 日、6 月 9 日公布。虽然这类法案并未在现实生活中产生过重大影响，但这些法案中管制新闻自由相关法令条款的存在，不能不给日本资产阶级新闻传播事业新体系罩上一层阴影。

三、战后德国新闻传播事业新体系的确立

希特勒统治德国时期，建立了完整严密的纳粹极权法西斯新闻传播体制，对世界各国人民和德国大众造成了难以估计的伤害。法西斯当政之时，德国境内的所有报刊、电台、电影、书籍等大众传媒，都毫无例外地成了纳粹法西斯政权的造谣宣传工具。

1945 年希特勒的“第三帝国”崩溃以后，摧毁法西斯新闻传播体制，在德国建立民主的新型新闻传播体制便成为盟军的一项重要任务。1944 年 11 月，即将进驻德国的同盟国远征军最高司令部（SHAEF）就已制定了禁止德国境内一切旧有的纳粹报刊及情报信息传播活动的战后既定方针。1945 年 5 月 7 日德国正式投降，SHAEF 便开始在占领区实施既定的严厉政策，彻底废除了德国的法西斯新闻传播体制。德国旧有的纳粹新闻传播事业随着“第三帝国”的垮台而瓦解，整个德国被分置于英、法、美、苏四国占领之下，于是，它们在各自占领区域内开始了各自的新闻传播事业整顿与重建工作。

1945 年 5 月 8 日，盟军首先颁布了已内定的占领区《新闻条例》。该条例规定，无论何人都必须在得到盟军当局的许可执照后，才能印刷发行出版物。据此，以前德国所有大众传媒的活动一律停止。依据此项条例的有关条款，凡与纳粹政权、纳粹政党有过政治关系的人必须退出出版机构，不许发行新的出版物。为了填补新闻传播活动的真空状态，盟军当局首先发行了一份《德意志简报》，在占领区报道新闻、免费分发。

在美军占领区，以往的法西斯报刊统统被关闭，新的报刊须经美军当局的批准方可印刷发行。这种审查着重将纳粹党员、参加过纳粹国家社会团体的人员，或者虽没入党却有过积极为“第三帝国”进行宣传报道的工作经历的编辑和记者排除在外。美军的政治审查极为严厉，申报人如果被认为是西方民主思想的反对者，那么他即使是战时的反法西斯人士也不会得到办报的批准，可见审查标准的意识形态色彩十分浓厚。

美军颁发执照的政策主要着眼于扶持“独立性”的商业性报刊，而对于政党集团机关报性质的政治性报刊则予以严格的数量控制。于是，在美军占领区很快出现了《法兰克福展望报》《法兰克福全德日报》和《法兰克福新闻报》等商业性报刊，它们都是无党派的报刊，被认为是独立的、纯商业性的新闻媒体。

英军占领区的情况则有所不同。英军当局颁布报刊执照的政策同美军正相反，重点在于扶持政党报刊——当然是非纳粹的。凡是正式开展活动的政党报刊都顺利地被予以批准，结果，在英军占领区内一下子产生了 46 家政党报刊。英军当局曾于 1946 年 4 月在汉堡创办了《世界报》，为占领区民众提供新闻服务，该报最高发行量曾达到 30 万份，它的言论方针政策制定权归属英军当局，其他一切编辑管理事务则由被挑选的德国人负责。1952 年，该报被公开出售，最终被后来的联邦德国报业大王施普林格收购。

法军当局颁发执照的政策是两者兼顾——既准许无党派的自由人士组合起来创立报刊，也准许政党报刊的发行。相形之下，在法军占领区，报刊的恢复更快。

苏军占领区的新闻传播事业则走上了社会主义的道路。在苏军占领区内，民主德国统一社会党创办了自己的一系列报刊，建立起迥然不同于英、法、美占领区的社会主义新闻传播事业体系。

后来，英、法、美三区统一，建立了德意志联邦共和国，三区的资本主义新闻传播事业体系也正式汇合并开始了自身的发展历程。

第三节　分析与思考

很显然，二战后同盟国对原为法西斯社会结构的日、德两国的强行改造与重新建设是在强大的军事占领形势下，依靠强权，将自己的意志自上而下、由外到内地强加给日、德两国的。这种历史发展进程中“外科手术式”新闻传播事业新体系的确立之路值得我们深入思考其前因后果，分析其对一个民族、一个国家的巨大影响。

一、“外科手术式”的“切除与植入”模式分析

如果说，世界范围的各国资本主义新闻传播事业体系的建立有着多种模式的话，那么二战后日、德两国资产阶级新闻传播事业体系的建立过程就是在外来武力强迫下所进行的重新塑造和定型。通过这种特殊方式形成的资产阶级新闻传播事业体系，我们称之为“外科手术式”的“切除与植入”模式。

这种模式的实施有以下几个前提：其一，这种模式实施之前的某种大众新闻传播旧模式已然丧失了从内部进行自我改革的任何可能性；其二，旧模式不仅丧失了自我改革的可能性，而且对其他国家与人民构成了巨大的现实且紧迫的威胁；其三，这种模式通常都是在旧模式的社会支持系统被彻底砸碎，赖以支撑的社会后援体系被外来武力彻底征服后开始实施的；其四，这种模式是完全按照外来征服者的意愿和计划，自上而下地强行实施的，被征服者没有任何“发言权”。

可以看出，这种模式的实施对被征服者来说是很痛苦的，常常伴随着巨大的民族屈辱和国家主权的丧失。由于新体系完全是在外来军事压力下被强行“全盘植入”的，因此也存在着是否能适应本国传统文化和社会政治经济理念等一系列问题。

然而，这种“切除与植入”模式也有它的长处。使用这种模式能够较好地贯彻征服者的意图，不受本国旧的传统势力的干涉与影响；能较为彻底地与旧有的社会模式彻底“决裂”，因而在旧体系、旧模式已经完全不可救药的时候，不失为一剂外来的“苦口良药”。日本、德国战后新的新闻传播事业体系的建立历史业已证明了这一点。

二、各国近现代新闻传播事业体系建设的不同路径与模式

从本书的第四章开始，我们论述的重点就一直放在各国近现代新闻传播事业体系建

立的不同路径与模式上，在这里我们尝试做一总结。

通过之前的相关论述我们可以清晰地看到，世界各国跨入近现代新闻传播事业的道路是相当不同的。有英国式的和平渐进、逐步改良模式；有法国式的疾风暴雨、大起大落模式；有美国式的狂飙突进、一帆风顺模式；有日、德自上而下的“二元一体化”模式和现代法西斯新闻传播体制的恶性变种；还有本章所论述的日、德战后“外科手术式”的“切除与植入”模式。这些历史现象与特殊模式有力地证明了这样一条历史规律：每一个国家的近现代新闻传播事业都是各个国家特定历史背景和历史任务下的客观产物，都与其社会内在基本结构具有一致性。它们的共同任务是帮助各个民族国家逐步完成从农业文明范式向工业文明范式的历史性过渡，从封建古典封闭型社会向近现代开放型发达资本社会过渡。而领导这种过渡的中坚力量，在西方的欧美国家是自下而上崛起的新兴资产阶级，在日、德两国则是具有一定资本主义倾向的上层封建开明君主集团，在当代中国则是中国共产党人。不同的政治结构、不同的政治领导力量与不同的社会历史传统，最终导致各国产生了不同的新闻传播事业体系演进模式。就近现代新闻传播事业的历史使命——协助各自的民族国家完成从农业文明向工业文明的过渡而言，各个国家不同的新闻传播事业基本上都完成了自己的这一目标。因此，从道德的角度来评价它们谁优谁劣会显得十分不妥当。然而，人类历史上确实存在着一种新闻传播事业体系的科学发展规律，能为我们分析比较各个国家的现代化新闻传播事业提供一个客观的参照系。

我们先用反推的方法来分析一下日、德两国的近代“二元一体化”新闻传播体制和现代法西斯新闻传播体制（对后者的分析详见第八章第三节）。毫无疑问，两国的“二元一体化”新闻传播体制都对帮助自己的国家完成近、现代化的历史进程起到了很大的作用。但是，其体制中的“二元”因素的“癌细胞”的恶化，导致了它本身在发展的进程中逐步滑向了丑恶专制的现代法西斯新闻传播体制，给本国人民和世界人民带来了巨大的痛苦与创伤。这说明“二元一体化”体制既有历史进步的正面，也有历史落后的反面。在日本和德国跨入近代国家的历程中，“二元一体化”社会结构和“二元一体化”新闻传播体制是一种历史的必然选择——因为当时再也没有第二种力量能够代替日本天皇和德国“容克”贵族集团肩负起统一国家、保国卫族、发展近代资本主义经济的重任了。当两国中“二元一体化”新闻传播体制已经完成了自己特定的历史使命，却没有随世界发展大势而继续变革演化的时候，它就不可避免地转向了落后的一面，成为危害本民族乃至世界人民的邪恶势力法西斯新闻传播体制。这也说明，此种“二元一体化”新闻传播体制具有某种先天的缺陷，或者说它的某些部位具有“癌变”的可能性。一旦具备了某种条件，这种“癌症”基因就会迅速扩散，从而整个地改变社会肌体的性质。当人们错过了特定的改革良机，致使这种新闻传播体制进入“癌症”晚期时，人们最后治理这种“病态”社会肌体的唯一方法可能就只剩下使用军事暴力、外来武装征服，或者由军事占领者实施大面积、长时间、危险的“外科切除手术”及“外来基因植入”了。对于一个独立的民族国家，这无疑是非常痛苦的。

那么，“二元一体化”新闻传播体制到底存不存在某种改革的可能性呢？仔细分析起来，其并非只有法西斯新闻传播体制一条路可走，实际上它一诞生，就具有以下四种变化的方向与演化可能。

第一，一直维系这种体制的“二元一体化”特性，保持政治言论上的“集权”与“一体化”模式，同时有力地维护建立在资本市场竞争基础上的商业“自由”势力，并在两者之间努力保持一种相互克制而又相互支持的平衡机制，以确保国家领导层能够最大限度地获得集权与自由两种新闻传播体制的长处并克服其短处，为其民族国家的快速发展与社会转型提供巨大帮助。

第二，有意积极扶植“二元一体化”社会结构中资本与民主的力量，在市场经济的自由流通规律支持下逐渐增大国家政治领域中的民主自由元素分量，并通过英国式的和平渐进改良模式，逐渐建立起一种自下而上的、能够代表广泛民意的民主自由新闻传播体制，并进而对整体社会结构进行和平改造。

第三，有意强化“二元一体化”新闻传播体制中的政治集权主义实力，整合全体社会大众的能量，在能够自由发挥个人或集团意志的领导阶层（或领袖）的引领下，向着预定的改革目标前进。这种情况又可能有两个变种：其一，在“二元一体化”新闻传播体制下，受到某种制衡力量制约的开明谨慎、英明权威的领导集团或领袖个人，明智地使用新闻传播事业的“一体化”集权力量来达到其治理国家的目标，进行自上而下的社会信息统制与管理；其二，完全不受任何力量制衡的专制领导集团与高度“一体化”、集权化的新闻传播事业紧密结合，为所欲为地推行自己的治国方略。

第四，在内部的改革力量完全被铲除和制服以后，已经没有对立面和制衡机制的法西斯新闻传播体制出现了，这时候只有一种方法可以制止法西斯新闻传播事业对民族、国家和人类社会所造成的灾难，那就是军事力量的强力介入、外来国家的占领、强迫性的外部切除与植入改造。而这是需要战败国家与民族付出巨大代价的。

现在看来，在“二元一体化”新闻传播体制与日、德两国现代法西斯新闻传播体制之间，虽然确实存在着一种内在的历史继承性，但这并不能作为二者之间一定具有某种历史必然性的例证。事实上，由于自上而下的“二元一体化”体制、“一体化”的法西斯新闻传播体制本身也受到了其所处的社会政治系统及集权代表人物的有力掌控，因而它们确实存在着跟随其上层政治体系乃至于威权型领导者个人的意志向多个方向转化的可能性。同为专制社会，20 世纪 30 年代的日、德两国走向了反动的法西斯新闻传播体制，80 年代的韩国却受到世界范围民主自由空气的影响，在迫使独裁专制领导人下台后，选择了民主化的新闻传播体制。如果我们再联想到苏联无产阶级专政下的新闻传播事业在戈尔巴乔夫手里的巨大变化，联想到东欧一系列原社会主义制度的新闻传播事业受外来因素影响而产生的巨变，就不难理解集权型新闻传播体制在其历史的进程中稳固与骤变之间的变量关系及多种发展演变可能性的存在了。

练习题

一、名词解释

1.“事先审查制”

2.“晚刊旋风”

3.“电波三法”

4. 日本三大报纸

二、论述题

1. 结合具体史实，分析与评价日、德两国战后“外科手术式”的“切除与植入”模式。

2. 试分析日、德两国出现外部植入式新闻传播事业体系的历史原因。

3. 试论述各国近现代资产阶级新闻传播事业体系建立的几种主要模式。

第十章
资本自由市场的竞争（上）
——西方廉价报刊的崛起

本章学习要点

- 市场机制对新闻传播事业的影响与制约。
- 西方各国廉价报刊发展的历史与廉价报刊的特色。

所谓廉价报刊，是指19世纪30年代前后产生于西方资本主义国家中的一种报刊类型，其基本特征是大众化、商品化和机器化，一些新闻史学家因此称其为“机器的、群众的”报刊样式。

廉价报刊的产生和繁荣过程在西方新闻传播史上占有重要的一环。一是因为廉价报刊是第一种真正建立在资本主义市场体制基础之上的近代报刊；二是因为廉价报刊是资本主义现代商业化大众报刊的雏形，它奠定了当代西方新闻传播事业的基本原则和重要基础。研究廉价报刊的历史有助于我们深刻理解和把握西方自由主义时代新闻传播事业的性质、地位、作用、特点等诸多要素，对于了解市场经济与新闻传播事业之间的互动关系而言不可或缺。

第一节　背景之回顾

在西方历史上，导致大众化廉价报刊出现的因素多种多样，但无论从哪个角度来看，发生于西方社会的近现代工业革命、科技革命，民主化政治体制的确立，以及市场化经济竞争的加剧，乃是大众化廉价报刊现象出现的深层原因。

一、工业革命的影响

无论从哪方面来看，工业革命都是各国廉价报刊产生的最直接、最持久的重要影响因素，有必要对其进行细致全面的分析。

18世纪末期至19世纪中期，随着英、法、美等国封建制度被推翻和资产阶级政权新秩序的确立，在这几个西方国家相继出现了人类发展史上的一个奇迹——工业革命。这场革命所导致的一系列社会变化构成了各国廉价报刊诞生和发展的基本背景。

首先，工业革命带来了飞速发展的生产力和日益成熟、规模巨大的商品经济体系，导致了与新闻传播事业相关联的许多社会行业的一系列剧变，表现为运输业的革命、大都市的形成、现代邮政通信业的发达、造纸及印刷技术手段的提高等。这一切为廉价报刊的产生提供了必不可少的物质条件。

其次，工业革命导致了社会阶层新的分化，产生了资本主义商品经济社会中两大新的对立阶级：资产阶级和受雇于它的劳工阶级。工业革命破坏了农村的自然经济结构，迫使大批破产农民涌入城市、移民美洲，形成了一个新的阶层——劳工阶层。都市化的兴起、民主化的发展和个人生活条件在一定程度上的改善，使这个阶层和一大批中、小城镇的民众能够粗通文墨，对外界的各种信息产生浓厚兴趣。这个新兴的、日益发展庞大的社会群体与同样关心社会各类信息、不断进行生产投资的资本家们以及城镇中的市民阶层共同构成了廉价报刊的主要消费者——都市大众化读者群体。

二、近现代的科技革命

新闻报道技术领域的革命也随着工业革命的进程而呈现出惊人的发展势头。19 世纪以前，报道和传递新闻的手段尚局限于中世纪式的驿马传递、专业信使、旗语信鸽、旅游者携带、书信邮寄等，手段简陋、效率低下。19 世纪上半期，新闻的采集和快速传递技术有了重大改进——这同交通运输业的一系列革命是分不开的。电报的发明是这个时代通信革命中最激动人心的大事件，1845 年欧美大西洋海底电缆的建成使美洲和欧洲连成了一片。同时，铁路、轮船、打字机、电话的发明也给新闻采集工作带来了深远的影响。

三、民主化政治体制的确立

通过近百年的历史发展，西方各国资产阶级革命相继取得了最后的胜利，资本主义政治制度的最后确立消解了大规模的社会革命运动，导致了市场机制的成熟，掀开了资本竞争的狂潮，一个以市场竞争为主要机制，以个人发家致富为主流标志的新时代降临了。

西方各国的民主化进程在这一时期也取得了极大的进展。概而言之表现为：近现代民主代议制政体的确立；公民选举权范围的扩大；自由民主思想观念的普及；教育文化事业的发展；等等。民主化进程在新闻传播事业中的反映，就是各国新闻传播事业新体系中公民平等、新闻自由观念的普及。显然，这一切都为新的大众廉价报刊的发展提供了坚实的政治、法律、文化、教育等方面的支持。

四、新闻传播事业自身发展规律

从报刊自身发展的角度来看，廉价报刊的出现也是必然之事。早期资产阶级同封建君主、贵族们的激烈斗争造就了各国的政论-政党报刊的兴起。作为各个阶级、不同集团的组织者和舆论喉舌，政论-政党报刊致力于政治鼓动、理论宣传，与敌对集团报刊进行激烈论战，是资产阶级革命派的有力武器和不同政治派系的舆论宣传工具。之后，随着资本主义政治制度的全面确立和日益稳定，随着激烈的、流血的政治、军事斗争逐渐让位于经济领域中资本的市场自由竞争，政论-政党报刊慢慢地失去了存在的现实意义。从另一方面来看，由于政论-政党报刊在革命后期常常屈服于党派集团的一己私利，在争权夺利中指黑道白、歪曲事实、谩骂攻击，因此日益显示出党派偏见、报格低下、公信力丧失等弊端。另外，为党派精英少数读者服务的政论-政党报刊的文章冗长深奥、文字艰涩，版面形式呆板、枯燥无味，读者对象狭隘、报刊售价过高等弱点也使其声誉扫地，逐渐变得不合时宜。新的现实社会、新的读者群体、新的技术条件都在呼唤新的报刊类型的产生，于是，廉价报刊应运而生了。

政治、经济、文化、科技、社会生活等多种因素逐渐汇集，形成了一股新的、强大的整合力量，而新闻市场的形成正是这个时代所有相关因素汇总的结果：忙忙碌碌的资本主义工商业集团要求进行大规模的信息自由流动；自由竞争的商品经济使人们对新闻信息的需求量超过了任何时代；潜在的巨大读者群体为这个市场准备了合适的消费者；技术的进步则为这个市场生产大批量的新闻产品提供了可靠的条件；政治的民主化为这个市场的顺利发展提供了制度保证；自由的市场竞争机制、追求商业利润的时代狂潮最终催熟了这个市场。于是，新闻商品化了，受众大众化了，新闻传播事业社会化了，廉价报刊的新时代也随之来临了。

第二节　历史的进程

西方廉价报刊的出现与普及，乃是一个各国间相互示范、相互影响的连锁式和波浪式螺旋上升推进过程。在这一波澜壮阔的历史进程中，廉价报刊的发展既有各国独具的特色，更有统一的内在客观发展规律。

一、美国廉价报刊发展史

（一）美国廉价报刊之父：本杰明·戴伊和《纽约太阳报》

世界上第一份成功的廉价报纸是 1833 年 9 月 3 日在美国纽约出版的《纽约太阳报》，它的创办者是本杰明·戴伊。这份新颖小报的问世标志着廉价报刊的正式诞生，开创了新闻传播史的新纪元。

1. 本杰明·戴伊——廉价报刊新时代的开创者

本杰明·戴伊是一个出身下层的纽约印刷工、个体出版商，也是一个有心机、能闯荡、一心想赚钱发财的穷小子。他敏锐地察觉到新报业即将来临的大好时机，果断投身于廉价报刊的创办之中，从而开创了一代新的事业。

创刊初期的《纽约太阳报》是一份很普通的四版小报。本杰明·戴伊采取了截然不同于其他传统政论-政党报刊的办报方针，公开标榜报纸的独立性，宣称要摆脱以往报纸依靠政府、政党津贴的附庸地位，像天空的太阳一样将光芒洒向人间。他在《纽约太阳报》创刊号上宣称："我们决定创办一份独立的报纸……我们采取独立的方针……真理是我们的格言。"在报纸内容上，本杰明·戴伊摒弃了以往政论-政党报刊中常见的长篇政治、哲学文章，而是大量刊登轻松幽默的社会新闻、当地消息和色情与暴力消息，以吸引识字不多的广大下层读者。在文章的写作上，该报注重文字通俗、情节夸张、富有戏剧性，讲究文风有趣、幽默、机智。在版面形式上，本杰明·戴伊的报纸突破了以往政论-政党报刊呆板的陈旧样式，突出大字标题，进行煽情性的版面处理。在发行方面，《纽约太阳报》以街头零售为主，不再依靠传统的读者预先订阅的方法。最为重要的是该报售价低廉，每份才一美分，从而吸引了大批的纽约工人、小市民、小职员等大众读者，即本杰明·戴伊所说的"普通人"。

借助一系列不同于传统报刊的方法和手段，特别是低廉的报价和刺激性的社会新闻，宣称"为人人发光"的《纽约太阳报》大获成功。刚创刊的《纽约太阳报》仅在六个月内，发行量就达到了 8 000 份左右，几乎两倍于当时最强大的同城竞争者的发行量。1834 年，这家创刊还不到一年的报纸的发行量即增至 10 000 多份。在《纽约太阳报》创办之前，美国报刊发行量最大的才能达到 2 000 多份，《纽约太阳报》使报刊的读者人数大大增加了。由于发行量巨大，《纽约太阳报》逐渐引起了纽约广告商们的注意，他们纷纷在该报上刊登广告，这使得《纽约太阳报》迅速成为美国新闻传播史上第一家完全不需要依靠政党财政补贴就能获取高额利润、保持经济独立和办报自由的私人报刊。

2.《纽约太阳报》的新闻革命

不同于严谨呆板的政论-政党报刊上的乏味文章，以戏剧性的小说笔法来撰写新闻，注重消息中的"人情味"是《纽约太阳报》写作的一大特色。比如一篇曾经占据该报整个头版的文章详尽描述了一位英俊的英国贵族青年如何爱上了他父亲收养的一个女孩子，这对恋人又如何因为被禁止结婚而双双出逃私奔，愤怒的父亲大人因此剥夺了儿子的财产和爵位继承权，但父亲在去世前，又写下遗嘱宣布这个儿子可以继承爵位，可是他那觊觎财产和爵位的亲弟弟却控告其兄乱伦并企图夺取父亲的爵位和遗产。文章最后写道："当我们的主人公正如痴如醉地依偎在新娘柔软的胸脯上的时候，为兄弟之仇所驱使的另一只兄弟之手正以不可遏止的凶残在他头上举起，要将他毁灭！"这篇报道通篇未曾提及主人公姓名，也未交代结局，时间、地点更没点明，真说不上是一篇新闻报道还是纯属虚构的小说，可是关心这对恋人命运的纽约大众读者们却读得津津有味。

充满戏剧化冲突的社会新闻也是《纽约太阳报》喜欢奉献给读者的一道上好佳肴。在刊登英国贵族青年的故事的那期报纸的第二版上，还有一篇题为《惊人事故》的文章，在这篇文章中，《纽约太阳报》的记者详细叙述了新罕布什尔州一位即将在一个星期以后与心爱的女友结婚的小伙子因矿井塌方而被活埋的可怕消息。整篇文章文字矫情粗俗，情节曲折夸张，用以赚取读者的一掬同情之泪。在该报一个名为"警察局——昨日"的栏目下面，有一则消息报道了值夜狱警紧急集合，被叫去挫败一起越狱活动，最后荷枪实弹、如临大敌的警察们发现那可疑的越狱声响原来是一只关在笼子里的小松鼠发出的。该报的另一则消息报道了一位黑人妇女分辨不清“起诉”和“妓女”两词，因在治安推事人员面前脱口说了一句粗话而被拘捕的“花边新闻”。

编造耸人听闻的假新闻亦是《纽约太阳报》的拿手好戏，为了招徕读者，它不惜牺牲基本事实和科学性。最为著名的事例是 1835 年该报连续刊载的“月球飞人”骗局系列报道。这些报道记叙了一位天文学家在非洲的好望角通过一个巨大的望远镜观测到了所谓月球世界里发生的各种事情，由《纽约太阳报》著名记者理查德・亚当斯・洛克编写成文，从 1835 年 8 月 21 日开始连载于《纽约太阳报》上。事实上根本没有观测月球这回事，这位祖父是英国著名政治学者、“三权分立”思想创立者（老洛克）的理查德・亚当斯・洛克只是凭借自己丰富的想象力，先描绘出一个建造世界上最大的望远镜的故事，再叙述了人们通过这架望远镜观察到的月球世界上形形色色的“人”或动物的精彩生活。在这位“科技记者”小洛克笔下，这些月球人状似蝙蝠，身有双翼，能够轻盈地飞，而且生活中像人类一样具有戏剧性的悲欢离合及爱恨情仇。大量的读者被小洛克以假乱真的科学术语、详尽叙述的情节和生动的文笔迷惑，无人怀疑其文章的真实性——甚至就连当时的美国新闻出版界和科学界也为这一伟大发现而欢呼，《纽约太阳报》的发行量因此猛增。

（二）廉价报刊的集大成者：詹姆斯・戈登・贝内特和《纽约先驱报》

由于廉价报刊之父本杰明・戴伊生财有道、大获成功，其效仿者马上接踵而来。1835 年，另一份纽约便士报出现了，这就是苏格兰人詹姆斯・戈登・贝内特创立的《纽约先驱报》。

1. 詹姆斯・戈登・贝内特——廉价报刊的集大成者

贝内特是一位传奇人物。他大胆、能干、野心勃勃、富于进取精神，有人说，在奠定廉价报刊的整体风貌上无人能出其右。不同于出身报馆印刷工的本杰明・戴伊，贝内特本人曾受过良好的大学教育，知识储备较为全面，是一个办报经验丰富、专业记者出身的报纸发行人。1835 年 5 月 6 日，已经年届 40 岁，曾向《纽约太阳报》老板本杰明・戴伊申请一个职位却被拒绝的贝内特，仅凭手中最后的 500 美元的资本，在纽约华尔街的一间地下室里单枪匹马创办了美国第二份廉价报纸——《纽约先驱报》。

创刊伊始的《纽约先驱报》在各个方面全力模仿业已成功的《纽约太阳报》并很快大获成功。这份报纸报价也是一美分一份，也采取街头零售方式。该报特别注重刊登各种社会性的色情、凶杀、暴力新闻，不久即在报道的内容和质量上超过了《纽约太阳报》。创刊后第二年，该报便拥有了 2 000 多名读者，并吸引了一批纽约广告商的注意。由于极富进取心，贝内特在许多方面奠定了美国廉价报刊的面貌。同创办第一份廉价报刊《纽约太阳报》的本杰明・戴伊相比，人们有理由相信贝内特才是廉价报刊这种新式报刊的集大成者。

2. 詹姆斯・戈登・贝内特的杰出贡献

始终不渝地坚持报纸的独立编辑方针是贝内特孜孜追求的首要目标。在《纽约先驱报》创刊号上，他用比本杰明・戴伊更为明确的语言大声宣告：“我们将不支持任何政党，不做任何政治派别的喉舌，不倾向任何选举，也不吹捧上至竞选总统、下至补缺警长的任何候选人，我们要致力于记录关系到公众的事实。”凭借勤奋拼搏和进取精神，贝内特成功地吸引了大量读者，并通过源源不断的广告获得了财政上的完全独立。时任美国波尔克政府财政部部长的罗伯特·沃克以通常对待报刊界的恩赐姿态给《纽约先驱报》送去一些获利丰厚的广告时，他遭到了贝内特的断然拒绝。贝内特在一篇社论中声称：“我们不但现在而且永远公开宣布，我们将不和来自政府各部门的出版物或广告发生任何联系。”这使得《纽约先驱报》成为那个时代最具个人特色和独立地位的一份报纸，这一传统迄今仍为美国许多报刊所继承。

《纽约先驱报》的另一个特色是顽强的专业进取精神。它逐年逐步向新闻报道的其他领域迅速扩展，不断为读者提供更为丰富、更有价值的新闻消息。贝内特首创商业“金融版”专栏，专门报道华尔街新闻，吸引了商业阶层的大批读者。由于懂经济，曾教授过政治经济学，因此贝内特的“金融版”办得十分出色。贝内特还早在别的报刊编辑认识到体育新闻的吸引力之前，便已在《纽约先驱报》上率先刊登体育新闻了。虽然贝内特对宗教不感兴趣，但他的报纸却最早开始对纽约宗教领域的信息进行全面的报道，既平息了宗教界人士对他的报纸激情主义报道风格的激烈批判，又获得了大批新读者和社会各界的好评。贝内特还促进了廉价报刊评论栏目和社交新闻的发展，最早在《纽约先驱报》上开辟了“读者来信”专栏，发表各地读者的有趣来信。《纽约先驱报》同时还是美国报刊中最早使用大量插图的报纸之一。总之，贝内特以充沛的精力和勃勃野心、追求利润和个人声誉的狂热，不断推动着《纽约先驱报》的业务革新和全速发展。

《纽约先驱报》吸引读者的最高明的招数之一，就是拼命追求各个社会领域的新闻报道之先——“独家新闻”，并为此不惜一切代价。早在1836年，为了保持竞争领先地位，贝内特不顾质疑与反对，把报纸大部分利润投入报社进行再生产，购买了大量的新式印刷机器，雇用了最出色的新闻人才，利用一切可以利用的最新技术发明和新型交通工具，来挖掘、报道、快速传递、印刷发售各种“独家新闻”。他的目的是确保打败对手，在新闻竞争中永葆第一。

在采用各种革命性新闻采集手段和拓展新闻报道领域方面，贝内特不仅表现了勇于进取的精神，而且以精益求精、不做到最好决不罢休的冲劲闻名于世。当纽约的著名个体新闻户丹尼尔·克雷格开始在加拿大的哈利法克斯城利用信鸽与有线电报进行远距离欧洲海外新闻传递时，贝内特第一个以500美元的高价定购他的这些独家海外新闻。当蒸汽轮船、铁路火车和有线电报相继取代帆船、快马和信鸽时，贝内特总是第一批采用新式通信工具的人。1846年5月波尔克总统要求国会对墨西哥宣战的咨文，就是贝内特用电报传递出去并在纽约率先刊出的，贝内特因此名扬天下。正是在贝内特的主持下，这个时期的《纽约先驱报》成为全美国报道面最广、报道速度最快、发行量最大、影响面最广的著名报纸。

但是，贝内特个人也有着很大的人格缺陷。他为人极为狂妄，在新闻竞争中厚颜无耻、不择手段、为所欲为。他所掀起的一系列所谓的“煽情报道”风暴使人触目惊心，常常引起社会各界的强烈反对，遭到许多有识之士的鄙夷和唾弃。

有这样一则传闻。在纽约某个沉闷平静的日子里，当《纽约先驱报》的编辑们为第二天本报缺少一条老板要求的有“血腥味”的头版头条消息犯愁时，急躁愤怒的贝内特在办公室里大声咆哮道：“派人去杀死一个家伙，我们非有（头条）新闻不可!”

贝内特的狂妄自负有时甚至达到了可笑的地步。1837 年，他在向读者宣布《纽约先驱报》资产已达到 10 万美元时大言不惭地宣称：“成功显然来自我对日报的改革。以前的报纸只是这样一架机器——堆砌着枯燥的叙述、乏味的事实、无聊的政治、个人的争论、沉闷的船期消息、贫乏的市场报道。我改变了这一切，我给报纸注入了生命、才智、哲学趣味、感情、幽默——莎士比亚是戏剧的天才，司各特是小说的天才，弥尔顿和拜伦是诗的天才，我要做日报的天才!”

不可否认，这位在西方新闻传播史上常常被人讽刺挖苦的廉价报刊先驱确实对人类的新闻传播事业做出了不可替代的历史贡献。可以说，詹姆斯·戈登·贝内特是廉价报业的一位集大成者。

（三）廉价报刊的变革者：霍勒斯·格里利与《纽约论坛报》

1. 霍勒斯·格里利的廉价报刊理念

美国廉价报刊崛起的初期情况可以《纽约太阳报》和《纽约先驱报》为典型，但是，廉价报刊的模式并不是单一的。本杰明·戴伊和贝内特那种煽情主义报道风格，写作中刻意追求的“人情味”和戏剧化手法，灵活方便的街头零售新式卖报方式，独立的办报方针等要素，确实一举奠定了西方廉价报刊的最初风貌，但也遭到了相当一部分社会公众的激烈批评——主要是针对这两家廉价报刊上华而不实的报道、庸俗刺激的新闻处理手法和挂羊头卖狗肉的无耻行径。当时纽约的几大报纸曾联合起来发起抵制贝内特《纽约先驱报》的“道德战”就是例证之一。教会牧师、正派人士和道德观严谨的部分读者也对这些“下流的报纸”不屑一顾。这种情况促使另外一些有识之士也投身于这场“新闻革命”中，他们为廉价报刊奠定了新的风貌，增添了新的内容。其中一位就是美国廉价报刊的伟大变革者——霍勒斯·格里利。

1841 年 4 月 10 日，纽约街头又出现了一份廉价报纸，这就是由霍勒斯·格里利创办的《纽约论坛报》。

同本杰明·戴伊一样，格里利也出身贫寒，是一位印刷学徒，20 岁时怀揣 10 美元来纽约撞大运。在这里，他为这个城市、为美国的新闻传播事业做出了巨大的独特贡献。

必须提及的一个背景是：在创办新式廉价报刊之前，格里利曾经在许多老牌政论报刊中做过多年的记者与编辑。所以他既像贝内特一样是一个具有丰富报业经验的资深报人，同时又有着贝内特所不具备的鲜明坚定的政治观念和正直坦率的为人处世风格。

不同于仅仅将新式廉价报刊看作商业工具的主流观念，格里利认为革命性的廉价报刊还是争取大众读者关注社会的一种良好的工具。格里利还看到，尽管《纽约太阳报》和《纽约先驱报》大获成功，但两报的煽情主义报道风格也招致了不少人的反感，其中就包括许多中下层的读者。他据此认为此时在纽约创办一份“正派的便士报”，肯定会受到大众的欢迎。

事实证明，格里利的判断是相当正确的。1841 年创刊的这份廉价报纸，编辑完善、印刷精美、售价低廉，出版后仅三周自称发行量已达到 5 500 份，七周后达到 11 000 份——虽然还比不上《纽约太阳报》和《纽约先驱报》的发行量，却可以说是完全成功了。

2. 霍勒斯·格里利对廉价报刊的贡献

尽管在很长一段时间里《纽约论坛报》的发行量一直不及《纽约太阳报》的四分之一，但格里利确实给廉价报刊这一行业填补了不少新的内容。格里利在该报创刊号上明确宣布了自己的独特立场，他认为：报纸不应当是党派的奴仆，但也不应当伪装中立……而应当在公开地支持它所信任的一个政党时保持独立的立场，报纸对于某些问题，包括候选人的问题，拥有采取不同态度的独立权利。这一方面表明，格里利的报刊确实不同于以往的政论-政党报刊，它是面向大众的；另一方面则表明《纽约论坛报》不同于其他廉价报刊，它并不掩饰自己认为应该采取的鲜明政治立场。

格里利为人极为诚实，对普通大众的智识水平充满信心，不屑于用庸俗低级的琐碎消息来侮辱读者的智力与人格。一个显著的事实是：《纽约论坛报》创刊号上的全部内容都是严肃的社会问题探讨和正派的新闻报道，而不是像其他廉价报刊那样诉诸对读者感官的单纯刺激。如果格里利像其新报业同行那样热衷于耸人听闻的消息，那么《纽约论坛报》的发行量肯定会大涨。但格里利不愿意这样，他厌恶贝内特之流为商业目的而采取的哗众取宠之举，更反对本杰明·戴伊们的虚假性刺激新闻。他认为，对于广大的普通大众读者，报刊发行人既可以用热烈渲染、感官刺激的方式来忽悠他们、毒害他们，也可以用冷静地摆事实、讲道理的方式来吸引他们——而后一种吸引所带来的成功将更加持久、更加辉煌，也更对读者负责。

显然，格里利创立《纽约论坛报》的主要目的就是想以廉价报刊的先进运作方式来贯彻他的办报理想与政治抱负，可以说，格里利是抱着一种崇高的理想来办廉价报刊的。与后来相继成为百万富翁的本杰明·戴伊、贝内特之流完全不同，格里利把自己创办的《纽约论坛报》的所有股份、红利让与全体职工分享，他唯一的财产收入就是他那份主编薪水，他也从来没想过依靠创办这份报纸来发横财——尽管《纽约论坛报》的经济收益一直非常不错。

格里利个人高贵的品质、崇高的威望和出色的领导能力使《纽约论坛报》的业务蒸蒸日上。该报注重全面的新闻报道，重视文学艺术，拒绝刊登不道德、虚假、堕落的广告和色情、凶杀等社会犯罪新闻，因而在美国新闻传播史上获得了“伟大的道德机关报”之尊称。

的确，霍勒斯·格里利以他的高尚思想和真诚言行在美国新闻传播史上做出了自己卓越贡献，他为那个时代的廉价报刊“大合唱”增添了一些极为有益的“和声”。他重视人才，慧眼识金，在《纽约论坛报》先后启用和培养了诸如查尔斯·达纳（后为《纽约太阳报》著名主编）、亨利·雷蒙德（《纽约时报》主要创始人之一）、玛格丽特·富勒（美国历史上第一位女性专业新闻工作者）等一大批卓越的记者、编辑、报刊发行人和作家，被当时的美国新闻传播界赞誉为美国“报业之父”。他创办《纽约论坛报》的时期亦被后人誉为“人格新闻学”时代。世界各地的人们有充分的理由尊敬霍勒斯·格里利这位世界新闻传播史上的重要人物。

二、英国廉价报刊发展史

英国廉价报刊诞生和发展的历史，给我们提供了一个特殊国情影响新闻传播事业发展的典型样本。探索英国廉价报刊的萌芽和发展过程，既可以探究一个国家的政治文化传统如何反作用于新闻传播事业，还可以观察到近代各国之间报业相互影响的痕迹，这是非常有意义的。

英国廉价报刊的历史以 1855 年下议院通过的废止报纸印花税法为界，大致可分为萌芽和发展两个时期。

（一）英国廉价报刊的萌芽时期

英国是西方资本主义国家中最早确立资本主义制度、最早开始工业革命的国家，所以廉价报刊产生的许多前提条件，劳工阶级、印刷技术、商品经济、工业城市的兴起等，都最先在英国出现。然而，不管是封建君主还是资产阶级议会，英国历届统治者都毫无例外地倾向于维护和加强对新闻传播事业的高压严控，其最主要的手段便是皇家特许出版独占制度和对出版物征收高额的印花税。英国资产阶级革命确立了君主立宪制，社会进入了一个和平渐进的发展模式。工业革命爆发以后，英国劳工阶级的崛起和人口集中的工业中心城市的出现使得对新闻信息的新的需求产生，为了服务于这个新崛起的劳工阶层，使他们能够享受以往专为高贵的人们所享用的、价格昂贵的报刊，19 世纪初期的英国产生了世界上最早的廉价报刊的萌芽——早期工人报刊。

1. 英国早期工人报刊的崛起

英国早期工人报刊的出现与两位同情劳工阶层的平民政治家的办报实践密切相关。威廉·科贝特是一位著名的英国报人，此人绰号“箭猪”，观点激进，文笔老辣，曾在美国独立战争后的政党报刊史上名噪一时。他 1800 年回到英国，并于 1802 年创办了《政治纪录报》。在英国各报普遍高价的环境里，该报以极为低廉的售价（每份一先令零一便士）出版发行，独树一帜，推销科贝特的激进政治主张。1816 年，科贝特又以普通劳工为对象，增刊发行了《政治纪录报》的大众版，把价格陡然降为 2 便士，此举受到劳工阶层的热烈欢迎，致使《政治纪录报》的发行量激增至 4 万多份，行销全国，大获成功。1830 年，这位非常关心劳工阶层利益的自由斗士又创办了一份《穷人政治月刊》，每份售价也是 2 便士，专以劳工阶层为读者对象，宣传他的政治主张。科贝特的工人报刊开创了英国工人报刊的先河，这种报刊拒不缴纳高昂的印花税，低价出版零售，其内容亦是为劳工阶层服务的各种信息。

1830 年，英国著名的空想社会主义者亨利·赫查李顿也创办了一份著名工人小报——《人民便士报》（人们称之为《便士报》，据说新闻传播史上称廉价报刊为便士报即源于此）。该报的特点是售价 2 便士，没有缴纳印花税，属于所谓的“非法”报刊。1831 年，赫查李顿将《人民便士报》更名为《贫民导报》，这也是一份不纳税、售价低廉、面向劳工的新型大众报刊。

受威廉·科贝特和赫查·李顿的影响，在当时的英国，以劳工大众为对象的没有缴纳印花税的 2 便士周报纷纷出现，数目达 30 余种之多。这些报刊内容浅显、文字通俗、贴近劳工生活。它们或呼吁劳工神圣、团结自助，或刊载劳工喜闻乐见的新闻消息、政治评论。因为是“非法”出版的无印花报刊，所以其不能采取其他报刊常用的年度预订的方式发行，而是采取了一种灵活的雇用劳工儿童分散街头走动售卖、大声叫卖报纸“热点”、便于摆脱警察抓捕的“伦敦售报”方式。

对于早期工人报刊的出现，英国统治当局深恶痛绝。政府为防范劳工阶层受此类报刊的启发而干预政治，遂采取严厉措施，一方面继续加重印花税而提高报价，使劳工大众无力接近正规的报刊；另一方面实施各种行政、法律措施对工人报刊予以严酷打击和彻底取缔。

早在 1816 年，科贝特的廉价报刊《政治纪录报》大众版行销全国、备受劳工欢迎就曾引起当局的不安。政府宣布，对贩卖不纳税的《政治记录报》者加重罚款，各地保安官可以直接逮捕审讯该报的街头零售贩卖者，报刊发行人科贝特也屡遭当局逮捕迫害。

1831 年，科贝特因发行《穷人政治月刊》而遭拘捕，并被送上法庭。科贝特在法庭上悲愤地发问：“我究竟犯了什么残忍的罪行？我只是要求政府废除那些苛待劳工的法律，因为那些法律已使劳工陷入悲惨之境……让他们有休息娱乐的时间，难道是可怕的事情吗？”但法官置之不理，把他投入监狱。

赫查・李顿的命运亦很悲惨。1830 年和 1831 年，他数次因发行出版无印花报刊而遭到逮捕和罚款。1834—1835 年，他又因此罪名在高等法院接受审判。在他的一生中，因为办报而坐牢、受体罚、被罚款已成家常便饭。

英国政府对无印花报刊实施了严厉打击，随着工业革命而陆续出现的英国早期工人报刊先后都遭到了政府的强力镇压。当局对工人报刊的镇压可谓不遗余力，仅 1808—1811 年这三年间，英国政府对报业的起诉就达 42 次之多。伦敦的 800 多名卖报儿童中有 500 多名曾被体罚和罚款。正是英国严酷的专制政治格局、当局的防范镇压态势和高额沉重的印花税，毁掉了早期工人报刊这一英国廉价报刊的萌芽，并大大延缓了廉价报刊在英国出现的历史进程。

2. 平民大众报刊的出现

就在早期工人报刊和其他一些在野的反对派报刊与政府的强力压迫进行斗争之时，另一类英国廉价报刊出现了，这就是 19 世纪初期出现的一批接近平民大众的通俗化政论报刊。这类报刊在刊载内容和写作形式等方面对英国乃至世界的廉价报刊都做出了重要贡献，伦敦的《先驱晨报》便是其中颇具代表性的一份报刊。

在英国报刊写作传统中，幽默机智的随笔、轻松愉快的评论、机警含蓄的报道历来是吸引大众读者的有效方法。幽默小品文在英国报刊史上曾大放异彩，艾迪生、斯蒂尔、约翰逊等人的幽默小品文，曾征服过大西洋两岸的无数读者。受这些报刊写作传统和工人报刊大众化的影响，为吸引更多的读者购买与阅读，以前名不见经传的一家普通政论报纸《先驱晨报》，率先开创了一种新的新闻报道方式，即运用幽默机智的写作手法，专门报道伦敦“苏格兰场”（Scotland Yard，即伦敦警察厅）的犯罪新闻。

英国新闻出版界对犯罪新闻的采访报道工作早有先例。伦敦《早晨纪事报》就曾大量刊登过“布街警察局”（即“苏格兰场”）的犯罪新闻，但因其写作常采用客观冷静的手法，多从伦理、道德方面进行说教，故没有引起公众的注意和兴趣。在伦敦《先驱晨报》将幽默笔法与犯罪情节结合起来后，犯罪新闻才引起了社会轰动和大众关切。

《先驱晨报》撰写此类新闻的高手是有着多年“布街警察局”采访经历的著名警事记者约翰·怀特。与一般的记者不同，怀特常用富有魅力的独特笔调，将凶残的犯罪事件撰写成有趣而神奇的故事，因而受到了大众读者的热烈欢迎。因为刊有怀特撰写的幽默新颖犯罪新闻，《先驱晨报》的发行量日趋增多，许多地方报刊也竞相转载怀特的文章。读者们如此喜欢阅读该报，以至于为减轻报纸价格的沉重负担，他们往往自愿组织起来，共同订购、阅览《先驱晨报》。据记载，有不少伦敦的酒馆会特意张贴“本店备有《先驱晨报》供客人阅读”的告示以招徕顾客，《先驱晨报》当时受人欢迎的程度由此可见一斑。

《先驱晨报》的订购数在 1820 年时仅为 1 500 份，但改以刊登幽默犯罪新闻为主后，1828 年时已增至 7 500 份，超过了当时英国发行量最大的著名大报《泰晤士报》。

1824 年，《先驱晨报》在继续刊登幽默犯罪新闻的同时，又增加了一流画家的讽刺插图，后改为专册发行，并刊发续编以飨读者。这些登载了《先驱晨报》精华新闻报道插图的小册子曾多次再版，还陆续传入美国，对当时纽约廉价报刊创始者们的影响也不小。

显然，伦敦《先驱晨报》上约翰·怀特新颖独特的文章成功地显示了一种吸引大众的新方法、新路子，向人们展示了一类能支撑廉价报刊走向成功的新闻写作方式。这种幽默机智、风趣轻松、富有人情味的写作风格对廉价报刊，特别是美国廉价报刊新闻写作方式的影响是直接而又巨大的。本杰明·戴伊的《纽约太阳报》创办伊始，便曾重金聘用英国采访“布街警察局”新闻的一流高手乔治·威斯纳为该报专门撰写此类犯罪新闻。可以说，没有威斯纳大受欢迎的犯罪新闻，《纽约太阳报》是难以成功的。

3. 第一份成功的英国便士报——《每日电讯报》

英国《每日电讯报》的诞生与“知识税”的废除密切相关，这又一次昭示了政治环境对新闻传播事业的重大影响力。1855 年 6 月 29 日，亦即英国下议院正式通过废止报纸印花税法的前一天，亚瑟·巴勒斯·斯莱上校创办了这份原名为《每日电讯邮报》的报纸。由于斯莱上校不善经营，《每日电讯报》不久后便易主，新报主约瑟夫·利维顺应政治环境的变化，决定将该报定价减半，从而使《每日电讯报》成为英国首批便士报之一。

但使《每日电讯报》真正崭露头角、成为第一份成功的便士报的人，却是利维之子爱德华·利维·劳森。劳森是这家著名便士报的真正缔造者，也是英国廉价报刊的先驱人物之一。

劳森在掌管《每日电讯报》后，逐步依照廉价报刊的办报原则，开始对报社进行全面改革。在报纸版面编排方面，劳森为打破伦敦报刊编辑思想上的陈规旧习，率先学习并采用了许多英国报人鄙视厌恶的美国廉价报刊的版面编辑技巧，将重要的消息用多行大字标题标出，而不像以往英国报刊那样，任何新闻报道文章不分主次轻重一律冠以一行题——许多消息甚至只以国名、地名作为标题。1870 年普法战争爆发，法军在色当大败，法皇小拿破仑成为阶下囚。消息传来，劳森的《每日电讯报》立即用震撼读者眼球的十行大字标题加以突出登载。这十行标题几乎占据了整个版面的四分之一，随后英国报刊群起效仿，整个报刊界的面目为之大变。

在新闻报道方面，劳森将勇于进取的精神倾注其中，致力于全面迅速地如实报道世界的真实面目，向大众读者提供新鲜有趣的新闻。由于过分强调必须具体地、“原原本本”地报道公众感兴趣的所有新闻，劳森的报纸经常被人指责为“煽情主义”报纸。比如，《每日电讯报》曾过分详细地揭露过伦敦丑恶的卖淫活动，但劳森的这套报道手法却吸引了大量的大众读者。

对于国外新闻的重视和狂热地追求轰动性的独家报道也是《每日电讯报》的拿手好戏，最著名的事例是该报与美国《纽约先驱报》合资组队，共同派遣美国著名记者斯坦利率队前往非洲探险，寻找失踪多年的英国著名传教士、非洲地理探险家利文斯通。斯坦利九死一生的非洲探险经历、他所撰写的栩栩如生的非洲连续通讯报道和曲折生动的非洲旅行故事吸引了当时大西洋两岸无数的读者，在当时的国际新闻出版界造成了轰动，致使在英国本土独家刊登斯坦利系列探险报道的《每日电讯报》身价倍增。

为了加强报纸工作，劳森到处网罗人才充实编辑部，这是他办报成功的另一条重要经验。在评论方面，他聘请了埃德温·阿诺德爵士做评论部主笔，著名戏剧评论家克莱门特·司各特和著名评论家亨特之子桑恩·亨特也为其效力。在采访部，两名干练的战地特派记者贝内特·伯利和约翰·梅里·莱萨奇为该报的国际新闻报道增色不少，前者采访过 19 世纪后半叶几乎所有重要的国际战争，后者则在《每日电讯报》工作了近 60 年。《每日电讯报》的全能记者埃米尔·约瑟夫·狄龙博士更是一位闻名遐迩的大牌记者，他精通多种语言，能用五种文字写作，多次成功采访重大国际新闻，与各国的政治家、外交家过往甚密，常能为《每日电讯报》采访到不少重要的甚至属于机密的消息。英国新型报业领袖人物之一斯蒂德曾这样赞誉过这位享誉西半球的传奇式人物：“据我所知，狄龙是超出一切的，最干练、最富有冒险精神、最渊博的一位报人，他具有不同寻常的综合能力和新闻记者的素质。他是调和的艺术家、杰出的学者及哲学家，而且还是一位雄心万丈的政治家。这位声调温和、具有学者风度的记者知道所有的显要人物，到过所有重要地方，是一位勇敢而富有进取心的记者。”

正是由于拥有这样一批优秀的新闻人才，劳森才能全身心地致力于报纸新内容的开拓与编辑技术的改进。加上该报售价低廉、定位准确、经营得当，《每日电讯报》理所当然地受到了大众的青睐，业务蒸蒸日上，威望日益隆高。1871 年，该报发行量跃升至 20 万份，远远超过著名的《泰晤士报》。1888 年该报发行量又增至 30 万份，成为当时世界上发行量最大的报纸之一。

由于劳森对英国新型报业的开拓性贡献，他被封为贵族。1914 年他 80 岁诞辰时，人们公开地称他为英国“报业之父”，全世界 250 位著名报人联名向他致敬，这是一项难得的殊荣。1916 年劳森去世，享年 82 岁。

（二）英国廉价报刊的发展时期

《每日电讯报》的崛起不仅标志着英国新型报业的转型成功，亦意味着以往政论-政党报刊当道的传统一去不复返。到了19世纪80年代，英国新报纸、新报人辈出，如主办政论报纸《帕尔马公报》的斯蒂德，创办大众通俗报纸《明星晚报》的奥康纳，发行大众文摘《点滴》杂志的乔治·纽恩斯，以及主持通俗小型报纸《每日邮报》的哈姆斯沃思（北岩勋爵）等，英国新闻传播事业进入了一个新的天地。

1. 斯蒂德与《帕尔马公报》

《帕尔马公报》是1865年由乔治·史密斯创办的，由当时的著名报人格林伍德担任主笔。创办时该报的口号是“我们的报纸是由高尚人执笔，为高尚人阅读的”，因此读者人数稀少。1880年，著名报人斯蒂德来到伦敦，三年后接任该报主笔，经过他的不懈努力，最终完全改变了《帕尔马公报》的办报方针和整体风格。

斯蒂德是那个时代英国最出色的报人之一，他对《帕尔马公报》实行了一系列重大改革，使其成为当时英国的一份重要的稳重型廉价报刊。在报纸编排上，该报率先刊用图片，并在文章中使用小标题以方便读者阅读；在新闻写作上，人物专访是《帕尔马公报》上常见的一种新颖别致的写作方式，主要由人脉广泛的斯蒂德本人撰写。斯蒂德的文笔生动、观念新颖，现代新闻中的导语就是由他在英国首先倡导使用的。另外，他那超越常人的精力、无比的热情以及为正义和真理而斗争的坚强品格，都使他成为英国当时声誉隆高的著名报人之一。

老牌政论报纸《帕尔马公报》在斯蒂德手下快速改革转型，这种转型从1885年7月6日的一组报道中可见一斑。该报当天刊登了一组在当时看来极为惊人的社会新闻报道——《少女对现代罪恶城市的贡献》。这组系列文章详细揭露了当时伦敦城中许多不幸的少年妓女（雏妓）的悲惨命运，引起了伦敦读者的巨大震动。在第一篇报道中斯蒂德写道：“今天我们揭露犯罪内幕的报道将轰动整个世界，读者将以惊悸、恐惧的心理来读它。”在维多利亚时代较为保守的新闻出版界和一些读者看来，这是惊人的煽情新闻，不少报刊对其予以强烈攻击，谴责的信件如潮水般涌向《帕尔马公报》编辑部，一位代理分销处老板甚至从此拒绝代销此报。斯蒂德并未恐惧，他在报上继续展开论战，进行有力反击，并到各地巡回演说，揭露事实真相，宣讲其改革观点。正是在他和他的报纸的舆论影响下，英国下议院最终通过了相关刑法修正案以打击雏妓现象，《帕尔马公报》的发行量也在刊出那组报道文章后有了惊人的飞升。

1912年，伟大的报人斯蒂德在著名的“泰坦尼克号”海难事件中罹难死去，许多著名报人为之惋惜不已。

2. 纽恩斯与《点滴》杂志

乔治·纽恩斯是主持《帕尔马公报》的斯蒂德的同班同学，亦是当时新型报业的一位统帅人物。他的主要贡献在于开辟了大众廉价报刊的广大市场，并以惊人的成功向世人展示了廉价报刊巨大的市场潜力。

作为斯蒂德的同学，纽恩斯深受其事业成功的刺激和影响。他30岁时还在曼彻斯特一家杂货公司任职，但志不在此。一天，纽恩斯在一份晚报上看到一则有趣的故事，这引起了他的兴趣，由此萌生出创办一份廉价报刊的念头。他把这个故事读给夫人听，并告诉夫人他想创办一份专门用以刊登此类有趣小故事的杂志。为了达成他的理想，纽恩斯开始筹集资金并辞掉工作，全身心地投入新型报业之中。

1881 年 10 月底，纽恩斯的大众文摘性质的《点滴》杂志正式问世，这份杂志全名为《世界趣味书刊点滴精华》，类似于今天的《读者》。《点滴》创刊号共计十页，售价仅一便士，内容完全是文笔轻松幽默、内容趣味横生的短小故事。

《点滴》创刊不久即告成功。1884 年，纽恩斯将《点滴》迁往新型报业的中心伦敦，并创办了纽恩斯公司，经营好几种同一风格的报刊，但仍以《点滴》最为成功。为了吸引读者、扩大发行、招徕广告，纽恩斯充分施展了他那商人的推销才华和商业技巧。他通过免费办理读者铁路安全保险、公园挖宝运动、竞赛猜题重奖等多种激动人心的营销推广活动吸引了无数读者，使《点滴》的发行量几乎达到了惊人的 100 万份——超越了当时世界上所有大众报刊的最高发行量。

纽恩斯的市场营销术引爆了整个英国，掀起了报业的竞争狂潮，大量报刊纷纷效仿，并在此基础上花样翻新、怪招迭出。一时间，整个英国报业市场竞争异常激烈，新型报业的经营理念、编排手法和通俗化内容逐渐为公众所普遍接受了。

3. 奥康纳与《明星晚报》

著名晚报发行人奥康纳是一位机敏的爱尔兰人，幼年家境贫寒，被迫到伦敦寻找工作。他曾经在《每日电讯报》和《帕尔马公报》工作过，经此锻炼成长为一位出色的记者，并受到了一整套新型报业办报观念的熏陶。

1887 年 6 月，受自由党人的资助，奥康纳筹划已久的《明星晚报》正式创刊。

虽然《明星晚报》创刊之时伦敦已有九家晚报，但奥康纳看透这些墨守成规、总是刊登冗长政论文章的晚报不会有什么前途，从而对自己的晚报充满信心。他努力在排版技巧、新闻内容和报纸言论上打破常规、改革突破，全面实施新型报业的一系列理念和手法。奥康纳在《明星晚报》创刊号上宣称：“《明星晚报》将完全废除过去报纸的陈腐形式，并对冗长累赘的论题不再供给篇幅。”为打开销路，扩大市场，奥康纳不惜以半个便士一份的低价销售报纸，几乎是免费白送。果然，创刊伊始，这份内容丰富、文笔轻松、售价低廉的晚报便受到了伦敦市民的热烈欢迎。《明星晚报》创刊第二天即在头版位置骄傲地刊出了下列三行标题：

新闻事业开创新纪元
本报发行量破世界纪录
创刊号销出 142 600 份

单就创刊号而言，《明星晚报》的发行量确实突破了当时全世界报纸创刊号发行量的纪录。

同英国新型报业所有获得成功的发行人一样，奥康纳成功的一大秘诀也是网罗一流人才。《明星晚报》的各个编辑室里汇聚着许多当时伦敦新闻出版界的风云人物。《明星晚报》的社论、文学、戏剧、音乐、评论等专栏对知识分子很有吸引力。当然，该报最主要的新闻栏目仍然面向普通大众，所以经常被人们认为是一份针对劳工阶层的报纸。

三、法国廉价报刊发展史

法国出现廉价报刊的社会背景及发展进程同英、美两国有相似之处，但亦有很大不同。法国大革命的完成，选举权范围的扩大，基础教育的普及，特别是 19 世纪 30 年代开始起步的工业革命，构成了法国廉价报刊时代来临的基本原因和重要社会背景。

进入 19 世纪后，随着法国印花税被废除、邮政税逐渐减轻，特别是法国资本主义市场化的发展，法国廉价报刊产生的前提条件已然成熟。1836 年，著名国会议员埃米尔·德·吉拉尔丹创办了法国第一份廉价报纸《新闻报》，从而成为法国廉价报刊的创始人。

（一）法国廉价报刊之父：埃米尔·德·吉拉尔丹

吉拉尔丹生于 1806 年。他精明强干、聪慧敏捷、生财有道，十分长于写作。1828 年，他创办了新闻周刊《贼》，1829 年又创办了《时尚》杂志，这些报刊已初步展示了某些廉价报刊的色彩。1831 年他又创办周刊《有益知识报》，该刊完全不刊登讨论政治问题的文章，仅以生活必需的知识为内容，每年发行 35 期，每份售价一个苏（约合半个便士或一美分），销路颇佳，大获成功，其发行量达到了 13 万份之多，轰动了整个巴黎。

《有益知识报》的成功大大增强了吉拉尔丹创办廉价报刊的信心。1836 年，他正式推出了《新闻报》。

虽然《新闻报》还是采取预订制度，但其每年预订费仅为 40 法郎，而不是当时各报的 80 法郎，不仅中产阶级有财力购买该报，普通大众也可以用余钱买报读报了，是法国报刊史上的一次革命。由于《新闻报》的强力竞争，巴黎各家报刊不得不纷纷降价，结果导致巴黎报刊读者人数由 1835 年的 7 万多人很快增加到 20 万人以上，而且呈持续快速发展之势。

吉拉尔丹降低报价是为了扩大报纸销路，吸引广告商的注意，再凭借刊登广告，来补偿发行亏损，维持低廉报价，从而再扩大发行量，吸引和获得更多的广告收入。这是一种典型的企业化经营办报方式，从这个意义上来看，吉拉尔丹不仅是法国廉价报刊的创始人，也是第一位在法国率先运用企业化经营机制来办报的报人。

（二）廉价报刊上的连载小说

法国特别是巴黎各报降价以后，在内容上已不同于以往的政论-政党报刊，这不仅包括吉拉尔丹等人所创立的大众廉价小报，也包括那些在时代浪潮推动下快速廉价化的传统政论-政党报刊。为了实现扩大发行量以增加广告收入的目的，各报（包括巴黎一些逐步廉价化的政论-政党报刊）以前所刊登的主要政论文章逐渐为非政治性的社会新闻，惊险、趣味的长篇连载小说，艺术评论，以及各种文学作品所取代，借以吸引巴黎公众。其中最突出的一个特点，就是各报竞相刊载长篇连载小说，这一招为法国廉价报刊的发展立下了汗马功劳。

在这一时期，首先利用刊载长篇小说大获成功的报纸是杜塔克经营的《世纪报》，这是当时巴黎一份已开始廉价化的著名老牌政论报纸。1836 年，伟大的文学家巴尔扎克在该报上发表长篇小说《保尔船长》时，《世纪报》的发行量因此增加了 5 000 份。1842 年著名小说家欧仁·苏在同类的巴黎《论争报》上发表的长篇小说《巴黎的秘密》，更是轰动巴黎，经久不衰。一时间模仿者蜂起，《柏林的秘密》《慕尼黑的秘密》等模仿作品纷纷出现，《论争报》也因此一炮而红，发行量大增。1844 年欧仁·苏的另外一部长篇小说《流浪的犹太人》又在濒临倒闭的政党报纸《立宪党人》上连载，为该报重新赢得约了 15 000 个订户，使该报得以继续生存。同一年，作家大仲马开始在《世纪报》上连载他著名的长篇小说《三剑客》，稍后又在《论争报》上连载其文学巨著《基督山伯爵》。两家报纸的发行量顿时呈现出了一种难以想象的盛况。巴黎广大读者对欧仁·苏和大仲马的长篇小说如痴如狂，两报发行量直线飙升，巴黎廉价报刊由此深入人心。

（三）政论报刊的盛行与廉价化现象

由于特殊的国情，法国的廉价报刊发展具有不同于英、美等国的一些特点。虽然法国的廉价报刊售价低廉，并以固定的广告收入增补空缺，开拓了企业化办报的新路，但法国工业革命不甚彻底，自由竞争的商业市场也不如英美两国那样活跃，这就造成了广告来源不多、报刊收入不足的窘境，使得廉价报刊无力达成经济上的完全独立，导致法国新兴的廉价报刊或夭折，或被迫转向接受政府、政党集团秘密津贴，丧失独立地位。

从内容上看，法国的廉价报刊也多侧重于文学、艺术题材的文章，这同廉价报刊集中于“花花之都”巴黎和法国民众特殊的阅读口味紧密相关。这个喜欢阅读政论文章和文学艺术作品的传统在法国封建时代的凡尔赛宫廷报刊中就已出现，至今仍然存在，并持续制约着法国廉价报刊的发展面貌。

由于法国近代历史上一直政党林立、政局动荡，普通大众热心政治、关心时局，所以法国的廉价报刊常为各个政治派系所掌控，或者各个政论报刊表面上不同程度地“廉价化”了——但仍然保留着针砭时弊、论争激烈、干预政治的明显倾向。这与英、美两国的廉价报刊仅以获取高额商业利润为唯一目的，并因此而刻意地保持了报刊财政独立、政治立场中立、新闻本位客观等基本特征有着很大的不同。

（四）法国式的廉价政论报刊代表：《费加罗报》

1854 年创刊的法国《费加罗报》，是由商人出身的依波利特·德·威尔梅桑创办的，初为周刊，每年订费仅 16 法郎，1866 年改为日报发行。这份报纸较为典型地反映了法国廉价政论报刊的上述特点。

作为一个商人出身的办报人，威尔梅桑非常重视报纸的利润问题。他以优惠的报酬物色一流的工作人员，谁不能取悦于大众，即强令其辞职。为了方便读者阅读，威尔梅桑最早提出分类编排新闻的主张，认为只有把新闻处理为像百货商店货架上陈列有序的“商品”那样，才能便于顾客“选购”，扩大销路。从招徕顾客（读者）的角度出发，他力主多登刺激性新闻及地方新闻。他的著名办报格言是：“每天要把一块巨石扔入巴黎这块池塘”。为了刊登那些与巴黎读者有较大相关性的地方新闻，他甚至声称“一人溺毙于巴黎，远较遥远之另一世界崩溃更有意义”。威尔梅桑还非常重视文学、艺术，聘请了许多著名作家为该报撰文。为了加强同读者的联系，该报从 1866 年起就开辟了“读者来信”专栏，威尔梅桑常常亲自回答读者问题。

威尔梅桑主持下的《费加罗报》由此声誉日隆，大获成功。然而，到了政治风潮迭起的 1870 年，该报却不得不适应时局和大众的口味，逐渐加强了政治性报道，演变成为一份具有“廉价化”形式的巴黎政论报刊，其政治倾向也适应读者的要求趋于右倾保守。在著名的“德雷福斯案件”反犹风潮中，在一战和二战后，《费加罗报》逐渐从以往一家较为纯粹的商业报纸而转变成一家右翼保守势力集团的言论喉舌——尽管它刊载的文学、戏剧、艺术稿件的质量依然很高、影响依然很大。如果该报没有鲜明的政治倾向、没有特定的势力集团和读者群体支持的话，它将不会如此长久昌盛、延续至今，这正说明了法国特别是巴黎报刊注重政论的特色。

第三节　分析与思考

西方大众化廉价报刊的出现，是人类新闻传播史上极为重要的一个历史转折点，这一波办报新浪潮对人类近现代社会的影响非常深远。下面择要对其进行一些思考与分析。

一、政论-政党报刊与廉价报刊的比较与分析

犹如资本主义社会的市场化新闻传播事业和封建社会的集权式新闻传播事业迥然不同一样，廉价报刊同以往的资产阶级传统政论-政党报刊之间，也有着一条界线明晰的分水岭，昭示着廉价报刊的革命意义及其与现代西方新闻传播事业的近亲血缘关系。在此我们仅从以下几个角度来简单分析一下这条报刊历史的分水岭。

（一）报刊内容

政论-政党报刊的主要内容并不是普通的新闻消息，其报道主角是政论信息即言论，新闻消息对其而言仅仅是供其发表自己的言论、宣传政治主张的一堆资料而已。廉价报刊的主要内容则是新闻——普通的、活生生的、为众多读者所喜爱阅读的新闻。“新闻本位”几乎是所有廉价报刊的共同特征——尽管这种新闻可能很片面、很肤浅，常常是富有刺激性的和粗俗的，但言论在廉价报刊上已退居为次要角色了。

（二）读者构成

政论-政党报刊经常刊登长篇大论的政治、哲学文章，其主要读者对象是拥护其党派政见的知识精英分子。廉价报刊的读者群体则主要是居住在新兴城市里的中下层普通大众。由于这些民众是新型廉价报刊赖以生存的“衣食父母”，故而廉价报刊业主们不

惜一切代价讨好读者，将阅报的习惯推广到大众中去。为此廉价报刊的业主们采用了各种新颖刺激的内容和新闻报道手段，千方百计地把城市中粗通文墨甚至不通文墨的中下层普通大众纳入自己庞大的读者队伍之中。

（三）发行方式和报刊售价

政论-政党报刊的发行方式是预订销售，每年的预订费用相当可观，一般下层民众根本负担不起，故而发行量很小，一份报纸能达到 1 000 多份就非常不错了。廉价报刊的标准发行方式则是“伦敦街头售报”，即由报童沿街大声叫卖，而且售价低廉，每份一便士（或略高一点），因而发行量巨大。贝内特的《纽约先驱报》在 19 世纪 50 年代发行量就达到 7 万多份，成为当时世界上发行量最大的报纸之一，这个数字是从前的政论-政党报刊连想都不敢想的。

（四）印刷手段

政论-政党报刊时期印刷技术还很落后，报刊印刷主要靠手摇印刷机，一天能出两三百份就不错了。廉价报刊则依赖工业革命所提供的现代科学技术，使用了以蒸汽为动力的高速轮转印刷机器，每小时可印刷、装订、打包几千份乃至几万份报纸，大大提高了生产效率。

（五）办报主体

政论-政党报刊的发行人往往是一些政客或接受政府、政党控制的个体印刷商，而廉价报刊的经营者主要是独立的新闻专业人员：编辑、记者或职业发行人。特别是在贝内特以后，廉价报刊的主编人员大都是精通本行的社会专业人士，这导致了报刊编辑与专业经营人员社会地位的上升。

（六）报纸经营方式

政论-政党报刊的主要财政来源是政党、利益集团和官方的津贴，报刊以做政党喉舌为己任，不以营利为目的，实施简单化管理，不讲求投入与产出，几乎没有经济效益。廉价报刊的资金和利润全部来源于市场销售和刊登商业广告，不接受外来津贴，保持财政独立，从而确保言论和写作的“独立”地位。为了获取市场回报，廉价报刊的老板们都对报刊实施企业化的经营管理，营利成为其从事报业的主要目标和动力。

（七）写作风格与版面编辑

政论-政党报刊的服务职能、读者对象使它的文章写作总是长篇大论、深奥艰涩、枯燥无味，其版面样式也单一僵化、严肃呆板。廉价报刊由于追求利润，面向广大中下层读者，因而必须取悦、适应读者的阅读情趣和文化水平。针对读者厌烦的政论-政党报刊弊病，廉价报刊极力提倡写作必须富有“人情味”、戏剧化、短小幽默、机智风趣。其版面编辑形式也活泼醒目，并使用大字标题和新颖的排版方法，以期吸引读者，击败竞争对手。

二、廉价报刊持续发展和繁荣的深层原因

从外部看，廉价报刊产生的背景和原因，不外乎是社会使其拥有了读者，经济使其有利可图，技术使其能够大规模生产，政治使其畅通无阻。但是，如果再深度追问廉价报刊为何能够如此迅速地滚动发展起来，这些单一元素的列举就意义不大了。显然，必须找到一个更加贴近其实际原因的根本机制。

导致廉价报刊迅速发展、持久繁荣的根本原因是：成熟的新闻市场机制的形成与运营。

正是成熟的新闻市场机制把政治、社会、经济、技术等诸项元素有机地组合在一起，形成了一种新闻市场发展的内在规律，并给予了敢于冒险的新闻产品开发商、廉价报刊投机家和新闻资本投资者们持久的诱惑和源源不断的动力，驱使廉价报刊市场持续竞争和迅速繁荣。

简单地说，新闻市场的形成使诸如本杰明·戴伊、贝内特一类的人物敏锐地看到了通过大规模生产、推销新闻这种大众化商品而发财致富、出人头地的诱人前景，看到了有利的时代条件所造成的广阔无边的新闻买方市场。在商业利润的驱使下，他们冒险进入了这个新的业务领域，以有限的资金开始了他们新型报业的创造性工作并取得了丰硕的回报。

在市场机制的驱动和制约下，这批先行者遵循市场的生存竞争经营规则，把报刊转向广大的具有商业开发价值的都市潜在读者群体。为了获得成功，他们不得不对大众感兴趣；为了争取大众，他们不得不迎合大众的实际阅读情趣和文化水平，为当时识字不多的读者们供给大量刺激的、粗浅易懂的新闻消息；为了方便大众，他们不得不改进传统的发行方式，不得不降低价格，不得不把报刊编排得醒目悦人，以便在日益激烈的竞争中立于不败之地。显然，这才是引发这场新闻革命的根本原因。

与此同时，为这个成熟的市场机制所吸引的大批普通商人们也对廉价报刊产生了浓厚的兴趣——这就是被这种新型新闻媒体的惊人发行量打动的广告商们。于是，新报刊的发行者们得到了他们梦寐以求的东西——大量的广告和金钱。

在追求更大利润的刺激下，丰厚的广告费和报刊销售利润并没有被业主全部揣入私人腰包。市场的残酷竞争压力和对更大利润、更高名誉的向往，使贝内特们又把大部分的市场收入再次投入到扩大新闻采集上，投入到新的印刷机械及运输工具、新的车间、新的编辑大楼的购买建造上，投入到招聘更多的优秀记者、编辑身上。他们这样做，是为了提高报刊的竞争力，吸引更多的读者，获取更大的利润，否则就会在这个激烈的新闻市场竞争中破产出局。

就这样，廉价报刊便在资本市场竞争的基础上开始了良性的发展循环：投资办报→吸引读者→获得广告→利润回报（第一轮）；扩大新闻再生产→再次扩大读者规模→吸引更多的广告→赚取更大的利润（第二轮）；又一次扩大新闻再生产……（第三轮）。这就是促成西方廉价报刊持续发展和繁荣的新闻市场的内在机制。

三、廉价报刊在新闻业务上的贡献

廉价报刊对后世新闻传播事业的影响很大，下面仅从新闻观念、业务演变的角度叙述一二。

（一）新闻本位主义原则的确立

新闻本位主义原则的确立是廉价报刊对后世新闻传播事业的一大贡献，对现代新闻传播影响深远，综观当今的全球新闻业，几乎没有不把新闻放在第一位的了。政论-政党报刊后崛起的廉价报刊为争取读者，就必须大众化，而及时的、多方面的、耸人听闻的新闻在当时最符合大多数读者的口味。曾经是美国报人的马克·吐温的一段话很具有代表性："我们的责任是让所有的人透彻地了解谋杀、斗殴、舞会、戏剧、驿车、教会、讲演、学校、城市、军事、公路、拦劫、圣经会、运干草的马车等许许多多的事情。"能够适应各种不同背景、不同政治观点的信息只有新闻，因此，新闻本位主义原则的确立便是自然的了。

在金钱的魔力驱使下，新闻的各个领域都被富有进取心的报人逐步占领了，越来越多的新闻占据了大多数的版面，满足着社会大众的信息交流需求。新闻已毫无疑义地取代了以往传统政论-政党报刊的主角言论，成为报纸版面上的"第一小提琴手"。

（二）报道时效观念的重视

以往人类社会的新闻传播手段受科技水平的限制，与农业社会中人们悠闲懒散的生活节奏相适应，并不重视新闻的时效性。美国早期新闻工作者坎贝尔就经常在他的《波士顿信札》上刊载过时的甚至是一两年前发生的事情，堪称"历史"的记录者。在工业革命发生的 19 世纪，情况发生了很大变化。科学技术带来了新闻采集、传递、印刷、销售领域的伟大革命。人们的生活节奏加快了，庞大的商业社会系统要求信息的准确和迅速（因为"时间就是金钱"），加上同行业的激烈竞争，这一切都导致了报道时效观念的根本改变。谁能"速报"，谁能不断地发布"独家新闻"，哪怕只比对手快一分钟，谁就能获得巨大声誉，保持竞争的优胜地位。这一观念一直延续到今天，成为当代新闻传播事业的一个重要理念。

（三）客观报道手法的形成

客观报道手法是廉价报刊独立原则在新闻业务上的体现。廉价报刊所信奉的独立办报方针和"不偏不倚、不党不私"的报道原则延伸到新闻写作领域中，就有了"客观报道"口号的提出。

客观报道手法反对个人的偏见，提倡写作的客观、公正、冷静、平和，主张在客观事实与主观意见之间划清界限，认为在记者不偏不倚、准确无误地提供了原始、真实的材料后，读者能够自己做出比较与衡量，得出理性的结论。这一切正是对政论-政党报刊时期党派谩骂、指黑为白、主观偏见报道作风和手法的反拨和纠正，也是在适应时代、适应读者需求的基础上所提出和实施的新时代写作原则。

这一原则确立的历史同廉价报刊逐渐成熟的历史同步。虽然客观报道理念最早来自北美殖民地时代的著名保皇党报人詹姆斯·利文斯顿，但 19 世纪 50 年代，美国《纽约时报》的雷蒙德、《斯普林菲尔德共和报》的塞缪尔·博尔斯才是客观报道写作原则的真正奠基者。随着日后报业的发展和通讯社的崛起，这一写作原则的发展趋势扩大。至 19 世纪末叶，客观报道手法已作为西方新闻传播事业普遍遵循、公认的一项写作原则得以最终确立下来了。

客观报道手法及原则的确立意义重大。没有客观报道观念的提出，新闻就始终难以同政论分开、与宣传相异。新闻媒体传递新闻消息的职能如果得不到充分发挥和体现，它就永远不能形成有别于一般宣传品的特殊个性和风貌，新闻传播事业就难以在当代社会生活中占据特别重要的地位，难以完成沟通讯息、反映舆论，行使社会公众信息、观念交换的公共论坛等基本职能。在当今世界，虽然复杂的生活、过量的信息对客观报道原则的某些方面提出了挑战，但是，对这一原则在当时的历史进步意义我们应予以肯定，并相信它还将以自身的积极影响和有益贡献继续发挥巨大作用。

练习题

一、名词解释

1. 廉价报刊
2. 《纽约先驱报》
3. 《纽约太阳报》
4. 《纽约论坛报》
5. 《点滴》
6. 《每日电讯报》

二、简答题

1. 简述纽约三大便士报。
2. 简要叙述廉价报刊的基本特征。

三、论述题

1. 试比较分析政论-政党报刊和廉价报刊的不同之处。
2. 简略论述西方廉价报刊崛起的历史原因。

第十一章
资本自由市场的竞争（下）
——“黄色新闻”的泛滥

本章学习要点

- 市场机制对新闻传播事业的负面影响。
- 西方社会与“黄色新闻”现象。
- 普利策与赫斯特的“黄色新闻”实践。

在西方各国陆续完成资产阶级社会革命，相继确立了资产阶级性质的民主代议制政体之后，资本主义市场竞争机制便开始在整个社会生活中（亦包括新闻传播事业）发挥巨大的影响力。这种影响力的一个重要标志就是把新闻传播事业全部纳入了市场竞争的体制之内，使新闻这一产品逐渐演化为一件可以买卖的商品。于是，新闻传播事业廉价化了，随之而来的更为凶猛的市场无序化竞争，终于导致了西方新闻传播事业中“黄色新闻”浪潮的来袭。

第一节　背景之回顾

如果说19世纪30年代廉价报刊的出现，是西方资本主义各国工业革命和民主化进程的一个产物的话，那么在19世纪末20世纪初，西方各国的新闻传播事业又出现了某种质的变化，在新闻传播领域的主要反映就是现代资本主义商业化新闻传播事业的发展与成熟。“黄色新闻”正是在这一总体背景下出现的，并迅速演变成为西方资产阶级现代报刊业务上的一种主流新闻样式。

一、市场竞争型商品经济体制的成熟与发达

19世纪末西方资本主义社会发展的显著特征之一就是资本主义制度的成熟。特别是1871年后，在长达30多年的国际和平时期里，西方诸国获得了良好的发展时机。于是，在19世纪的末叶，自由竞争的资本主义制度达到了顶峰并彻底成熟，自由竞争的市场机制在社会生活中已完全占据了不可抗拒的主导性地位。

市场竞争机制的成熟，在物质方面表现为生产力空前发展和社会产品极大丰富。

以美国为例，从1865年内战结束到1900年间，美国的工业总产量增加了七倍，从事非农业生产人口的比例从1860年的41％上升到1900年的62％。城市兴起，工厂林立，国民财富总产值得到了惊人的提高。市场竞争机制成熟的另一个特征是市场竞争与兼并十分激烈，以至于在铁路、金融、石油、钢铁、汽车等领域出现了早期托拉斯垄断组织。

市场竞争机制的成熟在政治、文化领域中的表现则是自由主义、个人主义、社会达尔文主义等思想流派的蔓延及占据主导地位。特别是在美国，强调个人生存竞争、物竞天择的“丛林竞争”学说和实用主义哲学非常流行。自由主义学派宣称，在市场竞争机制下人们能够通过公平的竞争促进社会发展、增加社会财富，而政府的职能仅仅在于提供一个有秩序的社会，使个人在完成其使命时能得到有效的保护。

在市场的推动下，与新闻传播密切相关的领域得到了惊人的发展。交通运输业不仅把各国国内连成一片，也把世界各地联系起来。教育普及化程度比19世纪前半期更深入、更广泛。虽然各国的普通大众还未能享受较高程度的教育，却切切实实地享受到了初等教育的成果。大都市在兴起，人口在增加，爱迪生的发明使美国、西欧诸国率先进入电气时代。显然，社会的各方面都在发生剧变，资本魔棒所变幻出来的巨大生产力改变着各国的历史旧貌。

二、工业化与贫富分化

与这种资本主义市场竞争相伴而来的，并不全是令人鼓舞的美好情景。一方面工业革命和社会大发展使生产力飞速提高，另一方面却是生产过剩和劳动阶层的贫困。贫富严重分化成为那个时代最普遍的现象。资本主义国家中的很大一部分人并不感到称心如意，下层民众对上层统治者的怨恨情绪强烈，从而形成了这个时代各种社会改良运动浪潮的巨大群众基础。

很明显，这是一个革命与改良的时代，也是一个泛市场化的时代。人类的新闻传播事业又面临着一场全球范围变革的挑战，许多人投身于这个时代的新闻出版活动，对这场社会变革潮流做出了各自的反应。这些反应中既有像《纽约时报》的创立和“揭露丑闻运动”那样令人敬慕的崇高工作，也有像普利策、赫斯特等人所发起并泛滥的“黄色新闻”浪潮。

第二节　历史的进程

西方“黄色新闻”浪潮的泛滥不仅仅是一个客观的历史发展过程，更是西方商品社会中占据主导地位的无序化、过分化、全面化市场竞争机制在新闻传播事业中的一个必然后果。这场浑浊的浪潮是如此汹涌澎湃，以至于绝大多数西方国家的新闻传播事业都无法置身事外。

一、美国的“黄色新闻”泛滥现象

要想了解美国“黄色新闻”的历史，最便捷的方法便是重点了解美国新闻传播史上“黄色新闻”的两位先锋普利策与赫斯特的生平经历和办报活动，这两个人都曾对美国“黄色新闻”的兴起和发展产生过重大的影响。

（一）普利策与《纽约世界报》

1. 早期办报经历——“新式新闻”理念的形成

约瑟夫·普利策是一位来自匈牙利的移民，少年时代的普利策家境富裕，受过良好教育。由于父亲遽然去世，家道中落，他只好于1864年在匈牙利加入了外籍军团前往美国参加南北战争。美国内战结束后，普利策一文不名，辗转流浪到了美国中部密苏里州的圣路易斯城，先后从事过各种底层行业的工作。他通过在该城公共图书馆里刻苦自学获得了大量知识，后转入报业，成为圣路易斯城最大的德语报纸《西方邮报》的一名出色记者。1878年，普利策买下了《圣路易斯电讯报》，后又买下了《圣路易斯邮报》，并把这两家报纸合并成《圣路易斯邮报-电讯报》（简称《圣路易斯邮讯报》），就这样，圣路易斯城中最大的一家报纸诞生了。普利策正是通过创办这份报纸，积累了许多办报经验，逐渐形成了自己一整套新的办报思路和新型报业的系列哲学思想，其中就包括许多“黄色新闻”的办报原则和技巧。

创办《圣路易斯邮讯报》（下文简称《邮讯报》）初始，普利策便在其上发表了一篇关于办报方针的声明，具体阐明了他的新式新闻哲学思想和《邮讯报》的目标。声明写道：《邮讯报》不为党派服务，而为人民服务；不是共和党人的喉舌而是真理的喉舌；不追随任何主张，只遵循自己的结论；不支持行政当局而是批评它；反对一切骗局，不管发生于何处，也不管它是何种性质；提倡道德原则和思想，不提倡偏见和党派性。显然，普利策遵循了第一代廉价报刊前辈们的独立办报原则，并在新的形势下加以发挥利用。

为扩大《邮讯报》销路，迅速占领市场，普利策以过人的精力和智慧投身于工作之中。他网罗了一大批有才华的新闻工作者为其服务，其中最为重要的助手便是1880年担任《邮讯报》编辑主任的约翰·柯克里尔。此人工作努力，精于办报，帮助普利策创造性地发展了廉价报刊时代的许多报道和版面编排技巧，这些技巧与方法成为美国后来泛滥的“黄色新闻”的一系列手法的先声。

柯克里尔喜欢采用关于谋杀、犯罪和两性关系的“火爆”消息，并热衷于用耸人听闻的大字标题来处理和描述殴打、私刑、绞架、暴动、灾难等负面社会新闻。他还善于大胆策划版面编排，主张报纸采用大幅图片以吸引读者的注意。普利策认为这一类的新闻消息和处理方式正好符合他对新闻“要容易引起人们讨论”的定义，鼓励柯克里尔和记者们放手大干。于是，读者们经常可以在《邮讯报》的版面上看到诸如“奸夫淫妇”“牧师图德先生酗酒吗?”“始乱终弃”和“丹佛花魁女”此类夸张的标题，以及耸人听闻的社会新闻，粗俗的笑话，夸大其词、半真半假的消息。

同时，为了提高报纸的声誉，也为了自身的理想，普利策要求《邮讯报》大胆地揭露丑闻、抨击时弊，并为了普通大众的利益而大力鼓吹发起了一系列的社会改革运动，争当“人民的斗士”。《邮讯报》无情地把无耻的政客、有钱的偷税者、受警察保护的赌博集团和营私舞弊的公用事业单位作为批评对象，连篇累牍地鼓动社会改革活动，掀起了一个又一个戏剧性的新闻报道浪潮，从而在普通民众中成功地树立起“公众代言人”的崇高社会形象，并获得了大批中下层读者的喜爱与追随，迅速地提高了报纸的发行量。普利策极其重视新闻报道中的丑闻揭露题材，坚决要求他的手下“在一件事情的真相被彻底弄清之前，决不放过它，连续报道！连续报道！直到问题真正被弄清”。正如《美国新闻史》所评价的那样：普利策的报纸每天必有一篇非同一般的报道——不是一条声讨谁、为公众谋福利的新闻，就是一条独家的头号新闻，否则，他就算白过了一天。

普利策在圣路易斯城的办报经历对他的成长十分重要。正是在 1878—1883 年这五年时间里，普利策通过《邮讯报》学习和掌握了各方面的现代办报知识及经验，成为美国“新式新闻”事业的领军人物。不久之后，他又把这些经验成功地运用于《纽约世界报》上，由此确立了其一代报业霸主的地位。正如《纽约世界报》1890 年的一篇文章所说：《纽约世界报》的基础是在圣路易斯奠定的……新闻学方面的新思想和新理论的战斗是在《邮讯报》的旗帜下进行的。

2. 普利策与《纽约世界报》

1883 年，过度的操劳使普利策身体欠佳，特别是《邮讯报》批评过的一位当地著名人物因与总编辑柯克里尔发生争执而被后者在办公室里开枪打死所引起的风波，也使普利策心烦意乱，因此他准备去欧洲休养。当他路过纽约时，听说 1860 年创刊的《纽约世界报》正打算低价出卖。普利策当机立断，立即取消了欧洲之行，并于 1883 年 5 月 9 日买下了这家报纸，将自己的新闻传播事业转移到了他期盼已久的大都市纽约。

当时的《纽约世界报》每份八页，售价两美分，发行量仅为 15 000 份。这份报纸在小贝内特（贝内特之子）的《纽约先驱报》、达纳的《纽约太阳报》、怀特罗的《纽约论坛报》和乔治·琼斯的《纽约时报》等诸多报纸的竞争夹攻下奄奄一息。普利策接手《纽约世界报》后，立即宣称在人事管理、办报方针、办报策略、风格原则等各方面进行彻底改革。他向纽约读者保证：新的《纽约世界报》将是一份编辑精良、价格便宜、内容丰富、篇幅扩大且真正民主的报纸。该报将以最大的热忱为人民的利益而奋斗，打击罪恶和不公，暴露一切虚伪及丑闻。普利策迅速改革了该报编辑部，开始按照他的新型报业学说、方法和思路来指导《纽约世界报》。

1883 年 5 月 11 日，新的《纽约世界报》出版了第一期。该期的头版头条消息是一条关于新泽西州发生的一场造成百万美元损失的大风暴的报道，其他版面的消息则包括对一名被判处死刑的杀人犯的独家访问，对一名因华尔街投资失败而跳楼自杀的人、匹兹堡的一次绞刑、发生在海地的一场暴动，以及一名被冤屈的女仆的悲惨境况等的报道。显然，普利策把他创办《邮讯报》的一系列所谓“新式新闻”手法及理念全盘运用到新的《纽约世界报》上来了。所以新出版的《纽约世界报》第二天就引发了各界广泛关注，成为市民争相讨论的一个热门话题。

经过普利策及其同仁们的不懈努力，《纽约世界报》的发行量直线上升。1884 年，该报的日刊发行量已达 6 万多份。同年 9 月 2 日，该报新创办的星期日刊发行量已突破 10 万份大关，每位报社职员为此都得到了一顶丝质礼帽的奖赏，普利策还特意在市政厅及麦迪逊广场公园鸣炮以示庆贺。1887 年，该报在普利策主持下发行量达到了全美第一——每天 25 万份！他又铸造了银质奖章，将其颁发给报社有功人员，以庆贺这一美国当时最高的报纸发行量。1884 年，《纽约世界报》广告收入已超越《纽约先驱报》，报纸页数也增扩至 12～14 页，星期日刊更厚至 36～44 页。1887 年，该报又开始发行晚刊，形成了“一报三刊”的竞争优势格局。1897 年，《纽约世界报》早、晚、星期日刊一天的总发行量超过了 70 万份，成为当时美国境内发行量最高的一份报纸。显然，普利策改造《纽约世界报》的工作获得了巨大的成功。

3. 普利策的办报经验

《纽约世界报》所取得的惊人成就引起了众多关注与研究，人们普遍认为普利策成功的原因主要有以下几点。

第一，普利策在前人的基础上大大发展了美国廉价报刊时期的煽情主义手法，极力用耸人听闻的“黄色新闻”来满足广大中下层读者的阅读情趣。同时，他的报纸也注意对各类重大新闻做出翔实而全面的报道。普利策对麾下编辑与记者的要求是：对各种新闻消息都要以生动的文笔描述，以活泼的版面刊出。

对为数众多的中下层读者的重视反映出普利策是一个有着敏锐时代眼光的发行人和精明的企业家。在 19 世纪 80 年代，虽然纽约人口较之前增加了 50%，但其中绝大多数都是外来移民。他们文化水平很低，从来不曾引人注意亦不曾阅读过任何报刊，普利策等报人们用通俗的、黄色的、刺激感官的版面与内容把他们吸引到大众报刊读者圈里。作为一个深刻了解时代和社会发展趋势的报人，普利策知道他的读者的潜在特性，知道他们既希望在繁重工作之余能得到娱乐，也希望有一个反映他们政治呼声的报纸能给予他们明智的指导。

被调到《纽约世界报》担任总编辑的柯克里尔完美地执行了普利策的新闻报道意图。他发挥一向善于渲染人情味消息的特长，经常在《纽约世界报》上刊出他拿手的两性、殴打、犯罪等消息，不断追求“血腥的头版”。他还刊用妇女和体育消息，以求吸引更多的读者。柯克里尔和他的编辑们经常在《纽约世界报》上刊印诸如此类骇人听闻的大字标题：“暴风过后死人无数”“叫饶命”“水洛塔的情人”“血的洗礼”“孩子们是怎样被烤死的”。普利策也鼓励属下毫无顾忌地掀起一个又一个的报道热潮，追求轰动性的报道效果。

第二，经常性地发动讨伐式的所谓社会改革运动，针砭时弊，以期不断制造热点，招徕读者，树立威望。比如，1884 年《纽约世界报》闻讯，纽约政府因为经费紧张，婉言谢绝了法国为纪念美法建交百年而赠送的一份重礼——自由女神塑像。普利策立即在报纸上呼吁发起大规模的读者募捐运动，为法国政府赠予美国人民的自由女神像买地、建造台座。普利策在自己的报纸上这样写道：“法国给了我们这样的厚礼，而我们却连一个建造的地基都不能提供，这将是不可挽回的耻辱……不论多少，请捐献一点吧……”12 万美国人热烈地响应了《纽约世界报》的建议，纷纷慷慨解囊。1886 年 10

月 23 日，这尊自由女神雕像终于高举火炬矗立于纽约贝德罗岛（现名自由岛）上了，《纽约世界报》由此名声大噪。此外，《纽约世界报》还先后发起过反对标准石油公司和贝尔电话公司的专利垄断案，参与了赎买白奴、彩票舞弊、警官胁迫少女、纽约州州长贪污犯罪、市议员受贿等“丑闻讨伐”事件。《纽约世界报》还曾主动捐款，为纽约贫民免费提供水和煤、夏季旅行与圣诞晚餐，专门聘请 35 位医生为纽约贫民举办义诊。1891 年，该报在麦迪逊广场公园专门为一万名贫困儿童举行草莓节，这一切公益活动都在市民中引起了轰动，极大地提升了报社的美誉度。

第三，玩弄各种令人惊异的活动花样和推销噱头，也是《纽约世界报》提高报纸发行量的技巧。这方面的一位活跃人物是《纽约世界报》著名女记者伊丽莎白·科克兰（笔名内利·布莱）。布莱小姐是一位令人难以想象的独立职业女性，她曾故意招引一些显贵男性无赖，然后写文章对他们的丑恶行径加以揭露。有时她又假扮成女精神病患者混入纽约布莱克威尔岛的疯人院，然后设法在同事的帮助下逃出来，并撰写系列文章揭露该院的种种黑暗残忍的违法罪行。这些刊登在《纽约世界报》上的亲历式犯罪新闻不仅引起了轰动，也极大地丰富了《纽约世界报》的版面。布莱小姐最大胆的一次冒险活动是 1889 年只身一人环游世界，看看自己能否以少于法国著名科幻小说家儒勒·凡尔纳《八十天环游地球》中所写的时间那样进行一次环球旅行。当布莱小姐在世界各地艰苦跋涉，乘船、骑马、坐火车、步行，甚至骑大象（在非洲）、坐轿子（在亚洲）日夜兼程时，《纽约世界报》不仅每日刊登她的旅行路线和她撰写的沿途通讯报道，还特意举办了读者猜谜有奖比赛，猜测布莱小姐能否在 80 天内环游世界，按期到达各个城市站点，并安全归来，赢者可以免费到欧洲旅行。大约有 100 多万名读者参加了这场持续一年的竞猜比赛，在报纸的持续轰炸下人人关心布莱小姐能否按期归来。最后，内利·布莱以 72 天 6 小时 11 分即少于 80 天的时间，成功完成了这次环游世界的轰动性冒险旅行。《纽约世界报》专门雇用了一列彩旗飘扬和吹吹打打的火车穿越整个北美大陆，把她从西海岸的旧金山接回到东海岸的纽约，引发了万人空巷迎接她的盛大场面，《纽约世界报》名声为之大噪。

第四，大量运用各类新闻图片、突出的大字标题（有时甚至是通栏套红的大字标题）、大幅的犯罪与色情照片来刺激读者眼球，是《纽约世界报》的拿手好戏。《纽约世界报》是纽约各报中最早大量运用各类图片的报社之一，而且图片种类繁多，布满各个版面，如政治幽默漫画、犯罪现场图解、火灾及其他灾难的素描、新闻人物画像等，该报连载的连环画更是受到大众读者的欢迎。

第五，创办独立编辑与出版的星期日刊，在周末休闲时光吸引众多读者的眼球。美国最早出版星期日刊的报纸是贝内特的《纽约先驱报》，而普利策则是使星期日刊成为一种有利可图的新闻和娱乐化大众休闲型刊物，并充分显示其巨大的潜在商业价值的第一人。《纽约世界报》星期日刊创办于 1884 年，除了日常的新闻外，众多的娱乐性专栏是其突出特点，供妇女、青年、体育迷、文学爱好者阅读的特稿文章都刊登在这些专栏里。最受大众欢迎的是连载的滑稽连环画专栏。1895 年，《纽约世界报》的星期日刊率先使用彩色印刷机印刷连环画。该报最成功的连环漫画家是理查德·奥特考特，他的《霍根小巷》描绘了纽约东区贫民窟内的各种生活场景，每张画的中心人物都是一个穿着肥大的睡衣、没有牙齿、咧嘴傻笑的儿童。这个连环漫画中的幼童到处乱窜乱跑，把不识一字的读者们带到各种滑稽有趣的场景和情节之中，观看他们所熟识的人和事，以博一笑。《纽约世界报》的印刷工人为这个孩子的衣服涂上黄颜色，这就是著名的“黄色幼童”。后来，这个“黄色幼童”作为普利策和赫斯特报刊所喜用的那种耸人听闻的流行新闻的象征，成为“黄色新闻”一词的来源。由于不懈的努力，《纽约世界报》的星期日刊十分成功，在出色的主编阿瑟·布里斯班的任期内，该刊曾达到过60万份的高额发行量。

第六，报纸售价低廉、内容丰富、页码数多。作为一份面向大众的报纸，《纽约世界报》的售价一直是低廉的。初期的《纽约世界报》曾在其报头的一边刊印了一行字，夸称该报是“唯一只售两分钱的11页报纸”。此后，当报纸增至12～16页时，其售价仍为两美分。1896年，该报在同赫斯特的报刊进行激烈竞争时，甚至还曾降价为一美分一份。低廉的报价和丰富的内容成为吸引读者的有力武器。

第七，具有崇高理想与良好声誉的社论版。出色的社论版是《纽约世界报》的一大优势，普利策极为重视社论，认为社论是报纸的心脏，也是报纸存在的理由。普利策认为：一份报纸，应不断与公众的浪费、罪恶做斗争，揭发黑暗、暴露诈伪，并应以虔诚的态度服务人民、造福人民。他曾说：《纽约世界报》将努力追求最高的理想，它是（读者）每天的学校与每天的裁判所，它是人民的导师，也是人民利益的监护者，它是正义的武器、邪恶的克星、教育的辅助者。普利策的这些新闻思想主要是通过《纽约世界报》的社论版来体现的。凡是《纽约世界报》新闻栏中所倡导的每一次社会改革运动，都有强有力的社论加以支持，用以干预生活，指导公众舆论。《纽约世界报》优秀的社论版使它在报界中赢得了“新闻人的报纸”之称号。

第八，普利策特别注重网罗一流人才，物色与培养能干的帮手，把众多才华出众的杰出人物集合在《纽约世界报》旗下——当然，这也是所有成功报刊的重要经验之一。

1889年，过度的劳累终于击倒了普利策。1890年，《纽约世界报》日、晚、星期日三刊金碧辉煌的办公大楼落成剪彩，但此时的普利策已完全双目失明，病势加重。1890年10月，他终于放弃了对《纽约世界报》和《邮讯报》的直接管理，乘坐隔音良好、与世隔绝的“自由号”快艇，漫游于茫茫大海之中。但他在船上仍然通过专人读报和长途电讯，对《纽约世界报》和《邮讯报》保持着全盘控制的权力。1911年，久病不愈的普利策与世长辞。

（二）威廉·伦道夫·赫斯特与《纽约新闻报》

19世纪80年代，当普利策在纽约新闻出版界大显身手的时候，有一个人正在密切地注视着他，这就是对美国“黄色新闻”浪潮的泛滥比任何人都起了更大作用的威廉·伦道夫·赫斯特。

1. 赫斯特简介

威廉·伦道夫·赫斯特出生于加利福尼亚州旧金山的一个富豪之家，早年曾在他父亲创办的、西海岸的《旧金山考察家报》工作。1883年他进入东海岸波士顿的哈佛大学学习，但在二年级时就因侮辱知名教授和聚众饮酒等各种劣行而被学校开除。

虽然大学没有读完，但东部的生活经历还是对赫斯特产生了深刻的影响——这不仅来自他在哈佛担任校刊《红色哈佛》主编时出色的工作经历，更重要的来自他对东部著名报纸《波士顿环球报》和《纽约世界报》的观察与学习。对正在崛起的所谓美国“新式新闻”极感兴趣的赫斯特仔细研究了东部地区，特别是纽约各家报刊的办报技巧，参观了使用新式机械的印刷厂，还曾特意在《纽约世界报》做过一段时间的见习记者。带着这些宝贵经验和一番雄心壮志，赫斯特回到了旧金山。

1887 年，24 岁的赫斯特担任了《旧金山考察家报》的主编。他立即应用从东部学到的经验，大量聘请一流人才，把《旧金山考察家报》办成了旧金山最出色的一份报纸。在这一时期，赫斯特和他的报纸已显示出“黄色新闻”的萌芽。赫斯特聘请的著名记者、编辑阿瑟·麦克尤恩给《旧金山考察家报》上所刊登的新闻下了一个新颖的定义——凡是读者看了能发出“哎呀”惊叹的报道就是新闻。他还说：“我们追求的是‘哎呀’式的激动，我们办报，就是要使读者打开报纸后惊呼‘哎呀’!”所以，后世又有人把“黄色新闻”称作“哎呀”式新闻。

《旧金山考察家报》在赫斯特的锐意经营下，发行量在一年内就从 2 万份增至 4 万份，1893 年更是达到 6 万份，成为旧金山发行量最大的报纸。在积累了充分的经验和获得了充足的经费后，1895 年，野心勃勃的赫斯特重返东海岸，直接闯入了美国的报业中心纽约，正式开始了一场与普利策面对面的激烈竞争——“黄色新闻”大战。

2. 赫斯特与普利策的“黄色新闻”大战

1895 年秋天，赫斯特通过购买普利策弟弟艾伯特创办的纽约《新闻晨报》并将其更名为《纽约新闻报》，顺利打入纽约报刊界。有备而来的赫斯特极力模仿普利策的《纽约世界报》，并在许多方面向《纽约世界报》发起了攻击，“黄色新闻”大战开始了。

赫斯特的第一波攻击是用高价收买最优秀的报刊人才——特别是《纽约世界报》的人才。早在他进入纽约报刊界之前，赫斯特的《旧金山考察家报》就一直租用《纽约世界报》的世界大厦的几间房间作为其驻纽约办事处的办公室。1896 年 1 月，赫斯特与《纽约世界报》星期日刊的全体工作人员达成秘密协定，用高价把他们全部收买了。在一天之内，《纽约世界报》星期日刊包括编辑、记者在内的全体人员一起搬到了《纽约新闻报》办公室，恼羞成怒的普利策立刻将出租的房间收回，把赫斯特团队的成员全部赶出了世界大厦。

除了向普利策的编辑部发动突然袭击外，赫斯特还请来了其旧金山最好的编辑。《旧金山考察家报》的张伯伦被调到《纽约新闻报》担任总编辑，麦克尤恩、达文伯特、安妮·劳利等一批干将也被请至纽约，许多有才华的记者、编辑和美术家也都被赫斯特用重金雇用。

赫斯特发起的第二波攻击则是在“黄色新闻”报道上同《纽约世界报》展开全面的竞争。《纽约新闻报》特别注重犯罪新闻、灾祸报道以及各种虚假的富有人情味的特写文章，在大量应用图片新闻、用大字标题突出版面、追求耸人听闻的激情主义新闻等方面比《纽约世界报》有过之而无不及。结果，《纽约新闻报》的发行量不久就赶上了《纽约世界报》。仅仅在创刊后一个月内，该报发行量就曾经猛增至 12.5 万份。

《纽约新闻报》版面上经常出现这样的标题：“亨利·詹姆斯新作：描写无耻犯罪行

为，大作家投身于黄色小说!”这是《纽约新闻报》为《金屋藏娇》一书的出版所写的标题。另外“杀死小贝西的神秘凶手——狂风使儿童丧命”“年轻姑娘为何自杀”“为了爱情女人怪事何多”等也都是耸人听闻的新闻标题。在《纽约新闻报》上，一条关于考古队发现古代化石的严肃消息会被标上“货真价实的美国巨兽和大龙”这样不负责任的标题。对医药科学新的发明创造的报道，《纽约新闻报》的编辑们也常使用“请看新鲜的施药法：将药瓶靠近昏迷的病人即奏奇效”这类哗众取宠的标题。

赫斯特采取的第三波攻击是在采访工作上投入大量金钱，力图通过独家新闻击垮《纽约世界报》。1896 年赫斯特从伦敦获得了一份关于委内瑞拉疆界纠纷的未经公开的仲裁条约，将其刊登出来后，《纽约新闻报》声誉大振。1897 年 4 月，该报又购买了《广告晨报》，取得了美国联合通讯社会员资格，从而使《纽约新闻报》的国内外新闻报道得到了极大充实。另外，赫斯特派著名作家马克·吐温专程去英国采访维多利亚女王登基 60 周年庆典活动，派著名战地记者鲁尔夫与斯蒂芬·克兰采访希俄战争，这些采访活动都曾引起轰动。当美国阿拉斯加的克朗代尔地区发现大金矿时，又是赫斯特率先组织并装备了两个探险队前往勘探，探险队带回的矿石标本被证明极富含金量的轰动性报道，引发了全国乃至全世界的人前往阿拉斯加淘金的热潮。

《纽约新闻报》最轰动一时的采访报道是“戈登索普谋杀案”。市民戈登索普被人神秘谋杀后，其尸体被人从纽约东河中捞起，最初只有用油布包裹的躯干，后来被肢解的头颅及四肢陆续在纽约东区不同的地点被发现。这一神秘谋杀案引起了纽约乃至全国民众的极大关切。赫斯特的《纽约新闻报》把油布的形式、质地和色彩印出，并派出 30 名精干记者专门投入此案的各项调查与报道工作。赫斯特的报纸连篇累牍报道调查该案时得到的各种信息。最后，不是警察而是《纽约新闻报》的记者们查出了真正的凶手是戈登索普的旧情人。当《纽约新闻报》公布这项结果时，它的声誉直线上升，发行量大增。事后赫斯特十分得意地说，他的记者侦探队至少可与任何城市的刑警队相媲美。

赫斯特发起的第四波攻击是展开了同《纽约世界报》星期日刊的激烈竞争。1896 年 1 月，他在私下收买了《纽约世界报》星期日刊的全体人员后，立即用这班人马开办了《纽约新闻报》星期日刊，《纽约世界报》星期日刊原主编戈达德成了《纽约新闻报》星期日刊的主编。戈达德把《纽约世界报》星期日刊的旧有做法原封不动地运用于《纽约新闻报》星期日刊上。他继续雇用著名漫画家理查德·奥特考特在《纽约新闻报》星期日刊上刊登“黄色幼童”的连环画。普利策也马上雇用了《纽约太阳报》的著名编辑阿瑟·布里斯班为《纽约世界报》星期日刊的新任主编，雇用著名画家乔治·卢克斯在《纽约世界报》星期日刊上继续刊出“黄色幼童”滑稽连环画。布里斯班的才干使《纽约世界报》星期日刊的发行量增加到了 60 万份。赫斯特的办法是于 1897 年又用高价把布里斯班聘为《纽约新闻报》晚刊的主编，画家卢克斯也转到赫斯特这边来了。

套印彩色的副刊很受读者欢迎，1889 年《纽约世界报》出版的定期连环画副刊最早使用了彩色印刷。赫斯特立即加以模仿，还将其副刊改为 8 页。至 1898 年时，赫斯特的 8 页副刊全部采用彩色印刷，并命名为《美国的幽默家》，由布里斯班任主编。另外，赫斯特又发行了两种副刊：一种为 16 页的《美国周刊》，另一种为 8 页的《妇女家庭》。这些刊物大量应用插图与图片，很受读者欢迎。1897 年时，赫斯特的星期日刊页码有时达到 80 页之多，发行量超过 60 万份。

热衷报道所谓的社会改革运动也是《纽约新闻报》学习《纽约世界报》并向其发动攻击的招数之一。因为赫斯特发现鼓吹和干预社会的改革运动往往能引起大众的注意并获得普遍的声誉，从而迅速扩大报纸的销路。基于此，大资本家赫斯特的《纽约新闻报》比纽约其他报刊更加关心普通大众的社会改革运动。《纽约新闻报》曾发起了反对纽约煤气公司特权的运动，迫使法院下达禁令，使一家煤气公司得不到在纽约开业的许可证。《纽约新闻报》还曾先后发起过针对电车公司与电力公司垄断特权的抗议运动，获得了公众的广泛好评。这家报纸还经常针对政府官员滥用职权的行为发表“讨伐式”的曝光报道，以博取公众的注意和欢心。为此，《纽约新闻报》上还专门刊登了吹嘘自己的标题，如“别的报纸空谈，而《纽约新闻报》实干”“实干的新闻——各行各业的行动家衷心支持《纽约新闻报》代表人民所做的斗争”“《纽约新闻报》最早应用的新思想即将成为美国报纸的公认职能”等，不遗余力地自我吹嘘。当然，赫斯特的这一系列“人民斗士”的表演，完全是推销报纸的花招而已，也是缓和纽约社会各界攻击其粗俗的“黄色新闻”的手段之一。

就这样，赫斯特的《纽约新闻报》很快成为该时期美国影响最大、发行量惊人的报刊之一。到 1896 年年末，《纽约新闻报》的日发行量竟然达到最高 43.7 万份，一年后该报星期日刊的发行量达到了 60 万份，赶上了《纽约世界报》的星期日刊发行量。在公布麦金莱和布莱恩两人竞选总统结果的那一天，《纽约世界报》和《纽约新闻报》各出售了 150 万份，创下了空前的纪录。赫斯特的《纽约新闻报》与普利策的《纽约世界报》相互间的激烈竞争和新闻报道大战也给这一时期的美国新闻传播事业蒙上了“黄色新闻”的污垢。

3. 赫斯特与美西战争

1898 年美国和西班牙的战争（美西战争）在美国“黄色新闻”史上有着重要的地位。史学家们经常称这场战争为“赫斯特的战争”，这并非没有道理。尽管不能说美西战争的爆发是赫斯特、普利策们鼓动的结果，但战争的最终爆发事实上的确与美国黄色报纸的大肆渲染炒作有着密切关系。

正在全球崛起的美国和西班牙的矛盾在 19 世纪末因古巴问题而尖锐了起来。1896 年，西班牙派瓦莱里亚诺·魏勒尔将军担任古巴驻军最高指挥官，此人有“屠夫”的绰号，历来敌视美国。当时美国的《纽约世界报》《纽约新闻报》《纽约先驱报》与《纽约太阳报》均在古巴派驻有记者。他们刻意地用夸大的标题、刺激的描述报道魏勒尔将军残杀、虐待古巴人民，以及西班牙人集中营的残暴情景。虽然这些报道多系道听途说，毫无根据，但国内的报社编辑们却热衷于把这些报道用大字的标题加以突出，并通过刊登大幅的图片和撰写煽动性的社论来进行轰动性的处理。对此，恼怒的威勒将军处决了一名美国记者并搜查了《纽约世界报》与《纽约新闻报》驻古巴记者站，这一行径引起了美国公众舆论对这些报纸的同情以及对西班牙暴行的不满和抗议，提高了这些黄色报纸的声誉，扩大了它们的销路。

刊登西班牙人在古巴的暴行，《纽约世界报》起先占有优势，但是赫斯特的《纽约新闻报》很快后来居上。该报通过报道和捏造许多轰动性新闻使自己的版面天天充斥着古巴的消息。1897 年，赫斯特将著名小说家、记者戴伊维斯与画家雷明顿送往古巴，挖掘新的新闻资料。雷明顿抵达古巴后看到这里一切平静，便发电希望回来，据传赫斯特立即回电说："雷明顿，请留古巴，你提供图片，我将提供战争。"事后赫斯特否认"我将提供战争"这句话，但他竭力鼓吹战争并对美国最终陷入战争不无影响则是不可否认的事实。

《纽约新闻报》轰动一时的针对古巴的新闻报道事件之一，就是利用海丽娜·西斯内罗小姐的消息大造舆论。海丽娜·西斯内罗小姐是当时古巴革命政府总统的侄女，当其叔父被西班牙人逮捕并押送到松岛军事监狱时，西斯内罗小姐自愿陪伴叔父前往。后来西斯内罗小姐因反抗监狱当局的虐待而被带回哈瓦那受审。赫斯特认为这个题材极有价值，于是特派记者详加刺探并连篇累牍地在《纽约新闻报》上加以报道。《纽约新闻报》刻意把松岛军事监狱中的一名典狱长（西班牙人）描述成一个好色的恶棍，在文章中详尽叙述了这名典狱长如何企图非礼西斯内罗小姐，她如何喊叫反抗方得以避免受其污辱的情节。文章还描写了这位古巴最漂亮的美女如何遭受西班牙人的严刑拷打，被关押在哈瓦那 18 所监狱中最恶劣的黑人监狱里，即将被判处 20 年的苦役，而此种苦役实际上只需一年就会使西斯内罗小姐丧命等耸人听闻的消息。《纽约新闻报》为此呼吁美国妇女向罗马教皇与西班牙女皇控诉，结果有很多读者真的照办了。这件事使美国整个社会震动不小，几乎所有的报纸都报道了这条火爆异常的消息。更令人瞠目结舌的是，赫斯特派出的记者德克尔前往哈瓦那营救这位少女并且成功了。德克尔将西斯内罗小姐女扮男装救出了监狱，并双双逃出哈瓦那回到纽约，还参加了赫斯特为两人在纽约联合广场举办的盛大欢迎会，会后又特意将西斯内罗小姐专程送往华盛顿与麦金莱总统见面，这件轰动数月之久的系列报道是赫斯特最为得意的杰作之一。

赫斯特的《纽约新闻报》另外一份关于古巴的独家新闻是 1898 年 2 月 9 日该报刊登的一封书信——这是一封由西班牙驻美国大使杜皮依·德·洛美写给正在哈瓦那访问的一名西班牙报纸编辑的私人信件。该信说美国总统麦金莱是一个"软弱的、迎合暴民的、卑劣的政客"。此信由一名古巴革命政府成员偷来送给了赫斯特，《纽约新闻报》立即将这封信在显要版面刊发，从而引起美国舆论的大哗和新一轮的美西紧张关系。

六天之后，即 1898 年 2 月 15 日夜，美国的军舰"缅因号"在哈瓦那港口因发生爆炸而沉没，266 名美国士兵丧命。赫斯特的报纸立刻以特大通栏标题及图片报道了这一消息，并悬赏 5 万美元查明是何人将"缅因号"炸沉的。《纽约世界报》也曾准备雇用一艘轮船和潜水员，前往古巴调查军舰是不是被西班牙人的水雷炸沉的。真相未查明之前，这些美国报纸的报道就给人们造成了这样一种印象：西班牙人对此负有直接或间接的责任。《纽约新闻报》为此还特意发起了捐款"献舰运动"，并成立了一个专门委员会负责筹款。三天以后，这家报纸用通栏大字在头版刊出"全国战情高涨"的大幅标题，肆意鼓动发动战争。普利策也不甘落后，马上在《纽约世界报》上刊发了一篇署名社论，要求对西班牙发起一次迅猛的速决战。在报刊界掀起的全国战争热潮的强大压力下，美国国会迅速通过了关于战争的决议，原先无意于战争的麦金莱总统不得不宣布对西班牙开战。

美西战争的爆发使赫斯特兴奋不已，他自愿用自己的财力装备一个团的志愿兵参加战争。在此建议被麦金莱总统拒绝后，他乘坐自己的快艇“海盗号”，率领 20 多名最出色的记者、画家与摄影师亲往古巴进行战地采访。赫斯特庞大的船队上安装了先进的电报机和印刷机，可以随时在船上刊印《纽约新闻报》。当西班牙的海军被美国海军击败后，赫斯特甚至亲自奔赴战场，挥舞左轮手枪，俘虏了 26 名西班牙海军，《纽约新闻报》对此当然大大加以宣扬。该报一位记者回忆赫斯特在战场上的“风采”时，刻意描述了头戴系有缎带的宽边草帽、腰间佩带手枪的赫斯特从一个挂了彩的记者手里接过稿子，跃上马背，向《纽约新闻报》采访船奔驰而去的情景。

对战争的狂热和对美西战争的渲染报道使《纽约新闻报》和《纽约世界报》都发了大财。战争期间，两报的发行量每天均超出了 100 万份——《纽约新闻报》最高时甚至达到了一天 150 万份，《纽约世界报》也接近这个数字。尽管遥远的战地采访耗费了大量的钱财，但赫斯特的《纽约新闻报》乐此不疲。至此，美西战争和赫斯特、普利策的“黄色新闻”大战把美国的“黄色新闻”浪潮推上了最高峰。当时在美国的 21 份报纸中，约有一半的报纸是不折不扣的黄色报纸。波士顿、圣路易斯城、旧金山和纽约都是“黄色新闻”运动的中心。

美西战争之后，“黄色新闻”狂潮逐渐式微。这首先是因为《纽约世界报》和《纽约新闻报》之间的争斗因耗费过多资本而被迫渐趋缓和。特别是普利策对这种竞争形式感到厌倦，进而逐渐将《纽约世界报》最受人攻击的“黄色新闻”部分取消了。其次是因为严肃主流报纸如《纽约时报》等逐渐崛起，而对赫斯特《纽约新闻报》打击最大的则是麦金莱总统被刺事件。

麦金莱自 1897 年担任总统以来，一直是赫斯特报团攻击的主要目标。1901 年 2 月，肯塔基州州长戈贝尔被刺身亡。《纽约新闻报》却在 2 月 4 日特意刊出了署名皮尔斯的一首四行赞美诗，暗示也对麦金莱总统采取行动，该诗写道：

> 贯穿戈贝尔胸膛的子弹，
> 不能在西部地方找到，
> 正是好理由迅速采取行动，
> 把麦金莱装入棺木。

同年 4 月 10 日的《纽约新闻报》晚刊社论甚至公然宣称：“假如要除掉坏人和废除不良政府只能用暗杀一法的话，那么现在是采取行动的时候了。”这种煽动性的言论令很多读者大为震惊。同年 9 月，一名暴徒果然用枪刺杀了麦金莱总统。警察当场从暴徒口袋中搜出了一份有攻击麦金莱总统文章的《纽约新闻报》，这引起了广大读者对赫斯特及其报纸的愤慨，许多读者、商业机构、社会团体纷纷拒绝订阅《纽约新闻报》，众多的图书馆和俱乐部也采取同样措施。赫斯特的模拟像被人们吊在绞架上示众，继任的西奥多·罗斯福总统更出面指责暗杀麦金莱总统的刺客是被黄色报纸煽动的。自麦金莱遇刺事件后，赫斯特的《纽约新闻报》便成为社会所唾弃的报纸，赫斯特不得不将其改名为《美国人报》。赫斯特的嚣张气焰也遭到重创，元气大伤，至此，第一波“黄色新闻”浪潮在美国日趋衰落了。

（三）20世纪20年代美国小型黄色报刊的崛起

第一次世界大战后，在美国，尤其是在纽约，又出现了一股以耸人听闻的“黄色新闻”报道为特征的浪潮，并持续了十年之久，这就是20世纪20年代的美国小型黄色报刊的出现与泛滥。

美国小型黄色报刊的出现和发展，主要是受到了英国同类报刊的影响。英国的“黄色新闻”鼻祖哈姆斯沃思在学习美国的“黄色新闻”后，于1903年成功地发行了一种“半便士插图”小报——《每日镜报》。他的创新性工作引起了包括普利策在内的很多美国报人的关注。年轻的美国军官约瑟夫·梅迪尔·帕特森上尉在欧洲服役时专程上门拜访过哈姆斯沃思，向他讨教了小型报刊在纽约乃至美国的发展前景及获利方式。这位受到哈姆斯沃思启发的年轻军官是美国报业世家出身的《芝加哥论坛报》业主约瑟夫·梅迪尔的外孙，他决意战后去纽约创办一份类似于英国《每日镜报》的大众化小型报刊，美国第二波“黄色新闻”浪潮就这样来临了。

1919年6月26日，帕特森上尉创办的《插图每日新闻》（后改名为《纽约每日新闻》）在纽约正式出版。这份形式独特的小报与众不同，售价低廉、运用耸人听闻的编辑手法、偏重消遣性娱乐新闻和大量使用图片是该报的主要特征。它的创刊号头版上刊登着一张威尔士亲王（英国王子，后为温莎公爵）的大幅照片，同时还宣布在纽约举行选美比赛。为了招徕读者，该报不惜在《纽约时报》上刊登整版宣传广告，并用以下标题大肆渲染：“每天早晨在《插图每日新闻》上刊登纽约最漂亮的姑娘。”1924年该报发行量上升至75万份，1929年又上升到132万份，成为全美发行量最大的一份报纸。

《纽约每日新闻》的成功立即招来了激烈的竞争。1924年，老牌“黄色新闻”大王赫斯特不甘示弱，也出版了一份纽约的《每日镜报》同帕特森竞争。紧接着，著名的百万富翁出版商伯纳德·麦克洪登也于同年出版了臭名昭著的《每日写真报》，加入了纽约这场庸俗、污秽的“低等街头报纸之战”。在“黄色新闻”的炒作下，该报很快成为当时业界名声最臭、发行量却直线上升的报纸。

这一阶段的“黄色新闻”泛滥现象与美国1833年的廉价报刊激情主义报道、1883年的“新式新闻”浪潮和1897年的“黄色新闻”浪潮相比可谓有过之而无不及。报纸的编辑记者们乐于刊登官方大人物的逸事和丑闻，比如当时美国哈定总统的无能和他的政府内阁的种种丑闻，纽约市市长吉米·沃尔克的马虎；还乐于刊登各种怪异的爱情纠纷，如纽约一位50多岁的“傻瓜老爷”布朗宁和他15岁的新娘“水蜜桃”的畸形“爱情”故事；还善于把惨不忍睹的凶杀案件渲染成轰动全国的“重大消息”，如霍尔·米尔斯案件、露丝·斯奈德案件。一时间，纽约各个小型黄色报刊的版面上都充斥着记者用第一人称自述的方式写好后让当事人挂名的各种虚假消息，编辑则给这些消息加上了“他打我——我爱他”“我在另一个女人的爱情生活中度过了36小时”等刺激煽情的大字标题。当社会有识之士对此提出强烈批评时，发行人却理直气壮地宣称：“大家要看火热的消息。”

一个最为典型的小型黄色报刊时代的“火热的消息”是当时的纽约露丝·斯奈德案

件。当与情人合伙共同谋杀了亲夫的斯奈德夫人被判处电刑时，兴奋不已的《每日写真报》向它的读者大肆宣告："不要错过明天的《每日写真报》。惊心动魄、刺穿人心！揭开露丝·斯奈德夫人在人世最后的想法，使人读后脉搏加快。请想一想一个女人被带到烙干烧焦的刑具之前最后的想法！她在最后时刻说的话，将是明天《每日写真报》的独家新闻。"执行死刑当天的《每日写真报》头版刊出了斯奈德夫人的长篇"忏悔录"（这当然是记者代替斯奈德夫人杜撰的），而《纽约每日新闻》的编辑则通过一张可怕的偷拍照片把读者们直接带进了死刑室。虽然在执行电刑的死刑室内是绝对禁止拍照的，但被允许观刑的该报摄影记者汤姆·霍华德经过试验后，想方设法把一架小型照相机绑在自己的脚脖子上带进了死刑室，并正好在斯奈德夫人发出临死尖叫的瞬间拍下了一张模糊不清的照片。凭着头版上刊出的这张偷拍来的独家照片，《纽约每日新闻》当天总共卖出去了 25 万张号外，头版加印了 75 万份并全部售罄。整整几天内，全美国人人都在谈论这则"火热的消息"和这张被称为"新闻史上议论最多的奇迹"的照片。

到了 20 世纪 20 年代末至 30 年代初，美国发生了经济大萧条，工厂倒闭、百业凋零，人民温饱不足、惶恐不安。在此等严峻形势下，小型黄色报刊醉生梦死、低级庸俗的报道风格遭到了社会大众普遍的反对、厌恶和抵制，因而逐渐衰落。但是，作为西方自由竞争新闻市场痼疾的"黄色新闻"却从未曾完全退出过美国新闻传播事业的历史舞台。至今，《纽约每日新闻》仍是一份发行量很大的报纸，而美国专门刊载好莱坞明星们风流趣闻和秘史的超级市场小型周报《国民问询报》与《明星报》的发行量都在百万份以上。可以说，"黄色新闻"这一腐朽的资本主义新闻文化现象将与资本主义社会同生死、共存亡。

二、英国的"黄色新闻"现象

"黄色新闻"是一种国际化的新闻现象，在英国也曾出现过"黄色新闻"泛滥的浪潮，代表性人物就是英国新闻传播史上著名的"黄色新闻大王"哈姆斯沃思。

（一）哈姆斯沃斯简介

1865 年 7 月 15 日，艾尔弗雷德·哈姆斯沃思出生于爱尔兰首都都柏林的一个律师家庭中。青少年时期的哈姆斯沃思就表现出对新闻传播事业的强烈兴趣和写作才华，并常向他喜爱的杂志如乔治·纽恩斯的《点滴》投稿。《点滴》杂志上短小的文章、诱人的标题、逗人的评论、简单明了的语言、各种商业推广竞赛，以及许多耸人听闻、幽默滑稽的趣闻消息，都给年轻的哈姆斯沃思留下了深刻的印象。他立志于投身新闻出版界，成人后便只身来到伦敦闯天下。

1888 年，23 岁的哈姆斯沃思与弟弟哈罗德一起创办了一份同纽恩斯的《点滴》杂志十分类似的竞争刊物《回答》，创刊号发行了 12 000 多份。一年后，哈姆斯沃思又在《回答》上开办了一个广受读者欢迎的有奖猜谜比赛，从而为该刊打开了更大的销路。哈姆斯沃思宣称，凡是该刊读者都可以参加这项活动，获胜者可以终身每月得到一英镑。当时的英国工资还很低，没有退休养老福利制度，每月一英镑的奖金足以支撑一人维持不错的生活水准，所以这一猜谜比赛引起了极大轰动。《回答》的发行量也因为这项活动增加到了 10 万份，获得了极大成功。

1894 年，哈姆斯沃思又买下了伦敦《新闻晚报》，也获得了相当大的成功。1896 年 5 月 4 日，哈姆斯沃思投身于日报业，终于创办了一份他向往已久的全国性日报——《每日邮报》。

（二）《每日邮报》的编辑方针

1896 年 5 月初，哈姆斯沃思在他的《新闻晚报》上持续数日登出大幅广告，宣称“惊人的《每日邮报》将于 5 月 4 日创刊——这是一份忙人的报纸、一份穷人的报纸”。广告还特别注明，《每日邮报》将是一份只售半便士的廉价报纸。5 月 4 日，哈姆斯沃思在该报创刊号上声称，读者只需花费半个便士就可以读到他们想读到的所有的消息，还表示《每日邮报》定价低廉，文字简洁，基本上是忙人的报纸。因为报纸的排版、印刷、折叠、打捆都应用了英美最新的机器，所以只售一般报纸的半价，并为此向读者大声疾呼：“它是一个金矿。”

精编易读、标题生动、文字简洁确实是《每日邮报》的一大特色，也是哈姆斯沃思为达到其为“忙人”和“穷人”办报的目的而采取的编辑方针。他刻意利用该报实现所谓的新式新闻学——从之前创办《回答》杂志和从美国报刊界学来的扩大销路、提高利润的种种经验。这些经验包括：丰富多变、吸引读者的报道主题；大量详尽的社会新闻；美国式的版面编辑形式技巧、利用各类大幅图片；“黄色新闻”，如种种艳遇、秘史、丑闻、色情、凶杀、探险、飞行等刺激性消息；妇女专版、体育专栏、小说连载和五花八门、各种各样的竞赛，以及推销有奖活动。

哈姆斯沃思的这一系列办报措施获得了巨大成功。《每日邮报》创刊号发行量高达 39.7 万份——这是以前任何报刊从未有过的创刊号纪录。1901 年，该报发行量竟然达到了惊人的 100 万份。为此，这位英国“黄色新闻”代表人物同著名的英国第一份成功的便士报《每日电讯报》的业主劳森一起被誉为“英国现代新报业”的领袖人物。

尽管有人对哈姆斯沃斯的“黄色新闻”手法持批评态度，尽管哈姆斯沃思的所作所为引起了以《泰晤士报》业主阿瑟·沃尔特为代表的正统报刊的蔑视（有人嘲弄《每日邮报》是一份“工友办给工友看的报纸”），但哈姆斯沃思毫不在乎，他再接再厉，于 1903 年 11 月 2 日推出了另一份更“黄色”的小型报纸——《每日镜报》。

《每日镜报》售价一便士，1904 年 1 月在调整为半便士一份后大获成功。这份报纸的特点是插图和照片多得惊人，主要内容完全是耸人听闻、具有趣味性和刺激性的各类社会新闻——其中以桃色八卦消息和犯罪新闻数量最多。1909 年，这份黄色的半便士插图小报的发行量也达到每天 100 万份，成为当时世界上发行量最大的报纸（1950 年，该报还曾达到过日销 500 万份的惊人数字）。美国著名“黄色新闻大王”普利策对在英国获得巨大成功的哈姆斯沃思也极为钦佩，曾特邀其到纽约，委托他把《纽约世界报》办成一份象征着 20 世纪未来发展方向的报纸。可以说，哈姆斯沃思是作为英国“黄色新闻”的始祖、新型报业的领袖、现代小型报刊的创始者、早期英国垄断报业寡头之一而被载入史册的。

三、法国和日本的“黄色新闻”现象

（一）法国的“黄色新闻”现象

法国新闻传播事业中的“黄色新闻”现象主要出现在 19 世纪末 20 世纪初的大众化报刊浪潮之中。这一时期法国资本主义经济、政治制度的成熟是法国“黄色新闻”现象产生的根本原因，而来自美国、英国的廉价报刊和“黄色新闻”运动的巨大影响和耸人听闻的报道手法的启示，也是促成法国“黄色新闻”泛滥的重要原因之一。我们可以通过考察这一时期法国最有名的两份黄色报纸《小日报》和《小巴黎人报》来加以佐证。

《小日报》是由穆瓦兹·米劳德于 1863 年 2 月 1 日在巴黎创办的，这是一份售价一苏（五生丁，相当于半便士）的廉价报纸。创刊初始，《小日报》在内容上便尽量减少一般法国报刊上刊载的政治性消息和争论性文章，而大量刊登短小而有趣的各类新闻，特别是大量刊载富有刺激性的社会新闻和惊险生动、使人爱不释手的通俗传奇连载小说。到 19 世纪末，该报受美国“黄色新闻”风潮的影响，充分迎合大众读者的猎奇心理和阅读趣味，经常刊登法庭诉讼、杀人越货、自然灾害、爱情纠葛等社会新闻，发行量很快达到 100 万份，成为当时法国发行量最大的一份报纸。

《小巴黎人报》是法国第二份成功的大众报纸，亦是《小日报》强有力的竞争对手。它于 1876 年在巴黎创刊，1888 年转入让·狄普之手后发展迅速。该报在内容上完全模仿《小日报》的编辑信条、报道风格和报道手法，不注重政治性言论，而注重吸引读者的富于刺激性的社会新闻、轻松文章和连载小说。该报在政治上严守中立，不参加任何重要的政治争论，同《小日报》展开了一轮又一轮的激烈竞争。1889 年，该报发行量达到 77.7 万份之多。《小日报》由于在 1894—1898 年政治影响巨大的法国“德雷福斯案件”中卷入太深，同时还不断煽动反犹情绪、对抗社会进步势力，因此威信大降，发行量惨跌。《小巴黎人报》却由于在此案中保守中立，很快便在发行量上超过了对手。1914 年一战前夕，该报发行量已高达 185 万份，成为整个欧洲乃至全世界发行量最大的报纸之一。

《小巴黎人报》受美国新闻出版界影响至深。早在 1907 年，让·狄普和儿子保罗·狄普（该报总编辑）就曾一起去过美国，并对美国两位“黄色新闻”领军人物普利策和赫斯特的办报方式印象深刻。回国后，这对父子开始悉心借鉴、模仿美国“黄色新闻”的办报方式。一战后，保罗作为该报发行人再次率领大批编采人员赴美取经，学习新型报业的技术，在《小巴黎人报》上全面实施美式版面编排风格及“黄色新闻”报道手法。该报甚至采用了赫斯特报团的鹰翅报徽，从而在巴黎报刊界掀起了一股学习美国报刊的热潮。许多巴黎报刊争相仿效美式报刊和《小巴黎人报》的办报方式，如通栏大字标题、轰动性新闻、明星生活轶闻、社会名人丑闻、富有人情味的特写文章、多种图片、套红黑字印刷等，以吸引读者。一时间，美式风格的巴黎黄色报刊比比皆是。

第三家有着“黄色新闻”面孔的法国报纸是 1883 年由美国人在巴黎创办发行的《晨报》，该报的特点是将美国报业技巧全盘输入。虽然《小日报》和《小巴黎人报》已经多方面地采取了美式办报方式，可相形之下，《晨报》则是一份彻头彻尾“美化”了的法文报纸，在版面编排、标题写作等格式上都全力模仿纽约报刊界，在“黄色新闻”报道手法上更是亦步亦趋。它追求所谓的办报独立方针，宣称为所有人服务，报纸的社论委员会特意由左、右两派观点的两个人担任，轮流执笔，以示公正平衡。到1914年时，在新老板莫里斯·比诺·瓦利亚的主持下，该报亦达到90万份的发行量。

有一个数字可以说明巴黎小型黄色报刊的强大影响力。一战前夕，巴黎报业总发行量达600万份，而上述三报就占了400多万份之多，其势力可见一斑。由此可见，法国“黄色新闻”浪潮虽不及英、美两国，亦颇为可观。

（二）日本的“黄色新闻”现象

日本黄色报刊的出现过程同美国颇为相似。在经历了早期政论-政党报刊的喧嚣之后，日本开始出现了不关心政治、注重趣味消息的大众小报和独立的中报，产生了一批以营利为主旨，标榜“不偏不党”的商业性大众化报刊。这类报刊的报道重心从政论转向新闻，社会新闻版和经济金融消息得到扩充，各报纷纷展开销售和广告之争。可以说，1894年的甲午中日战争到第一次世界大战期间，是日本的政论性新闻传播事业日趋没落，营利性新闻传播事业逐渐崛起的转折时期。正是在这一时期里，日本报刊界出现了以《万朝报》和《二六新闻》为代表的商业性廉价小报。这两份报纸的宗旨是不关心政论和国家大事，只关心如何用通俗的消息将广大的下层民众拉进自己的读者队伍，争取更多的读者，获得更高的利润。

《万朝报》为黑岩周六（黑岩泪香）于1892年11月创办的，《二六新闻》则创刊于1893年。这两家报纸都是小报，因没有《朝日新闻》《读卖新闻》《邮便报知新闻》和《东京日日新闻》等大报雄厚的资本，而转而争取下层民众，期冀将一直没有读报习惯的城市工友、市民阶层开拓为读者对象，使原本不足的资金迅速生利，获取巨额利润。为达成这一目的，两报认为自己所能采取的最好方法便是以激情主义的风格来报道新闻，并大力开展报纸“揭露丑闻运动”，以吸引读者。

按照黑岩周六的说法，《万朝报》的发刊宗旨为“无非是让普通的多数百姓得到一眼便获知时事的便利”。其办报方针具体表现为“一简单，二明了，三痛快”；以一份报纸一分钱的便宜价格出售；刊登配有大量图画的连载小说；追求通过连续报道某个单一、明了的新闻事件来唤起多数人关心的轰动性效应。该报利用这样的办报方针，不断吸引读者，并使民众养成了读报的习惯。

当时《万朝报》揭露的典型丑闻有：攻击莲让教会、名人蓄妾调查、相马事件、农商务次官大石正已的通奸案件等。比如该报的名人蓄妾调查，在题为《弊端一斑，蓄妾实例》的连续报道中，陆续揭露了当时约500个蓄妾的日本社会各界名人。《万朝报》自1898年7月7日起，连续50多期对此事件进行了报道，引起了社会轰动，从而名声大振。

与此同时，《二六新闻》也在不断地展开类似的新闻报道活动，如提倡妓女自由歇业、攻击三井财阀、攻击著名日本烟草大王岩谷松平，以期震动社会，获取名声，吸引读者。

下面以当时日本社会知名人物烟草大王岩谷松平退治事件为例来看一下《二六新闻》的新闻报道风格。该报从 1901 年 10 月 26 日起，连续刊载“衣冠禽兽岩谷松平玩弄女佣（一个侍奉父母的孝女）”的故事。该报道几经周折，最后以烟草大王岩谷松平退治，并在《二六新闻》上专门刊登谢罪广告认罪服输而告终。这名在《二六新闻》狂风暴雨般的报道压力下俯首认罪的烟草大王还特意谦卑地上门拜访了该报的秋山定辅社长，双方握手言和。《二六新闻》详尽报道了这次会面的情况，高奏凯歌，鸣金收兵。

在“黄色新闻”浪潮中，由旬岛田三郎创办的东京《每日新闻》对东京市政黑幕后台人物星亨发动的持续性舆论攻击，最终引发了该报一位忠实读者在一次社会公开大会上跳上主席台当众刺杀星亨的惨烈事件，也引起了日本社会各界的极大震动。

就这样，以《万朝报》和《二六新闻》为代表的日本黄色报刊的激情主义报道方针赢得了众多下层读者的欢心，其发行量也相继快速递增。尽管两报的报道风格受到了日本上层社会的厌弃和痛恨，比如黑岩周六就曾被日本上流界人士恶毒地称为“蝮蛇周六”，但两报的经营却大获成功。1898 年《万朝报》的发行量达到 9.5 万多份，占东京各报第一位，不久该报发行量又跃升为 12 万份，占据全国之首。

第三节　分析与思考

“黄色新闻”现象是西方资本主义近现代新闻传播史上一段无法抹去的丑恶记忆，亦是资本的新闻市场无序恶性竞争所催生的一株毒葩。我们必须对这一历史现象进行冷静与深入的理性探讨，从而分析得出有益的历史经验与教训。

一、“黄色新闻”现象解析

作为一种蔓延西方新闻出版界的普遍现象，“黄色新闻”至今仍是不治之症。对于这一现象，简单的否定和尖刻的谩骂都无助于人们正确地认识并解决这一问题。为什么历史悠久的“黄色新闻”总是对大众读者有一定的吸引力？“黄色新闻”为何总存在于西方新闻传播事业之中？“黄色新闻”的具体内涵和突出特征是什么？我们应该怎样看待现代新闻传播中的“黄色新闻”现象？

（一）“黄色新闻”的定义

首先要搞清楚的一个基本问题是：什么是“黄色新闻”？埃默里教授在《美国新闻史》中曾就此写道：从最坏情况来讲，“黄色新闻”是一种没有灵魂的新式新闻。“黄色新闻”记者在标榜关心人民的同时，却用耸人听闻的、华而不实的、刺激人心和满不在乎的新闻塞满了普通人赖以获得消息和新闻的渠道，把人生的重大问题变成了廉价的闹剧，把新闻变成最适合报童大声叫卖的东西。最糟的是，他们不仅起不到社会领袖的作用，反而为犯罪和暴行开脱。

我们认为更准确的说法应该是："黄色新闻"是一种大量运用煽情主义的浅层感官刺激手法，集中渲染、夸大报道耸人听闻的色情、暴力、犯罪、天灾人祸等新闻事件，旨在赚取高额利润的现代新闻样式。

（二）"黄色新闻"的基本特征

从具体的新闻报道手法和版面编排形式上来看，"黄色新闻"具有以下几个特征，从而显著地区别于其他的新闻样式：

一是运用强烈刺激读者感官的手法，夸大和重点报道犯罪新闻、灾难新闻、色情新闻和体育新闻等"火热"的社会新闻题材。

二是版面上常使用煽动性大字标题、通栏套红标题，经常使用大号字体——甚至有时直接人工刻写特大号字体来撰写标题，震撼读者视觉。

三是滥用各类图片，大量刊登各种犯罪现场图解、色情图片、凶杀照片、漫画、连环画、秘闻照片等，以吸引读者。

四是经常使用各种欺骗手段和花哨的噱头，如使用捏造新闻、虚伪访问、冒充科学、夸谈学术、有奖猜谜挖宝等手法来诱惑读者。

五是重视出版星期日刊，并通过刊登连续彩色画报和各种肤浅而又充满刺激的专栏特写文章迎合社会不良阅读情趣。

六是对下层民众表示虚假同情，自诩为"人民的斗士"，经常倡导发起一些所谓的社会改革运动"揭丑打黑"，以期造成轰动性、戏剧性的广告效果，以增加报刊发行量。

二、"黄色新闻"现象存在的根本原因

"黄色新闻"现象得以存在的原因很复杂。人们认为，"黄色新闻"现象产生和延续的根本原因，乃在于西方资本主义市场竞争中追求高额利润的原则日益成为新闻媒体的最高准则与唯一目标，以及西方新闻市场上几乎不受任何限制的新闻恶性竞争。

自由竞争的经济原则和市场机制，使西方社会的显著特征之一便是商品化现象的泛滥——所有的东西都成了商品，新闻当然也不例外。同别的商品一样，最能满足大多数人需求的商品常常能带来高额的利润，谁能推销出自己的商品，谁便能发财致富。这一不以人们意志为转移的市场竞争法则有力地制约着西方新闻传播事业的整体风貌，正是在这一竞争机制基础之上产生了连绵不断的"黄色新闻"现象。这是西方资本主义诸国普遍存在"黄色新闻"现象的根本原因。

另外一些因素对"黄色新闻"现象在各国产生的规模与形式也产生了一定的影响，这主要是指各国的一些特殊国情。具体表现为以下几个元素：读者大众情况（文化普及程度、文化背景、生活水平、所处地域、普遍的阅读兴趣）；传播技术水平（收集、制作、传播手段）；社会文化背景（传统价值观念、宗教团体力量、占据社会主导地位的意识形态）；政治权力介入（方式、程度、领域）；各国的市场化程度（交通、企业、法律、市场交流）；各国间的相互影响能力（民族、地理、历史渊源）；等等。

三、对“黄色新闻”的评价

以往人们评价“黄色新闻”时历来众口一词：糟粕！我们虽然对“黄色新闻”应持否定态度，但“黄色新闻”现象中所蕴含的许多有益部分并不一定全是低级与应当被否定的——当然“黄色新闻”确实走过头了。在我们看来，“黄色新闻”的最大危害之一，正如埃默里先生所言，“（它）塞满了普通人赖以获得消息和新闻的渠道，把人生的重大问题变成了廉价的闹剧”。同时，“黄色新闻”为了自己的商业目的，刻意迎合或培养受众群体身上的一些低层次的阅读癖好，以便把他们的金钱塞进自己的腰包，这种所谓的在新闻市场上自由贩卖“正当毒品”的行为当然应该加以彻底否决。

但是，问题的另一面是：难道“黄色新闻”就没有一点值得我们深思和吸取的好东西吗？

毫无疑问，当然有！虽然在自由的市场竞争中泛滥的“黄色新闻”在报刊的大众化上做得既恶劣又粗俗，可这种以读者为本位而进行的大众化努力值得我们深思。一个不争的事实是：黄色报刊确实在一定时期内受到了大众的普遍欢迎。受欢迎的主要原因之一就是黄色报刊能面向读者，尽量迎合他们的口味——尽管这些读者的口味并不一定全是对的。但是，作为社会大众的信息传播机构，新闻媒体有正当的理由更有责任面向读者、服务读者，这是不言而喻的。新闻传播事业的大众化，在今天高度社会化了的世界尤为重要。试想一下，如果一家报刊只会发挥所谓的指导、教育、鼓动、宣传、组织等职能而我行我素、高高在上，不屑于迎合所谓的“乌合之众”，并因此自视甚高、僵硬呆板，又如何能实现新闻工作者的理想呢？新闻工作者致力追求的应是：充分尊重受众的各种信息要求，以清醒的头脑去从事大众化的新闻报道工作，用负责任的理念、丰富的知识、充分的信息和良好的编辑手段来满足广大受众的一切正当要求。这可谓“黄色新闻”现象给予我们的一个联想和启示。

从具体技巧来谈，“黄色新闻”的许多手法亦不应该被一概抛弃。虽然“黄色新闻”经常滥用图片，却也发掘和推广了许多有效的报刊图片表现手法。大字号的标题在具体的时间、具体的版面环境中使用，有时的确可产生妙不可言的作用。富有人情味的写作风格，短小机智的特写文章，全方位的新闻报道面，对独家新闻的不懈追求，以及积极参加进步的社会改革运动，这一切对于当今的新闻传播事业也极具借鉴意义。只要不像赫斯特那样丧失分寸，“黄色新闻”的许多方法和技巧也能够为我们所用。

总括而言，“黄色新闻”现象确实能够开阔我们的眼界，提高我们的专业判断能力，提高我们有鉴别、有分寸地采用许多种富有表现力的方法和技巧，来为今天的报刊、今天的新闻传播事业、今天的大众和今天的世界服务。

练习题

一、名词解释

1.“黄色新闻”

2. 约瑟夫·普利策
3. 威廉·伦道夫·赫斯特
4.《纽约世界报》
5.《圣路易斯邮讯报》
6.《纽约新闻报》
7. 哈姆斯沃思
8.《小日报》
9.《小巴黎人报》
10.《万朝报》

二、简答题

1. 简述约瑟夫·普利策的新闻从业经历。
2. 试分析普利策成功经营《纽约世界报》的原因。
3. 简述赫斯特与普利策之间的“黄色新闻”大战。
4. 试评价新闻传播史上的“黄色新闻”现象。
5. 如何评价普利策与赫斯特的历史地位?

第十二章
西方独立报业的典范
——以《泰晤士报》和《纽约时报》为例

本章学习要点

- 西方现代社会的阶层分化。
- 政论-政党报刊的传统与转型。
- 《泰晤士报》和《纽约时报》的新闻实践。

第一节　背景之回顾

西方各国新闻传播事业从最初仅以少数上层统治者为服务对象的“皇家”文化精英型事业，逐渐成长为服务于社会大众的社会化公共事业，最终又在市场竞争机制催生下，逐渐分化为应对不同社会受众群体的分层式大众传媒，这一历史进程有着深刻的社会背景和多种影响因素。

一、西方现代社会的阶层分化现象

随着 19 世纪末西方各国陆续进入资本主义社会平稳发展阶段，政治、经济、文化、科技和社会生活系统与形态基本定型，整个社会进入了一个相对稳定的发展时期。市场的竞争和社会阶级的分层进化，逐渐导致了社会结构两头小、中间大的“橄榄形”状态的形成。这种社会分层现象的出现乃是西方资本主义主要国家和平发展时代的一个主要社会特征。这一主要发展趋势表现为社会中产阶层人数逐渐增多，上层精英人数相对减少，下层普通大众则依然保持了人数上的庞大规模。与此相应，为不同社会阶层读者服务的大众报刊出现了，比如，以下层广大平民读者为对象的大众通俗化小报；以日益庞大起来的社会中层有产阶级为服务对象的现代商业化中报；以独立的立场、权威的身份，客观反映社会主流生活价值和国家根本利益，主要涵盖社会中上层精英读者群体的主流权威性大报。这里所指的小报、中报和大报并非特指报刊的发行规模和呈现形态，而专指其不同的办报价值取向和服务对象。

二、报刊市场的分层竞争与市场定位

由于西方国家报业的竞争主要是依托残酷的新闻市场竞争机制的，因此它必然要追随市场竞争的各种客观规律，比如自由竞争规律、垄断兼并规律、跨国发展规律、资本运营规律、剩余价值规律等，其中一个重要的规律就是市场的“二八定律”。

所谓的市场“二八定律”，是指市场竞争中利益追随主体（市场营利性企业组织）的80%的利润，往往来源于只占其20%份额的主要客户群。比如，报刊在竞争残酷激烈的新闻市场上最主要的获利手段是吸引广告商，而广告商发现，他们的广告投放是否有效，与其所投放的报刊的读者群体有密切关联。如果某家报刊的读者正好是广告商品与服务的有效购买对象，那么广告效果就很好；如果读者群体不是广告商青睐的广告阅读对象，那么广告投放就无效，只是白白浪费资源而已。因此，报刊的广告商都特别注意自己广告投放的消费者针对性——他们只愿意在那些能够吸引具有巨大消费潜力读者群体的报刊上刊登自己的广告。于是，一些虽然发行量不大，但读者具备很大商品消费能力，且在社会生活中具有广泛影响和引导示范性的主流上层报刊就成了大广告商们喜爱的广告投放对象。这些报纸丰盈收入的主要来源就是这些只占社会消费者20%（甚至更少）份额、主要来自社会上层的富裕读者群体。于是，报刊市场的竞争开始细分了，读者群体的分层带来了报刊竞争的分层，只占全体社会读者人数20%的上层富裕读者群体可能会给只为其服务的上层精英报刊带来80%以上的利润。随着这种报刊市场竞争的发展，以往市场竞争中笼统定位的大众化报刊逐渐细化为读者群体对象不同的三种现代报刊类型：以下层平民读者（数量庞大，但消费能力不强）为对象的大众通俗化小报；以社会中层读者（数量庞大，具有一定商品消费能力）为对象的现代商业化中报；专以中上层读者（数量不大，但具备极强的商品消费能力和社会示范性）为对象的主流权威性大报。

三、政论-政党报刊的传统与转型

除了社会化、市场化等关键性因素以外，新闻传播事业自身的客观发展规律也促成了主流权威性大报的出现，而这一进程是与历史上传统的政论-政党报刊的转型密切相关的。

（一）传统政论-政党报刊的市场化转型

众所周知，纸媒是以个人政论与政党集团所创办的政治性报刊为肇始的。但是这类报刊的特定信息内容、特定传播方式、特定精英对象，使其在客观发展进程中必须不断地进行转型，以求适应新的社会环境、新的读者群体。这种转型的主要轨迹就是从本党本派的少数派精英报刊，逐渐向全社会的精英报刊转化。其主要呈现形式就是从传统纯粹的宣传型政论-政党报刊，逐渐转型为办报方针中立的现代商业化中报，再转化为新型独立的市场化主流权威性大报。

（二）对廉价报刊的拨乱反正

传统政论-政党报刊虽然一开始就在新兴的市场化廉价报刊潮水般的进攻下节节败退，但依然对廉价报刊一味追求金钱、大搞“黄色新闻”、愚弄大众读者的做法嗤之以鼻、不屑一顾。不过在残酷的现实面前，许多有头脑的政论-政党报刊从业者开始主动地观察与吸取廉价报刊的诸多优点，比如新闻性导向、企业化经营、大众化读者、平民化语言、客观性形式和职业化人员等，这使得以往眼光狭隘、功能单一、圈子窄小、影响有限的传统政论-政党报刊逐渐开始向以全体社会公众为读者对象（其实是以全社会精英人群为主要对象）的主流权威性大报转型。这种主动或被动的报刊形式化、内容化转型过程可以看作西方政论-政党报刊在新的社会历史背景下对廉价报刊主要弊端的一种强有力的反拨，也是其主动积极地适应新的社会发展环境，吸取大众廉价报刊系列优势，并结合自身的传统优势主动进行改革演化的历史转型。正是这一转型进程，最终导致了新闻传播史上一些以独立化、客观化、权威化、主流化、公共化为系列特征的社会主流权威性大报、大刊、大台的出现。

第二节　历史的进程

下面主要以英国的《泰晤士报》和美国的《纽约时报》为例，简要描述近现代独立主流权威精英型新闻媒体的衍生演化之路。

一、现代独立报业的鼻祖——英国《泰晤士报》

在世界报刊界，已创刊两百多年的英国《泰晤士报》具有崇高声誉和特殊地位。《大英百科全书》曾不无自豪地称其是“世界第一报纸”，西方新闻学者们也常常称其为现代新闻传播事业特别是现代西方独立报业的“鼻祖”。

（一）初创阶段（1785—1803）

《泰晤士报》创刊于 1785 年 1 月 1 日（原名《每日环球纪录报》，1788 年改为现称），创办者是约翰·沃尔特，史称沃尔特一世。商人出身的沃尔特一世在一次完全偶然的机遇下创办了这份历史悠久、声誉卓著的报纸。

沃尔特一世原是伦敦的商人，一开始从事煤炭生意，大获成功后又进入轮船航运界，成为著名的英国劳埃德保险公司的股东之一。因在美国独立战争时期经营不善，惨遭破产，沃尔特一世被迫另觅财路，以期东山再起。一天，他偶与当时新式排字机的发明人亨利·约翰逊相识，对其发明的新式印刷设备产生了浓厚兴趣，于是承购了约翰逊的发明专利，开设了一家新式印刷公司，无意间进入了出版印刷行业。不曾想公司开张后，购买者寥寥。为打开销路，沃尔特一世萌生了创办一份用新式印刷设备印刷的报纸，用以示范新式印刷设备性能优良，推销自己的设备的想法。于是，沃尔特一世在

1785年1月1日创办了这份原本旨在为自己公司的新式印刷设备做广告的《每日环球纪录报》(以下皆称《泰晤士报》)。

当时的伦敦城已有8家早报和9家双日刊的报纸，相互间竞争激烈。同这些报纸一样，刚刚创刊的《泰晤士报》也是一份四版对开的小型报纸。不过，由于《泰晤士报》采用了新式机器印刷，售价两个半便士，比其他报纸要便宜半个便士。而且沃尔特一世注重广告的发行，《泰晤士报》的头版经常刊登各种分类广告，这使得这份报纸一开始便与伦敦大多数传统政论报刊不同，具有某种浓厚的商业气质。

在编辑方针方面，商人出身的沃尔特一世也有自己的独特理念。沃尔特一世曾这样写道："《泰晤士报》是各种情报的忠实记者，它不应被某一个题目占领大量的版面，而应像一桌丰盛的酒菜，有适合每个人口味的菜肴。"① 《泰晤士报》创刊号上就有十栏广告，但只有三栏新闻消息，还有三栏是关于新报纸的介绍，其注重商业性信息报道的特点初显端倪。事实上，《泰晤士报》上刊登的关于航运和商业方面的消息比其他报纸都要多，而政治、文化方面的消息却比较少。沃尔特一世坚持认为，只有迅速、全面地刊登时代的各种情报，如国会辩论、各国动态、商业金融行情，并做公正详细的报道，《泰晤士报》才能赚到大钱。

但是，当时的英国政府对报纸实行了十分严格周密的控制，并通过沉重的印花税和卑鄙的"秘密津贴"贿赂手段来达到控制舆论的目的。高昂的印花税使得当时的英国报纸根本无法在商业上获得成功，不能在经济上取得独立，更谈不上在社会舆论上有所作为。沃尔特一世的报纸也难逃英国政府的严格管制。为了使报纸能够生存下去，他也接受了政府的秘密津贴（每年300英镑），他的报纸还因为与官方合作而获得了有利可图的政府海关合同，所以沃尔特一世在许多社会议题上自愿充当了官方的传声筒。为了报答政府的奖赏，《泰晤士报》开始在政治上支持政府，这表现为早期的《泰晤士报》曾连篇累牍地报道过许多有利于政府的政治新闻，攻击法国大革命和在英格兰出现的任何激进主义。不过，出于报刊声誉等多方面的考虑，沃尔特一世有些时候也敢于直言，顶撞官方。因为他认为政府"一年300英镑是为了报纸的政见而给我的报酬，但是考虑到我失去了所有的广告和反对派的友谊，我对这样做有什么真正的好处表示怀疑"。为此，沃尔特一世有时也刊登一些犯禁的新闻来迎合公众趣味。比如，该报曾刊登一篇文章，指责当时对王位有野心的王子在国王重病康复时所表现出来的"兴高采烈是不真诚的"，沃尔特一世因此被判对威尔士亲王和约克郡公爵犯有煽动诽谤罪。② 由于拒绝透露此篇消息的来源，他因此被判处两年徒刑并被判当街带枷示众。

作为商人，沃尔特一世不但重视在报纸上尽量刊登能赚钱的新闻，而且还把经商的那股闯劲带到了报业中。他虽然不是专业文字工作者和印刷商出身，却善于吸取同行们的长处，善于学习和创新。比如，他特别重视通过刊登"独家新闻"来提升报纸声誉，扩大销路。1785年3月5日，英国下议院的灯光彻夜不息，开会讨论西印度公司问题。沃尔特一世派了几名记者连续采访，第二天下议院刚告散会，《泰晤士报》就已将有关

---

① 沃克．报纸的力量：世界十二家大报．苏潼均，诠申，译．北京：新华出版社，1987：40.

② 同①41.

信息详情登出，给公众留下了深刻的印象。1789 年 7 月开始，《泰晤士报》详尽报道了公众关心的法国大革命的情况。1792 年 10 月，《泰晤士报》又因最先刊出法国国王路易十六出逃被捕、受刑处死的消息而发行量直线上升。1793 年，《泰晤士报》的发行量已增加到了 4 000 份之多，这是之前伦敦的任何一家报纸都不曾达到过的一个数字。

（二）黄金时代（1803—1874）

沃尔特一世无疑为《泰晤士报》打下了一个良好的基础，但由于他一生中曾三次被判处监禁，健康大受影响。1803 年，其子沃尔特二世正式接棒主持《泰晤士报》的工作。从这一年开始一直到 19 世纪中后期，《泰晤士报》在沃尔特二世、沃尔特三世父子两代人的手中，进入了黄金时期。

1. 沃尔特二世和他的全面改革

不同于父亲普通商人的身份，沃尔特二世是著名学府牛津大学的高才生，读过商科，懂经营，会管理，熟悉伦敦上流社会。他接管《泰晤士报》时才 26 岁，上任伊始，沃尔特二世便致力于对《泰晤士报》进行全面的改革，其中最为重要的变化就是他开始实行一种独立的办报原则，率先在英国打出了报刊“独立于党派之外”的旗号。

为了独立办报，首先需要解决的问题就是新闻报道的独立。在沃尔特二世任职以前，英国各报的国外新闻报道是非常落后的——主要是来自官方发布的新闻公报和从官方邮局订购、翻译的国外报刊消息。这种新闻采集方式时效很低、新闻来源单一，但却便于政府控制国外新闻的传播。然而，当时欧洲大陆上法国大革命的爆发和英国与拿破仑一世的持续战争，导致英国公众对海外特别是欧洲大陆新闻的需求热情骤然升温。沃尔特二世敏锐地判定：欧洲大陆的战事使英国形成了一个对海外新闻有着迫切需求的市场。他决意抓住这个时机，建立本报国外新闻报道网络，为这个市场提供充足的国外新闻商品。为此，沃尔特二世改革的第一个步骤就是设法建立起《泰晤士报》独立完备的海外新闻报道网络。

然而，独立的道路并非一帆风顺。1806 年，沃尔特二世还准备像其他报纸的经营者一样，被迫每年向官方邮局缴纳 61 枚金币，用以支付翻译每周两期外国报刊的手续费。但是英国政府为了控制舆论，通常把重要的外来信息优先提供给一些御用报纸。官方的邮局也对小报或不信任的报刊多方刁难，阻挠他们及时得到珍贵的海外新闻。沃尔特二世一气之下拒绝继续缴纳费用，宣布退出政府管控的官方邮局系统，并把这些内幕在《泰晤士报》上加以公布。随后，沃尔特二世为建立自己的国外新闻情报搜集网络开始了不屈不挠的奋斗。他在欧洲许多城市中陆续招聘通讯员，让他们把稿件寄给《泰晤士报》在欧洲大陆上的友好商行和报社办事处，并雇用海上走私者跨过英吉利海峡，把最新的欧洲报刊和本报通讯员的信息直接送到《泰晤士报》。1807 年 1 月，沃尔特二世派出了自己的第一个也是世界上第一个专职驻外记者——亨利·克雷布·鲁宾逊。沃尔特二世在牛津大学的同班同学鲁宾逊被派驻到了欧洲大陆中心城市汉堡附近的阿尔托纳城。他在阿尔托纳城广泛阅读各种欧洲报刊，联系与协调各地通讯员，不断地采集各种新闻，并及时邮寄回国。从此，《泰晤士报》开始向英国读者提供大量的国外最新消息，逐步走向了独立供应海外新闻之路。

1809 年，《泰晤士报》首先获得并公布了德奥两国缔结《费里辛克条约》的独家新闻，引起全国轰动。当时这一条约的缔结连英国政府都不知情，英国政府经急电与驻法大使联系，方才证实了此消息。对拿破仑在欧洲的一系列重要战役和法、俄、普鲁士缔结的《提尔西特和约》等重大新闻消息的率先报道更使《泰晤士报》声威大震。1815 年，拿破仑在滑铁卢战败的重要消息也是《泰晤士报》率先在英国报道的，这条消息的刊登引发了全国民众的狂欢。出色的海外报道和重要的独家新闻使《泰晤士报》发行量大增，依赖广告和发行的收入即可完全自给自足，逐步摆脱了官方所谓的资助与控制，赢得了财政独立。1810 年，当英国政府照例提供给《泰晤士报》秘密津贴，并希望获得该报的合作时，沃尔特二世拒绝了。他在当年 2 月 10 日的一篇社论中规定了该报的独立原则。他这样写道："报纸继续支持当权的人，但是不允许他们以捐助来报偿报纸的偏袒，因为主编认识到，如果那样做，对任何他认为可能有害于公众福利的行为，他就丧失了谴责的权利。"①

与此同时，《泰晤士报》的独立原则在该报的言论方面也越发显现出来。沃尔特二世先后网罗爱德华・斯太林、约翰・史杜达特爵士、托马斯・巴恩斯、约翰・德莱恩等撰写社论和各种评论的高手来主持《泰晤士报》的言论工作，并通过遍布全国的记者网络了解社会各阶层的情绪及意见，作为该报发表有针对性的言论的依据，反映和指导全国的社会主流舆论。在重大社会问题上，该报往往采取"读者投书"的形式来加强舆论的力量，所以当时关心英国公共事务的人士一遇到重要的时事问题时，都希望能及时看到《泰晤士报》的言论，以期得到明智的指导。

在新闻写作方面，《泰晤士报》也进行了大规模的改革。沃尔特二世无意于继续雇用那些写作粗制滥造新闻的作者，而是提倡一种具有自身风格和文学价值的新式新闻写作方法。为此，他先后聘请了一些与他志同道合且极具才华的作者为《泰晤士报》写稿。伟大的小品文作家威廉・黑兹利特、诗人塞缪尔・泰勒・柯勒律治、戏剧批评家利・亨特和巴伦・菲尔德等人都集聚在沃尔特二世的麾下，《泰晤士报》的写作班子逐渐成为当时伦敦报刊界最为出色的一支人马。

《泰晤士报》在印刷方面素来领先。在沃尔特二世时代，为了提高报纸印刷和发行的速度，该报更不遗余力地研制和使用新式印刷技术。1814 年，该报率先使用蒸汽印刷机（每小时 1 100 份）；1827 年，又采用了四轮平板印刷机（每小时 4 000 份）；1847 年，该报率先采用高速轮转印刷机进行报纸印制（每小时 10 000 多份）。这些印刷革新措施使当时英国其他报刊望尘莫及。

沃尔特二世所采取的这一系列措施，不仅使《泰晤士报》声誉日隆，而且发行量也节节攀升，《泰晤士报》很快便成为一份利润丰厚的报纸。1814 年时该报发行量已达 7 000份之多，高级编辑人员每年可领取 1 400 英镑的高薪。到了 19 世纪 30 年代，《泰晤士报》增为 8 版，1847 年又增加到 12 版，一跃登上英国报坛盟主的宝座。在 1847 年 7 月沃尔特二世逝世时，《泰晤士报》的发行量已高达 2 万多份，而伦敦当时还没有其他任何一家报纸的发行量能超过 5 000 份。

① 沃克．报纸的力量：世界十二家大报．苏潼均，诠申，译．北京：新华出版社，1987：43.

沃尔特二世虽然办报有方，但他自己并不经常亲自主持报社的编辑和言论工作，《泰晤士报》业务上成功的重要秘诀是沃尔特二世知人善任，能够网罗大批精英为其所用。特别是在沃尔特二世主持该报期间，他先后任用了两位出类拔萃的主编——托马斯·巴恩斯和约翰·德莱恩，他们俩为《泰晤士报》的成功立下了汗马功劳。正是在前者主持《泰晤士报》25 年和后者主持 35 年的整整 60 年里，这两位主编与报纸发行人一起奠定了《泰晤士报》的崇高威望和独立地位。

2. 主编托马斯·巴恩斯及其贡献

托马斯·巴恩斯是剑桥大学的毕业生，1810 年进入《泰晤士报》工作，很快获得老板赏识。1817 年他 32 岁，被任命为该报主编，全面负责报社工作。作为《泰晤士报》历史上最伟大的主编之一，他全力贯彻沃尔特二世的独立办报原则。在他 25 年的任期里，《泰晤士报》获得了很高的声誉及巨大的成功。

巴恩斯思想自由但处事稳健，在政治上信奉渐进改良主义。在他主持《泰晤士报》期间，英国的工业革命正处于鼎盛时代，新兴资产阶级的总体实力壮大了。借助新的生产力而崛起的工业资本家集团逐渐取代了以前的商业金融资本家集团。工业资本家集团还与旧有的辉格党人（商业金融资本家和中小土地贵族联盟），在许多方面产生了一系列的矛盾，更不用说与保守的托利党人（大土地贵族集团的政治代言人）之间的矛盾了。这种政治格局和形势导致了当时全国范围内改良主义浪潮的产生，而改良主义的要求集中表现在新的国会议员改选方案上。在巴恩斯的领导下，这一时期的《泰晤士报》在汇集、指导、形成这股改革浪潮的社会舆论进程中发挥了独特的关键作用。《泰晤士报》坚定地站到了工业资本家集团及不断壮大的中产阶级、商业界、证券交易所、机器制造商和城市广大市民中间。显然，依靠这股新兴的社会集团力量，巴恩斯的《泰晤士报》仅靠刊登广告就完全可以获得经济上的独立，并进而建立了自己政治上的独立地位和新闻报道上的崇高威望。

由于巴恩斯在英国这一时期一系列的社会改革运动中扮演了重要的角色，《泰晤士报》的社会舆论影响力也得到了增强，因此巴恩斯的地位变得十分显赫。当时的首相林德赫斯特勋爵对此感到十分惊疑，他曾问别人："为什么巴恩斯是全国最有力量的人物?"的确，巴恩斯以自己的所作所为，为英国新闻传播界"第四等级"的崛起做出了突出的贡献，初步确定了《泰晤士报》在英国社会舆论界强有力的领导地位。

巴恩斯作为《泰晤士报》主编所发挥的另一种才华，是他对广泛、详尽、迅速的新闻报道所给予的充分重视。巴恩斯敏锐地觉察到了许多迅速崛起的英国工业城市的潜在新闻价值——这些城市中正发生着许多激动人心的故事，这些城市中有着最为热心的读者群体。为此，他迅速地在这些城市中建立起严密的记者网络，并逐步把全国各地都纳入《泰晤士报》日益完善的国内新闻情报系统中来。他还专门建立了一支快马传递队伍，从而保证能对外地新闻进行迅速的报道，以便吸引各地读者。到 1834 年时，巴恩斯已经可以做到在星期三的报纸上刊登出星期一晚上在北部爱丁堡发表的演说——即使两地相隔 400 英里①。到 19 世纪 30 年代末期，《泰晤士报》当天的报纸下午三四点就可

① 1 英里约合 1.6 千米。

以在 200 英里以外的利物浦城买到。1840 年，法国国王路易・菲利普在巴黎国民议会上发表的演说，《泰晤士报》仅仅在 22 小时之后就已全文刊登出来。巴恩斯的信条是：不管是国内新闻还是国外新闻，成功的秘诀就在于《泰晤士报》首先刊登这些新闻。

《泰晤士报》日益增强的社会影响力和独立倾向自然引起了英国政府的嫉恨。1834 年，官方出面筹集 16 500 英镑，专门用以振兴政府的喉舌、《泰晤士报》的竞争对手伦敦《纪实报》，以压制《泰晤士报》的社会影响。政府还专门修订了相关印花税条例，以支持版面较少的《纪实报》和打击版面越来越厚的《泰晤士报》，企图在经济上拖垮《泰晤士报》。巴恩斯迅速采取相关反制措施，并在《泰晤士报》发表社论严厉指责这一行为："他们（指政府）正式组织的委员会，是一个宗教法庭，一个秘密法庭。在政府办公室里天天举行会议，策划如何奖赏那些奴性十足的人，加害那些难以驾驭的人……我们有强大的力量，因此我们能蔑视这些伎俩而无所畏惧。"

事实上，《泰晤士报》这时已拥有充足的财力蔑视政府这种经济压制的企图了。1825 年，《泰晤士报》每期增加了四版广告，到 1836 年时每周出版四次，已经能够获取很大的利润，完全可以不理睬政府敌意的做法。1841 年《泰晤士报》的利润是17 100 英镑，发行量是其对手伦敦《邮报》《先驱报》和《纪实报》发行量总和的两倍。1845 年该报利润更上升到了 29 600 英镑，成为压倒其他所有英国报刊、实力最为雄厚、声誉卓著的独立新闻机构。为了能够及时看到全英国和世界各地的重要新闻并获得明智的社会指导，英国中上层社会几乎人人都预订和阅读《泰晤士报》。在维多利亚女王订婚的那一天，《泰晤士报》卖出了 3 万份之多。英国政府利用《纪实报》压制《泰晤士报》的企图非但没有成功，反而使《纪实报》因沉重的印花税和竞争失败而倒闭了。新上台的首相林德赫斯特和巴恩斯握手言和，声称"我宁愿取得《泰晤士报》的谅解，也不愿位居高位受该报反对"。至此，《泰晤士报》的社会舆论权威地位获得了英国政府的公开承认。

1841 年 5 月 7 日，为人低调的托马斯・巴恩斯逝世了。由于巴恩斯长期反对在报纸上做任何个人宣传，该报所刊登的文章一律不署记者名字，（连他也不例外），因此在巴恩斯的讣告中，该报才第一次刊登了他的名字。1841 年 5 月 8 日，《泰晤士报》在"结婚、出生、死亡"专栏里仅仅登出一句话的讣告："本月 7 日，托马斯・巴恩斯先生在苏胡广场的寓所中逝世，享年 56 岁。"一代报人，悄然而逝。

3. 主编约翰・德莱恩及其贡献

1841 年托马斯・巴恩斯逝世以后，沃尔特二世又任命了一位精明能干、才华出众的新主编，《泰晤士报》在这位主编任期的 35 年内获得了更大的声誉，他就是约翰・德莱恩。

约翰・德莱恩毕业于牛津大学，他的父亲威廉・德莱恩是《泰晤士报》的专任律师和财务经理，也是沃尔特二世的好友，所以《泰晤士报》的发行人很早就认识小德莱恩，大学毕业后小德莱恩即进入《泰晤士报》工作。

1840 年，德莱恩开始负责采访国会消息，积累了丰富的业务经验和大量上层政治人脉。1841 年沃尔特二世自任主编时，年轻的德莱恩被任命为其副手——实际上他就是这家报纸真正的主编。德莱恩当时才 23 岁。

德莱恩与巴恩斯一样，努力在报纸的言论上保持独立性，在新闻的报道中力求全面、详尽、迅速。1854 年 3 月克里米亚战争前夕，《泰晤士报》抢先刊登了英国对俄国的最后通牒书。当时的英国外交大臣德尔贝勋爵为此强烈谴责《泰晤士报》，政府一些大臣也指责该报不负责任地发表本应保密的重要消息。德莱恩在报纸上公开的回答是："我们报人的责任是对全体英国人民负责，而不是对德尔贝勋爵或英国上议院负责，我们对有害于公众利益的（消息）一定予以保留，适当而正确的消息均予以发表。"

正是在巴恩斯和德莱恩时代，《泰晤士报》全面奠定了自己的独立报业地位，而该报就独立报业的性质、自由度、职能等进行的一系列权威性阐述，也对英国乃至世界产生了深刻影响。《泰晤士报》的社论曾强调："报纸就是靠透露消息而存在的——它每日而且永远求助于进步的舆论力量，可能时预测局势的发展，在通向未来的道路上一马当先。"它认为报刊的职责就是"调查事实，并根据坚定不移的原则，把这种做法运用于世界事务"之中。该报的一篇社论曾强调说："我们认为，这个国家的舆论（其他一切是无力对抗的）有权要求不仅对我国政府的行为，也对地球上每个政府的行为自由发表评论……我们确实渴望参与世界的治理……但是我们所谋求的权力只是利用语言和理智的力量对人们的思想自由施加影响。"

在德莱恩执掌报社权柄期间，《泰晤士报》对 1854—1856 年英、法、俄三国克里米亚战争的报道使该报的声誉和威望达到了顶峰。该报报道这次战争的两位重要人物就是德莱恩和《泰晤士报》首席战地记者威廉·霍华德·拉塞尔，后者被誉为世界上第一位伟大的战地记者。

在这场战争中，《泰晤士报》派出的战地记者拉塞尔在主编德莱恩的支持下，并没有刻意迎合政府和一般公众的爱国心理，一味地报道英军的辉煌胜利，而是日复一日、细致详尽地使用生动的笔触，客观真实地全面报道了英军中不光彩的一面。拉塞尔的文章揭露了英军指挥官的官僚作风、落后的战术和盲目自大的心态，致使这支英国远征军在军需给养、医疗卫生、前方作战等各方面都陷入了悲惨的境地。虽然《泰晤士报》上这些批评英国前线指挥官与国内军事上层机关的文章一开始在英国引发了大众读者对《泰晤士报》的愤怒和抵制，但伴随着拉塞尔一篇篇栩栩如生、真实详尽的战地通讯的不断刊出，前线的真实情景越来越引起了读者的关注和思考。德莱恩不失时机地在伦敦掀起了强大的舆论浪潮，以显著的版面刊登拉塞尔的作品——这些作品深刻地揭露了政府与军事当局的腐败无能，以及这种腐败无能给广大普通士兵带来的痛苦和死亡。《泰晤士报》权威的声音再三地向英国人民发出这样的警告：英国军队在严寒、疾病和麻木不仁的官僚主义的危害下几乎一枪未发就在外国战场上濒临死亡了！来自当时英国政府最高权力当局和远征军总司令部的任何压力都不能淹没《泰晤士报》顽强的抗议之声。

1855 年 1 月 23 日，迫于社会舆论的压力，英国下议院不得不通过了一项决议，成立了一个特别委员会来调查英军在克里米亚半岛前线的实际情况。同年 6 月 23 日，《泰晤士报》不无自豪地宣布，该委员会的调查报告基本上肯定了《泰晤士报》对这场战争的指挥方式、后勤供给、战地医疗等方面的批评。《泰晤士报》的这些举措最终促成了当时英国阿伯丁内阁的垮台和英国远征军总司令的辞职。年轻勇敢并自愿上前线担任战地女护士救护伤员的修女弗洛伦斯·南丁格尔经《泰晤士报》的报道，成为当时报刊上的第一个超级明星。

1855 年 9 月，更换了英军总司令的英法联军终于攻克了俄军最顽强的要塞——克里米亚半岛的塞瓦斯托波尔军港。俄国政府被迫接受和谈条约，克里米亚战争结束，《泰晤士报》的记者拉塞尔以英雄般的姿态回国。《泰晤士报》自豪地宣称这位战地记者受到了以往任何一名英国记者都未曾享受过的一系列荣誉：新首相同他共进早餐；拉塞尔的母校都柏林大学的圣三一学院授予他名誉法学博士学位；女王为他授予贵族爵位。通过对这次战争的报道，《泰晤士报》及其主编德莱恩的影响和权威达到了顶峰。

1877 年，主持《泰晤士报》主编工作长达 35 年之久的德莱恩退休了，两年后与世长辞。

4. 沃尔特三世时期

虽然早在 1847 年，年仅 29 岁的沃尔特三世就接替去世的父亲沃尔特二世，成为《泰晤士报》新的发行人。但由于当时该报位高权重的主编德莱恩不喜欢他干涉其工作，所以直到德莱恩退休，沃尔特三世才正式执掌该报大权，开始影响报纸的运行。

沃尔特三世秉性严肃，极富责任感，在他的主持下，《泰晤士报》继续以崇高的声誉屹立于英国报坛之上。沃尔特三世也先后任命了两位能干的主编托马斯·切诺利和乔治·巴克尔，还曾拥有过两名当时欧洲最有名望的传奇记者布劳维茨和华莱士，并取得了一系列辉煌的成就。

但是，时代在改变，《泰晤士报》正面临着巨大的新闻传播事业转型挑战。1855 年 6 月，英国下议院正式决定废除所有的报纸印花税（据说其中的一个重要动机就是为了扶持伦敦其他报纸，挑战《泰晤士报》的权威地位），从而引发了英国廉价报刊兴起的新浪潮。为了应对挑战，《泰晤士报》迅即将其每份报纸的定价由原来的七便士降至四便士，从而使报纸的发行量激增至 6 万份，它的记者仍然活跃在世界各地，《泰晤士报》继续占据着英国报坛的王位。

从英国资本主义发展的背景来看，沃尔特二世和沃尔特三世主持《泰晤士报》的年代，正是大英帝国走向鼎盛的时期。经过几代同仁的努力，《泰晤士报》也伴随着英国国力的强盛而发达起来，在国内和海外拥有巨大的影响力和崇高声誉。它的社论极具权威性，甚至可使某些海外小国的内阁因之倒台，故有人将《泰晤士报》尊称为“雷神报”，将其驻外记者称为英国“第二大使”。《泰晤士报》当时在国际上的声誉可以从美国总统林肯的一番话中得以证实，他说：“伦敦的《泰晤士报》是世界上影响最大的一份报纸，事实上，据我所知，除了密西西比河以外，再也没有比它更有力量的东西了。”无论从哪一角度来看，这一时期的《泰晤士报》都可以说是当时世界报业中独立报刊的典范。

（三）日趋衰落（1874—1908）

19 世纪末到 20 世纪初，特别是在沃尔特三世去世后，随着英国报刊印花税的废除，英国的报价普遍降低了。以《每日电讯报》的崛起为标志，英国迅速地产生了一大批廉价报刊。在这批大众化廉价报刊的冲击下，墨守成规、高贵自重的《泰晤士报》处境日益窘迫。虽然它仍以大量出色的独家新闻和巨大的社论影响力占据报坛之首，但其发行量占优势的时代结束了，这是该报高额的成本带来的高昂售价所造成的。虽然1855年《泰晤士报》的每份售价从七便士降至四便士，但同期的《每日电讯报》却仅卖一个便士，其竞争实力可想而知。1870年，《泰晤士报》的发行量降为4.7万份，而伦敦《每日新闻》的发行量却已达到了15万份，《每日电讯报》则高达20万份。

1887年，急于东山再起的《泰晤士报》在乔治·巴克尔主编时期爆发了一起很大的丑闻，严重损伤了《泰晤士报》的威望和元气。就在这一年，《泰晤士报》为了打击爱尔兰自治运动的首领查尔斯·帕内尔，未经严格审查，就轻易地相信了一个爱尔兰骗子理查德·皮格特的谎言，用1 780英镑的高价从他的手里买下了一批伪造的信件——这些信件的内容显示帕内尔对爱尔兰恐怖分子的一次残暴的暗杀活动负有责任。为了打击爱尔兰自治运动，《泰晤士报》未经过审慎的核实就匆忙、草率地以显著的版面发表了一组题为《帕内尔主义与罪行》的整版文章，把上述信件作为帕内尔犯罪的原始证据陆续加以刊登，掀起了一场耸人听闻的连续报道和社会上声讨帕内尔的舆论浪潮。然而，由国会授权组成的一个特别调查委员会经过细致的调查后却宣布，这些信件纯属伪造。骗子皮格特畏罪潜逃到西班牙，最后在被捕前夕自杀。查尔斯·帕内尔随后控告《泰晤士报》犯有可恶的煽动诽谤罪，法庭判决《泰晤士报》无条件地从报纸版面上撤除这些信件和相关文章，公开在报纸上向帕内尔道歉，并赔偿帕内尔5 000英镑的名誉损失费。加上必须付给特别调查委员会和法庭审判的一切开支，《泰晤士报》总共为此案付出了25万英镑。这笔巨款使《泰晤士报》陷入了债务的泥潭之中，但更为可怕的是报纸的权威和声誉遭受了重大损伤，这是难以用金钱估算的。

1880年，陈旧保守的《泰晤士报》已与时代脉搏相距甚远了。当时该报编辑部里竟无一部打字机，全部文稿一律手写，印刷车间里也没有先进的自动铸排机和其他新式印刷设备，更没有专门的审稿员和版面设计人员。报社车间里的印刷工人们随心所欲地把新闻消息接行排出，致使报纸版面中的文字密密麻麻，栏栏相连，阅读起来十分不便。《泰晤士报》固守传统，其主体版面设计风格和样式竟然延续一个世纪而未变。报纸的里页中挤满了滞后的消息和冗长的政论文章，这些文章应排在何处、怎样编排，完全由印刷工人自行决定。另外，《泰晤士报》的头版仍保持着沃尔特一世时代的所谓传统，即第一版整版用来刊登广告和一些陈旧的新闻。这种状况在20世纪初已很难继续维持下去了。1908年，该报被卖给了它所不屑的英国黄色报刊大王、新型报业领袖之一的哈姆斯沃思。对于骄傲的《泰晤士报》来说，落入“黄色新闻大王”哈姆斯沃思之手标志着一个时代、一个传统的终结。

（四）辗转售卖的《泰晤士报》（1908年至今）

被第一次售卖的《泰晤士报》在新主人哈姆斯沃思的主持下，采取了一系列的大众化方针，配置了一大批最新式印刷设备，雇用了一批年轻的报纸推销员来推销广告版面，编辑们也从工人那里接管了版面的设计和编排工作。1914年的《泰晤士报》已降价到一个便士，它的社论版也一改旧日沉闷保守的写作风格，笔调轻松、观点新锐。总体来看，哈姆斯沃思的改革使该报重获新生，报纸发行量再度上涨至一战后的31.8万份——这是《泰晤士报》发行历史上的最高纪录。然而，《泰晤士报》以往悠久的传统和作为主流权威性大报的经典品质却遭到了巨大损害，它从一份令人尊敬的大报，变成了一份令人啼笑皆非的另类小报。

尽管《泰晤士报》表面上获得了成功，但是好景不长，1922 年哈姆斯沃思去世后，《泰晤士报》又陷入了新的财政危机，不得不被卖给与沃尔特家族有亲属关系的约翰·雅各布·阿斯特上校。

在阿斯特家族掌管《泰晤士报》的 40 多年里，该报虽然没有什么很大的变动和起色，但开始努力重返以往的经典大报之路。为了避免报纸再次落入庸人之手，阿斯特上校专门设立了一个报纸监督委员会，其成员由社会各界知名人士组成。该委员会的重要职责之一就是保证《泰晤士报》的“独立地位”和不可替代的社会舆论影响力。然而，阿斯特上校在“泰坦尼克号”海难中遽然去世，该报在著名主编杰弗里·道森主持报社工作时（经历第一次和第二次世界大战）开始倾向于保守主义，仇视共产主义国家。在二战前夕该报更主张对德国亲善，支持张伯伦首相的“绥靖政策”，其发行量一直低于 20 万份。1960 年《泰晤士报》经济状况再度恶化，阿斯特家族难以支撑，不得不又招标将其卖给了英籍加拿大人汤姆森勋爵。

汤姆森是一名加拿大的大工业家、大银行家，也是著名的国际报业大王，他在英国、南非、加拿大和美国都拥有大量的新闻媒体。汤姆森注重报刊的商业化和大众化，他接管后的《泰晤士报》又开始了市场化的转型。

1976 年老汤姆森去世，其子肯·汤姆森对于续办《泰晤士报》已力不从心。他原本想通过采用新技术降低成本以寻求出路，但这一措施遭到英国传统印刷工会的坚决抵制，劳资双方摩擦剧烈。1978 年 12 月 1 日凌晨 3 点 55 分，掌握在工人手中的《泰晤士报》印刷机停止了转动，工人们开始了历时 11 个月之久的大罢工。1979 年 11 月 11 日，资方以 4 000 万英镑的代价，换得裁减数百名工人的条件，该报方才重新出刊。不断滋生的劳资矛盾促使小汤姆森决意出售《泰晤士报》。1981 年 2 月 13 日，澳大利亚报业巨头鲁珀特·默多克以 1 200 万英镑的价格购得了《泰晤士报》《星期日泰晤士报》和其他三个附属出版物的所有权。

在默多克时期，《泰晤士报》有了一些转机和变化。默多克是一位以“黄色新闻”起家的报业大亨，他在英国伦敦掌控的《太阳报》因以“3S”（丑闻、性、体育）作为办报方针和宗旨而获得成功。这份小报格调低级、内容庸俗、版面煽情，发行量却很大，成为西方新一代小型黄色报刊的领头羊。以这样的办报背景和理念来运作有两百多年历史的《泰晤士报》，默多克的所谓改革也就可想而知了。虽然由于编辑部的整体抵制，默多克曾被迫宣布他将不干涉该报编辑部独立自主的编辑权以及《泰晤士报》一贯的传统和利益。但事实上，在默多克的推动下，《泰晤士报》被慢慢注入了商业化、大众化的内容和运营方式。比如，《泰晤士报》曾积极参与伦敦小报的“赌博游戏”以刺激销售，在 1984 年英国四家全国性的大报中，唯有《泰晤士报》用“彩票组合猜奖”方法来刺激销售。这种做法虽然使《泰晤士报》的发行量短期内从 37 万份增加到破纪录的 46 万份，但严重影响了该报的传统声誉，遭到英国社会各界的严厉批评。

默多克的改革还包括版面设计和报道内容等多个方面，这些方面的改革许多是成功的。他在与印刷工会的斗争中强行推广新技术，促成了《泰晤士报》生产的全面现代化，推动了英国报业的现代化浪潮。他用精密的电子计算机代替了老式的印刷机，用激光照排技术代替了手工设计排版方式，这些变化是《泰晤士报》发生巨大变化的缩影。在遭到印刷工会强烈反对和抵制时，默多克采取强硬手段占据了上风。由于降低了生产成本，《泰晤士报》的经营情况有所好转，这使得它能够继续以一份具有国际声誉的高级报纸而生存下来。

由于历史的沉重负担——这种负担既有现实物质层面的，也有精神文化层面的——《泰晤士报》在新的市场竞争格局中未能很好地确保自己的传统主流权威性大报地位，总是不断地在商业大报与精英大报之间摇摆不定，并因此流转于多家买主之间，严重损害了自己固有的优秀传统，成了一家已不再在世界报坛上具有举足轻重地位与影响力的报纸。

二、主流权威性大报的代表——《纽约时报》

（一）初创阶段（1851—1896）

1.《纽约时报》的创刊背景

《纽约时报》原名《纽约每日时报》，创刊于 1851 年 9 月 18 日。人们知道，自 1833 年美国第一份便士报《纽约太阳报》问世以来，整个 19 世纪中期的美国报业就一直是廉价报刊的天下，特别是在纽约这个美国最大的工商业城市，廉价报刊纷纷创办并很快占据了新闻出版界的主导地位。这些报刊注重社会新闻报道，写法上具有浓郁的“激情主义”色彩，为扩大销路、拉拢读者，不惜大量刊载耸人听闻的暴力与色情新闻，或者干脆假造新闻，以期轰动社会。虽然在世界新闻传播史上有着自己不可替代的历史地位，比如从以往的政党观点的宣传报纸变成新闻本位的商业报纸，第一次承认了普通读者的社会地位，第一次形成了以市场竞争机制为主的新闻传播事业体系等，但廉价报刊“激情主义”的报道风格和庸俗、低级、弄虚作假的新闻处理手法，在当时便显示出一种无可救药的弊端，并遭到了有识之士的反对。纽约各报主编曾联合发起过一场针对耸人听闻的《纽约先驱报》的道德讨伐，虽然含有旧传统势力的偏见和嫉妒，但也反映出新一代廉价报刊在层次上的不足和内容上的浅陋。1841 年，霍勒斯·格里利创办了自己的另类廉价报刊《纽约论坛报》，标志着廉价报刊中一支新军的诞生。格里利一方面用廉价报刊的低廉售价、企业经营方法来办报，另一方面又以自己的激进鲜明的政治观点来主宰《纽约论坛报》，从而获得了成功。尽管如此，格里利手下的一位能干的年轻记者亨利·雷蒙德仍对他的老板感到不满意。因为雷蒙德既厌恶他的上司格里利在政治上的激进主张和反复无常的思想，也不喜欢《纽约论坛报》过分的道德说教。他也同样厌恶詹姆斯·戈登·贝内特等人办报时采用的低级趣味、江湖骗术、危言耸听的手法和肆无忌惮的粗暴的人身攻击。雷蒙德与其金融界的两个志同道合的好朋友乔治·琼斯和爱德华·韦斯利筹划创办一份自己的报纸——一份既不同于《纽约先驱报》，又不同于

《纽约论坛报》的真正的报纸。这份报纸应该是公正的、稳健的、客观的、冷静的、全面的。他们认为，在已经拥有 50 万人口的纽约，创办这样一份报纸一定会受到那些有头脑、会判断的读者的欢迎，因为这些读者早已厌倦了《纽约先驱报》的大喊大叫和《纽约论坛报》的唠唠叨叨，他们盼望着有一份像伦敦《泰晤士报》那样“庄重严肃、详尽迅速”的“纯正的”新闻纸。1851 年 9 月 18 日，雷蒙德终于实现了自己的夙愿，他和朋友们以 10 万美元在纽约拿骚街的一幢小破楼里创办了《纽约每日时报》——连报名都像是在模仿伦敦的《泰晤士报》[①]。

2. 亨利·雷蒙德与《纽约时报》独特编辑方针的确立

《纽约时报》（即《纽约每日时报》，1857 年改名）的灵魂人物是亨利·雷蒙德。他自幼聪明好学，1840 年以最优等的成绩毕业于佛蒙特大学。1841 年，他投身于大学时代崇拜的偶像人物格里利手下工作，后成为《纽约论坛报》主编格里利的首席助手。格里利对这位小伙子曾有过这样的评价：“比他精干坚强的人，我或许曾经遇到过，而比他聪敏、机智与多能的记者，我则绝未一见。”可是，雷蒙德虽然尊重他的人生导师格里利，却不喜欢他报纸上那些变化无常的政治观点和道德说教，后来还是失望地离开了《纽约论坛报》。雷蒙德后来陆续担任过纽约《信使与问询者报》的副主编和《哈泼斯杂志》的编辑等职务。当 1851 年雷蒙德拥有了自己的《纽约时报》时，这位年轻的主编便开始执行他筹划已久的新的编辑方针了。

雷蒙德为《纽约时报》确立的编辑方针是客观、公正、冷静。雷蒙德在创刊号上的政策声明中表示：“我们决不打算似乎是感情冲动地来写文章，除非某些事确实使我们冲动起来，并且我们将努力做到尽量不使自己感情冲动。”《纽约时报》的创刊号为一大张四版，每版六栏，售价一美分。这张报纸绝少刊登耸人听闻的新闻，在报道政治新闻时，往往刻意标榜客观、公正，常把双方的观点同时介绍给读者，而记者自己很少在文章中对二者加以评价，很少像格里利那样以黑白分明的尖锐形式提出问题，《纽约时报》上更是几不可见个人攻击的文章。用美国新闻史学家埃默里教授的话来说就是：雷蒙德的《纽约时报》既避免了《纽约太阳报》和《纽约先驱报》的耸人听闻，也避免了《纽约论坛报》的兴之所至、鼓吹说教。《纽约时报》客观的报道手法、精美完善的编辑，以及扎扎实实、全面详尽的新闻内容——特别是对外国新闻的重视——使得该报很快受到了读者们的欢迎。这些读者或者是既喜欢《纽约先驱报》的进取精神，但又对其低级趣味表示不满；或者是既对《纽约论坛报》表示钦佩，却又对格里利的政治狂热有所怀疑；或者是既相信《信使与问询者报》的可靠性，却又对其浮夸自负感到倒胃口。两个月后，《纽约时报》的发行量即达到 2 万份。一年之后，其篇幅由四版扩大到八版，售价增至两美分，发行量不断上升。毫无疑问，新生的《纽约时报》获得了巨大成功。

3. 乔治·琼斯时代的《纽约时报》

1869 年雷蒙德逝世后，他的合伙人、报纸营业部经理乔治·琼斯担任了报纸发行人，路易斯·詹宁斯担任主编。

由于自知无法比肩好友亨利·雷蒙德，琼斯决定全面遵循雷蒙德的创刊理念和运营

---

① 《泰晤士报》的英文名为 *The Times*，《纽约每日时报》的英文名为 *The New York Daily Times*。

方式，《纽约时报》得以在其主持下继续欣欣向荣地向前发展。这一时期《纽约时报》所发生的最重要的一个事件是 1870—1871 年该报揭露纽约“特威德集团”贪污案，这一案件大大提高了《纽约时报》的社会声誉和报纸发行量。

威廉・马西・特威德是纽约民主党“坦慕尼协会”的首领。他与纽约市市长、财务总监、工程审计员等人相互勾结、串通一气，组成了一个针插不入、水泼不进的特大贪污犯罪集团。他们通过承揽公共工程、虚报和伪造账目、霸占公共建筑项目等手法贪污金额达 3 亿美元之巨。“特威德集团”采取公开收买选票等手段控制了纽约的主要立法和行政机构，并对新闻出版界进行收买与恐吓。1870 年，“特威德集团”内部发生倒戈，但因查无实据而失败了。1871 年，有人掌握了该集团贪污腐败的确凿证据，但纽约的许多报刊却拒绝发表这一消息，因为“特威德集团”用贿赂的办法收买了该市几乎所有的报刊——只有《纽约时报》和《哈泼斯杂志》等几家报刊一直无畏地谴责和揭露“特威德集团”。一天，一个神秘人物秘密地来到了纽约时报社与琼斯面谈，并交给了他许多能证明“特威德集团”贪污行为的文件。《纽约时报》在拒绝了闻讯而来的该集团 500 万美元的收买巨款后不惧危险，陆续在自己的报纸上公布了这些揭发材料，引起了社会的极大轰动。最后，特威德本人被捕入狱，该集团其他成员也纷纷落网，“特威德集团”在《纽约时报》等一批正直报刊的揭露下土崩瓦解了，《纽约时报》的威望盛极一时。

1891 年琼斯死后，《纽约时报》开始趋于衰败，其继承人不得不于 1892 年将《纽约时报》出售给当时该报总编查尔斯・米勒等人。由于米勒支持共和党人的分裂运动且不善经营，也由于与同城强大的《纽约太阳报》和《纽约先驱报》的激烈竞争，《纽约时报》越来越走向衰亡的边缘。

（二）中兴阶段（1896—1935）

1. 阿道夫・奥克斯购入《纽约时报》

《纽约时报》的复兴与一个以往名不见经传的普通人物阿道夫・奥克斯紧密相连。阿道夫・奥克斯出生于美国辛辛那提市的一个德国犹太移民家庭，自幼即外出做工、养家糊口。奥克斯 14 岁时在田纳西州的《诺克斯维尔纪事报》印刷厂当学徒，17 岁时成为另一家报纸《路易斯维尔信使日报》排字房的助理领班。20 岁时奥克斯靠着借来的一笔钱和极大的勇气买下了查塔努加的一家小报《时报》，几年后便使该报兴旺发达起来。奥克斯不仅偿还了购买该报时欠下的 5 500 美元债务，而且获得了很大利润。但是，雄心勃勃的奥克斯并不满足于查塔努加这样的小地方，他要到纽约去闯世界、赚大钱，实现心中的理想。1896 年 3 月，奥克斯打听到《纽约时报》正在寻找买主，立即奔赴纽约，竭尽全力买下了这份大报。

当时的《纽约时报》在具有党派偏见的主编查尔斯・米勒的手下已经从雷蒙德和琼斯时代的顶峰跌落下来。它正处在纽约几家著名报刊的夹击之下，举步维艰，苟延残喘。这些竞争对手中既有历史悠久的老牌廉价报纸《纽约先驱报》和《纽约太阳报》，也有喜好报道耸人听闻事件、冲劲极大的新生代黄色报刊《纽约世界报》和《纽约新闻报》。温文尔雅的《纽约时报》在这些著名黄色报刊的夹击下发行量惨跌到了 9 000 余份，广告收入锐减，每周至少亏损 1 000 美元，已经濒临破产。经过艰苦的谈判，“以蛇吞象”的阿道夫·奥克斯终于在 1896 年 8 月买下了这份报纸。

2. 新编辑方针的确立与《纽约时报》的复兴

1896 年 8 月 19 日，《纽约时报》刊登了新业主的政策性宣言。奥克斯在宣言中保证：《纽约时报》将是一份高标准的报纸，它清白、庄严、可信。他进一步阐述道：“我殷切希望达到的目标是：《纽约时报》要用简明动人的方式，用文明社会中慎重的语言，来提供所有的新闻，即使不能比其他可靠途径更快地提供新闻，也要一样快；要不偏不倚、无私无畏地提供新闻，不涉及任何政党、派别和集团的利益，使《纽约时报》成为探讨一切与大众有关的重大问题的论坛，并以此为目的邀请各种不同见解的人参加明智的讨论。”第二天，全美各地几乎所有的主要报刊都转载了这篇与众不同的宣言。

很明显，奥克斯是在竭力恢复雷蒙德时代的办报传统，这个编辑方针是他在纽约经过一番深入的市场调查后所确定的。因为奥克斯不想与赫斯特和普利策的黄色报刊展开正面的庸俗竞争，不愿意降低自己的标准、不愿意用过分通俗的内容来扩大销路。他希望把《纽约时报》办成一家新闻全面详尽、社论稳健严肃的“正派”报纸，为纽约优秀的人士——那些严肃、庄重、受过良好教育的精英读者——提供一份符合他们身份与气质的新式大报。奥克斯相信，在众多中产阶级和知识分子云集的纽约，这一办报方针与政策一定会奏效并获得成功。

奥克斯接管报社伊始，立即以不懈的努力开始了对《纽约时报》的全面改革工作。首先，针对纽约这个美国经济中心大都市的特点，奥克斯采纳了新闻编辑亨利·罗文塞尔的建议，在报纸上大大增加了经济新闻的报道分量，向读者详尽提供包括市场行情、商界动态和船舶往来等在内的各种信息。《纽约时报》还开始出版一种指南，专门开列本地和外地来市内采购货物的人员名单。1897 年 11 月 8 日，奥克斯委托罗文塞尔创立了一个每周金融评论专栏，加大对经济新闻与现象的分析。当时，对于奥克斯注重经济新闻的这些措施，《纽约时报》的大部分员工并不理解其意义，认为此举将会使《纽约时报》比米勒担任主编的时候还要沉闷呆板。不料奥克斯的革新很快带来了几千个新的订户和潮水般涌来的广告。因为纽约的商业金融界人士发现，在纽约，还没有一家报纸能像《纽约时报》一样刊载如此详尽完整的商业金融信息，他们称《纽约时报》为“商业的经典”。

在内容方面，除了注重商业金融信息外，奥克斯的报纸还本着严肃的态度对法庭诉讼、天灾人祸、纠纷偷盗等社会新闻加以报道，他还开辟了星期日增刊和图书评介专栏，这些都赢得了众多读者的欢迎。

在印刷方面，奥克斯是个大行家，所以《纽约时报》在奥克斯时代一直以印刷精美、美观洁净著称。奥克斯亲自来到印刷车间和排字房，勉励工人们为印刷出精美的报纸而奋斗。他购进了新式印刷设备和上好油墨，废除了以往使用的小五号字，加宽每行之间的距离，把栏目缩短，从而使《纽约时报》成为全纽约印刷效果最为清晰、洁净、美观的报纸。当时的《纽约时报》有个宣传广告：“本报不会玷污早餐桌布。”这一方面表明该报坚决反对“黄色新闻”、拒绝刊登无稽煽情的消息，另一方面也是在不无自豪地宣称该报印刷质量很高。

奥克斯的编辑方针和改革措施不久即见成效，该报发行量很快提升到了 2.5 万份，此前几乎无人问津的《纽约时报》现在天天销售一空，广告源源不断。纽约的教会牧师、教育文化界人士和政府官员们都对《纽约时报》重振雄风万分惊奇，倍加称赞。牧师们在教会布道时一面大力抨击万恶的黄色报纸，一面赞扬《纽约时报》是一份适合正派人士和有教养的家庭阅读的最好报纸。政府部门、教育机构、商业金融界、文化团体和许多个人读者纷纷订购《纽约时报》，可以说奥克斯的办报方针和改革措施至此完全成功。

1896 年 10 月，奥克斯认为由于他的办报方针受到了社会各界的好评，因此有必要用一句简短的标语来确切地表达这一方针，每天印在报纸上以加深大众的印象。他同编辑们考虑再三，拟定了这样一句标语："所有适宜于刊印的新闻"（All the news that's fit to print）。此外，他又在报上发布 100 美元的悬赏，征求 10 个单词以内的更好的标语，并聘请著名的《世纪杂志》编辑吉尔达主持评定。社会各界对此反应强烈，踊跃投稿。奥克斯聪明地抓住这一时机，连续几星期在报上开辟专栏，刊载应征标语。这些标语有几千份之多，最远的来自西海岸的旧金山。内容比较好的是这样一些短句："所有适宜于阅读的新闻""所有值得报道的新闻""保持清洁，充满新闻""千万新闻，无一诽谤"，最后获奖的一条是"刊尽天下新闻，但不教人行恶"。可是，奥克斯及其编辑们最终还是决定沿用原来的标语"所有适宜于刊印的新闻"。这句广告语自 1896 年 10 月 5 日被移至报纸第一版报眼起，迄今未曾更动，已成为美国家喻户晓的一句话了。

1898 年对奥克斯的《纽约时报》来说是一个面临严峻考验的年头。这一年爆发了美西战争——赫斯特称之为"我们的战争"。"黄色新闻"在此期间大肆泛滥，而狂热的民族沙文主义也使全国公众的注意力都集中在这场战争之上。这时的《纽约时报》还无力自掏腰包派出自己的战地记者，而"黄色新闻大王"赫斯特却凭借雄厚的财力，组织庞大的采访队伍奔赴前线，并用自己的新闻快艇专门传送稿件、印制报纸。《纽约先驱报》也有实力从牙买加一次发回 2 000 字的电报新闻，每个字花费 3.25 美元，全部一次性用黄金支付。此时的《纽约时报》只能刊登美国联合通讯社的有关电讯消息和一些邮寄稿件。但是，善于动脑子的奥克斯却在发行上出奇制胜，毅然把《纽约时报》的报价从三美分降至一美分（赫斯特和普利策的报纸当时均为三美分），结果此举使《纽约时报》在这场竞争中由劣势转为优势，发行量迅速增加，1901 年该报突破了 10 万发行大关，报纸财政扭亏为盈。此后，《纽约时报》修建了一座新的办公大楼，并同时与伦敦的《泰晤士报》达成协议，在《纽约时报》上刊载《泰晤士报》的国际消息。1904 年 1 月 18 日，《纽约时报》大楼在百老汇大街和四十二号大街交汇处落成（即现在的时报广场），奥克斯和他的编辑人员自豪地站在大厦下边，听着奥克斯 11 岁的女儿伊菲吉思用稚嫩的童声念出颂词："我把这座大厦献给《纽约时报》使用，祝愿在这里工作的人们主持公道，用勇气和智慧为人类的福利、美国和美国人民的最大利益，以及正派庄严的新闻传播事业服务，愿上帝永远赐福给他们。"

就这样，阿道夫·奥克斯终于以自己的才干和毅力创造了世界新闻传播史上的一个奇迹。他不仅使濒临死亡的《纽约时报》起死回生，而且使其不断壮大、声誉日隆，成为世界上最为重要的报纸之一。

3. 出色的新闻主编卡尔·范安达和《纽约时报》

阿道夫·奥克斯能挽救《纽约时报》，除了他编辑纲领的正确和一系列有力的改革措施外，还同他知人善任、体恤下情、致力于网罗一流人才有密切的关系。他任命的第一位新闻编辑主任就是提议他注重商业新闻报道的亨利·罗文塞尔。1904 年 2 月，奥克斯又任命了他的第二位新闻编辑主任，即美国新闻传播史上最出色的编辑主任之一——卡尔·范安达。

卡尔·范安达是那个时代新闻出版界的头号传奇人物。他于 1864 年 12 月 2 日出生于俄亥俄州的乔治城，自小就喜欢编编写写。据说才 6 岁时，范安达就曾在纸张上粘贴剪报，以 10 美分一份的价格向周围的小朋友们出售，有人说他喜欢编辑报纸胜过世界上的一切。范安达在俄亥俄大学学习的是理科课程，毕业后却投身于报社，先后在数家报纸做过记者和夜班编辑。1904 年，他进入《纽约时报》，很快便被重用。在担任该报新闻编辑主任的 25 年中，范安达以自己的出色才干协助奥克斯把《纽约时报》推上了一个新的辉煌顶峰，而他本人也获得了“最伟大的新闻奇才”的美称。

有人曾说，在报业的历史上，可能有过比奥克斯和范安达两人更为完美的发行人与总编辑合作的先例，但却绝没有人像他们那样心意相通、观点一致。这是因为在执行“所有适宜于刊印的新闻”政策方面，范安达与奥克斯具有相同的看法和信念。奥克斯对于科学发明、飞行探险、地理发现等新闻有着浓厚的兴趣，不惜以重金获得此类独家新闻，而范安达对此也具有同样的好奇心和兴趣，并完美地执行了奥克斯的想法。当《纽约时报》的一些人对这位新上任的主编为求得重要消息而不惜一切代价的做法颇多微词时，是奥克斯站出来为范安达说话，认为把《纽约时报》的大部分利润再次投资于报社特别是新闻采访活动中去是完全正确的。

作为美国第一流的新闻编辑室主任，卡尔·范安达所表现出的第一个良好素质就是对一切能加快新闻传递速度的新发明的高度重视。范安达是最早发现并理解那个时代刚刚出现的马可尼无线电报在新闻报道活动中重大意义的人之一，也是最早在美国报刊界用无线电报来传递新闻的人之一。

范安达另一个突出的良好素质是具有敏锐的新闻直觉和组织重大新闻报道的优异能力。以日俄战争为例，一天早晨 4 时 30 分，当日本海军已决定性地击败俄国舰队的新闻提要传来时，范安达领导的《纽约时报》抛出了所有早已备齐的各种资料。19 分钟内，《纽约时报》印出了 4 万份号外，头版刊登了半版的海战消息和范安达利用改版时间撰写的新闻标题，里页则刊登了范安达很久以前就为这一时刻准备妥当的各类更为详尽的背景资料、图片、述评等材料。黎明时分，这位编辑主任率领的马车队在纽约街头到处巡视，范安达欣慰地看到，他抢先发表的新闻被摆放在报摊上显要的位置和被报童们大声沿街叫卖。

《纽约时报》对世界海难史上最著名的“泰坦尼克号”惨案的报道，更为突出地表现了范安达的新闻敏感性和卓越的新闻报道组织能力。对范安达来说，《纽约时报》在他的领导下于 1912 年 4 月对豪华邮轮“泰坦尼克号”冰海沉没进行的报道，应该是他新闻生涯中最为杰出的成就之一。

1912 年 4 月 14 日深夜，美国联合通讯社波士顿分社夜班报务员肯尼迪在拨弄一架自己装配的无线电发报机时，意外地收到了一个可怕的海难呼救信号，这个信号发自当时世界第一大豪华游轮、英国白星轮船公司的“泰坦尼克号”，电文是：“火速前来营救，我们撞上了冰山，这是遇难求救信号（CQD），船只位置，北纬41度46分，西经54度14分。”

紧接着，它审慎地发出了一条简讯：

> [美联社纽芬兰密斯角4月14日星期日深夜电]：今夜10时25分白星轮船公司的“泰坦尼克号”称急需援救。

星期一凌晨1时20分，《纽约时报》的电讯室铃声大作，值班员抄收到了美国联合通讯社这则简讯，并马上送到了范安达手中。拿到这则简讯的范安达半分钟也没犹豫，立刻传令印刷车间把已经上机的头条新闻拆下来，刊印上这则简讯和“泰坦尼克号”自英国南安普顿港首航纽约的消息，标题是：“泰坦尼克号”大海中触及冰山，行将沉没。

范安达的处理非常大胆，因为他坚信无线电报的可靠性。尽管白星轮船公司纽约办事处坚持说4.5万吨的“泰坦尼克号”不可能沉没，但范安达根据各方面的信息，毫不动摇地坚信一场可怕的大海难正在发生。而此时，纽约的其他几家著名报纸却因犹豫不决而没敢采用美国联合通讯社的这条消息，放过了第二天刊登这一新闻的绝好机会（过了截稿期）。

这天凌晨，接连不断简讯很快证实了范安达的判断。刚过两点，“泰坦尼克号”上的电讯悄然中断，再无声息。范安达根据多方面的情报，断定“泰坦尼克号”已经沉没了。

这时离凌晨3点半的《纽约时报》市闻版最后截稿时间已不远了，范安达显示出了高超的紧急新闻处理能力。他立即派人把资料室中有关“泰坦尼克号”的所有资料都找出来，马上写成几篇背景材料；又根据白星轮船公司提供的所有乘员名单，准备了一篇人物背景介绍，不加评论地刊登了2 200多名乘客中的一些著名人物，如约翰·雅各布·阿斯特上校夫妇，英国著名编辑、《帕尔马公报》的主笔（后为《评论的评论》主编）斯蒂德，美国总统塔夫脱的军事助理阿奇博尔德·巴特少校等。记者们还准备了不久前两艘轮船在北大西洋曾与冰山相撞、险遭厄运的相关报道资料，以及供头版刊用的“泰坦尼克号”大幅照片，船长史密斯的照片及简介也全部准备就绪。

就这样，星期一上午，当伦敦和纽约两地的其他报纸还以谨慎和观望的态度等待白星轮船公司进一步的权威消息时，提早上市的《纽约时报》已经使全城响彻报童们关于“泰坦尼克号”海难事件的叫卖声。该报第一版排出了一个三直栏宽、四排大字组成的大号标题：

> 新邮轮“泰坦尼克号”触及冰山
> 午夜船首已开始进水下沉
> 妇孺登上救生艇撤离险境
> 凌晨0时27分后电讯已告中断

该报第一版上还有一条两直栏宽的加框消息，加了一个集纳性的标题“沉船最后消息”，刊出了报纸截稿前收到的最后相关电讯稿件。而《纽约时报》凌晨 3 点半上机的市闻版更是直截了当地宣布：伟大的“泰坦尼克号”已沉没了。

就在这一天，从现场搜救轮船上发回的电报证明了这场航海史上最大灾难的发生。当卡纳德轮船公司的“卡帕西亚号”第一个到达现场时，仅仅发现了海面上几十艘拥挤不堪的小救生艇和那艘业已沉没的世界第一豪华巨轮留在平静海面上的点点油污。“卡帕西亚号”救起了海上的约 700 名幸存者。晚上 8 点 20 分，白星轮船公司才正式沉痛宣告：“泰坦尼克号”确实遭遇了特大海难事故，而“卡帕西亚号”救起的人，可能就是“泰坦尼克号”上全部的生还者了。

至此，《纽约时报》对“泰坦尼克号”事件的大幅报道已轰动纽约、轰动全美、轰动欧洲、轰动世界，成为人们最为关切的话题。那些胆小或过分相信“泰坦尼克号”不会沉没神话的报纸编辑在饱受教训、痛悔不已之后，都只能纷纷转载《纽约时报》的相关独家新闻，《纽约时报》取得了这场新闻报道战的第一场重大胜利。

在随后的星期二、三、四这三天里，《纽约时报》继续以领先地位报道“泰坦尼克号”新闻。当“卡帕西亚号”带着死里逃生的“泰坦尼克号”幸存者们即将驶入纽约港时，全纽约的报纸都为此进行了总动员，准备和《纽约时报》一决雌雄。范安达当然对这场压轴戏也全力以赴，早在星期二时，范安达就在离“卡帕西亚号”预定停泊码头一个街口远的一家旅馆里租下了整整一层楼，提前架上了四条直通《纽约时报》本市新闻编辑室的电话线，并同值班编辑和市闻版新闻主编商讨确定了一个详尽周密的采访计划。

星期四的下午，《纽约时报》市闻版主编阿瑟·格里夫斯把报社所有的老少记者都召集了起来，除了几个必不可少的外勤人员之外，所有记者全部出动执行这次的采访任务。范安达表情冷淡地站在一边，双手仍在神经质地习惯性绞扭着，眼中不断放射出人们熟悉的“范安达的死光”，看着格里夫斯发号施令、调兵遣将。

格里夫斯告诉大家：今晚 9 点左右，“卡帕西亚号”将载着“泰坦尼克号”上的幸存者驶入纽约港。它在途中拒绝回答所有的询问电报，甚至连美国塔夫脱总统的询问电报都置之不理，看来人们也难以从它那里获得任何电报的答复。格里夫斯又解释说，在“卡帕西亚号”抵港后，纽约每家报纸只是获得了有关当局颁发的四张码头专用通行采访证，并且还必须等所有获救人员离船以后才被准许派记者登船采访，而那时报纸早已过了第一次截稿时间了。所以，格里夫斯说：“我们必须设法在‘卡帕西亚号’一抵港时就混上去，虽然我们只有四张通行证，但是我要求你们 16 个人一齐去。凡是没有通行证的人，要设法用警察局发的记者证去接近船员或乘客。如果这种办法不行，那在生还者乘车离去的时候，一定要抓住机会进行采访。任何一位记者采访到新闻后都要立刻把它送到旅馆，有专人在那儿主持。凡是采访过的生还人员，要把他的名字贴在墙上，以避免因重复采访而浪费时间。”格里夫斯专门对那四个持有特别通行证的老牌记者交代道：“本次报道主要靠你们了，你们要尽量收集一切情况，抓住‘卡帕西亚号’船长！抓住白星轮船公司的人！抓住‘泰坦尼克号’上的船员！如果‘泰坦尼克号’无线电报话员还活着的话，一定要找着他！”格里夫斯又对每一个没有证件的记者交代了相应的任务：一人专门写“卡帕西亚号”到港的情况；一人专门写生还者获救的经过；三个人专门跑城内各家旅馆与医院，采访在码头上漏访的生还人员；一人负责采访拖带“卡帕西亚号”进港的拖船船员；一人以迎接群众为目标；一人以维护秩序的警察为采访对象。格里夫斯最后告诉大家，如果旅馆里的四架电话都占线的话，那么在 23 街和 11 马路转角处，还有三架专用电话和专车备用，司机帽子上有“时报”商标，时报内的电话总机除了一条线路外，其他所有的外线都抽出来供“泰坦尼克号”采访人员使用，凡是有照片要冲洗者和有预想不到的情况需要汽车的人，都可以自由地使用准备好的车辆。

与此同时，范安达派一名记者找到了正在吃饭的无线电发明人马可尼先生，要求他帮忙。马可尼告诉这名记者，等生还人员一离开“卡帕西亚号”，他就立即登船找船上的无线电报话员谈话。由于在那个年代里，英、美、意等国所有使用马可尼无线电系统的报话员都是马可尼无线电公司的雇员，所以他能够轻易地找到这些人了解情况。但范安达一听此话很是着急，立即亲自前往餐厅，说服马可尼马上坐地铁去码头，并希望这位《纽约时报》的老朋友能尽力把记者史密斯带上轮船。

范安达安排了一辆专车在地铁出站口等候马可尼等人并把他们送到了码头。此时此刻，3 万多名急于见到亲人的家属（因为没有透露死亡名单，所以家属们不知道亲人是否还活着，都来到了码头）和大量的市民早已把码头围了个水泄不通。码头内外人潮汹涌、喊声喧天，600 多名生还者在船上向着码头上的家属们挥手尖叫，其家属也拼命地企图冲进码头与亲人会合。政府出动大批军警，建立起严密的警戒线，谁也别想越过警戒线登船。他们也挡住了马可尼一行人，声称谁也不能过去。急中生智的史密斯大声喊叫道：“这是大名鼎鼎的马可尼先生，他去‘卡帕西亚号’有紧要公事，你们最好还是报告你们的长官为妙。”一位警察头目考虑了一下后说：“好吧，只许马可尼先生和他的经理登船，记者可不行。”真是天佑《纽约时报》，警察只认得马可尼，却不知身边一群人中谁是他的经理。机灵的史密斯捏了下马可尼真正的经理的手臂，然后一边高声喊着自己就是经理、一边推着马可尼走过了警戒线，匆匆登上了轮船，进入无线电室。“卡帕西亚号”上的无线电报话员哈罗德·布莱德迎接了他们，更令人难以置信的是“泰坦尼克号”的无线电报话员不仅获救，而且就在无线电室里。正是这位报话员向马可尼和史密斯详尽描述了“泰坦尼克号”遇难和沉没的全部经过。他叙述到当这艘巨轮下沉时，船上的小乐队仍在整齐安静地演奏着音乐，一些妇女坚决拒绝独自登艇逃生，甘愿留在甲板上与丈夫共赴一死，所有的留船人员在最后时刻都站在船头，同声吟唱赞美诗《秋天》。史密斯奋笔疾书，几乎不加修饰地逐字记下了这位报话员的叙述。

这篇刊登在《纽约时报》次日头版上的特稿文章，成为《纽约时报》在这一特大新闻采访中抓到的最大一篇独家新闻。尽管纽约别的报纸也使尽浑身解数，试图在这场报道大战中打败《纽约时报》，为自己挽回点面子，比如《纽约先驱报》老板小贝内特就专门派出了他麾下的一位王牌美女记者，乘坐一艘快船提前出海迎接“卡帕西亚号”，但这位女明星记者刚一登上“卡帕西亚号”，就被船长下令关进了一间小舱房，直到所有生还者下船后才把她放出来。《纽约时报》最终以其快速、详尽、全面的报道夺取了这次采访的全面胜利。

在星期五的《纽约时报》上，范安达在 24 版中用了整整 15 版的版面来刊登“泰坦尼克号”新闻。第一版头条新闻的标题就占有八栏之宽：

> “泰坦尼克号”21海里/时[①]高速下触及冰山船底破裂
> 345名乘客眼见1 595名同伴赴难
> 乐队奏乐　船长史密斯遗言“与船共存亡”
> 许多妇女拒绝离船愿与她们的丈夫共生死

《纽约时报》当时最优秀的新闻改写员里奇以其生花妙笔给这篇头版头条新闻写下了这样一段凄美动人的导语：

> 繁星闪烁之夜，蓝海如镜，“泰坦尼克号”全速前进下触及冰山。一小时后，船首向下，缓缓沉入海中墓地。

1912年4月19日的《纽约时报》以其卓越的报道使自己名垂史册。这一天的《纽约时报》成为人们竞相搜集保存的珍品，编辑主任范安达也以他出色的组织才干、考虑周密的采访报道计划和完美的版面处理技巧赢得了世界报业同人的一致称赞。若干年后，当范安达访问伦敦著名小报《每日镜报》时，《每日镜报》总编辑打开抽屉，里面摆放着一份1912年4月19日的《纽约时报》。他对客人们说：这一份报纸是采访史上的最伟大成就，我们谨慎保存以作借鉴。

第一次世界大战时期，《纽约时报》在范安达的领导下达到了新闻报道的又一个顶峰。这时的《纽约时报》已有充足的财力派遣自己的战地记者奔赴前线采访报道。范安达日夜站在总编辑室的大军事地图之下，根据各方情报和自己准确的判断，不断地向世界各地的战场热点派出记者，发出指令，布置报道。《纽约时报》的记者们活跃在全球各条战线上，他们发回的一篇篇独家新闻吸引了无数美国读者。

同一时期，根据奥克斯和范安达的指示，《纽约时报》开始刊登各类权威的历史文件和著名演说的原文。1914年8月，《纽约时报》以六个整版的篇幅刊登了英国的白皮书，还陆续刊登了英国外交部致德国和奥地利的信件原文，以及德国官方关于战争的前因后果的说法。在一战结束时，《纽约时报》又以八个整版的篇幅刊载了《凡尔赛和约》的全文，成为全文发表这一文件的唯一报纸。这些措施使得《纽约时报》日益成为一份对公共图书馆员、专家学者、政府官员、研究机构和其他报纸都有重大文献参考价值的大报，后来《纽约时报》发行出版的目录索引进一步保证了它的这一地位。

1925年，《纽约时报》编辑主任范安达的身体状况已不允许他继续承担这一岗位的工作了。范安达最后一次指挥了《纽约时报》对这一年1月24日发生的一次全美日全食的报道活动。这次报道同他以往的新闻报道杰作一样计划周密、详尽。他聘请了哈佛大学天文观测台的专家把乘坐飞机在高空所见日全食的情况写成稿件提供给《纽约时报》；而在地面，他在太阳黑影遮盖的所有地区都安排了记者，不但要求他们报道日全食的情况，还要观察飞禽走兽、市面人情的动态反应。在做好了这一切准备工作之后，日全食的前一天1925年1月23日，范安达默不作声、毫不声张地退休并离开了报社。

---

① 1海里约合1.85千米。

没有一个人预料到范安达会在这样一个时刻、以这样一种方式退出他挚爱终生的新闻传播事业。就在天上太阳暂息、大地忽然暗淡之时，一代报坛圣手悄然隐退。

范安达退休之后，著名驻外记者费里德里克·伯查尔出任编辑主任之职，《纽约时报》在奥克斯和他的经营下继续保持着良好的声誉和领先地位。1928 年，《纽约时报》的篇幅已由 24 版增加至 40 版，广告业务源源不断，客户争相登门，有时竟因广告篇幅不足而不得不加以拒绝。1930 年时，《纽约时报》的发行量已达到 350 万份。

1935 年，《纽约时报》新时代的缔造者阿道夫·奥克斯患脑出血去世。这位秉性严肃、勤奋一生的报纸发行人白手起家，艰苦奋斗，自 38 岁到 78 岁，费尽心血经营 40 载，为《纽约时报》的重新崛起做出了巨大贡献。在奥克斯去世时，《纽约时报》无论是经济、政治之独立地位，还是各种新闻的报道水平，都当之无愧地成为美国的第一大报纸，也跻身于世界上最著名报纸之列。

（三）苏兹贝格父子与《纽约时报》（1935 年至今）

1. 苏兹贝格家族与《纽约时报》

1935 年奥克斯逝世后，他的女婿阿瑟·海斯·苏兹贝格继任《纽约时报》发行人与社长之位。在他的主持下，《纽约时报》逐渐摆脱了以往过于僵死的客观中立态度，开始强烈地反对法西斯势力，谴责意大利、德国和西班牙的法西斯战争行径——这在奥克斯凡事严守中立的时代是不可想象的。第二次世界大战中，《纽约时报》更是坚定地站在民主国家一边，全面迅速地报道了世界各国反法西斯斗争的消息。在业务方面，《纽约时报》出版了专供老人阅读的大字版，并成立了一个胶片公司，把每天的报纸版面拍成微缩胶卷向图书馆及资料机构出售。此外，《纽约时报》还发行了欧洲版，每天黎明时分，飞机载着报纸印刷纸样飞越大西洋，在巴黎印刷出版。1959 年，《纽约时报》（欧洲版）的发行量达到了 60 万份，星期日版增加到 120 万份。

1961 年 4 月，老苏兹贝格不再担任其他职务，专任《纽约时报》公司董事长，由其女婿奥威尔·德莱福斯接管《纽约时报》。仅仅两年之后，德莱福斯便因病去世。这样，1963 年 6 月 20 日，德莱福斯的儿子小苏兹贝格接任社长。

小苏兹贝格受过良好的教育，上任后即实行了一系列的改革措施，旨在改变《纽约时报》日益沉重的暮气。在人事方面，小苏兹贝格对原先报社论资排辈的陈规旧习进行了改革。过去的《纽约时报》连办公桌都按资历排列，资历越低者离总编辑的办公桌越远，整个报社形成了等级森严的积习。小苏兹贝格任命了新的总编辑阿贝·罗森塔尔，改组各个编辑部，起用一批年轻的干练之才，如在美国名声仅次于李普曼的专栏作家詹姆斯·赖斯顿，还有年轻的记者哈里森·索尔兹伯里、克里费顿·丹尼尔、西摩·托平、汤·韦克等。在业务经营方面，小苏兹贝格关闭了一直赔钱的西海岸版，买下了考尔斯传播集团，开始对《纽约时报》进行垄断性资产经营。考尔斯传播集团的其他附属机构给《纽约时报》带来了很大的利润，增强了《纽约时报》的市场竞争能力。在报纸内容方面，小苏兹贝格除了保持《纽约时报》原有的政治、经济、文化、科技新闻以外，还在 20 世纪 70 年代增加了一系列有关日常生活的专刊，如《周末》《家庭》《体育》《生活》《科学》等，取得了极大的成功。

2. 五角大楼秘密文件报道案

在小苏兹贝格任内，《纽约时报》继续在国际国外的新闻报道中保持领先地位。《纽约时报》这一时期所取得的最大的报道胜利就是顶着尼克松政府的巨大压力，独立发表五角大楼秘密文件。

1971 年 3 月，《纽约时报》的著名记者尼尔·希恩从五角大楼一位反对越战的文职官员丹尼尔·埃尔斯伯格手里弄到了一份多达 40 多册的政府秘密文件。丹尼尔·艾尔斯伯格是一个对越南战争持悲观反对观点的五角大楼官员，他把这份文件的副本秘密提供给了《纽约时报》的记者尼尔·希恩，希望通过新闻媒体阻止越战的继续进行。这份文件全称《关于越南问题的美国决策过程史》，是奉前任国防部部长麦克纳马拉之命编制的。当时这位部长不同意将越南战争升级，并因此与约翰逊总统发生了分歧，为了推卸责任，他秘密任命手下的一个特别小组撰写了这份文件。这份文件虽然从内容上来看都是些关于越战的史料，并不具有军事的机密性质，但从政治与外交角度来看，却具有爆炸性。依据 1953 年颁布的一条行政命令，该文件被列为“绝密”级报告。《纽约时报》总编辑罗森塔尔为此指派了几名重要的编采人员躲在希尔顿饭店里秘密研究这批文件。《纽约时报》的律师也被请来了，律师们认为这些文件从法律的角度来说是可以发表的。于是，1971 年 6 月 13 日，《纽约时报》刊出了根据这份文件编写的第一部分新闻稿件。

五角大楼秘密文件的刊出立刻轰动了华盛顿特区乃至全美国，当时的司法部部长米切尔气急败坏，要求《纽约时报》马上无条件停止刊登，但被《纽约时报》拒绝了。于是，司法部部长求助于一位刚刚得到尼克松总统任命的地方法官，这位法官发出了一项从来没有过先例的“临时约束限制令”。6 月 15 日，法官以这项命令强迫《纽约时报》停止对五角大楼秘密文件的连载，《纽约时报》旋即向上级法庭上诉。6 月 23 日，根据《纽约时报》的上诉，纽约的上诉法院推翻了这位法官的裁决。与此同时，《华盛顿邮报》也找到了丹尼尔·艾尔斯伯格，也开始在该报上进行秘密文件连载。最后，官司打到了美国最高法院，最高法院一开始以五票对四票的表决同意继续维持之前的临时约束限制令，同时又认为《纽约时报》和《华盛顿邮报》不属于事先约束的范畴。在 6 月 30 日的最后表决中，美国最高法院的九位大法官最终以 6∶3 的票数宣布：新闻出版界有权公布这些与美国人民有着重大利益关联的历史记录而不管这些记录是否有绝密的标记。最终，《纽约时报》胜诉，获得了这次新闻报道的空前胜利。

三、《纽约时报》的偏见与局限

作为西方资本主义国家美国最大的一家报纸，《纽约时报》在增进人类文明与知识、维护新闻自由等方面确实做出了持久不懈的努力。但是，《纽约时报》本身作为一家资本私有的报纸，难以从根本上脱离资本企业的发展规律。从政治观念来看，《纽约时报》全盘称赞西方“伟大的”民主自由传统，拥护和赞美美国式的生活方式，而对东方的社会主义事业抱有根深蒂固的偏见。从企业角度看，《纽约时报》的主人们一直把追求利润作为一个最高的潜在目标加以追求，并且是从他们个人好恶的角度，从更能拉拢读者、扩大销路的角度来完成这一目标的。不能说奥克斯严肃正派的个人禀性没有影响《纽约时报》的编辑方针，但是，从更深层次、更广泛的背景来看，雷蒙德和奥克斯所确定的严肃客观的编辑方针，所奠定的《纽约时报》独特的办报传统及方针政策，都是与如何更好地在当时激情主义报刊围攻下发掘新的读者、获取高额利润相关联的。

在 20 世纪，随着垄断资本主义时代的到来和《纽约时报》自身地位的提高，它越来越成为美国东部垄断资本集团的喉舌，同官方、政府的关系日益亲密，变得越来越保守反动。比如，在 1920 年 8 月份的美国《新共和》杂志上，受人尊敬的专栏作者沃尔特·李普曼和查尔斯·梅尔茨曾发表过一篇文章，批评《纽约时报》对俄国的革命所做的报道。李普曼证据确凿地列举了在 1917 年 11 月至 1919 年 11 月这两年之中，《纽约时报》对苏俄共产党政权所谓已经倒台或行将倒台之事做了 91 次报道——差不多每周都有一篇错误报道。在这些错误报道中，该报四次报道列宁和托洛斯基准备“逃离”，三次提到他们已经逃走，两次谈到列宁提出辞呈，两次谈到他被反对派关进了牢里，甚至有一次干脆报道他已死去。李普曼和梅尔茨说，《纽约时报》关于俄国的报道是不能如实反映情况，仅凭个人意愿进行报道的一个例子。而我们知道，这一时期正是奥克斯和范安达强有力地控制《纽约时报》，高高打出“客观公正、不党不私”旗号的时期。

20 世纪 60 年代，《纽约时报》买进考尔斯传播集团后成为一家庞大的“时报有限公司”，名列全美 500 强企业之中，并同其他大公司形成了错综复杂的资本连锁利害关系。至此，《纽约时报》成为一份不折不扣的美国“上层”报纸，成为美国东部权势集团的发言人。20 世纪 50 年代美国中央情报局准备在危地马拉搞军事政变的时候，小苏兹贝格应中央情报局之请，把碍手碍脚的该报驻中美洲记者西德尼·格鲁森调离危地马拉。1961 年，《纽约时报》的调查记者泰德·斯扎尔克根据秘密线索采写了一篇报道，提前揭露了中央情报局的雇佣军企图入侵古巴的“猪湾入侵计划”。但是《纽约时报》上层人士根据肯尼迪总统的要求，扣压了这篇报道，这当然获得了美国高级官员的称赞。肯尼迪总统曾在《纽约时报》又一次应他的要求扣下关于古巴部署苏联导弹的独家新闻时写信给《纽约时报》发行人小苏兹贝格，赞扬说：“你们……同意不发到手的新闻，这是你们对国家利益做出的重要贡献。”与此同时，小苏兹贝格曾允许中央情报局阅读《纽约时报》记者寄给他的绝密私人信件，同样，中央情报局也帮助《纽约时报》弄到了 1956 年赫鲁晓夫在苏共二十大上的秘密报告。很明显，在根本性的重大问题上，《纽约时报》从来都是立场坚定、旗帜鲜明地站在美国垄断资产阶级一边的，这一点毋庸置疑。

第三节　分析与思考

在西方的大众报业体系之中，独立主流权威性大报占有极为重要的地位。这不仅是因为大报常常反映了一个国家、一个社会的主流舆论价值观，还因为这些大报的所作所为，积极地推动了这些国家的历史发展进程。

西方报业媒体生态群落中逐步出现了英国的《泰晤士报》《卫报》，美国的《纽约时报》《华盛顿邮报》《华尔街日报》，法国的《费加罗报》等主流权威性大报，甚至在其他广电、网站、期刊等大众媒体中也陆续产生了类似的“顶尖”级同类主流权威性媒体，比如广播电视媒体中的全国广播公司等。这些精英级主流权威性媒体的出现，乃是媒体市场竞争、受众分层现象、社会主体认同、国家官方扶持、媒体历史传承等多重因素综合作用的结果，也是大众媒体发展进程中不可违背的客观规律的体现。这说明，在西方社会舆论中占据主导地位的这些主流媒体，是通过长期残酷的市场竞争淘汰、社会主体受众群体的逐渐认同、传媒自身历史文化传统的传承与发展，才在众多的同类竞争对手中脱颖而出，赢得主流社会信赖，获得持久公信力，进而能够对社会主体舆论进行强有力的影响和引导的。

从《泰晤士报》和《纽约时报》这两家带有标本意义的主流权威性大报的发展经验中可以看出，在一家主流权威性媒体的产生与发展过程中，极为重要的几点是：主流权威性媒体必须时刻遵循世界新闻传播事业发展的一系列内在客观规律；必须遵循大众新闻市场竞争的基本规则；必须遵循人类社会新闻传播事业中共同的业内伦理道德标准，并极为重视对社会大众、主流文化、国家核心利益及媒体自身品牌形象的忠诚与服务意识。主流权威性媒体不是自封的，也不是国家权威正面指定的，更不是强权执政者、富豪精英、充当上层官僚机构“耳目喉舌”者制造出的。

练习题

一、名词解释

1. 《纽约时报》
2. 《泰晤士报》
3. 卡尔·瓦特尔·范安达
4. 亨利·雷蒙德
5. 沃尔特二世
6. 托马斯·巴恩斯
7. 约翰·德莱恩

二、简答题

1. 简述奥克斯与《纽约时报》的复兴。
2. 简述卡尔·瓦特尔·范安达的新闻活动。
3. 简述沃尔特二世对《泰晤士报》的改革。

三、论述题

1. 试分析奥克斯时代《纽约时报》成功的主要原因。
2. 试分析《纽约时报》市场定位成功的原因。
3. 试分析《泰晤士报》在当代趋于衰落的原因。
4. 谈谈《泰晤士报》在世界报刊史上的贡献与影响。

第十三章
西方近现代通讯社的历史

本章学习要点

- 近现代通讯社在新闻传播事业体系中的地位与作用。
- 通讯社发展与各国近代化进程的互动。

人类组建专业化的机构用来远距离传递信息的历史活动可以追溯到很久以前。早在口头传播新闻时代，人们就发明了烽火传警、狼烟报信、鸣锣传讯、公文露布等远距离传递信息的原始系统。在公元前5世纪时，波斯帝国的国王大流士为了迅速地发布并传送他的命令，曾下令在许多山顶上派驻大嗓门的家奴，用高声呼喊、人声传递的方式来进行信息的远距离传递。在古希腊时代，人们则使用在城墙上点燃火把、组合字母的方法向远方传递消息。近代欧洲德国的富格尔家族遍布欧洲各地的财经“新闻信”传递网络，北美十三州独立战争前夕塞缪尔·亚当斯等殖民地革命激进分子组成的“自由之子”宣传网络等，都可以被看作近代社会中最早的专业化新闻信息传递组织。但是，一直到19世纪初叶第二次工业革命爆发之前，人类进行远距离信息传递的方式仍然没有得到很大的改进。

第一节　近代通讯社的鼻祖：哈瓦斯通讯社

正是从19世纪初叶开始，人类社会形态发生了巨大的变化。资本主义制度已在西欧和北美先后确立，工业革命的进程、法国大革命的爆发、拿破仑战争和欧洲各国民族解放运动，导致了对国际新闻惊人的社会需求热潮。欧洲和北美地区经济的发展，政治军事斗争的需要和多方面快速发展的社会生活，都要求进行快速、大量、经常性的社会信息有效传递与交流。与此同时，工业革命带来的科学技术也奠定了信息革命的物质基础。各国报业的发展、交通运输行业的革命、跨国电报及跨洋海底电缆的出现，给新型专业化社会信息组织的诞生准备了必要的前提。于是，建立在近代工业文明基础之上的近代通讯社应运而生。

首先在19世纪的欧洲大陆，随着大众新闻传播事业的不断发展，随着工业革命和各国社会经济、文化的日益繁荣，逐渐形成了一个巨大的海外新闻市场，在法国、德国和英国等国家相应地迅速产生了一批近代新闻传播专业机构——通讯社。其中，最早诞生、历史最为悠久的通讯社就是法国的哈瓦斯通讯社，可以说它是近代各国通讯社的先驱。

一、哈瓦斯通讯社创始人——夏尔·哈瓦斯

哈瓦斯通讯社的创始人夏尔·哈瓦斯是一个有着匈牙利血统的法国人。哈瓦斯出身底层，但受过良好的教育，在法国大革命后期，特别是在拿破仑执政时期，哈瓦斯与官方关系密切。1806 年，他曾创办了一家官方特许银行，并买下了《法兰西公报》的部分所有权，进入了巴黎新闻出版界。1814 年拿破仑王朝灭亡后，哈瓦斯也随之失势破产。于是，他再次另辟蹊径，利用波旁王朝复辟时期巴黎报业的大发展和自己掌握几门外语的特长，于 1825 年开始，从英、德、西班牙等国的报刊中剪裁新闻，选取出适合法国人口味的文章、报纸述评和新闻消息，译成法文后提供给巴黎的各家报刊、外交界和金融人士使用。1832 年，随着业务的发展，哈瓦斯成立了一家宗旨为“迅速而优质”的信息编辑事务所，雇用一批工作人员专门翻译外国报刊的有关新闻和其他信息，分送给政府机关、外交使馆、银行、商业团体，以及个人和报纸订户。不久，哈瓦斯买下了巴黎的几家同行企业如巴黎通讯社、加布里埃通讯社等，在欧洲各地物色了一批新闻通讯员，稳步而又扎实地建立起一个遍布欧洲重要城市的新闻收集网络，垄断了巴黎的外来新闻通讯业务。1835 年，雄心勃勃的哈瓦斯终于正式打出了哈瓦斯通讯社的旗号，用巴黎报刊上的新闻和消息交换外国报刊上的新闻和消息，走上了向法国及其他欧洲各国提供专业新闻之路。

二、哈瓦斯通讯社的发展

哈瓦斯通讯社成立不到一年，法国便出现了廉价报刊。由于这些新型报刊忽略传统“言论”而重视新闻报道，所以巴黎当时发行量最大的两家廉价报纸《新闻报》和《世纪报》先后成为哈瓦斯的订户。伴随着法国报刊廉价化的浪潮，哈瓦斯通讯社在法国特别是在巴黎报业中很快便站稳脚跟，并开始迅速扩大自己的业务规模。随着信息传递技术的发展，哈瓦斯通讯社不断采用新的技术改进其新闻传递系统，声誉渐高，影响日隆。1837 年，该社率先采用夏普信号传递系统，将其业务从巴黎、布鲁塞尔等地扩展到了柏林、罗马、马德里和维也纳。

1844 年，美国人塞缪尔·莫尔斯发明了有线电报技术，1848 年电报开始在欧洲得到普遍应用，哈瓦斯通讯社又采用这种最新的技术传递新闻，更加快捷地向它遍布欧洲各地的用户提供新闻消息和股票行情信息。在当时，哈瓦斯通讯社的新闻消息和经济信息传递迅速、真实可靠、信誉卓著，深受各地用户欢迎，这使它很快成为当时欧洲乃至世界上首屈一指的、最大最好的通讯社。

1850 年，事业成功的查理·哈瓦斯将通讯社交给其子奥古斯特经营，自己则退居二线。同年，该社已有能力每日发稿，向欧洲各国客户全面提供政治、外交、商业等多方面的新闻。1857 年，奥古斯特领导的哈瓦斯通讯社同法国 200 多家地方报纸订立合同，用该社的国内外新闻稿件交换各报若干篇幅的广告版面，然后再将这些版面出售给

广告客户，这使其获得了极高的收入，进而开始了向世界性通讯社的攀登。

1859年，哈瓦斯通讯社同英国的路透通讯社、德国的沃尔夫通讯社分别签订了相互交换新闻的合同。1860年，哈瓦斯通讯社又利用横贯大西洋的海底电缆，成功地将其新闻业务扩大到整个拉丁美洲地区。1866年，该社同法国通用广告公司正式合并，成为这家公司的下属机构，其财务状况更加稳定。1870年1月，哈瓦斯通讯社与路透通讯社、沃尔夫通讯社这两家老牌通讯社和刚刚成立的美国联合通讯社一起，共同签订了旨在瓜分世界新闻市场的“三社四边协定”。此举不仅巩固了哈瓦斯通讯社在欧洲固有领域和拉丁美洲的垄断地位，还标志着它已成为一家世界性的大型通讯社。

在随后的年代里，哈瓦斯通讯社继续飞速发展，并与沃尔夫通讯社和路透通讯社等在世界各地展开激烈竞争。然而，在庞大的资金压力下，法国政府每年主动给予该社大量财政补给，并开始逐步控制该社的有关业务，哈瓦斯通讯社逐渐演变为法国半官方的喉舌，声誉从此有所下降。1940年第二次世界大战中，德军入侵法国，占领巴黎，哈瓦斯通讯社旋即被德军全盘接收，成为德国纳粹和法国卖国政府的宣传工具。至此，这家世界上最古老的近代通讯社声誉扫地。

1945年9月30日，获得胜利后重返法国的戴高乐政府下令没收了哈瓦斯通讯社的所有资产，并解散了它，在其基础上重新组建了当今著名的法国新闻社。至此，具有一百多年悠久历史、曾经雄居世界通讯事业之首的哈瓦斯通讯社成为历史的陈迹。

三、法国新闻社

法国新闻社（法新社，AFP）是二战后戴高乐政府在原哈瓦斯通讯社的基础上，于1945年11月正式组建成立的。它是一个受政府财政资助、具有半官方性质的通讯社（尽管该社自己并不承认这一点）。法新社虽然有自己独立的组织章程，但它的社长由政府任命，其部分补助经费也被政府正式列入国家预算。从这一点来看，该社同它的前身哈瓦斯通讯社，以及已完全私营化的路透通讯社等是很不相同的。1957年，法国国会通过了法新社改组章程，规定该社须按照企业法规自主经营，应将完整而客观的国内外新闻提供给订户，同时收取费用。同时，章程中明文规定法新社经营的基本原则是：在任何情况下，绝不能损害该社新闻报道的客观性与正确性；同时，在任何情况下，该社都不得接受任何政治或经济集团的控制。依照此章程，国会专门成立了一个由七人组成的“信托最高委员会”对法新社进行管理，该委员会下设一个行政委员会，负责管理法新社的日常业务。这个行政委员会设委员15人，其中报业代表8人，广播电视业代表2人，内阁总理、外交部部长及财政部部长指定代表3人，法新社员工代表2人。社长由行政委员会选举任命，兼委员会主席，领导通讯社的日常工作。

现在的法新社位居世界五大通讯社之列，它在160多个国家和地区设有分社或驻有记者，国内则有13个地区分社，总社每天可以接收新闻及各类信息约30万字，并通过各种先进设备、用近10种语言向全世界播发60余万字的新闻稿件。法新社在全球拥有3 000多家新闻稿件订户，有着广泛、强大的世界舆论传播能力。

第二节　路透通讯社简史

因为种种历史的机缘巧合，第一家近代通讯社哈瓦斯通讯社率先在当时欧洲的政治与文化中心巴黎诞生。随后出现于当时欧洲金融中心、英国首都伦敦的路透通讯社，则真正掀开了人类近现代通讯社发展历史的崭新一页。

一、初创时期（1851—1858）

英国最早的通讯社起源于19世纪中叶，曾经先后有过联合通讯社、中央新闻社、交换电讯社、英国合众社等，其中历史最为悠久、最负盛名者首推路透通讯社（路透社）。

（一）保罗·朱利叶斯·路透的初期创业史

路透社正式创建于1851年，而它的筹划、奠基时期则还要更早一些。事实上，路透社成立和初期的发展史就是其创始人保罗·朱利叶斯·路透的个人奋斗史。

保罗·朱利叶斯·路透于1816年7月21日出生于德国卡塞尔城的一个犹太家庭。青年时他曾做过银行小职员，在柏林开过书店，后因出版激进的政治小册子而受到官方迫害，被迫流亡巴黎。正是在流亡巴黎期间，路透发现了当时新兴的通讯社业务，并于1848年专门进入巴黎最大的通讯社哈瓦斯通讯社担任德文译员，同时“偷师学艺”。在详尽了解了哈瓦斯通讯社的全部工作程序并取得了足够的相关经验后，路透与其同在哈瓦斯通讯社“偷艺”的另一位德籍同事贝纳德·沃尔夫（近代欧洲第二家通讯社——德国沃尔夫通讯社的创始人）先后不约而同地不辞而别，脱离该社，开始自主创业。路透一开始仍企图在巴黎发展，每天与妻子克拉克一起在自己的巴黎寓所中将法国报刊上的新闻和各种信息翻译成德文，为德国报刊提供新闻和商业金融信息，走上了个体信息经营专业户的道路。但是，在巴黎单独经营几个月后，路透夫妇生意惨淡，筋疲力尽，加上当时小拿破仑在法国建立了第二帝国，限制新闻自由，打击进步报刊，这也使得路透的业务大受影响。最后，经营失败、窘迫不堪的路透夫妇被迫关闭了在巴黎的生意，返回德国，准备在通讯事业这一新的行当里大干一番。

当时欧洲已建立了两条主要电报线路，一条从巴黎至布鲁塞尔，一条从柏林至与比利时交界的德国古城亚琛。意欲在祖国创业发展的路透一开始准备在德国首都柏林开办自己的通讯社，不曾想也在哈瓦斯通讯社做过德文翻译的老乡沃尔夫已捷足先登，抢先于1847年在柏林开办了一家电报综合办事处，后来又将其扩展成欧洲第二家著名的通讯社——沃尔夫通讯社。路透只得立即赶到亚琛，在那里也开办了一家电报综合办事处，利用亚琛与布鲁塞尔之间尚有170公里未架设电报线路的不便条件，在亚琛这一德国新兴的工业汇聚之地，商业、金融交易十分活跃的小城开展商业信息的速报业务。路透利用电报网络把从欧洲各地搜集到的汇兑、证券交易等商业金融信息，用火车送到还没有架设电报线路的布鲁塞尔和安特卫普的订户手中。同时，他还在科隆城设立了一个分店，开始广泛地向亚琛的银行家和商人们提供金融快讯。就这样，在布鲁塞尔、安特卫普和亚琛未通火车与电报的地区，很快出现了人们争购路透商业快讯稿件的境况。路透又利用信鸽在亚琛与布鲁塞尔之间快速传递信息，能比火车传递提前七个小时，路透的办事处从此越办越红火，逐渐开始走上正轨。

可惜好景不长，当亚琛与布鲁塞尔之间的电报线路架通之后，人们便不再需要通过路透获取商业金融信息了，路透夫妇只好再次关门停业。其后路透曾设想重返巴黎，在那里建立一个欧洲综合通讯社，但遭到了法国政府的拒绝，这时的路透陷入了前途渺茫的困境之中。

正巧在 1850 年，英吉利海峡海底电缆铺设完毕，伦敦和欧洲大陆之间的电报联系渠道建成了。当时参加这一重大工程的德国著名电气工程师西门子是路透的远亲，他强烈建议路透前往伦敦设立一家通讯社。经过分析，路透认为伦敦是大英“日不落帝国”的首都，也是当时世界政治、经济、商业、金融的中心，于是，他欣然接受了西门子的建议，跨越英吉利海峡，于 1851 年 10 月 14 日在伦敦的皇家交易所大厅租借了两个房间，正式在英国创建了路透通讯社。

（二）伦敦初期的创业

创立初期的路透社只有路透和十几岁的小听差约翰·格里弗斯两人，加上路透夫人的帮助，一切信息的搜集、制作和传递基本上都是由路透本人亲自动手完成的。有利的条件是路透社成立不久，英吉利海峡海底电缆即开始正式投入使用，路透社利用这条连接英国与欧洲大陆的海底电报线路，大量收集欧洲大陆上有关商业、金融的情报，然后将其编辑为商业快讯出售，受到了伦敦交易所、银行、股票商、证券经纪人、投资公司和贸易公司的欢迎。路透社开办初期也同哈瓦斯通讯社、沃尔夫通讯社的开始阶段一样主攻商业、金融信息，把主要的精力和目标放在努力争取英国商业、金融界的订户上，业务重点是向商业、金融界人士提供快捷信息。后来随着业务的不断发展和财力的逐渐丰厚，路透社才开始在欧洲各地派驻记者，在欧洲大陆建立起严密快速的专业化信息搜集网络，并陆续增加了有关政治、外交、军事等的新闻，开始把路透社工作的重点转向了英国的新闻出版界，特别是当时的报坛霸主《泰晤士报》。

其实在德国亚琛创业时，路透就曾给《泰晤士报》写过一封自荐其稿件的信，但遭到了对方礼貌而又冷淡的拒绝。路透社在伦敦成立后，路透又曾两次写信给该报，向其兜售新闻稿件，但《泰晤士报》的每一次回答都是一张明确表示傲慢回绝的小纸条：《泰晤士报》无意采用贵社提供的任何消息。确实，当时的伦敦各大报刊都有自己的海外记者和欧洲大陆情报搜集系统，更乐意采用自己的记者和通讯员采编的消息。特别是财力雄厚的《泰晤士报》，在国际消息的报道上执牛耳已久，当然不相信路透社能提供比自己更加快速准确的国际消息。路透自己也很清楚，仅仅进行一般的商业、金融快讯的报道，并不能保证通讯社的兴旺发达，只有打开英国报刊市场，路透社的发展才有前途可言。

1858 年 10 月，正面强攻不成的路透采取了一个新的战术动作。当时的英国报刊界除了《泰晤士报》以外，势力和声誉最大的就是创刊仅晚于《泰晤士报》九年的伦敦《广告晨报》了。路透认为，只要设法征服这家报纸，说服它采用自己的新闻稿件，伦敦城“舰队街”的其他报纸就会随之俯首称臣，英国报刊市场的大门就会向自己打开，那时，傲慢的《泰晤士报》也将不得不就范。于是，路透专程登门拜访了《广告晨报》

的总编辑詹姆士·格兰特。路透告诉格兰特，现在伦敦的各家报刊都要用一笔可观的费用来采集国际新闻，而他打算用远远低于这些费用的价格向伦敦所有的报刊提供欧洲大陆的各类新闻，而且这些新闻将比各报自己采集的消息更为迅速、准确、全面。格兰特则明确告诉路透，在没有看到路透的建议有百分之百的成功把握之前，他不能取消自己的报社同欧洲特派记者和通讯员的合同。于是，路透建议该报与路透社签署一份试用合同，免费试用两周路透电讯，以便让《广告晨报》把路透社提供的消息同以往该报自采或买来的消息进行一次客观的比较，看看哪家的消息在质量、数量与时效性上更为出色，价格更为便宜，然后再决定是否采用路透社的消息。格兰特认为这是一个不错的主意，便痛快地答应了下来并签署了试用合同。

《广告晨报》的两周免费试稿活动效果极佳，格兰特迅即与路透社签订了正式合同。路透乘胜追击，他拿着《广告晨报》与路透社签订的合同到处游说，伦敦的其他报刊在接受了路透免费提供两周稿件的试验之后，也纷纷与路透社签订了供稿合同。最后，处境孤立的《泰晤士报》终于也被迫与路透社签订了供稿合同，就这样，路透和他的通讯社在英国站稳了脚跟，开始了其兴旺发达的全面提供各类新闻的历程。

二、发展与兴盛时期（1858—1878）

在打开了伦敦报刊界的大门之后，路透社立即积极扩展自己的海外业务，抢发了不少重大的独家新闻，从而赢得了越来越高的声誉。

（一）新闻报道权威地位的逐步确立

1859 年的欧洲大陆风云变幻、形势紧张，法国与奥地利两国交恶，准备兵戎相见。当时法国国会决定于 2 月 7 日举行会议，届时皇帝拿破仑三世将亲临国会发表有关法国外交政策的重要演说。整个欧洲都在提心吊胆地等待着这篇讲演的内容，路透也电令驻站巴黎的记者一定要想方设法提前弄到这篇讲演稿。出于宣传的目的，拿破仑三世答应了路透社记者获得一份原稿的要求，但规定路透社的记者不得在他开始演讲之前，利用任何方法向外界传递演讲的内容。高兴至极的路透立即决定在拿破仑三世开始讲演前后的几个小时内，高价包租当时的海底电报公司从巴黎至伦敦的唯一一条跨海电报传输线路。当拿破仑三世刚刚开始在国会发表演讲时，路透社巴黎办事处的工作人员马上开启了装有演说原稿的密封袋，并迅速派人将其送到海边邮局向伦敦总社拍发。路透社事先已预定购买了几个小时跨海电报传输线路的使用权，在演讲稿送到之前与之后的时间里专门派人拍发《圣经》以霸占线路，不让其他报社的记者使用这条唯一横跨英吉利海峡的线路传输他们的新闻。就这样，路透社很快将拿破仑三世的这篇演讲稿独家传至伦敦。早已准备就绪的翻译人员不到一个小时便译出了讲演稿的英文文本，两小时后，刊登着拿破仑三世警告奥地利的号外便出现在伦敦街头，《泰晤士报》也刊载了路透社提供的这篇演讲的全文。

在美国南北战争时期，路透社关于美国总统林肯遇刺的报道使其声誉又达到了一个新的高峰。1858 年，由于在纽芬兰和爱尔兰之间铺设的大西洋海底电缆不久即告失效，因此路透社利用当时一切可能的条件来提供英国公众所迫切关心的美国南北战争的消息。

由于海底电缆故障，当时来自美国的消息几乎都是通过跨洋邮轮传递的，所以伦敦各报往往会派出专人在爱尔兰等地的港口乘船出海拦截邮轮，以便能够尽早拿到各报记者放在邮轮上的专用小木罐（内装新闻稿件，邮轮水手看到各报的迎接小船后即抛下各报的小木罐），然后通过陆地上的有线电报迅速发往伦敦。路透社也是这样的，但不久即发现自己得到的消息常比一些报纸晚几个小时。原来英国的一家电报公司在爱尔兰最北端的罗切角就派人出海拦截来自美国的邮轮，然后通过爱尔兰和英格兰之间的电报专线将新闻发往伦敦。于是，在征得了政府的同意后，路透社在爱尔兰的克鲁克黑文也秘密架设了一条电报专线，路透社的小火轮可以从那里出海迎接邮轮。这样，该社就可以比伦敦所有的报纸提前 8 小时获得美国的消息并最快向各报提供新闻，伦敦的金融家和各报的总编们对路透社所付出的这种竞争努力纷纷表示敬意。

1865 年 4 月 14 日晚，在美国首都华盛顿特区的福特剧场，美国总统林肯遭到暗杀，并于次日清晨逝世。路透社驻纽约的特派记者麦克莱恩旋即收到了该社驻华盛顿的一位通讯员采写的一篇详尽的现场新闻报道，其主要内容是总统被暗杀现场目击者的谈话记录，谈话人是总统的私人秘书。拿到此篇稿子的麦克莱恩立即断定，关于林肯总统遇刺的第一条快讯此时肯定已被其他报纸或通讯社的记者向欧洲发出了，但是绝不会有第二家新闻单位能够发出像他手中这篇稿子一般详尽的现场报道。麦克莱恩敏锐地意识到他手头的这篇稿子将成为一篇具有划时代意义的“独家新闻”，必须以最快的速度发出。但是，当天从纽约开往伦敦的邮轮早已启航离开了，麦克莱恩当机立断，马上赶到码头，高价雇用了一艘快艇拼命追赶那艘已经开出几个小时的邮轮。为了追上邮轮，麦克莱恩甚至在海上当场高价买下了这条燃煤快要烧尽的快艇，然后命令老板冒险拆掉船上的木板扔进锅炉，加大马力全速前进，终于赶上了邮轮，把装有那条特大独家新闻的小木罐扔到了邮轮的甲板上。几天后，路透社的“马赛号”小火轮在爱尔兰的克鲁克黑文海域接到了这份独家新闻，并火速用电报把它发往伦敦的路透总社。就这样，这条具有历史意义的路透社电讯在《美国林肯总统遭暗杀　暗杀西瓦德国务卿未遂》的醒目标题下，被《泰晤士报》和伦敦各报同时采用，刊登在 4 月 26 日伦敦几乎所有报纸的头版头条位置，这篇报道全文如下。

> 纽约，4 月 15 日，上午 10 点。
>
> 今天 1 点 30 分，陆军军官斯坦顿报告暗杀事件经过如下：
>
> 昨天夜里 9 点 30 分，林肯总统正在福特剧场的私人包厢内同林肯夫人、哈里斯夫人及莱文少校一同看剧，突然遭到闯入包厢内的凶犯从背后的射击。暗杀者用手枪射击之后，提着一把刀，从包厢跳到舞台上，在剧场后方消失了。子弹打进了总统的后脑部，几乎穿透了颅腔，（总统）受了致命的重伤。
>
> 总统当场就失去了知觉，现在处于危笃状态。
>
> 几乎就在发生这起暗杀事件的同时，一个男人，不知是否为射击总统的那个凶犯，称有急事拜访国务卿西瓦德。当他被领到西瓦德的住室时，这个人突然跑到床边，朝着躺在床上的西瓦德的喉咙上猛刺三刀，朝脸上刺了两刀。但愿他受的不是致命伤，然而据认为仍有死亡的可能性。
>
> 根据已查明的情况，暗杀者是两个人，枪击总统的叫威尔克斯·布斯，眼下尚不知道另外一个刺客的名字。不过，由于掌握了他的面貌特征，因此提解归案只是

时间问题。在布斯的皮包中发现了一封信，从信的内容来看，暗杀计划在 3 月 4 日以前就已经制订好了，由于要等待另一个合谋犯同里奇蒙取得联系后再行动，因此计划没有立即实施。

布斯与合谋犯下午 6 点在马厩里碰头，在晚上 10 点或接近 10 点时留下马匹离开了。两个人这几天一直在寻找暗杀的机会，但不知为什么直到昨天夜里都没有采取行动，现已经知道其中一个人逃到巴尔的摩去了，另一人下落不明。

斯坦顿在上午 8 点宣布，林肯总统于上午 7 点 32 分去世。

同样在 4 月 26 日，即在伦敦各报刊登这篇报道的同时，法国巴黎的所有早报中只有《时报》在即将截稿前收到了哈瓦斯通讯社从美国发来的一条短讯："林肯总统昨夜遭到枪击，总统今晨已经死亡。昨夜还发生了暗杀西瓦德国务卿未遂事件，该国务卿受致命重伤。"这条短讯的电头是 4 月 15 日纽约电，巴黎的《时报》因幸运地最早刊登了这条短讯而在法国新闻出版界大出风头。

不过，尽管哈瓦斯通讯社的这篇短讯写得短小精悍，更加符合现代新闻写作的格式，但同路透社那篇富有现场感、信息更加丰富的报道相比，就显得逊色多了。路透社在美国内战期间的新闻报道，特别是这篇有关林肯总统遇刺的重大独家新闻报道，进一步提高了该社在英国的威望，巩固了该社在北美和欧洲新闻出版界的权威地位。

路透社在欧美的通信网络建成并巩固之后，又开始了向亚洲的扩张和发展，这与英国在这一时期成为"世界工厂"和全球最大殖民帝国的历史进程相吻合。此时的路透社已同英国的殖民帝国整体利益密切相关，连成一体了。在强大的英国殖民扩张势力的保护和推动下，路透社开始向全球性通讯社进军。

在英国政府的支持下，路透社首先凭借北欧汉诺威王国的协助，建立了一条由英国经德、俄、伊朗直通印度的电报专线，大大加强了在沿线国家的信息搜集工作。1866 年，路透社在印度的孟买建立了第一个亚洲分社，使其成为该社在远东地区的大本营。此后，随着海底电缆铺向澳大利亚、日本、中国、东南亚等地，路透社在亚洲的电报业务蒸蒸日上，很快成为垄断亚洲与中东地区新闻业务的国际性通讯社。至此，路透社在北美、欧洲、亚洲都有了广泛的业务活动，已成为一家名副其实的世界性通讯社。

路透社本身也在不断改革，逐渐从个体家族产业向近代化股份制公司发展。1865 年，路透社改组成为路透电报公司，保罗·朱利叶斯·路透成为公司第一任总经理。1868 年，该公司同极为重要的客户英国地方报纸联合组织［即英国报纸联合社（英国报联社）］签订了一项重要的互利互惠合同，从而不仅垄断了伦敦，也垄断了整个英国境内几乎所有报刊的海外新闻发送权，并同英国报联社结成了利益攸关的同盟。该合同主要内容如下：

（1）路透社可以把英国报联社的所有新闻发往国外。

（2）英国报联社拥有把路透社的新闻发往地方报纸、饭店、俱乐部和其他机关的垄断权。

（3）英国报联社向路透社独家购买国际新闻，偶尔个人提供的新闻除外。

显然，这是一个双赢合作协定。据此，路透社垄断了英国报刊界国际新闻的发送权，双方这种相辅相成的合作传统一直保持至今。

除了英国报联社以外，路透社又先后吸收了英国报业主联合会，以及澳大利亚新闻联合社、新西兰报业联合社、印度报业联合社等英联邦下属各国新闻组织为合作股东，成为一家大型的全球性通讯社。

（二）“三社四边协定”垄断框架的签署

在路透电报公司于1865年2月成立的同时，德国的沃尔夫通讯社也在同年5月份变成了一家股份合资公司——沃尔夫洲际电报公司。哈瓦斯通讯社也于同年9月在巴黎成立了哈瓦斯广告公司，哈瓦斯通讯社成了该公司的下属机构。随着各自机构的改组扩张，三家通讯社都试图建立自己的国际通讯王国，在全球范围内开始了更为激烈的竞争。当时，路透社在保持欧美电讯垄断地位的同时，更注重向北欧和东方各国不断扩展。哈瓦斯通讯社则把主要目标指向拉丁美洲国家。而沃尔夫通讯社则专心致志地在普鲁士境内建立其垄断地位，把独占德国和东南欧地区作为自己的争霸目标。三社之间的激烈竞争使各方都受到了很大的损失，于是，在1870年1月，路透、哈瓦斯和沃尔夫通讯社的文策尔（代表沃尔夫）三巨头在巴黎举行了和解会谈，并签署了一份旨在分割世界新闻市场的垄断性协定，主要内容如下：

（1）路透社的垄断领域为大英帝国、荷兰及远东地区。除汉堡外，路透社关闭在德国和奥地利的分社，放弃在上述地域发布新闻的权利。

（2）哈瓦斯通讯社的垄断领域为法国、意大利、西班牙、葡萄牙。

（3）沃尔夫通讯社的垄断领域为德国、奥地利、斯堪的那维亚半岛和俄国。不过，关于在德国以外的地区的垄断权，作为代价，该报每年须支付给路透社和哈瓦斯通讯社一定的补偿金额。

（4）奥斯曼帝国（土耳其）、埃及和巴西为路透社和哈瓦斯通讯社的共同领域。

（5）路透社可发布因与美国联合通讯社签订合同而收到的有关美国的新闻。

（6）本协定指定国家以外的地区均为“中立领域”，三社可以在这些地区开展新闻搜集和发布的自由竞争。

（7）三社承认美国联合通讯社在美国的垄断地位，同时不设立妨碍在各自领域内建立通讯社的条款。

依据1870年的这项协定，路透、哈瓦斯、沃尔夫这三家当时最大的通讯社协议瓜分了世界新闻市场，路透社据此进一步巩固了自己的国际地位。1875年，路透社又代表哈瓦斯通讯社和沃尔夫通讯社同美国的美国联合通讯社签订了一项交换新闻的协定，于是，美联社事实上也加入了欧洲通讯社三强的分割协议，这项协定有三项基本内容：

（1）欧洲三社同美联社之间的新闻交换须全部在伦敦进行，四社每月结算账目。

（2）三社在向美国国内发布消息时只能发给美国联合通讯社。

（3）美国联合通讯社不得单独在欧洲和南美洲发布消息。

从协议内容看，美国联合通讯社虽然挤进了欧洲三社瓜分世界新闻市场的大卡特尔体系，却无权在国外单独发布消息。由于当时的美国联合通讯社势力薄弱，它不得不忍受了这种不平等的现实。

“三社四边协定”的签署是近代通讯社史上一个时代的标志。据此协定，一个主要由三家通讯社对世界新闻市场进行瓜分的垄断体系建立起来了。这一垄断体系一直维持了40多年之久，直到第一次世界大战后，随着德国惨败，法国衰弱，美国强盛，该体系才逐渐被打破，现代通讯社时代才降临。1935年，美国联合通讯社正式脱离了这一体系，开始在世界范围内建立自己的竞争领域，另一家美国通讯社合众社也迅速壮大。于是，全球近代通讯事业转向了更高层次的现代通讯事业发展新阶段。

1871 年，功成名就的通讯社大王保罗·朱利叶斯·路透被封为男爵，成为英国上流社会中的显赫人物。1899 年，路透在法国的尼斯海边别墅中走完了他艰难而又精彩的一生。

三、赫伯特·路透时期的路透社（1878—1915）

赫伯特·路透是保罗·朱利叶斯·路透的独生子，他热衷幻想，喜爱哲学、音乐和自然科学（数学、物理）。他大学毕业，具有良好的文化素养，却不喜欢喧闹嘈杂的通讯社工作和紧张单调的生活。虽然大学一毕业他即遵从父愿进入路透社工作，开始在低级职位实习，并最终升任总经理，但他的志向却是做一个出色的哲学家。

（一）改革与奋进

1878 年，老路透彻底退休，赫伯特·路透继任其职位。赫伯特·路透执掌路透社时，该社面临着一系列的新难题，关乎该社从近代通讯社向现代通讯社的转型进程。当时，路透社的组织架构、业务手段、人员思想、设备配置等在新世纪即将来临之时都已显得相当落后了。在赫伯特·路透接手路透社时，该社仍采用手抄新闻、送报少年、马车人力等传统方式发送新闻，不注重新式现代通信设备的使用。更为严重的是，在这一时期，逐渐不满与路透社签署协定的英国报联社和伦敦各报为了打破路透社垄断国际新闻及其价格的地位，开始赞助英国的另外两家通讯社联合通讯社和中央电讯社与之竞争，《泰晤士报》也雇用美国的吉尔达通讯社来同路透社展开激烈的竞争。这一切构成了对赫伯特领导下的路透社的重大威胁与严峻挑战。

面对各方的挑战，富有责任感并恪尽职守的赫伯特抛下了自己喜爱的高等数学和哲学书本，全力率领路透社投入到这场新的竞争之中。由于赫伯特受过良好的高等教育，头脑冷静，逻辑推理能力强，他领导路透社开始了全面的现代化转型进程。在赫伯特的指示下，路透社大批增添新的通信器材，起用一代新人，修改规章制度，努力追赶和适应时代的发展及读者用户的信息需求和阅读情趣，采取了一系列有力的措施，保障路透社顺利渡过了这次难关。

在 20 世纪来临之际，路透社已经在得心应手的赫伯特的领导下走上了健康的发展轨道。在 20 世纪的头十年中，路透社的兴盛达到了顶点。从 1898 年至 1908 年，该社每年收入增加额度高达到 14 万～20 万英镑，并继续在国际新闻报道中一马当先，占据领先地位。1900 年布尔战争期间，路透社采访到的一条重大“三明治独家新闻”就是这一时期路透社整体实力强大、人员素质良好、业务技巧娴熟的充分显现。

（二）“三明治独家新闻”

1900 年，在南非布尔战争中处于劣势的部分英国军队被困守在南非的马弗京城中，孤立无援。英国派遣军总司令部全力展开增援作战，但数月未曾奏效。英国国内的报刊连月来大登英军于马弗京城被围的消息，英伦三岛民众对马弗京战役极为关心。然而，由于城市被围，不知城内英军情况如何，英国朝野上下和全国新闻出版界对马弗京城的前景及增援部队的进展消息都非常关注。

按照路透社讲求客观、公平报道的惯例原则，该社在战争中分别向英军和布尔军两方都派遣了随军记者，既报道己方消息也报道敌方消息，该社当时在布尔军中的随军记者是一位名叫麦凯的年轻人。

经过激烈鏖战，马弗京城终于被一支英军解围了，可是当时攻入马弗京城中的英国军队没有携带相关通信设备。由于距离总司令部很远，加之战事激烈，外围尚有布尔军队在顽强抵抗，因此路透社在英军中的记者并不知道马弗京城已解围的任何消息。

然而，当时在比勒陀利亚城布尔人中间的麦凯却得到了这条消息。也许是因为布尔人严密监视麦凯，丝毫不担心他会把消息发出的缘故，布尔人坦率地告诉麦凯马弗京城现已在英军手中。麦凯得到这个消息后，马上设法赶往葡萄牙所属的东非边境，趁人不注意，他塞给开往洛伦索-马贵斯城火车上的一位司机 5 英镑的现金，请求对方把一份自己写的关于马弗京城之围已被英军解除的快讯送到洛伦索-马贵斯城英国东方电报公司的电报局。5 英镑的高价使这位司机立即答应了麦凯的请求。为了慎重起见，麦凯坚持让司机把电文折好，夹在这位司机的午餐——一块三明治面包中，从而逃过了布尔人的搜查。

不久，这条“三明治独家新闻”平安地从洛伦索-马贵斯城辗转发到了伦敦，收到电报的路透社立即向维多利亚女王、英国首相和伦敦市市长送去专报，兴高采烈的市长先生亲自在伦敦市政厅台阶上向聚集在那里的群众大声宣读了马弗京城解围的路透社消息。

很快，伦敦街头开始出现号外，市民们欣喜若狂、欢声雷动，顷刻之间，伦敦一片沸腾。这个消息马上又从伦敦发到了南非的开普敦城前线，送到了英军总司令罗伯茨将军手中。将军毫不怀疑路透社的这条消息，即刻向所属部队传达了马弗京城已经解围的消息，英军军心大振，开始全线进攻。第二天从前线送来的公文证实了麦凯的“三明治消息”完全属实。

麦凯的“三明治独家新闻”轰动了英国政府、陆军部和全体国民，路透社的威望一时间在英国内外达到了空前崇高的地位。

四、现代的路透社（1915 年至今）

1915 年 4 月，路透社总经理赫伯特因爱妻埃迪斯突然病逝而悲伤不已，自杀身亡，这使路透社上下陷入一场重大的危机之中。因为赫伯特的独生子休伯特·路透性情古怪，在赫伯特夫妇去世之前就不愿也无力从事公司的领导工作。为了躲避家族压力，他自愿放弃继承权，投笔从戎。1916 年，未婚无子的休伯特·路透在第一次世界大战的法国前线阵亡了，路透家族从此断绝了直系继承人。在此背景下，得到大家认可的 37 岁的路透社开普敦分社社长罗德里克·琼斯返回英国，继任公司第三任总经理之职。

罗德里克·琼斯为人精明干练，富有能力，路透社在他的领导下继续稳健前进。为了进一步巩固路透社的地位，琼斯在位期间刻意将路透社改组为路透有限公司，并把公司的大部分股票主动卖给了英国报联社，从而使英国报联社成为路透社的主要股份拥有者之一，巩固与壮大了路透社在英国报刊界的生存基础。这一举措也保证了路透社独立自主的基本方针和客观、公正、自由的报道原则，以及在财政上更加强大的独立地位，足以抵御来自政府和其他组织的压力和收买企图。琼斯的这一系列重大改革措施奠定了现代路透社的雄厚发展基础。1941 年，引退后不久的琼斯又把自己的所有股票卖给了伦敦报纸发行人协会，使路透社变成了一家由加盟报纸、通讯社、电台和其他用户共同分担股本、独立经营的非营利性法人组织，这一法人组织的有关章程规定：

（1）路透社永远不得为任何个人、集团或党派所有。

（2）路透社永远保持其公正、自由与独立的精神。

（3）路透社依照契约，供给英国、大英帝国自治领和世界其他国家的报纸、通讯社确实可靠、不偏不倚的消息。

（4）除了维护新闻出版界的利益以外，对其他各界的利益亦应注意。

（5）努力发展业务，以保证该社在任何情况下都处于世界通讯领域的领先地位。

1941 年琼斯引退后，路透社由其远东地区总负责人克里斯托弗·钱塞勒和欧洲地区总负责人威廉·莫洛尼两巨头共同管理。1944 年，40 岁的钱塞勒被任命为第四任总经理，英国报联社的沃尔顿·科尔成为该社主编。1949 年，路透社又进一步扩大股东来源，使自己成为澳大利亚新闻联合社、新西兰报业联合社、英国报联社和伦敦报纸发行人协会共同持股拥有的通讯社。1959 年，科尔担任路透社总经理，他于 1963 年因心脏病而猝死在工作岗位上，查拉尔德·朗随后升任总经理，开始了其领导下路透社的新时代。

2007 年，具有 156 年悠久历史的路透社因经营不善而被加拿大汤姆森集团并购，成为该集团旗下的一家通讯社。但根据协定，路透社得以继续保持其独立的运作方式和经营理念。

今天的路透社是世界五大通讯社之一，实力雄厚、信誉良好。它在国外建有 100 多家分社，派驻或雇用了数千名记者，每天发稿量近 100 万字，有 1 000 多家国外报刊、电台、电视台订购其新闻稿件，还有无数的跨国公司、商业大公司订购它的商业、金融信息。路透社除播发政治新闻外，它的经济新闻和体育新闻亦占重要地位。时至今日，保罗·朱利叶斯·路透所创建的这个世界性新闻通讯传播组织仍在稳步发展，向前迈进。路透社所恪守的迅速、准确、客观、公正的新闻报道核心理念，依然是全球通讯社新闻报道之最高标准。

第三节　美国联合通讯社发展史

虽然哈瓦斯通讯社与路透社仍是世界新闻通讯社的“龙头老大”，但在现代通讯社的行列里，美国的美国联合通讯社已经跃居“鳌头”。本节将学习与探讨这家通讯社的发展历史。

一、初期的纽约“港口新闻联合社”

在美国众多的通讯社中，历史最为悠久的应该是美国联合通讯社（美联社，AP）了。它的历史可以追溯到 19 世纪中叶。1848 年 5 月，纽约报刊界为防止各报不正当的恶性竞争，保护各家报社的海外新闻报道共同利益，并降低不断增加的竞争成本，在著名的《纽约先驱报》老板詹姆斯·戈登·贝内特等报纸发行人的拥护下，由一位名叫戴伊维·黑尔的资深印刷商牵头，《纽约太阳报》《纽约先驱报》《信使与问询者报》《纽约论坛报》《纽约快报》《商业新闻报》这六家当时纽约最为重要的报纸联手，专门成立了一个“港口新闻联合社”，共同使用海外轮船带来的国外（主要是欧洲大陆的）新闻。这个新闻联合社与后来的美联社同名[①]，是今日美联社的雏形，从某种意义上看，戴伊维·黑尔是这个通讯社的创始人之一。

港口新闻联合社成立初始，就显示出了存在的巨大价值。当时著名的新闻采集“个体户”丹尼尔·克雷格成为受港口新闻联合社委托的海外新闻专业采访人。他在加拿大的哈利法克斯市开设了港口新闻联合社的第一家海外办事处，从那里出海迎接从欧洲来的轮船，然后在轮船到达纽约港口之前上岸，通过陆地上的有线电报把相关新闻抢先传送回纽约。

1858年，第一条标有“AP”字样、直接通过大西洋海底电缆传递的欧洲新闻到达了纽约。这是一条仅仅包含了42个单词、五条信息的新闻，这条新闻标志着以“AP”为品牌的这家新通讯社的海外业务正式开张。在一百多年的发展历程中，“AP”两个字母一直代表着可靠、真实、客观、便捷，美联社迅速成长为世界性通讯社中的一颗新星。

在1861年爆发的美国南北战争中，港口新闻联合社的记者们开始崭露头角。1863年，港口新闻联合社的通讯员约瑟夫·吉尔博特在葛底斯堡，因为记录下了林肯总统著名的“葛底斯堡讲演”而闻名于世。1865年，北军波托马克军团中的一位港口新闻联合社通讯员目睹了南军统帅罗伯特·李将军向北军总司令格兰特将军投降的仪式并进行了报道，这使该社再次闻名遐迩。为了应付南北交战双方的新闻检查，港口新闻联合社的记者们采用了共同的匿名署名“新闻联合社记者报道”。这种署名方式延续了很久，并成为日后美联社的一个传统。

1865年，华盛顿特区资深记者、港口新闻联合社第一位驻华盛顿记者站主任劳伦斯·格布赖特在林肯总统被暗杀几分钟后便赶到了杀人现场华盛顿福特剧院，并写下了他的记者生涯中最重要的一则消息：“华盛顿，1865年4月14日，致新闻联合社：总统今晚在一家剧院遇刺并且可能遭受致命创伤。”

美国南北战争之后，虽然美国西部的报纸成立了类似的组织西部报联社，其他一些地区也存在此类临时性协作组织，但在全美较有名气的仍是纽约的港口新闻联合社。港口新闻联合社的规模逐步扩大，并改称为“纽约报联社”。该社在一些早期的杰出领导人如亚历山大·琼斯博士、丹尼尔·克雷格等的领导下办得有声有色，其兴盛的标志之一便是1875年作为美国境内最有影响力的一家通讯社被欧洲三大通讯社巨头看中，受邀与路透社等签署了著名的“三社四边协定”。依据此项协议，这家通讯社逐步垄断了国外新闻在美国的独家发稿权和对外销售美国国内新闻的权利，进一步巩固了该社在美国一家独大的地位。然而，该社随后便因内部发生的权力争夺和分裂而迅速衰落了。

---

① 即 The Associated Press。

二、斯通与美联社

1892年，新成立的伊利诺伊联合新闻社接管了纽约报联社的业务工作，次年梅尔维尔·斯通就任这家新组成的联合通讯社的总经理，这个组织才又开始向现代的美联社迈进。

斯通曾经是芝加哥城最早的便士报《芝加哥每日新闻》的创立者，是一个资深的新闻人和出色的管理者。在斯通的时代，世界新闻市场已被路透社、哈瓦斯通讯社和沃尔夫通讯社垄断，它们于1870年签订的分割世界新闻市场的协议既有效地防止了相互间的竞争，又阻止了后来者的挑战。为了使自己手下这家由纽约报联社和伊利诺伊联合新闻社共同组建的联合通讯社能够继续生存下去并战胜国内竞争对手，斯通必须要参加到这个国际通讯社大卡特尔垄断体系中去——当然参加的条件肯定是极为苛刻的。

1893年，斯通特意从芝加哥来到伦敦，拜访了赫伯特·路透，请求加入“三社联盟”。对于斯通的联合通讯社来说，这是一件生死攸关的大事，因为要想在国内成为一家全国性的新闻机构，打败许多地区性通讯社，就必须独家获得路透社、哈瓦斯通讯社和沃尔夫通讯社提供的国际新闻。路透本人答应了斯通的请求，但要求把斯通的联合通讯社也纳入国际通讯社大卡特尔垄断体系之中，具体的条件是：联合通讯社同三大通讯社签署协议，建立一个为期20年的联盟，这是一个在各自的领地之外互相交换各自收到的电讯消息的排他性垄断联盟，斯通的联合通讯社每年向路透社交纳1.75万英镑巨款，作为独家获得三大通讯社海外新闻的费用。

虽然同路透社的协议严重束缚了联合通讯社发展的手脚，但斯通还是给自己的组织找到了一条生路，并彻底割断了别的美国报联社组织和其他报纸的国外新闻主要来源。因为拥有了海外新闻独家发行权，所以除了少数几家报纸外，大部分的美国报纸都主动或被动地成为斯通领导下的联合通讯社的成员，以便能获得世界三大通讯社的国际新闻。敌对的竞争组织破产了，在斯通的领导下，联合通讯社渡过了致命的难关，成长为美国境内第一大全国性通讯社。

但是，由于斯通领导下的联合通讯社的有关章程内容笼统含糊、定义不清，1898年，芝加哥《洋际报》与联合通讯社之间发生了一场著名的诉讼案件。该报控告联合通讯社因《洋际报》使用了拉芬新闻社的稿件而惩罚性地停止向其供稿的做法违背了联合通讯社自身的组织章程。伊利诺伊州法院据此判决联合通讯社无权中止向一个不服约束的报纸客户提供消息，或不向任何其他提出申请的报纸提供消息——因为该社的章程使它成为一家必须为一切愿意得到它的消息的报纸提供消息的公用事业机构。经此挫折，足智多谋的斯通立刻解散了原来的联合通讯社，根据纽约的法律马上又组成了一个新的非营利性组织，这就是1900年5月22日成立的美国联合通讯社，即当今的美联社，斯通仍任该社总经理。无论从哪方面来看，梅尔维尔·斯通都是美联社真正的创始人并无愧于“美联社之父”的称号。

1900年成立的美联社是一个非营利性的合作性质的组织，这是美联社保持至今的最为重要的特点之一。它的社员，即各家报纸、电台、电视台和其他客户，把在各自的出版发行地区采访到的新闻汇总到总社，相互交换、互通有无，并共同分担交换新闻的费用。斯通曾用下述语言简明扼要地阐述了美联社的性质，他说：“一个全国性的新闻合作组织是这样一种机构，它属于而且只属于各个报纸，它不出卖新闻，不谋利润，不付股息，仅仅是各报纸的代理人和公仆。参加者应包括一切党派、宗教界、经济界和社会界的新闻工作者，但他们对新闻传播事业同样热情积极，所采集的消息应该严谨、准确、公正和完整，这就是我们梦寐以求的美好愿望。”同时，也是在斯通的领导下，美联社确定了自己独特的新闻报道理念：“只报道事实，不报道意见。”

20 世纪初到 30 年代，是美联社逐步发展的初始阶段。由于 1893 年斯通同欧洲三大通讯社签订了新闻交换合作议定，因此美联社搜集编辑的美国消息在国外都是由这三家外国通讯社发布的，同时，它的国际新闻基本上也是路透社和哈瓦斯通讯社提供的。这种局面一开始虽然帮助美联社获得了全国性的垄断地位，但也严重限制和影响了美联社自由向海外发展的步伐。尽管斯通对此做出了极大的努力，伴随着美国的崛起，美联社先后在俄、法、德、意等国家建立了自己的分社，但是由于没有独立在国外出售其国内消息的权利，美联社在相当长的一段时间里仍不得不仰仗国际通讯社大卡特尔垄断体系的“保护”并受其限制。直到 1934 年，羽翼渐丰的美联社才冲破了这种新闻限制。至 1945 年第二次世界大战结束之时，美联社已完全能凭借其强大的势力自由地向世界各地供稿了。

三、肯特 · 库珀与独立的美联社

促使美联社独立自主地走向世界的主要人物是美联社一位思想活跃、极富进取心的领导人——肯特 · 库珀。库珀于 1880 年出生于美国印第安纳州的哥伦布市，11 岁就当了报童，青少年时成为当地报社的见习记者，成年后更成长为一位出色的新闻记者。作为一个报业经验丰富、作风泼辣大胆的新闻工作者，肯特 · 库珀在美国新闻出版界以首次采用比电报更为快捷的新闻传送方式电话而闻名于同行。1910 年，库珀转入美联社，立即成为直接归属斯通领导的一名“钦差大臣”——巡回视察员。他不知疲倦地巡视美联社各地分社，鼓励他的下属们主动向竞争敌手发起猛烈的新闻竞争，并因此赢得了出色的声誉。

作为一位既深刻洞察现实又富于进取心的卓越人物，肯特 · 库珀早在 1914 年便对美联社是否有必要同国际通讯社大卡特尔垄断体系合作提出了质疑。一战结束后，肯特 · 库珀认为这是摆脱国际通讯社大卡特尔垄断体系的一个良机。他首先在南美洲尝试着打入哈瓦斯通讯社和合众国际通讯社的地盘。当库珀乘胜向欧洲挺进时，他遭到了来自路透社总经理罗德里克 · 琼斯的冷遇和警告，美联社被迫放慢了前进的脚步。即便如此，打破外来束缚以使美联社在世界新闻市场上能以平等地位同其他对手竞争，仍是肯特 · 库珀坚定不移的理想和目的。

1925 年，肯特 · 库珀正式接替斯通就任美联社总经理，拥有了实现自己愿望的权力，更期望美联社与新兴的美国一样在全球新闻市场上占有领导性地位。1927 年 4 月，美联社在设立日本分社的问题上同国际通讯社大卡特尔垄断体系产生了尖锐矛盾。在库珀的鼓动下，美联社董事会一致表决同意废除该社以往与大卡特尔体系签订的一系列条约，以获得充分的发展权利，肯特 · 库珀受命前往欧洲进行谈判。虽然谈判毫无结果，但库珀继续顽强奋斗，一方面不断赴欧谈判，施加压力，另一方面大力扩张自己的世界性新闻网络，造成竞争的既定事实。1934 年，愤怒而又无可奈何的罗德里克 · 琼斯正式通知美联社：路透社与美联社的合同一到期限，便断绝以往签署的一切契约关系。肯特·库珀立即表示同意，美联社终于争取到了在全球范围内进行自由竞争的权利。

在试图诱惑另一家美国通讯社（合众国际通讯社）在大卡特尔体系内取代美联社的企图遭到该社负责人霍华德的拒绝后，罗德里克·琼斯最后被迫做出了让步。1934 年 2 月 12 日，他前往纽约签署了路透社同美联社互相交换新闻的新版合同。新合同中最重要的成果是规定两社可以按照自己的意愿和能力向世界各地的报纸或通讯社提供新闻。美联社不仅得到了直接与英国报联社签订合同的权利，同时还可以向其他大英帝国属国和领地提供新闻。美联社得到保证，它甚至还可以同加拿大通讯社和其他国家的客户签订供稿合同，这种分别签订双边合同的方式也适用于哈瓦斯通讯社和愿意与美联社签约的别的通讯社。至此，库珀领导下的美联社终于获得了真正的独立地位，开始了走向世界性通讯社的新历程。

库珀不仅为美联社争得独立地位立下了大功，而且他所进行的内部改革也促成了美联社的现代化，取得了一系列成就。在他的任期内，美联社在国内和世界重要地区迅速增设了一系列分社，扩大了新闻信息搜集的范围，扩充了编辑、记者队伍。更为重要的改革是：肯特·库珀为美联社的新闻写作业务制定了一系列科学的标准和要求。1931 年，库珀任内组成的美联社编辑主任协会开始对通讯社的日常性新闻报道予以日益密切的检查监督，各下属社员报纸的编辑主任也被要求每天以口头的方式对美联社的新闻采访和稿件文风进行批评，这对美联社的新闻写作产生了深远的影响，并最终促成了著名的《美联社新闻报道手册》的出现。这本手册具体规定了撰写各类美联社新闻稿件的一系列要求，从而确立了美联社稿件严谨、及时、客观、平衡等风格的形成。1927 年，在库珀的领导下美联社开设了新闻图片业务，1936 年又建立了美联社的照片传真系统。在社内，电传打字的自动新闻发报机代替了旧式的莫尔斯电码手动发报机，一系列的新型设备使美联社的工作更上一层楼。1940 年，美联社开始向无线电台出售新闻，1954 年又成立了美联社广播电视协会，密切了同无线视听新闻界的广泛联系。1948 年肯特·库珀退休之时，美联社已是一家在业内享有盛誉、新闻服务广泛、稿件严谨可靠、拥有众多富有才华记者队伍的专业新闻机构了。可以说，在斯通时代，美联社艰难诞生、稳健成长，而在库珀时代，美联社跻身世界、腾达飞升。

四、名家辈出的美联社

美联社的光辉历史是与一系列优秀的记者分不开的。自从 1922 年该社记者柯克尔·辛普森所报道的在阿林顿国家公墓举行的阵亡将士葬礼的新闻消息首次获得普利策新闻奖以来，美联社的许多杰出记者均获此殊荣。如 20 世纪 30 年代，采访空中飞行探险英雄林德伯格上尉之子被绑架事件的弗朗西斯·贾米逊；美联社科学编辑霍华德·布莱克斯利和柏林分社社长路易斯·海克纳；二战中的著名战地记者哈密尔·博伊尔、拉里·艾伦和丹尼尔·卢斯，新闻摄影记者弗兰克·诺埃尔、弗兰克·菲兰、罗·罗森塔尔等；朝鲜战争中的记者唐·怀特黑德、摄影记者马克斯·德斯弗等；采访越南战争的记者马尔克姆·布朗、彼得·阿奈特，摄影记者霍斯特·法斯、爱德华·亚当斯等。

作为一家非营利性通讯社，美联社的最高组织机构是由会员单位选举产生的管理董事会，它一般由 18～24 名成员组成。这个董事会授权依据多数原则选举任命四位（两年一换）成员——他们按惯例都由广播与电视界的人士担任。通讯社总经理则由管理董事会选举任命，他在董事会的授权下独立领导通讯社开展工作。

现在的美联社已今非昔比，其会员从初期的 100 多个增至 1 500 多个。它在国内设有 6 个总分社、100 多个分社和记者站，在国外则有伦敦（欧洲）、东京（亚洲）、布宜诺斯艾利斯（拉美）3 个总分社，以及 60 多个分社。现在的美联社在国内拥有1 550家合作报纸和 5 000 多家电台和电视台订户。在全球 112 个国家中，美联社还拥有 8 500 多家报纸、电台、电视台订户，每年的支出经费达 1 亿多美元。在世界范围内的许多次权威性新闻业务评比活动中，美联社总是占据着世界第一大通讯社的鳌头。

为了回应互联网时代的挑战，美联社于 1995 年成立了它的多媒体服务部，专门用网络向会员单位和非会员单位及时迅速地提供新闻、图片、音像等成品。同时，它还广泛地向各类用户提供从普通新闻、体育消息、财经报道、电视节目到专栏文章等的一系列全方位服务。

五、美联社的贡献

（一）客观性报道原则的确立

美联社在世界新闻传播史上的突出贡献，当属该社一贯坚持与倡导的客观性报道原则。

客观性报道原则主要是指新闻报道活动中所坚持的专业性指导原则，它基本上由三个要点组成：独立立场、客观报道、平衡原则。其中，独立立场主要指新闻报道活动不受任何势力的影响；客观报道指只从事事实报道、不涉及意见评价的一系列标准化新闻写作手法；平衡原则是指新闻报道者针对利益各方的公正平衡、不偏不倚的报道原则。

美联社之所以特别倚重客观性报道原则，率先在美国新闻出版界中提出了客观性报道原则并身体力行，是因为该社是一个合作性新闻组织，各个成员的政治倾向和经济利益各有不同，美联社必须始终采取一种中立、平衡、客观的报道方式，仅仅专注于新闻事实的报道，才能很好地服务于观点不同、立场各异的众多会员组织和各类订户。

（二）新闻标准化写作文本范式

为了适应美联社的客观性报道原则，也为了适应工业化时代电讯新闻的特点，美联社逐渐发展出一整套行业性的标准化新闻写作手法，影响了全球新闻传播事业的业务标准。

美联社发展出来的新闻专业化写作文本，其一是“5W1H”要素新闻写作范式，其二是现代新闻文本中的导语格式和“倒金字塔”写作结构，其三是由新闻、通讯、特写和评论所组成的现代基本新闻写作文本模式。这些新闻专业化写作文本都是美联社记者与编辑们在长期的新闻实践活动中逐步发展完善起来的，并对全球新闻传播事业的新闻专业化写作文本的最终确定产生了重大且深远的影响。

美联社自成立以来便非常注重新闻写作与编辑工作，该社所编纂的《美联社新闻报道手册》几乎成为世界各地新闻工作者须臾不离的工作手册。

第四节 合众国际通讯社简史

美国的第二家通讯社，同时也是具有世界性通讯社规模和声誉的合众国际通讯社的历史始于20世纪初，它是由两家较小的美国通讯社斯克里普斯创办的合众通讯社与赫斯特创办的国际新闻社于1958年共同组成的。这两家小通讯社不是美联社那种非营利性的合作组织，而是正规的私人商业性新闻媒体生产企业，令人奇怪的是它们都是在反抗美联社新闻垄断的斗争中分别创建、发展并联合起来的。

一、合众通讯社的创建与发展

合众通讯社的创建人爱德华·斯克里普斯是美国新闻传播史上第一家报团斯克里普斯报团的所有者。这位出身于报业世家的子弟，既是美国垄断报业的开创者，又是自称对普通大众富有社会责任感的“人民的斗士”。当1900年成立的美联社逐渐成为美国最大的也是唯一的一家全国性通讯社并垄断了海外新闻时，斯克里普斯就决意创建一个新的通讯社与之对抗和竞争，以保护其所信仰的一个观念：新闻的自由必须出自自由的新闻竞争。他曾说：“我知道，至少在那时我就知道，我必须带着一个新的通讯社进来，否则，就不可能使美国人民通过美联社得到正确的新闻……我一生中做出的最出色的贡献就是创建了合众通讯社，我已使那些控制美联社的人们不可能再压制事实真相，或成功地散布谎言。”

事实上，除了认为互相竞争对于美国新闻传播事业具有不可估量的价值以外，斯克里普斯创立合众通讯社还有其他现实的理由。由于美联社的规章制度把一大批订户排除在外，而且美联社的电讯稿当时主要为有资格的社员报纸提供新闻，难以满足斯克里普斯报团大部分晚报的特定需求，因此斯克里普斯希望创办一家自己的通讯社，它既可以为其他的非美联社社员订户服务，还可以为自己旗下具有“人民的斗士”性质的廉价大众化报纸对口服务，当然也希望靠这家通讯社赚钱。于是，斯克里普斯于1907年把自己在美国中西部经营了10年之久的两家地区性小通讯社与一个叫发行人报联社的组织合并，创建了合众通讯社。

合众通讯社的第一任经理约翰·范德科克于1908年去世以后，25岁的罗伊·霍华德（合众通讯社历史上最有名的领导人之一）继任总经理，并开始了他同斯克里普斯长期成功合作的辉煌历史。在合众通讯社历史上，罗伊·霍华德的重要性犹如美联社的梅尔维尔·斯通，他为合众通讯社的成长奠定了最为重要的基础。

罗伊·霍华德是美国俄亥俄州人，1838年元旦生于该州的加诺村。中学毕业以后，他先后在数家报社工作。1907年合众通讯社成立时，霍华德成为该社纽约分社第一任经理。那时，他是一个野心勃勃、精力充沛的年轻人，斯克里普斯曾这样描述道：“他是一个惊人的人物，身材很矮小，有着一个大脑袋和一张传神的脸。他的一双眼睛像是一扇非凡的智慧之窗。他自恃风度、毫不谦逊，满脸是大胆莽撞的神气。他说的每句话、每个字都是如此。他身上的每个毛孔里都散发出一种野心勃勃的自尊和强有力的精神。”

的确如此，霍华德上任伊始，便到处巡视合众通讯社的十几个分社，鼓舞记者们用“今天的观点”来采写新闻，使新闻富有新鲜感，力争在美联社之前编发。为了打败唯一的、强大的竞争对手美联社，霍华德给予合众通讯社勤奋的年轻采编人员以稿件署名和发展自己文字风格及新闻专长的机会。当时合众通讯社里流行的一句话是“他们付给你的是署名”，而美联社采编人员是不允许本社记者在文章末尾署名的。

在注重国内报道的同时，霍华德还奔走于世界各地，致力于提升合众通讯社的国际报道水平。他陆续在欧洲各主要国家的首都建立分社，同一些外国大报和与美联社没有业务联系的商业通讯社建立联系。在第一次世界大战中，霍华德捷足先登，在南美洲建立起一个广泛的客户网络，并在那里设立了几家分社，从而走在了美联社前头。

然而，过分注重竞争也带来了可怕的负面效果。对霍华德和合众通讯社来说，1918 年 11 月 7 日绝对是一个灾难性的日子。这一天，远在德国的霍华德亲手抓到了一条“特大独家新闻”。他从驻扎在布莱斯特的美军海军总部弄到了一份情报，得知第一次世界大战的停战命令已在当天上午 11 点签署生效。惊喜万分的霍华德在一定要压倒美联社的急迫心情下未对此条重大新闻加以必要验证，便火速向纽约的总部拍发了急电。结果这条独家新闻一经合众通讯社播出，立即在全美各地引发了无数群众参与的狂欢庆祝活动。但几小时后，美联社依据更为权威的消息来源，特意发出了特别更正消息，证明霍华德发布的第一次世界大战已经结束的消息是错误的。这是一次极为惨重的信誉损失，从此以后，美国和世界各地重要报刊的电讯编辑们不再完全相信合众通讯社的电讯稿了，他们总是要先看看美联社是怎么说的才敢放心地刊登合众社的稿子。许多年以后，美国各报的老报人还经常谈论这个“罗伊·霍华德提前四天结束第一次世界大战”的故事，以告诫年轻的后辈记者。

尽管如此，斯克里普斯和霍华德领导下的合众通讯社仍在稳步前进，并成为美联社的强劲竞争对手。在某些领域和地区，合众通讯社甚至走到了美联社的前头。比如，早在 1925 年，合众通讯社就开始播发阿克美新闻图片，比美联社早两年之久；1935 年，独具慧眼的合众通讯社又成为第一家主要为新生的广播电台提供新闻消息的通讯社；1951 年，合众通讯社更早于美联社进入电视新闻领域；1952 年，阿克美新闻图片改名为合众通讯社新闻图片，并开办了照片传真业务；1958 年，合众通讯社与国际新闻社合并后成立的合众国际通讯社最早进入有线广播网，率先提供世界各地的有声广播新闻；在电视新闻领域，合众国际通讯社也早于美联社向电视网提供视频新闻。在霍华德及后续的几位杰出的领导人卡尔·比克尔、休贝利等的带领下，在二战中和战后多事的年代里，合众通讯社全面出击、稳健成长。

二、国际新闻社的发展历史

合众国际通讯社的另一个支脉国际新闻社成立于 1909 年，它是另一个美国报团赫斯特报团的老板赫斯特反对美联社封锁政策的产物。尽管赫斯特所购买兼并的报纸中有许多是美联社的成员报纸，但更多的报纸——包括报团的“旗舰”《纽约新闻报》——不是美联社的成员，因而都没有资格刊登美联社的稿件。为此，赫斯特开办了国际新闻社和环球新闻社（后者于 1937 年倒闭）。

国际新闻社成立伊始就很不景气。正如赫斯特所言：“我希望那时（国际新闻社）

能为我的组织中一些没有得到（美联社）消息的报纸搞到他们的消息，如果他们能够得到美联社的消息的话，我也就没有理由再办国际新闻社了……麻烦的是，我既要忠实于美联社，让报纸成为它的成员，又不得不经营另一个同行业组织。实际上，我是在和自己竞争。”基于这一原因，赫斯特并未投入全力来经营国际新闻社。特别是在一战中，由于赫斯特在“黄色新闻”方面兴风作浪、臭名远扬，再加上他一贯公开鼓吹亲德和在美国实行孤立主义政策，英、法两国政府都禁止国际新闻社使用他们的国际电缆。加拿大、葡萄牙和日本也经常对赫斯特的国际新闻社采取处罚和抵制措施，这使得国际新闻社的国际新闻业务难以开展。1914 年 1 月，美联社正式控告国际新闻社有侵犯其新闻专利的行为，要求法院裁决不准该社使用美联社的新闻材料。尽管国际新闻社坚持否认这种指控并提起上诉，但美国最高法院维持了一项禁令，裁决美联社的消息发布之后，其他通讯社不得采用。此后，美联社又要求它的所有成员报纸在刊登其消息时必须印上美联社的“AP”标记，从而确保了自己的胜利。

但是，国际新闻社在艰难困苦中顽强地生存了下来并有所发展——尽管人们通常并不把它与美联社、路透社、哈瓦斯通讯社、沃尔夫通讯社，甚至与合众通讯社同等看待。1916 年，27 岁的巴里·法利斯担任该社总编辑，他把国际新闻社的主要力量集中于世界上一些大的新闻热点，采用了向客户提供旗下记者的深度特写稿件和聘请有才华的作家专门采写重大新闻事件内幕消息的策略，使该社的新闻稿件销路渐宽，声誉渐好。在这些深度特写稿件中，以国际新闻社记者对一战中最著名的荷兰籍美女间谍玛塔·哈丽被处决前的现场特写最为著名。

在 20 世纪 30 年代，国际新闻社开始正式开展自己的国外业务。第二次世界大战中，该社的一批杰出记者活跃在世界各主要战场，同竞争对手美联社和合众通讯社一样，国际新闻社也拥有自己获得过普利策新闻奖的记者。

三、合众国际通讯社的历史

1958 年 5 月，合众通讯社和国际新闻社正式合并，成为当今著名的合众国际通讯社，弗兰克·巴塞洛缪担任了合并后的第一任总经理，米姆斯·托马森、罗德里克·比顿等人日后继任了这一职务。资深的国际新闻记者、普利策新闻奖获得者阿纳尔多·德·伯切格瑞夫也担任过该社总裁之职——他曾在合并前的合众通讯社工作过，后进入《新闻周刊》和《华盛顿时报》并担任过后者的总编辑。1998 年 12 月，他被任命为合众国际通讯社新的领导者，并于 1999 年 1 月 4 日正式上任。

合并后的合众国际通讯社力量和规模较以前更大了，并且以更为积极的创造性与竞争性闻名于美国新闻出版界。1982 年，该社首先创立了向客户提供标题新闻的供稿系统，而不是过去简单的分类稿件系统。1995 年，合众国际通讯社在世界范围内使用卫星传送系统向客户提供稿件。据统计，该社国内分社现已发展到 100 多个，国外分社 80 多个，其发送稿件的设备非常先进，不仅向全球的新闻客户提供新闻通稿、有声广播稿件和图片，还创立了合众国际通讯社新闻网站（www. upi. com），向互联网新闻传播领域进军。当今的合众国际通讯社名列世界五大通讯社之一。

近年来，合众国际通讯社的财务状况日益恶化。1986 年 6 月，该社更弦易主，控制权先后落入墨西哥、沙特等外国新闻财阀手中，但情况仍未见根本性好转，其发展前途如何，尚需拭目以待。

练习题

一、名词解释

1. 查理·哈瓦斯
2. 路透社
3. “三明治独家新闻”
4. 美联社
5. 法新社
6. 合众通讯社
7. 国际新闻社

二、简答题

1. 简述“三社四边协定”的基本内容。
2. 新闻通讯社诞生和发展的背景是怎样的？
3. 简述新闻通讯社传播新闻的方式及其作用。

三、论述题

1. 试分析路透社创办以来经久不衰的原因。
2. 试论述世界性通讯社与其所在国的互动关系。

第十四章

市场垄断竞争的西方资本主义新闻传播事业

本章学习要点

- 垄断资本对新闻传播事业正、负两方面的影响。
- 垄断新闻传播事业发展的历史阶段性。
- 垄断资本的竞争对现当代新闻传播事业的全方位影响。

无序恶性的市场竞争不仅给西方新闻出版界带来了“黄色新闻”浪潮，而且这种愈演愈烈的原始性、无序化、恶意性市场竞争，以及完全不顾及人民大众根本利益，只追求最高剩余价值的资本主义新闻市场狭隘的利润竞争机制，最终导致了西方社会中大众新闻传播事业全面垄断现象的出现，并陆续产生了一系列极为严重的后果。

第一节　背景之回顾

西方自由资本主义的市场机制，日益导致生产和消费者的分离，自由资本主义市场竞争实践和理论，也必然导致生产领域中资本的集中化趋势。随着工业化在西方各国的发展，不仅早期作坊式的家庭资本主义让位于工厂家族式资本经营方式，而且工厂家族式的资本主义经营方式又不得不让位于更大范围的垄断资本主义新型经营方式。这一历史进程，首先在19世纪末的资本主义制造行业出现，后来也陆续在其他行业中出现。

一、西方资本主义社会市场垄断机制的形成

以美国为例，19世纪末叶，随着机械化大生产的推进和钢铁工业与电力时代的到来，一大批工商业和金融界资本家通过各种手段——或发明创造，或埋头苦干，更多的则是通过贪得无厌的巧取豪夺、残酷无情的商业竞争——在许多领域获得了巨大的资本和权势，开始垄断市场，形成了不同以往的新的经济现象、新的经济秩序、新的经济组织。其显著标志便是在许多行业之中产生了一大批资本大王、垄断巨头和金融寡头。

在这些垄断寡头中，约翰·洛克菲勒代表石油垄断企业，安德鲁·卡内基代表钢铁

联合企业，亨利·福特是“汽车大王”，铁路运输的垄断巨头为利兰·斯坦福、詹姆斯·希尔、乔治·普尔曼、科尼利尔斯·范德比尔特和杰伊·古尔德，而摩根则是金融界的“皇帝”。另外，在制糖、食盐、威士忌酒、面粉加工、肉类加工、机器制造、毛纺品、木材、矿业等许多生产经营领域中，也都产生了类似的垄断现象、垄断组织和垄断大王。尽管美国国会于1890年通过了《谢尔曼反托拉斯法》，但完全不能阻止这种行业与资本垄断现象的不断蔓延。

同样，在英国、法国、德国、日本和其他西方资本主义市场化国家，只要有资本竞争的地方，也都或多或少地出现了垄断现象。这说明，起码在经济领域，一个从资本的小规模全面自由竞争向资本的大规模有限垄断竞争转变的新时代降临了。

事实上，美国自南北战争后，英国从19世纪60年代工业革命开始，法国、德国于1871年后，都陆续进入了一个稳定的发展时期。在这一时期，资本主义制度的各个方面都得到了全面发展，并逐步在私人自由竞争的经济领域中产生了早期垄断现象的萌芽。

大约在19世纪末叶至20世纪初（各国具体时间不尽相同），首先在西方资本主义社会结构的经济子系统之中出现了垄断现象。最早在制造业中，随后在其他工业、商业和金融行业之中，垄断的趋势越来越明显了。由于大众新闻传播事业早已经在资本主义社会体系中由早期的手工作坊式的个体经营状态，发展成为工商性质的大型企业组织，新闻媒体也完全是按照一般工商企业的经营原则——追求市场份额和获取高额利润——来运作的，于是，新闻传播事业中垄断现象的出现便在所难免了。

二、西方新闻市场垄断化现象产生的历史必然性

众所周知，资本主义制度下的新闻传播事业的一个重大特征便是具有双重属性：一方面，新闻传播事业是一种从事思想观念沟通、意识形态交流的社会公共舆论工具；另一方面，它又是生产精神文化产品（这种产品也毫不例外地被作为一种特殊的有偿商品投入到社会流通领域）的特殊企业。而且在这种双重属性中，媒体企业化的属性特征更为浓厚。既然是市场化的企业，那么它也就与其他行业的企业一样，是一个旨在赚取市场高额利润的经营实体。列宁一针见血地指出：“资本主义使报纸成为资本主义的企业。”很明显，这种资本主义的新闻传播事业必然要遵循市场私有制经济体系中的一系列客观发展、壮大、消亡的基本规律。正是这一基本规律使得垄断时期的资本主义新闻传播事业必然地具有了垄断企业的性质，必然地要遵循垄断竞争的市场规律。当然，因为受到不同国情、不同文化背景、不同环境的一些制约，所以世界各国的垄断新闻传播事业呈现出了不一样的外貌和统一的本质。

正是19世纪末至20世纪整整一个世纪经济垄断的时代趋势，导致了西方现代新闻媒体所有权集中的浪潮，给各国新闻传播事业带来了巨大的影响。残酷的竞争促进了新闻传播事业的标准化，牺牲了新闻媒体的个性，产生了对以往传统的资本主义新闻自由与新闻独立等各种理念及实践活动的严峻挑战。

第二节　历史的进程

如同其他领域垄断化现象的出现一样，西方新闻传播事业中的垄断现象与程度，也是逐渐明显、缓慢成形、日益凸显的。

一、初期垄断阶段的西方大众新闻传播事业（1871—1945）

在垄断现象初露端倪，新闻媒体新旧交替的这一时期，大众新闻传播事业的主角仍然是印刷媒体——报纸、杂志和书籍。因此初期的新闻传播事业垄断现象主要集中在这些传统的纸媒领域之内，其中一个重大的、日益突出的垄断特征便是垄断“报团”的出现。

需要说明的是，因为资料收集和写作体系等诸种原因，本章主要以美国大众新闻传播事业的垄断现象为例，兼及其他国家。

在美国，报纸这一行业是最早追随其他企业垄断步入初期垄断阶段的。在19世纪末20世纪初，一大批具有垄断特征的大众报纸组合形成了早期的垄断报团。

“报团”又称“报系”（newspaper chain），即报业集团，是指一家报业公司在两个以上的城市中同时拥有两种以上报纸的一种垄断性经营组织形式。最早在美国创办报团的两个人是爱德华·斯克里普斯和著名的“黄色新闻”大王威廉·伦道夫·赫斯特。他们所创办的垄断报团在美国初期的八家报团中是最大最有名的。

（一）斯克里普斯报团

美国的第一个现代报业集团是由爱德华·斯克里普斯组建创办的。爱德华·斯克里普斯出身于一个报业世家，其祖父在移民美国之前就曾在英国的伦敦办报和从事出版工作。斯克里普斯家族移居北美后，他的父亲和几位叔父都创办过报纸。他的两个哥哥（詹姆斯·斯克里普斯和乔治·斯克里普斯）及一位姐姐（爱伦·斯克里普斯）都是美国著名的报人。而作为老斯克里普斯的第13个儿子的爱德华更是创造了报业的奇迹，成为美国大众新闻传播史上垄断报团的最早开创者。

爱德华初涉报业的第一份报纸是他哥哥詹姆斯的《底特律新闻报》。这家报纸在斯克里普斯四兄妹的通力合作下办得红红火火、兴旺发达。正是在这家报纸工作期间，爱德华接受了从事现代新闻传播事业的全面训练。

1878年11月2日，爱德华在克利夫兰创办了自己的第一份报纸《克利夫兰新闻报》并获得了成功。随后，爱德华接连收购和创办了《圣路易纪事晚报》（1880年）、《辛辛那提邮报》（1881年）和《肯塔基邮报》（1885年）。1889年，爱德华和麦克雷开始合作，并进而组建了斯克里普斯-麦克雷报团联盟，开创了美国最早的报纸垄断联盟。麦克雷作为报团的业务经营者抛头露面，而爱德华则隐身幕后，有力地掌控着整个报团的发展方向。在这个报团联盟中，斯克里普斯占有三分之二的绝对股份。

斯克里普斯-麦克雷报团主要在美国的中、小城市发展自己的势力，他们所创办的报纸几乎都是通俗廉价的大众化晚报。在报团的经营扩张与发展理念上，斯克里普斯有着自己的一整套主张。他总是密切地注意市场，在有发展前途的中、小城市不断创办新报，而较少购买别人的报纸。报团扩展的通常做法是：首先选择一个 5 万～10 万人口的城市，由报业总公司垫付第一笔创业经费（这笔费用一般为 2.5 万美元）；然后从报团总部和报团下属报社中选择一些干练的从业人员前往经营新报。如新报成功，报团就享有 51%的控股权，其他股份则归创办人员所有，以资鼓励。如果报纸创业经费花完了，而新报还未能站住脚跟，就停止出版，损失部分则由报团总部负担。

除了采用这种有效的鼓励方式以外，斯克里普斯的报纸还普遍采取了一系列面向普通大众的通俗化办报方针来赢得读者的欢心。他曾声称："我的重要原则是终生拥护大多数贫苦人民的利益。"他还说："我有一个原则：那就是使富有者更难以再富，使贫困者更易于不穷。"正因为斯克里普斯办报的宗旨始终强调为穷人服务，所以他很快成为一位著名的"人民的斗士"。然而，没有人能真正弄清楚，斯克里普斯报纸的平民风格是为了取悦大众、提升报纸的发行量，还是为了实现自己的政治理想。人们只知道借助大众化的办报理念和出色的市场扩张策略，1893—1926 年——除了第一次世界大战期间以外——斯克里普斯-麦克雷报团以每年增加 1～6 家新报的速度高速扩张，最兴旺时报团曾拥有 52 家来自不同城市的报纸。

1902 年，为了向属下的报纸提供各类特稿与专栏文章，斯克里普斯创建了一个报业协会联合专稿社为自己的报团服务。1907 年，为同美联社竞争，他又创办了自己的合众通讯社，提升了他的报团的整体实力。1922 年，因健康原因，爱德华·斯克里普斯把自己名下报纸的股份转让给了次子罗伯特·斯克里普斯，由他与报团的总经理罗伊·霍华德合伙经营，报团改名为斯克里普斯-霍华德报团。当爱德华·斯克里普斯于 1926 年去世时，他所创立的报团已经拥有了 26 家各地的报纸，总发行量达几百万份。作为美国最早形成的第一家垄断报团，斯克里普斯-霍华德报团在当时美国新闻出版界的影响和现实生活中的作用都是不容低估的。

1926 年以后，斯克里普斯-霍华德报团逐渐从一个地方性的报团向全国性大型报团发展。1921—1929 年，这家报团至少又增加了 18 家新报。1927—1932 年，该报团先后购买了著名的《纽约电讯报》和普利策家族名下的《纽约世界报》，并将两报合并为一份名为《纽约世界电讯报》的报纸，从而成功地打入了纽约这座美国最大的都市，开始出版发行具有全国影响力的大报。尽管 20 世纪 30 年代的美国经济大萧条给予该报团沉重打击，致使该报团中的日报数量递减至 19 家，但在 40 年代它又恢复了元气，开始重新扩张。特别是 1950 年，斯克里普斯-霍华德报团买下了著名的《纽约太阳报》，并把它与《纽约世界电讯报》合并为《世界电讯太阳报》，极大地壮大了报团的声威。纽约新闻传播史上由著名报人本杰明·戴伊和约瑟夫·普利策分别创办的《纽约太阳报》与《纽约世界报》便这样在报业的兼并中消失了。合并后的《世界电讯太阳报》由霍华德亲自主持，成为该报团中的旗舰性报纸。1958 年，该报团的合众通讯社与赫斯特的国际新闻社合并，成为世界性的合众国际通讯社，大大增强了斯克里普斯-霍华德报团的影响力。现在，斯克里普斯-霍华德报团的势力虽已衰落，但仍位居美国 13 大报团之列，只是以前老斯克里普斯时代为公众服务的精神与理念业已烟消云散、荡然无存了。

（二）赫斯特报团

与爱德华·斯克里普斯不同，威廉·伦道夫·赫斯特既不是报业世家出身，也不是从偏远地方的中、小型报刊自我创业发家的。赫斯特依仗家族的强大财力，以“黄色新闻”的手法、强烈的竞争意识、明确的企业经营理念，从美国西部的旧金山打入东部大城市纽约，并逐步在全国一系列重要城市中形成了自己的报团。

赫斯特出身富豪之家，在他那身为加利福尼亚州大牧场主、著名矿业家的父亲去世之后，赫斯特继承了 1 700 万美元的巨额遗产，跻身于全美 90 强富豪之列。巨额的资产使他得以放手投资报业，不断在各个城市购买报纸，打入竞争对手的地盘。加上他为人精明，富有闯劲，野心勃勃，因而其报业兼并一路顺利，迅速形成了规模经营。

初期的赫斯特仅仅拥有两家著名报纸——1887 年他主持的西海岸《旧金山考察家报》和 1895 年收购创办的东海岸《纽约新闻报》早、晚刊。通过这两家报纸，特别是主持《纽约新闻报》的办报实践，赫斯特发展出一整套以“黄色新闻”手法扩大市场的经营思路，并取得了巨大的成功。这促使赫斯特以更大的狂热投身于名利双收的报业市场之中，开始将其发展的触角伸向别的大城市，走上了报业扩张、连锁经营的垄断报团之路。

1900 年，赫斯特首先向芝加哥市进军。在强手如林的芝加哥诸报联合围剿的险恶境况下，他成功地创办了《美国人报》晚刊。1902 年，赫斯特又创办了《芝加哥检查报》，从而在该市站稳了脚跟。

1904 年，赫斯特又进军波士顿。他于这一年创办了波士顿《美国人报》（有别于从《纽约新闻报》早刊改名而来的纽约《美国人报》）。1917 年，赫斯特的波士顿《美国人报》兼并了已有一个世纪历史的波士顿《每日广告报》。1920 年，他又吞并了波士顿《纪录报》，顺利地打入波士顿。

自 1912 年始，赫斯特报团开始向美国南部和西部发展。这一年赫斯特首先买下亚特兰大的《佐治亚人报》。第二年他又收购了旧金山的《呼声报》，并立即把该市的《晚邮报》兼并进《呼声报》。在奥克兰，赫斯特通过兼并活动创办了该市的《问询邮报》。在洛杉矶，通过把该市的一家晚报《先驱报》兼并到其晨刊《考察家报》，赫斯特报团壮大了自己在该市的势力。

自 1917 年以后，赫斯特加快了兼并的步伐，向全国各地的城市扩张，报团几乎每一年都有新的报刊并入。1919 年，赫斯特买进了《华盛顿时报》；在威斯康星州的密尔沃基，由 3 家报纸合并而成的《威斯康星新闻报》归属于赫斯特报团；1921 年，《底特律时报》又归到赫斯特名下。1922 年，赫斯特报团共买进合并了 7 家报纸，1923 年又购进 3 家报纸，1924 年是 4 家，1925 年买进《锡拉丘兹新闻报》，1927 年又买进匹兹堡的 4 家报纸。

通过1917年至1931年的一系列报业大兼并、大买卖活动，赫斯特的报团总共造成了近20家美国著名报纸的倒闭。这些报纸在财产与人员被重新分割组合后，变成了该报团的各地骨干报刊。到1927年时，赫斯特报团在全国17个重要的大城市（这些城市遍及美国的东部、中西部、南部和西部地区）中拥有25家日报、17家星期日刊、24家杂志。此外，他还拥有2家通讯社和一家当时全美最大的特稿辛迪加供应社。报团另外还拥有1家新闻制片厂、1家电影公司。尽管受到了广大社会公众对“黄色新闻”的强烈批评抵制和20世纪30年代经济大萧条的冲击，赫斯特报团的实力仍非同小可。据统计，1935年时，赫斯特报团仍然拥有28家报纸、13家杂志、2家通讯社、1家广播电台、2家电影公司。这当然还未算上赫斯特个人所有的私人财产——矿山、牧场、房地产、旅馆、剧院等其他的工商企业。可以说，赫斯特报团不仅是富豪办报的典型，也是二战后发展起来的大众传媒连锁经营联合体的一个早期版本。

（三）芒西报团

当爱德华·斯克里普斯以普通报人的身份在中、小城市形成了自己的势力，而赫斯特以雄厚的资本在报刊界大肆兼并购买的时候，另外一个纯粹的美国商人弗兰克·芒西也通过自己的报业兼并购买活动建立了一个新的报团组织。从某种意义、某种角度来看，芒西的报业兼并购买生涯更好地体现了这一时期美国垄断报业的一些特点。

弗兰克·芒西是个带有传奇色彩的人物。他出身贫寒，但雄心勃勃，敢于拼搏进取。有报刊历史学家曾称他的生涯带有霍雷肖·阿尔杰（美国著名儿童作家）系列小说中那些穷小子通过个人奋斗最终发迹的成功色彩。弗兰克·芒西早年在缅因州学习过电报业务，后在奥克斯塔城的一家公司工作。这个小城中刊登连载小说的报纸很发达，而且利润丰厚，这使得芒西对报业产生了浓厚的兴趣。

1882年，决意闯荡天下的芒西提了一袋手稿，怀揣40美元，抱着一腔创业的激情来到了世界大都会纽约。他先后从事过多种职业，经过艰苦的努力，通过经营不动产，开办旅馆、银行、连锁杂货商店等逐渐发迹。随后，从未放弃进军大众新闻传播事业的芒西终于通过创办青年杂志《金色船队》成功打入了纽约杂志界。

1889年，在杂志界站稳脚跟的芒西开始转向综合性的杂志领域，创办了著名的《芒西》杂志。这份杂志开始是周刊，随后改为月刊。1893年，芒西把该刊售价降为一角一份，使之成为一份大获成功的廉价杂志（又被人们称为“一角钱杂志”）。1900年，这份杂志的发行量达到了65万份之高，每年可以为芒西赚到50万美元。到了1905年时，芒西仅仅依靠这一份杂志，每年就可收入100万美元。艰苦奋斗的弗兰克·芒西终于功成名就。

作为一个深谙时代发展趋势的商人，芒西对于市场垄断机制在商业领域中的运作及其发展前景是非常了解的。他很早就认识到垄断是不可避免的，而且垄断对于提高企业的生产效率、促进新型生产技术、提升管理水平都很有益处。在他看来，美国当时的新闻传播事业是混乱不堪和没有效率的。芒西坚定地认为经济学上的垄断定律同样适用于报业，认为同现代经济领域中其他行业一样，在大众新闻传播界中，小型传媒机构是无论如何都竞争不过大型传媒企业的。因此，芒西以一个冷静商人的眼光看到了垄断现象在新闻出版界中不可避免的未来趋势，并以一个商人投资一个高回报率新兴行业的冲天干劲进军报业，雄心勃勃地企图实践他的报业合并、垄断经营、获取暴利的先进经营理念。

1901 年，芒西首先买下了老牌的《纽约每日新闻》和《华盛顿时报》作为他报业帝国的核心报纸。1902 年，他又买下了《波士顿新闻报》。1908 年，芒西先后买进和创办了《巴尔的摩新闻晚报》和《费城时代晚报》。1912 年，著名的《纽约新闻报》也归到了他的名下。通过这一系列的报业大兼并，芒西终于在美国东部大城市的新闻出版界站稳了脚跟。

然而，由于芒西纯粹是出于商业化的投机，并不善于也不会认真地来办报，所以到了 1917 年，除《纽约新闻报》以外，芒西旗下其他的报纸不是破产倒闭就是被迫转卖给了别人。

1916 年，芒西以 250 万美元的价格买进了著名的《纽约太阳报》和《太阳晚报》，这标志着芒西报团登上了一个新的台阶。可惜的是，由于第一次世界大战的爆发和自己的不善经营，尽管芒西把《纽约太阳报》这份廉价报刊的“鼻祖”又降价为一美分一份（原来已经涨为两美分一份），并陆续投入了 200 多万美元，但仍未能获得理想的成功，于是，芒西又开始寻找新的兼并对象。

这一次的牺牲品是纽约最早的三大廉价报刊中的另一家——著名的《纽约先驱报》。1920 年，芒西以 400 万美元的高价一口气买下了《纽约先驱报》《电讯晚报》和《纽约先驱报》巴黎版，并把它们同自己麾下的其他报刊拆分合并，重新组合开张。1923 年，他购买了纽约的《环球报》，第二年又购进纽约的《晚邮报》，然后将它们与自己旗下的其他报刊进行拆分合并。

大肆而频繁的买卖兼并活动并没有给芒西带来预期的丰厚利润，因为芒西仅仅是热衷于买卖报刊，却不愿也不会静下心来好好经营它们。相反，一系列的商业化并购却导致了一大批美国新闻传播史上伟大报刊的“死亡”。

虽然后来芒西报团越来越大，却也因频繁并购和经营不得法而不甚兴旺。于是，芒西再次把兼并的眼光转向了纽约三大廉价报刊的最后一家——《纽约论坛报》。这一次，芒西的兼并企图遭到了《纽约论坛报》业主里德夫妇的坚决拒绝，芒西的竞争合并步伐由此才逐渐缓慢下来。

从美国新闻传播事业初期的垄断发展状况来看，早期西方资本主义垄断时期的大众新闻传播事业表现出了一系列新的发展特征。其一，在追求最高利润的不可抑制的冲动下，奠基于西方市场竞争体制之上的新闻传播事业不可避免地呈现出一种垄断化发展趋势，报业的初期垄断发展方向成为某种客观规律，表现为某种不可抗拒的“世界潮流”。其二，由于大众传媒垄断化竞争处于初期发展阶段，故仅仅体现为单一报业之间相互的简单化横向兼并联营活动，产生了初期的传媒垄断组织报团，并对其他零星分散的独立报业的生存与发展产生了严重的威胁。其三，此时的报团具有以下几个特点：仅仅在报业之间连锁经营、垄断兼并，还未曾向其他的大众传媒领域挺进，更没有涉足金融、服务、制造、交通、贸易等非传播类社会生产领域。

二、西方垄断新闻传播媒体连锁链条现象的形成 （1945—1990）

第二次世界大战的爆发，客观上暂时延缓了西方大众新闻传播事业垄断发展的趋势。但是在 20 世纪 50 年代以后，垄断资本现象又重新抬头，并开始了其更加快速、更加凶猛蚕食新闻传播事业的进程。

二战后西方国家新闻传播领域垄断现象发展的一个新的重要特征，就是从战前单一的报业垄断横向发展，扩展到了多种形态新闻媒体的兼并，并进而再陆续延伸到了其他领域。最后在进入 21 世纪前后，新闻媒体发展成为某种大型跨国传媒公司的形式，出现了连锁经营多种全球化传媒类产业和大众传媒的垄断新闻传播媒体连锁链条现象。

这一递进发展的垄断新过程，开始于新闻传播领域自身垄断现象的横向衍生。在 20 世纪前半叶（二战前），新闻传播事业的垄断现象是从报纸这一主要传媒领域开始的（报团）。与此同时，正如第一节所介绍的那样，资本主义市场化竞争的客观规律驱使着资本向更为高级的垄断阶段“挺进”，表现为大型报团的出现，大型电影公司的出现（好莱坞现象），大型出版社联合兼并经营现象的出现。在二战后的资本主义和平发展阶段，战前的某种单一媒体规模化垄断现象，开始演变为新闻传播领域全球整体性全媒体垄断现象。这表现为众多大型的报业集团以营利为目的，开始兼并收买或干脆创办附属于报业集团的图片社、特稿辛迪加、出版社、杂志、电台，最后是电视台和大型互联网媒体。虽然西方政府认识到了过分的大众传媒垄断经营对整个社会制度和大众文化的严重威胁，因而纷纷制定诸如《谢尔曼反托拉斯法》（美国）等法律条文，对新闻出版界的垄断规模与领域进行一定的限制，但经过 20 世纪六七十年代的发展，大众新闻传播领域的垄断现象已经非常严重了。在西方各国，先后出现了许多囊括众多不同形态新闻媒体的大型垄断传媒集团（已不是单一的报业集团了）。20 世纪 80 年代，美国加利福尼亚大学的巴格迪坎教授在《传播媒介的垄断》一书中为世人描述了这样一幅触目惊心的图画：在美国，每日发售的 6 100 万份报纸中，半数以上由 20 家公司控制；美国 1.1 万家杂志的收入，半数以上由 20 家公司掌管；3 家公司左右着大多数电视台的收入和观众；10 家公司掌管着无线电广播；11 家公司把持着图书的出版；4 家公司支配着电影行业……显然，大众新闻传播事业的垄断化在二战以后有了显著的发展，呈现为一种大型垄断传媒集团现象。这些垄断传媒集团逐渐掌握了社会系统中的大部分信息传播活动，从而为其攫取更多的市场垄断高额利润打开了方便之门。

随着西方社会各个领域垄断现象的扩展与深入，新闻传播领域里的垄断又开始了新一轮的嬗变，表现为垄断资本从新闻传播领域向相关外延领域“挺进”和传统新闻传播事业外部的金融资本、交通运输、能源电力等财团向新闻传播领域“入侵”。

众所周知，除核心企业以外，新闻传播事业还需要许多外围的上下游配套产业方能生存与发展——造纸业、交通运输业、银行业、能源产业和无线电器材制造公司等。为了降低经营成本与风险，提高并维护垄断价格，许多垄断传媒集团在自身的业务发展壮大之后，会在垄断资本运营机制的驱使下，开始向相关配套产业如新闻纸制造集团、保证传媒集团资金供应链的大银行集团、海运交通集团，以及无线电、电视等制造业集团靠拢。与此同时，这些外部的非传媒类垄断资本也主动向垄断传媒集团招手，两者一拍即合，开始了默契的“联营”与“共股”运动，其真实意图就是通过股票的相互持有和经营上的互利互惠，形成更大的市场产业链垄断态势，维持更高的垄断价格，最终获取更多的垄断利润。这种企图所产生的最后结果就是：一大批新闻媒体首次走出了自己传统的经营领域，开始了跨行业的垄断进程。

利润的诱惑，使得除垄断传媒集团自己外，一大批从事各行各业的垄断资本集团也早就看上了新闻传播事业丰厚的利润和发展前景，并开始了自外而内的跨行业资本运作。其结果就是，大量其他行业的外来资本也大规模地进入新闻传播事业。不同行业领域的垄断资本家们在公司股票的联营运作这一资本的表现形式上“成功”地与新闻传播事业会师了，这就更加剧了西方新闻传播领域资本垄断的深度与广度。

巴格迪坎教授在其《传播媒介的垄断》一书上对这种“可怕的”产业联营现象进行了这样一番描述：各个不同性质的公司进行股票互换、董事互兼（指不同公司的董事会成员相互兼任对方公司的董事），从而形成了一个巨大的连锁经营链条。这使得这个连锁经营链条上的多家公司在利益上逐步趋于一致，经常通过采取共同的措施损害大众的利益。显然，一个个在经营上循环运行的巨大链条，一家家垄断传媒集团与各家大公司、大企业、大银行互换董事会成员，使管辖下的所有公司能够采取一致的行动与政策。一家公司与多个传媒公司合作，使它们用同一种声音说话。这些公司相互交叉，没有一张平行的网；它们相互重叠，没有一张透明的网。在市场经济高度发达的西方各国，新闻媒体已被其他行业的大公司、大银行、国际化大企业吞并，形成了巨大的“航空母舰”，成为一种完全不同于以往的新型垄断连锁传媒寡头集团。

垄断传媒集团与其他产业垄断集团的这种“联姻”（巴格迪坎教授称之为“乱伦”现象），导致了整个西方社会中新闻传播领域垄断现象的加剧，给新闻传播事业和整个社会带来了严重的影响。以往在古典的资本主义市场上可以自由竞争发展的个体新闻传播演化进入了更为“高级”、更为“霸道”的市场垄断竞争阶段，发展成为新闻传播领域中再无“天敌”的“巨无霸”“独角兽”怪物。它们坚定而又无情地遵循着资本垄断的普遍规律，进而对以往传统的新闻传播事业造成了极大的破坏。

三、大型跨国垄断传媒集团的出现（20 世纪 90 年代至今）

进入到 20 世纪 90 年代，西方各国的新闻传播垄断又呈现出一轮新的发展势头，这就是伴随着“冷战”的结束、苏联的解体、全球经济一体化的进程和互联网时代的来临，世界进入了全球一体化视野下的新的发展时期。西方发达国家的垄断传媒集团开始冲出本国疆土的桎梏，在世界各地适宜于垄断资本繁殖的土壤里发芽生长、开花结果。

最为典型的一个例子就是澳大利亚新闻寡头鲁珀特·默多克所领导的国际新闻集团。默多克发家于澳大利亚，先后在加拿大、英国、美国、墨西哥、中国香港、东南亚等国家和地区购买和兼并各类新闻媒体，使其集团发展成为一个巨大的国际垄断传媒集团。在当今世界，信息产业已成为最为强大、获利最丰的行业，在全球最大的几家传媒公司中，只有鲁珀特·默多克的新闻集团属一人所有。多年来，默多克通过不懈的市场垄断竞争，大规模地设法兼并各国的报社、电视台、卫星有线网络、出版社和互联网公司。目前，默多克的新闻集团已经覆盖了全球三分之二的人口，这使他成为当今世界上最具国际影响力的新闻垄断寡头之一。

第三节　分析与思考

在世界新闻传播史上，资本主义体系的新闻传播事业是这幅历史画卷里的重要一页，而垄断时期的资本主义新闻传播事业又是其中的一个探索难点。对这一时期西方新闻传播事业垄断本质的探讨，构成了我们理解和把握当代西方新闻传播事业的一个重要支撑点。

一、阶段与领域

总体来看，迄今为止的西方新闻传播事业的垄断发展进程，在各国普遍呈现为四个不同的阶段，它们既相互衔接又各具特色。

（一）单一报业的垄断——报团的出现

从 19 世纪末叶到第一次世界大战的爆发，市场垄断现象开始侵入新闻传播事业，其突出的表现便是在各国产生了早期的报团。

与初期的工商业垄断相似，早期的新闻传播垄断主要表现为几个实力雄厚的报业巨头通过竞争、收买、兼并、扩张活动，在报业市场中建立了自己的托拉斯组织——报团。由于日益具有巨大经营规模的现代报纸需要巨额资本，以维持其庞大的设备更新投入以及提高搜集、制作、销售新闻的更新能力；由于广告越来越成为报业的主要收入来源，而绝大部分广告主倾向于投资读者众多的大型报纸；由于大规模的报团组织可以用较小的成本换取更多的利润，于是，这些直接的市场化竞争因素使报团的出现成为一种不可避免的趋势。

应该指出的是，这一阶段新闻传播界中的垄断现象主要集中在当时影响最大、获利最多的报业之中。同时，新闻传播领域里传统的自由主义传播理念和众多小型独立媒体仍然有着相当大的规模，仍占据着重要地位。

（二）多种媒体的混合垄断——垄断传媒公司的出现

一战后至二战后不久，是新闻传播事业垄断化发展的又一阶段。其重要特征是新闻传播领域市场垄断的势力范围扩大了——从以往单一的日报业扩展到周报、杂志、图书，然后又开始从纸质媒体进军大型通讯社、特稿辛迪加、广播电台与电视台、电影公司等其他类型的媒体，资本与市场垄断的程度也随之加强了。报团之间的无情竞争和易手导致了更大的报团的出现，报团的数量也更少。这些报团在这一阶段开始不同程度地涉足上述其他领域，从而大大扩张了它们在新闻传播事业中的整体实力。一小部分传播业巨头逐步垄断了大部分社会传媒机构，新闻传播事业的垄断现象日益严重了。

（三）混合行业垄断——新闻传播领域的“乱伦”现象

从20世纪50年代至90年代，西方社会中的新闻传播垄断又发生了很大的变化。一方面，垄断的方式产生了许多新的变化与形式，比如出现了工商业垄断组织和传播业垄断组织相互渗透、相互兼并的趋势；“连锁董事”（传媒公司与其他性质、行当完全不同的企业及银行之间互兼董事）成为一种越来越普遍的现象；跨国大众传媒公司（在两个以上的国家经营新闻传播事业的大型传媒机构）也纷纷出现。另一方面，新闻传播事业的垄断兼并程度更为严重了，在美国、英国等重要的西方资本主义国家，几家或几十家垄断传媒机构把持和控制了大部分的（在某些细分行业中几乎是全部的）新闻媒体和信息流通渠道。美国学者通过缜密的研究，认为在当下的美国，50多个男女、几十家垄断传媒机构已经控制了美国社会大部分的舆论机器，从而形成了对以往人们所理解认知的传统新闻传播自由的严重威胁。[①]

（四）新闻垄断资本的国际一体化现象——大型国际垄断传媒集团的出现

进入20世纪下半叶，国际化的新闻资本垄断现象开始大规模出现，这表现为一小撮新闻寡头在各国进行资本的兼并垄断，购买与合并了许多国家的大众传媒和相关上下游行业，形成了更为庞大、更为复杂、更有权势的大型国际垄断传媒集团。其中最为典型的代表就是原为澳大利亚人的鲁珀特·默多克（现为美国公民）旗下的国际新闻集团。

显然，这种竞争资本的高度集中逐渐改变了以前人们所熟悉的传统新闻传播事业的性质和规模，使其呈现出一些新的趋势与特征。一系列新的问题和困惑摆在人们的面前，并使西方大众传播理论领域中也泛起了涟漪，产生了新的理论回声。

二、问题与争论

西方资本主义垄断现象在新闻传播事业中的不断泛滥，导致了一系列问题的产生，其中一些根本性的要害问题正日益引起西方社会普遍的关注和争论。

（一）社会大众公共信息需要与垄断私有媒体之间的矛盾冲突

西方当代社会的一个重大的现实问题是：在日益复杂多变的当代社会生活中，千千万万的普通民众从来未曾如此迫切地需要一个社会公共化的大众传媒来帮助他们获取日常生活所需的各类信息；同时，他们也强烈地依赖社会化大众传媒来表达自己和吸收别

① 巴格迪坎．传播媒介的垄断．林珊，王泰玄，范东升，等译．北京：新华出版社，1986.

人的观念与思想。社会大众日益要求大众传媒应该随着各种现代事业的社会化进程，成为一个真正的公益性的“公共论坛”。但残酷的现实是，为大众所迫切需要的社会公益性公共论坛大众传媒机构的所有权却日益被集中到极少数人的手中。这种社会信息公益性需要和传媒机构资本私人化（惊人的、庞大的私人资本）垄断的根本性矛盾构成了许多争论的一个深层次的核心焦点。

另外，社会大众还悲哀地发现：资本所有者们往往凭借这种资本私有化权力，来支配大众传媒吹唱着他们少数人喜欢的调子，控制着大众思想信息交流的程序、渠道和实质性内容。在这里，自由资本时代所信奉的市场上那只公平的“看不见的手”——那只所谓的既能为大众个体谋求到最大福利，同时又能带来社会整体公平、进步、幸福的自由资本之手——似乎已失去了往日的魔力。庞大的垄断资本的私人利益和社会大众的公共利益变得越来越难以调和了，于是，无数批评的浪潮滚滚而来，而反对这种批评的呼声也始终回响在大众的耳际。

（二）大众传媒社会公共管理化的呼声

另外一个重大的争论则是伴随着前一个问题而生的。在现代西方社会中，私人资本的为所欲为，正日益引起社会大众普遍的反感，于是，一个想法迅速地成了大众的普遍共识：如果私人垄断的大众传媒不能够完成它所应该承担的重大社会信息共享职责，那么，一些相应的社会高级管理机构——比如国家与政府——就应该肩负起督责的担子。然而在自由竞争氛围中存在了几百年的社会习俗、惯例、观点和思想则极力维护私有财产神圣不可侵犯的权利，反对引入政府管理这一据说将会导致极权主义、破坏民主自由的企图，于是，又一个激烈争辩的热点问题形成了。

（三）商业广告对大众传媒的影响与评估

还有一个复杂的现实问题在新闻传播事业中也引起了广泛的争论，这就是广告的消极影响。有人认为广告客户利用金钱施加影响，部分地或几乎全部地控制了大众传媒所进行的社会信息搜集、制作、传播的整个过程，广告的现实力量业已构成了影响大众传媒完成其重大社会使命的巨大威胁。有人则认为，广告的影响并没有达到完全有害的地步。一般而言，广告不会对新闻的主体内容构成伤害，广告有助于传媒机构获得财政独立，使其有能力抵制来自官方的控制思想传播自由的企图，确保新闻传播事业能继续执行其监督政府和自由传递民众思想的根本使命。

（四）关于传统新闻自由观念的争辩

对于新闻自由观念的争辩也是这一时期大众普遍关心的问题。按照早期资本主义传统新闻自由观念，这种自由保证人们有权投身于新闻传播事业，并有权自由地传播各种信息而不受政府官方的任何限制。因为人们相信，在这种自由传播的“思想的公开市场”上，人类理性会通过市场“自我纠正法则”和“看不见的手”引导人们最终发现真理，因而人们自由地从事信息传播、自由地使用媒体、自由地收看任何信息的权利不容置疑。但是，现代社会中的一个现实问题是：由于种种原因——特别是资本的垄断——

绝大多数人实际上已经丧失了这种自由的权利。这是因为他们无力进入需要巨额资金的新闻传播领域，无力确保自己的声音能够被自由地发表和传播，也无力拒绝强加给他们的、来自垄断传媒的少数人的声音。人们发现，随着垄断的加剧，以往美妙的新闻自由仅仅成为垄断传媒资本拥有者的自由和护身符，而大众在垄断资本个人私有这一现实力量的制约下，实际上已丧失了法律名义上拥有的这种所谓的新闻自由。于是，对以往的这种消极的新闻自由观念的怀疑和批评产生了。在现代社会中，新闻自由应该具有何种确切的能够切实保证社会大众根本利益的内容与措施，便成为人们极为关注的一个重要问题。

总之，垄断资本主义时期新闻传播事业的发展，向人们展示了许许多多的矛盾与问题，而随着对这些问题的解剖分析，人们将对传媒垄断这一当代重大的社会热点问题具有更为清醒和理性的把握。

三、“社会责任理论” 的提出

20 世纪以来西方新闻传播领域的巨大变化和发展给人们带来了许多疑问，以往自由主义的传统新闻理论遭到了现实生活的怀疑和淘汰。于是，在这个以垄断现象为主要特征的变化的世界里，产生了一种试图解答这些问题的新的新闻传播理论学说——“社会责任理论”。

（一）产生的基本背景

在早期的自由资本主义时代，一系列相互关联、相互支持、来源于反封建的思想启蒙时代的理论，构成了传统的自由主义新闻传播理论坚实的框架和基础。古典的自由主义新闻传播理论是同这样一些邻近领域的自由主义理论协调一致、互生共存的——这些理论包括牛顿的天体运动学说、洛克的“天赋人权”哲学、卢梭的“社会契约论”、亚当·斯密古典经济学的自由竞争主义思想、弥尔顿的“真理自我修正法则”等。这些科学与人文理论构成了西方自由主义新闻传播理论的深层基础。

但是，在 20 世纪初，一系列新的理论革命构筑了新的世界观，反映了新时代各方面发展量的积累和质的变化。爱因斯坦的相对论、达尔文的社会进化学说、凯恩斯的新经济理论……标志着一个新时期的到来和理论的新总结。“很明显，报刊自由传统概念的哲学基础已经被近代思想革命突然摧毁。牛顿的静态的永恒世界已经被进化论的思想和近代物理、动力概念破坏；洛克的自然权利学说已经不仅为浪漫派哲学而且也为现代科学所推翻；古典的放任主义的经济学已经为近代大多数经济学者所摒弃，并且在实践上也几乎为每一个现代工业国家所不采取。此外，弥尔顿的自我纠正法则学说近来已经变成可疑的了。”①

显然，理论的基础改变了，现实的环境改变了，于是，传统的自由主义新闻传播理

---

① 斯拉姆，等．报刊的四种理论．中国人民大学新闻系，译．北京：新华出版社，1980. 2008 年，中国人民大学出版社推出本书新译本《传媒的四种理论》，将英文书名中的“press”由“报刊”改译为“传媒”。

论也逐渐被新崛起的“社会责任理论”取代了。

（二）理论的主要内容

概括而言，“社会责任理论”的关键点有以下几条：

第一，大众新闻传播事业必须对公众的集体福利负有社会责任，现代大众新闻传播事业应担负起社会消息和讨论的公共传播者的职责。

第二，公众对于大众新闻传播事业也有着特定的义务。同大众传媒一样，公众在拥有言论自由权利的同时也要承担相应的义务，那就是帮助、监督大众传媒完成其肩负的社会职责。

第三，政府对于新闻传播界，不能只是允许新闻自由、不去干涉新闻传播自由，而是必须积极地促进这种自由的普遍实现。如果新闻传播事业的自我约束和社会生活中的自我纠正功能都不足以保证新闻传播事业完成自己的社会职责，那么政府就有义务加以推动，在必要时，政府有权采取行动，以保证公众的言论自由权利的真正实现。但是，政府不应当采取过激手段，并且不应当以与私营通信工具竞争或是以消灭它们为目标。只有在特别需要和利害攸关之时，政府才可以谨慎地进行某种程度上的干涉。

（三）影响与局限

“社会责任理论”为当代西方大众新闻传播事业开列了许多项重要的社会责任，提出了大众传媒的一系列新的准则。其中包括：大众传媒应向大众提供真实的、概括的、明智的关于当天事件的记述，它需要解释说明新闻事件的意义和事实的真相；大众传媒有义务使自己的传媒工具成为“一个交换评论或批评的论坛”，把自己看成公众讨论信息的公共传递者——虽然这并不意味着法律要强迫它们接受一切请求刊登的来稿；大众传媒还有义务正确地描绘出社会各个成员集团的典型图画；大众传媒要负责地介绍和阐明社会的主要目标和普遍美德；大众传媒有义务使人们“便于获得当天的消息”，公众有权从大众传媒获得这些消息，而大众传媒必须充当起破除新闻自由流通障碍的公众代理人。

但是，对于大众新闻传播事业所面对的严峻的垄断现实，“社会责任理论”却难以提出一种真正有效的解决方案。尽管它提出了自己的工作标准，但没有似乎也不能够提出保证这些标准得以实施的具体措施。尽管它准确地指出了资本主义垄断新闻传播事业所拥有的一系列缺陷，但西方私有财产神圣不可侵犯的基本原则使得弥补这些缺陷的前景显得十分黯淡。

练习题

一、名词解释

1. 报团
2. “社会责任理论”

3. “连锁董事”

4. 新闻集团

二、简答题

1. 简述“社会责任理论”产生的背景与基本内容。

2. 简述西方垄断资本主义新闻传播事业发展的不同阶段与典型表现。

第十五章
西方现代广播媒体

本章学习要点

- 西方各国广播媒体发展史。
- 新型广播媒体在当代新闻传播事业中的存在形态。

西方各国广播媒体的发展历史，揭开了人类电子传媒历史的第一页。考察这一历史进程可以发现，现代科技的发明与创造，以及科工贸产业一体化社会系统的成熟，极大地催生和促进了广播这一新型电子媒体的飞跃发展。同时，经济的市场竞争机制、社会的民主代议政体、发达的普及教育水平、大规模的群体化城市生活模式和世界各国相互间联系的日益加强（以第一次、第二次世界大战的形式和当今全球一体化、国际化发展趋势为特征），都为新生的广播媒体注入了成长的活力。

第一节　美国的广播事业

在各国广播事业的发展历史中，美国虽然不是最早发明与使用广播的西方国家，却是最早将其市场化、产业化、大众化的国家。美国完善发达的现代商业化广播体制和大国地位，对世界各国广播事业的发展产生了巨大的影响。

一、创始时期（20 世纪初期—20 世纪 20 年代末）

在美国，无线电广播是在 20 世纪 20 年代才逐渐演变发展为一种较为成熟的新型传播工具的，而无线电广播的迅猛发展与早期的一系列无线电传播技术的重大发明成果是分不开的。广播这种电子媒体依赖科学技术发明的倾向在其发展初期就十分显著地展现出来了。

（一）相关的技术背景

大致而言，奠定广播这一新媒体基础的相关科学技术的发明大致经历了以下四个发展阶段：

第一阶段主要解决了通过有线电报远距离传送信号的技术难题。1837 年塞缪尔·莫尔斯所发明的磁针发报机解决了这一难题。

第二阶段解决了通过电线使人类声音进行远距离保真传播的技术难题。1876 年亚历山大·贝尔发明的电话解决了有线传音技术难题，贝尔的这一发明对广播、电视、电影的产生及发展都有着重大的意义。

第三阶段重点解决了不用电线把信号传向远方的技术难题。解决这个难题的最大功臣是意大利著名发明家马可尼，他发明的新型天线和新型发报机实现了信号的无线远距离传送。

第四阶段主要解决了使用无线方式把人类的声音传向远方的技术难题。19 世纪末叶，有许多杰出的科学家为解决这一问题做出了各自的贡献。早在 1873 年，英国科学家麦克斯韦就从理论上论证了在电磁波频谱上存在着一个介于声波与光波之间的无线电波波段，可以将信号传向远方。1888 年，德国科学家赫兹通过实验证实了麦克斯韦的论断，人们为此称无线电波为“赫兹波”。赫兹还证明了应用共振原理，可以通过电路接收无线电波，这一技术问题的具体解决方案在 20 世纪初也由一些科学家出色完成，至此，无线电广播的技术问题基本得到了解决。

无线电相关技术的陆续发明与日臻完善，预示着一种新型电子媒体即将产生。在 20 世纪初的美国，许多科学爱好者和业余发明家不断地进行着无线电广播实验，并取得了可观的进步。

（二）早期的广播实验

早在 1895 年，美国匹兹堡大学的物理学教授金纳德·奥布里·费森登就已在美国马萨诸塞州的布兰特岩城开始无线电实验工作。与此同时，一位名叫李·德·福斯特的工程师也在致力于研究传送保真人声的无线电广播技术。1910 年 1 月 20 日，福斯特在纽约大都会歌剧院成功地广播了世界歌王恩里科·卡鲁索的歌声。1916 年，他又在纽约根据报纸要闻，人声播送了最早的新闻简讯，其中就包括当年威尔逊和休斯的总统竞选情况及威尔逊最后当选美国总统的消息，福斯特的工作引起了公众广泛的注意。

第一次世界大战后，广播事业开始从军工领域转向正式的平民商业领域。“广播热”开始深入民间，种类繁多的各类无线电设备、人工装配的各种无线接收机逐渐出现在商店的柜台上，一大批民间无线电爱好者纷纷建立了自己的电台，相互呼叫，乐此不疲。

根据美国商业部的正式记录，从政府处领取第一张营业执照并正式设立的美国第一家商业电台是匹兹堡的 KDKA 电台。1920 年 11 月 2 日，KDKA 电台正式开始播音。所以人们一般认定，它是美国乃至世界上第一家正式播音的商业电台，它的出现标志着广播这种新型电子媒体正式登上了历史舞台。从此以后，获得政府营业执照的商业电台在美国如雨后春笋般纷纷出现，到 1927 年时，美国已有了 733 家电台和 450 万台民间收音机了。

（三）全国性广播公司的出现

为了给这些大量出现的新电台提供广播节目，1926 年 6 月，美国无线电公司（RCA）宣布成立一个下属的新公司——全国广播公司（National Broadcasting Company，NBC）。这是美国出现的第一家专业的全国性广播公司，其首任领导者是戴维·萨尔诺夫。1927 年 7 月，NBC 组建了美国两大全国广播网红色广播网和蓝色广播网，向属下众多的电台提供统一的广播节目，进行商业合作联营，从而在美国广播事业发展史上占据了领先地位。

1927 年，不甘于落后的哥伦比亚唱片公司向 NBC 挑战，成立了一家新的全国性广播公司——哥伦比亚广播公司（Columbia Broadcasting System，CBS），并组建了自己的全国广播网。1928 年，香烟公司的老板威廉·佩利买下了这家广播公司并成为其领导者。1943 年，根据美国反托拉斯垄断法案，NBC 下属的蓝色广播网被卖给了爱德华·诺布尔，后者成立了美国第三家著名的全国广播公司——美国广播公司（American Broadcasting Company，ABC）。至此，美国三家全国性广播公司三足鼎立的局面形成了，它们之间激烈的竞争与发展，极大地促进了美国乃至世界广播事业的发展。

二、兴盛与发展时期（20 世纪 30—40 年代）

美国各地无线电台的大量出现，使广播作为一种新型媒体开始受到广大听众的热烈欢迎。“声音”这一广播所特有的为其他传统纸媒所不能替代的传播优势，更加推动了这一热潮。美国三大广播公司（1943 年之前为 NBC 的两大广播公司和 CBS）统一组织节目、汇总新闻消息、迅速大量地播放各类娱乐与新闻节目，使广播电台日益具有了全国性影响力。由于当时电视事业还未兴起，广播事业得以独领风骚。到了 20 世纪三四十年代，美国的广播事业得到了迅速的发展，进入了兴盛与腾飞的“黄金”阶段。

（一）大萧条时期——花样百出的广播娱乐性节目

20 世纪的 20 年代末，除了观赏好莱坞的电影以外，收听各类广播娱乐性节目已成为美国大众家庭生活中一项重要的内容。在那个时代，全美约有 900 多家电台，其中大部分都是三大广播公司的联盟台。这些电台播放花样百出的各种广播节目，其中绝大多数是娱乐性的节目。

然而，30 年代初期爆发的经济大萧条，使美国呈现出一片凄惨景象。人们找不到工作，情绪焦虑，生活困苦，前景茫然。这时候收听广播节目成为人们消遣、保持乐观，且花费不多的一个重要的娱乐放松方式了。许多美国人在贫困中卖掉了家具、房子、衣服，却留下了家中的收音机——他们把收音机看作他们保持与社会外界联系的唯一一根纽带了。不管当时的电台播送什么节目，人们都怀着极大的兴趣收听，收音机成为当时美国人家庭起居室中最为显眼的一件高档奢侈品。从某种意义上来说，经济大萧条不但未能对美国广播事业造成损害，反而成为促使广播事业得以发展的一个重要因素。广播网的运营通常依照家庭活动的一般规律进行：白天播送主妇们喜欢的各种肥皂剧（广播连续剧)，晚上则是用于消遣的滑稽剧、歌曲和简明新闻播报。正是在这一时期，许多美国优秀的播音员和节目主持人脱颖而出，成为公众所熟知的最早的一代广播明星。

(二)“炉边谈话”——广播史上伟大的里程碑

1933年3月4日，美国的民主党总统候选人富兰克林·德拉诺·罗斯福在危难中就任美国第32任总统。面对奄奄一息的国家经济，面对迷惘恐慌的广大民众，面对不断攻击他的新政措施的各路敌人，罗斯福总统迫切感到在推行“新政”、复兴全国经济之时，必须首先振奋民心、鼓舞民众，向人民直接解释新政的纲领、意义和措施。由于许多传统报刊都掌握在敌视他的共和党富裕人士手里，罗斯福总统决定利用新兴的大众传媒广播，来向全国公众发表政治讲演，直接向全体美国人民讲话。1933年3月12日、5月7日、7月24日、10月22日，罗斯福总统闲适随意地坐在白宫楼下的起居室壁炉旁，在夫人安娜·埃莉诺·罗斯福的陪伴下，通过实况广播向千百万美国普通大众发表了令人难以忘怀的系列演讲——著名的“炉边谈话”。这是美国政治史和广播史上的伟大里程碑。

在这些形式随意、气氛亲切的谈话中，罗斯福总统生动形象地向美国人民讲述了当前的全国形势和这届政府所推行的新政措施。总统告诉无数坐在收音机旁的听众，在这个世界上唯一能使他们害怕的东西就是害怕这个念头本身，美国人民和这届政府有信心、有能力带领大家渡过大萧条时期。总统还形象地讲解了新政的许多具体内容和实施原因。他就像坐在你身边的父亲、兄长、朋友一样娓娓道来，告诉大家为什么要实行《紧急银行法》：每个人并不能靠手里拿着的一个鸡蛋填饱肚子，但如果大家把手里的鸡蛋都放到联邦银行里去，银行就会使这些鸡蛋孵成小鸡，这些小鸡又会生出更多的鸡蛋，更多的鸡蛋又会在联邦银行里孵出更多的小鸡来，最后大家都有鸡蛋可吃，都有小鸡可养。一个令人亲切和感动的细节发生在1933年7月24日的“炉边谈话”节目中，当时说得口干舌燥的罗斯福总统忽然转脸向正坐在机器后面的CBS新闻部负责人谢克特要一杯水喝，于是，收音机旁的听众都听到了“哗哗”的倒水声和总统“咕嘟咕嘟”的喝水声。喝完水后感到无比舒畅的总统对着直播话筒脱口说道：“夏天的华盛顿可真热呀!”这句随意的话语引得无数听众会心一笑，气氛变得更加融洽了。事后总统紧张地询问谢克特在实况广播中说这样一句闲话是否不太适宜，兴奋的谢克特马上告诉总统这句闲话“简直妙不可言”。

就这样，无线电广播以它神奇的威力，使罗斯福总统的声音迅速传遍了美国。顷刻之间，这位总统在整个美国家喻户晓、备受信任。对于那个时代的大多数美国人来说，他们记忆中最早的政治活动，就是坐在家中的收音机旁，聚精会神地倾听那个强有力的、自信的、从容不迫的洪亮声音。现场实况广播讲话这一形式，成功地把罗斯福总统同美国人民的感情拉近了。当时的著名评论家沃尔特·李普曼写道：“我们的全国人民原来对任何人、任何事情都不相信了，不过一周时间，我们现在对国家、对政府又恢复了信心。”一个鲜明的对比是，罗斯福的前任胡佛总统任职期间，白宫邮箱每天最多只能收到十几封信，而且几乎都是怼骂批评胡佛总统无能的信函；但现在一天之内，几十万封信件同时飞来，最多的一天竟然有50多万封信件涌入了白宫，有关当局不得不增设了一个专门的邮局来处理人民寄往白宫的信件。美国人民对罗斯福总统的敬重达到了前所未有的高度，罗斯福的新政因而得到了全国的一致支持。敌对的声音销声匿迹了，人民空前团结、国家空前团结，这一切都同罗斯福总统对新生广播媒体巨大作用的深刻认识和娴熟运用是分不开的。即使过了几十年，像约翰·肯尼迪、林登·约翰逊、理查德·尼克松这样一些成熟的美国政治家都还曾专门研究过罗斯福总统运用广播的天才技巧。

（三）“朗格-库格林流感”

在 20 世纪 30 年代，并不只有罗斯福总统一个人看到了新生的广播媒体的惊人威力并加以运用，还有两个人在美国早期广播史上以其出色的广播活动加深了大众对广播威力的认识，他们就是参议员休伊·皮尔斯·朗格和查尔斯·E. 库格林神父。这两个人一个把广播作为政治宣传的工具，另一个则把广播作为宗教布道、时事宣讲的论坛，很快便成为全国皆知的著名人物。

绰号“王鱼”的朗格参议员来自美国南部偏远的密西西比州，他极为擅长演讲，声音悦耳动听，煽动性极强。来到华盛顿特区后，朗格参议员很快就发现与认识到了新兴的大众传媒广播的巨大威力，开始频繁使用广播进行竞选演讲，很快就扩大了自己的知名度。朗格的广播演讲题目火爆、煽动性极强、语言风趣尖刻，非常受底层大众欢迎。他通过广播所赢得的全国声誉是如此之高，以至于有人认为如果朗格不是因为广播演讲得罪了人而遭到暗杀死亡的话，那么他可能会在 1937 年总统大选中代替罗斯福总统成为新一届美国总统。

库格林神父与广播的关系更加具有传奇色彩。这位出身于加拿大天主教家庭的神父，青年时期在美国的一所神学院读书时就很不合群，因此一毕业就被发配到加美边境的一个偏远穷困的小红花礼拜堂做见习牧师。郁郁不得志的库格林神父不满足于这个小小的乡间教会，他也敏锐地看准了广播这一新型媒体的巨大潜力和广阔的受众市场，便怀揣着小红花礼拜堂全体教徒们所捐献的一点点经费，长途跋涉，徒步来到了最近的大城市芝加哥。库格林神父说服了当地一家电台的负责人，现场购买了一小段广播时间，开始在录音间里通过话筒，向看不见的教徒进行了一场“空中布道”，宣讲上帝的旨意，开创了广播史上的第一次宗教广播活动。库格林神父对“空中布道”节目的自我感觉很糟，但还是按照事先的计划，在广播结束时留下了他的小红花礼拜堂的地址。当他沮丧地返回时，却出乎意料地发现他的“空中布道”广播节目得到了广大信徒们极为热烈的欢迎——雪片般的来函和大量捐款被寄到了以往无人知晓的小红花礼拜堂。公众的来信和捐款是如此之多，以至于库格林神父不得不专门雇了十几个人来加以处理。

一战成名后的库格林神父马上开始更为频繁地广播。他购买了更多广播电台的广播时间，专门进行布道讲演。他口才极好，不仅对宗教事务，而且对当时美国国内政治和国际事务发表了独特的口头评论。当一些电台的老板因为对库格林神父的某些谈话内容感到不安，企图事先审查一下他的演讲稿时，库格林神父就在广播中动员广大听众对这些老板进行抗议和抵制。从此以后，再也没有人敢对这位神父的“空中布道”节目说三道四了。

1935 年，朗格参议员和库格林神父竟然开始联手向罗斯福总统发动攻击，利用广播大造舆论，一时间社会上人心浮动，反对总统的舆论甚嚣尘上。罗斯福总统在给当时美国驻意大利大使的一封信中对此做了一个绝妙的比喻，总统告诉这位大使：目前美国人正在害一种很严重的病，叫作“朗格-库格林流感”，人人都浑身发疼。这也许从另一个侧面说明了当时朗格参议员和库格林神父利用广播所造成的社会舆论影响之强大。毫无疑问，他们两人的广播活动也极大地提升了早期广播媒体在美国社会生活中的影响力。

（四）新闻的竞争——“比尔莫特协议”

随着广播事业的不断发展，旧有传媒之间的平衡被逐渐打破了。广播不仅在娱乐节目、商业广告等方面威胁着报刊和通讯社，而且开始在新闻报道领域运用自己的及时报道特长来“侵犯”报刊和通讯社的传统领地了。

早在 1932 年，美国 NBC 和 CBS 就曾成功地报道了罗斯福总统的竞选活动，这是广播向报刊和通讯社发出的第一个新闻竞争信号。随着普通读者和大量广告商快速地转向广播网，报刊的发行量下降了，收入减少了，这一切引起了报刊和通讯社的不满。当广播日益成为一个严肃正规的新闻媒体时，这种不满便转为不安了。

1933 年 4 月，为抵制广播网的挑战，恼火的美国报刊发行人协会宣布不再向广播界提供任何新闻稿件。美联社所属的所有资格成员电台也仅仅被允许播报该社提供的一些简明新闻——但必须另外付费。合众通讯社和国际新闻社也做出了相似的决定。后来情况变得更加糟糕了，一些小电台还能付费从报刊和通讯社买到些简明新闻，而当时的三大广播公司即便付费，报刊和通讯社也不为其提供任何新闻稿件了。

正是在这种背景和压力下，美国的 NBC 和 CBS 两大广播公司开始自己采集与制作新闻，走上了创办广播公司自己的新闻部的新征途。NBC 的谢克特和 CBS 的保罗·怀特受命，分别着手建立起了两大广播公司的专业新闻制作机构，走上了独立采集与制作新闻节目的道路。为此，报刊和通讯社再度联手，向为 NBC 和 CBS 的广播节目提供广告的一些大广告公司施加了强大的压力，要求其立即停止在 NBC 和 CBS 的广告投放活动，否则将抵制这些广告公司的广告在报刊上的刊登。在多方的压力下，NBC 和 CBS 先后被迫妥协了。

1933 年 12 月，一场重要的新闻界联席会议在纽约的比尔莫特饭店举行，NBC、CBS、全国广播协会、美联社、合众通讯社、国际新闻社、美国报刊发行人协会的代表们共同达成一项和解协议，史称“比尔莫特协议”，主要内容如下：

（1）CBS 同意解散自己的新闻社。

（2）NBC 不再建立新的新闻社。

（3）由广播网出资成立一个报纸-广播局，以便向广播电台提供三大通讯社的简明新闻，这些简明新闻每条不得超过 30 个字，并且只能在早上 9 点 30 分播报 5 分钟，晚上 9 点或稍晚些时候再播报 5 分钟。

“比尔莫特协议”显然是传统报刊和通讯社打压新兴的广播媒体的一次巨大胜利。

虽然这个协议确实给予了广播界沉重的打击，但是广播这一新型大众传媒前进的历史脚步却是谁也阻挡不了的。在广播界的高价诱惑下，有几家独立的小型通讯社马上成立了，它们不理睬“比尔莫特协议”，专门向广播电台提供新闻，不满的广播网也悄悄加强了自己的新闻报道力量。

随着时间的推移，“比尔莫特协议”逐渐失效了。最终，美联社的竞争对手合众通讯社和国际新闻社率先开始向商业电台全面提供新闻，美联社不久也被迫加入了这个行列。看到广播界不可阻挡的前进趋势后，越来越多的报刊发行人不是抵制而是主动申请领取新的电台营业执照，或购买旧的电台，直接参与其经营。广播网很快也恢复了自己的新闻部，加强了新闻报道的力量，逐渐成为一种不可阻挡的新生的新闻媒体。广播这一新型媒体曾经遇到严峻的挑战，但它战胜了，前进了。

三、广播的黄金时代（1938 年至今）

美国广播黄金时代的到来同两个历史因素密切关联：一是第二次世界大战的爆发。这场空前惨烈、波及全球的世界大战，促成了人们对新闻信息的强烈需求。而能够迅速地传递和报道大量新闻信息的无线电广播，恰恰具有速报和在单一时间内口头传送大量信息的特点和能力，因此，广播事业的繁荣昌盛就属必然了。二是相关物质和技术的基础日益雄厚，为广播界提供了有力支撑，从而使其迎来了自己腾飞的黄金时代。经过 20 余年的早期发展，广播界已经解决了一系列技术问题，拥有了成熟的节目制作体制和大批专业娴熟的工作人员。在经济上，广播已经完全得到了商业大公司、大广告主的支持，实力雄厚；在政治上，广播亦早已成为能够影响大众舆论的重要媒体之一，在公众中有着巨大的影响力。于是，广播的黄金时代到来了。

（一）“慕尼黑危机”与 CBS 卡尔登邦的新闻播报与评论

20 世纪 30 年代中期，广播已完全进入成熟阶段。以 1938 年“慕尼黑危机”为契机，广播界的新闻报道声名鹊起，拉开了其黄金时代的序幕。

1938 年 3 月 12 日，致力于以新闻播报为突破口，利用新闻节目的影响力来推动公司快速发展的 CBS 率先在国际新闻报道领域开始发力。CBS 驻欧洲的著名记者爱德华·默罗和威廉·夏勒等人联手推出了广播史上的第一个新闻联播节目《世界新闻集锦》，引起了大西洋彼岸美国听众的极大兴趣。随后，在“慕尼黑危机”持续紧张的 18 天里（1938 年 9 月 12 日到 29 日），CBS 总共持续播出了 151 次短波实况报道，NBC 则播出了 147 次。红色广播网、蓝色广播网和哥伦比亚广播网对此次危机中所有的重要人物如希特勒、墨索里尼、张伯伦、贝奈斯等的公开外交活动进行了广泛而迅速的报道，给美国人民留下了深刻的印象。在 CBS 总部大厦里，老练沉着的第一代著名新闻评论员卡尔登邦 18 天足不出户，根据前方默罗领导的报道班子发回的一系列报道和全球各大通讯社的相关消息，进行迅速而又透彻的即席报道与评论分析，树立了广播史上最引人注目的新闻广播评论员（commentator）的权威形象，开创了广播新闻与评论并重的新局面。

（二）广播剧《世界大战》的播出

除了崭露头角的新闻类广播节目以外，广播界娱乐性节目的繁荣也是这一黄金时代的标志之一。在20世纪30年代，不仅许多优秀的脍炙人口的广播节目已拥有了十几年的不衰历史，而且还出现了具有惊人效果的新的广播剧——奥逊·威尔斯的《世界大战》。

1938年，伟大的演员、导演和节目制作人，美国著名水星剧团（Mercury Theater）领导者奥逊·威尔斯将一部英国科幻小说改编成了著名的广播剧《世界大战》。这部描述火星人在地球突然登陆并展开毁灭性战争的广播剧在1938年10月30日万圣节前夜由CBS邀请的奥逊·威尔斯水星剧团表演并播出。威尔斯把广播的效果利用到了空前绝后的程度，他坚持该节目必须以插播新闻的形式播出，模仿现场报道的口吻向听众播报火星人侵入地球，使整出戏如报道真人真事一般，从而造成了全国性的大恐慌。几百万公众在收听了这个广播节目后信以为真，惊慌失措，纷纷携妻带子仓皇出逃。人们或在公路上驾车狂奔、相互拥堵，或跑进教堂哭哭啼啼、乱作一团，以为世界末日来临。可是威尔斯却轻松愉快地在节目的最后对听众们说道："朋友们，再见。明后两天，请不要忘记今天的教训……要是有人调皮敲门，又不见其人，那并不是什么火星人，因为这是万圣节的前夕呵！"①

威尔斯的广播剧《世界大战》所取得的戏剧性，甚至可以说是灾难性效果极为显著，这表明当时的广播媒体已经成为一个拥有众多听众，能够产生巨大社会轰动效果的成熟化大众传媒了。

（三）二战中的明星广播记者

在随后的二战时期，美国三大广播公司的战地记者们活跃在全球各条战线上，发回了无数条激动人心的新闻消息，许多著名的战地记者成为明星式的人物，在公众中获得了极高声誉。在广播新闻节目史上，CBS默罗的《这里是伦敦》，夏勒的康边森林德法停战协议签署现场实况报道，塞西尔·布朗的远东战地实况报道，查尔斯·科林伍德从北非发回的阿拉曼战况新闻，特别是默罗在伦敦大轰炸期间的现场实况广播录音报道，将二战中的广播现场报道这一新闻报道形式推向了一个无人企及的高峰。

另外，在二战中著名的诺曼底登陆、易北河会师、攻克柏林、原子弹轰炸日本、日本在"密苏里号"战列舰上投降签字等一系列重大新闻事件的报道中，都有战地记者的身影。地球的上空日日夜夜回荡着战地记者的声音，他们每一个人都在这个富于挑战性的严峻时刻干得非常出色。二战中的全球广播锻炼出一支群星闪耀的广播记者队伍，无线电广播从未像在二战中这般享有崇高的声誉和巨大的威望。可以说，第二次世界大战的新闻报道将广播这一新型媒体推上了兴盛与繁荣的顶峰。

---

① 按西方习俗，万圣节前夜是人们开玩笑、举办化装舞会的时候。

（四）二战后的广播节目

虽然日本投降后不久，杜鲁门总统便批准生产民用电视机，但由于电视机的生产刚刚恢复和广播界在二战中所取得的巨大声誉，在战后初期一段时间内，广播界仍然独领风骚并开办了一系列新的节目。

明星记者爱德华·默罗从欧洲回国后，马上开办了一档名为《现在请听》的节目，该节目很有名气，极受欢迎。CBS 的另外一位著名记者泰勒也开办了一个优秀的广播节目《你在哪里》，这个节目全面介绍和展播了二战中 CBS 记者在各条战线的权威性报道，亦受到了熟知这些记者大名的听众们的热烈欢迎。

《一个世界在飞行》是战后广播界开办的最有影响的优秀节目之一，它是 CBS 著名记者诺曼·科温为纪念已故的美国政治家温德尔·威尔基和他的名著《一个世界》于 1946 年开办的。科温沿着威尔基书中描述的重要城市旅行，报道了世界各地的历史与新闻，受到了美国听众的欢迎。

广播公司的娱乐性节目在战后也得到了更广泛的发展。三家广播网播送的连续广播节目有 18 个已播送十余年之久，其中有几个深受大众欢迎的连续剧节目播出时间甚至已超过 20 年之久，它们都是美国广播节目中收听率最高的节目。

但是，广播界的美好时光马上就要过去了——电视已开始在美国崛起。“江山代有才人出，各领风骚数百年”，电视媒体大显身手，哼唱出美国新闻传播事业主导声音的时代就要到来了。

（五）国际广播——“美国之音”

“美国之音”（Voice of America）创办于 1942 年的第二次世界大战期间，是美国政府开办的第一个短波国际广播电台，用五种语言来为战争服务，并成为日后“冷战”时期最有名的一家国际广播电台。

作为国际广播领域里的后起之秀，开播之后的“美国之音”非常注意效仿与学习英国老牌广播公司英国广播公司（BBC）的一整套国际广播宣传手法和理念。比如像 BBC 一样，虽然“美国之音”的节目内容侧重于报道敌人的战败失利消息，宣传呼吁世界各国团结一致，击败德国法西斯，但在具体报道过程中，该台却尽量据实报道，并注重播报事实性新闻和平衡性新闻。所以在二战期间，“美国之音”获得了一定的良好声誉。

二战后的 20 世纪 50 年代，由于东西方两大敌对阵营的形成，美苏之间出现了“冷战”的局面。50 年代初期，作为反映美国政府官方意见的喉舌及国务院和美国新闻署的直辖机构，“美国之音”充当了反对共产主义阵营的广播急先锋。

这一时期的“美国之音”在宣传策略上开始变得相当笨拙，它直截了当地反映美国政府的立场，鼓吹战争威胁，热衷于报道社会主义阵营的种种令人怀疑的坏消息，露骨地宣传西方生活方式的优越性，甚至有时不顾基本的事实而常常把自己的主观意志强加于新闻报道之中。在“美国之音”宣传性的报道中，有关社会主义国家暴动、歉收、灾害、专制、秘密警察、酗酒的新闻比比皆是，鼓动听众选择或从事敌对活动也是“美国之音”乐此不疲的宣传主题之一。

自 1947 年 4 月“美国之音”开始对苏联及东欧地区进行广播轰炸以来，“美国之音”开播了多种语言节目，向社会主义国家进行政治广播。美国政府为此投入了大量的资金，帮助“美国之音”在英国、联邦德国、希腊等国家和地区安装了大功率的转播发射机。可以说，“美国之音”在 50 年代的“冷战”中扮演了重要的角色。

20 世纪 60 年代初，美苏两国关系有所改善，“美国之音”对苏联的批判稍微温和了一点。但在随后的越南战争中，“美国之音”竭力掩盖事实真相，进行政治色彩极浓的意识形态宣传广播活动，甚至屈从于美国国务院指令，将美军最后撤离越南的撤军消息扣押了长达 48 小时之久。

进入 20 世纪 70 年代，由于美国在国际事务活动中遭受了一系列的挫折（特别是越南战争失败及“水门事件”丑闻），“美国之音”开始进行内部改革，业务情况有了相当大的变化。这主要表现为 70 年代初期以“美国之音”新闻部主任卡曼斯基为首的工作人员开展了一场排除高层干扰的斗争。他们要求“美国之音”的新闻节目应摆脱国务院和新闻署（后改称国际交流署）的直接控制，独立开展工作，并要求改变死板陈旧的宣传方式，争取更好的宣传效果。三分之二的工作人员参加了这项请愿运动，最终导致 1976 年福特总统签署了《美国之音章程》并经国会批准生效。该章程规定：

（1）“美国之音”必须始终是一个可靠的和权威性的新闻来源，“美国之音”广播的新闻一定要准确、客观、广泛。

（2）“美国之音”应代表整个美国而不是美国社会的其中一部分，因此，它对美国的主要思想和制度必须做平衡的和全面的报道。

（3）“美国之音”应清楚有效地阐明美国政府的政策，同时也报道针对这些政策所发表的认真的讨论和意见。

为了改变“美国之音”在世界上的形象，美国国会在讨论通过此项章程时，把第三条原有的“作为官方电台”字样删去了，并要求该台在宣传上尽量讲求客观报道、据实传播。

20 世纪 80 年代的“美国之音”同五六十年代相比有了很大变化，最大的改变就是“美国之音”不再像以前“冷战”时期那样独唱生硬的赤裸裸的反共调子了。“美国之音”的宣传手法发生了变化并成为 80 年代“美国之音”的基本特征。

首先，吸取了以往同美国官方关系过密、声誉不佳的教训，“美国之音”在选择、处理新闻方面取得了相当程度的独立性，蒙上了一层非官方客观独立的色彩。

其次，“美国之音”把广播中的新闻和评论分开了，每次节目播送的社论、新闻分析、专栏文章都明确说明其所代表的立场，这大大不同于 50 年代的“美国之音”。

最后，“美国之音”的节目特别注意加强听众调查研究，经常举办适应特定听众群体心理的热门节目，投听众之所好，这主要反映在它的一系列专题性节目中。例如，当 1972 年尼克松总统访华后，中国出现了英语热，“美国之音”适时推出了《英语九百句》英语学习节目，该节目风靡一时，很受中国年轻人的欢迎。至于美国乡村民谣介绍、好莱坞电影回顾、美国普通大众的生活等专题节目，则受到了各国听众的欢迎。为了保持较高的声誉和紧紧抓住听众，“美国之音”总是不断推出五花八门的热门节目来牢牢吸引住大批听众。用他们自己的话说，“目的就是让听众接受我们的观点，形式上的改变只是为了更好地为这一目的服务”。

“美国之音”是世界上最有名望的国际广播电台之一，据介绍，“美国之音”拥有近一亿的听众，每年可收到听众来信近 20 万封。除由华盛顿总部和海外发射站直播外，“美国之音”还积极地向外国电台提供大量的寄送节目。该台最多时曾拥有工作人员 2 000多人，使用 30 多种语言，昼夜不停地向全世界广播。由于互联网时代的到来，“美国之音”现在已经停止了它的全球广播节目，主要依靠网络播出节目。

“美国之音”内部的管理体制是这样的：该台台长由美国国际交流署助理署长兼任，由美国总统直接任命；副台长一人，由外交人员担任；全台分三大部门，节目部门、行政部门和技术部门。

节目部门是“美国之音”最大的部门，有工作人员 1 000 多人，占全台员工的一半，节目部下设一个中心发稿部门新闻时事部，还有七个语言组。

“美国之音”节目部门的中心发稿部门是新闻时事部，它又分为新闻部和时事部。新闻部由撰稿人和辅助人员组成，设主任一名，下设责任编辑，包括世界综合新闻组、记者组、国内组、欧洲组、远东组、近东南亚组、非洲组、拉美组，还有一个收录记者报道和美国商业电视网节目的电子收录中心。“美国之音”的新闻素以稿源丰富而著称。第一个新闻源是新闻部的 18 台接收世界各大通讯社电讯稿的自动电传机。第二个则是截听的 100 多个国家的广播资料。第三个新闻源是美国国内三家大报《华盛顿邮报》《纽约时报》和《洛杉矶时报》，它们的电讯稿比通讯社的电讯稿更快、更好。第四个是该台在国内外派驻的记者和聘请的特约通讯员。“美国之音”曾经有十几名国外驻站记者，还有 100 多名兼职的特约通讯员。丰富的新闻稿源保证了“美国之音”每天可以抄收 150 万字的资料，经过选择，通常会采用四分之一左右。该部主任自豪地说，“美国之音”就像一张蜘蛛网，伸向四面八方，每时每刻都有最新消息。

“美国之音”的新闻部每隔一小时就重新播发一套消息和目录，在这期间如有重大消息则随时编发，并按消息的重要性更换次序，有些重要消息即使在两小时内没有新的发展，也要重新改写，以便给听众以新鲜之感。所以说，“美国之音”的新闻节目非常重视时效。他们除了大规模采用现代电子技术设备保证及时发稿以外，还采取了所有的新闻节目一律直播的形式，不采取事先录制的方式。该台还鼓励记者抢发新闻、快发新闻。

时事部是“美国之音”第二个发稿中心，它由近 100 名工作人员组成，设主任一人，副主任一人，下设新闻分析组、专稿特写组、音乐组、通联部、胶带库和资料组，主要负责编发新闻以外的所有节目。

“美国之音”虽然自己标榜追求客观公正，但实际上它的评论和对国际新闻的分析都是紧密配合美国国内外政策的，在看似“客观公正”的报道中向全球推广美国价值观，很多时候罔顾客观事实，发表影响极坏的不实言论。评论的来源一般有三种：其一是政府方面提供的；其二是“美国之音”评论员撰写的；其三是国内外报刊舆论。“美国之音”的评论一般不署名，在广播时特别声明它仅仅代表美国政府的观点。“美国之音”同时还明确规定，所有的对外广播节目都要采用电台评论，在翻译时绝对忠于原文，不得删改，这种评论每周要发一至两篇。新闻分析则每天至少一篇。

专题节目是该台时事部的重要工作之一。“美国之音”的专题节目有两种：一种是定期专题节目，每天或每周一次，各语言组在固定时间播出，便于听众收听；另一种是非定期专题节目。“美国之音”的专题节目特别注意考虑国内外听众的心理、兴趣和接受方式，投其所好，用多种方法来吸引听众。这些专题节目的播出，常常采用朋友间聊天的方式，而且完全是直播，以使节目更加自然。不论是答记者问还是座谈，都不采取事先组织、排练的办法，而是当场提问，被访问者事先不知道记者要问的问题，记者报道也多用记者本人的声音而不是播音员的声音。

作为一个全球性的广播电台，“美国之音”每周用39种语言播音900多小时，拥有几千名员工，对全世界各地的新闻进行全面覆盖。

现在的“美国之音”已经进入了互联网时代。这主要表现在它大量地压缩了广播节目的数量，停播了包括中文节目在内的许多广播节目，而把更多的精力放在网络新闻上，试图通过网络音频与视频节目来吸引新时代的年轻受众。虽然“美国之音”的许多出色的业务工作的确值得我们借鉴学习，但是“美国之音”的所有信息传播都是为美国政府服务的，很多报道也并没有做到客观公正。

第二节 英国的广播事业

英国既是最早开启现代广播事业的国家之一，也是最早将广播这一电子媒体投入使用的国家之一。虽然由于两次世界大战的影响，英国在广播事业的社会化方面被美国赶超，但英国所创立的独一无二的公共广播体制和著名的英国广播公司，都对世界各国的广播事业产生了无法估量的巨大影响。

一、创立之初的英国广播公司

英国广播事业的发展规模在西方诸国中是较大的，特别是广播历史悠久、声誉卓著、影响深远。现在，英国的广播事业主要集中在两大广播电视机构中，这就是为人们所熟知的英国广播公司（BBC）和独立广播局（IBA）——当然还有一些商业性广播与电视台。

（一）创立

在广播史上，最早的BBC其实有两个，即新老BBC。早在1922年时，随着收音机的增多，英国政府准许民间创立广播电台，很多收音机制造商纷纷开始设立自己的电台，以便出售收音机。1922年11月，伦敦六家主要的收音机电器制造商集资创立了著名的英国广播公司，其经费由这些公司出售的收音机附加费和听众收听费来担负，这就是私营的老BBC。老BBC只经营广播（当时电视还没有正式问世），而广告节目则被政府一律禁止。1924年，老BBC在节目中采用了伦敦塔上“大本钟”的报时钟声和格林尼治标准时间，“大本钟”的报时声成为节目的标志性元素。

老BBC开播后，政府成立了一个收听委员会，经常收听评估其节目内容。1926年7月，这个收听委员会建议由政府买入该公司股票，建立一个国家级广播电台，以担负起全国性的广播任务。

新BBC的创始人是约翰·里思爵士，他被后人尊称为“BBC之父”。里思之所以能够获此荣誉，完全是因为他独特的广播电台公共运营体制的构思，以及这一构思为BBC乃至于英国的广播事业所带来的巨大影响。

在思考如何创立一个新的大众传媒的时候，里思首先把批判的目光投向了大西洋彼岸美国式的商业广播电台模式和东方苏联式的政治严控集权主义广播制度。在对东、西方这两种不同的广播体系进行了深入的观察与思考之后，结合英国社会的文化传统和社会公众文化需求，里思遂提出了自己的一整套关于公共广播事业的理论。这一理论的核心为：未来的英国广播事业必须能够“独立地”向社会大众传播教育、新闻、娱乐等信息，并能有效避免来自政治的干扰和商业的压力。正是从里思的这一独立的观念和思想中，最终产生了颇具英国特色的公共公营广播事业体制，这是里思被人们尊称为“BBC之父”的最主要原因。

1927年元旦，改组后的新BBC正式成立，英国王室为它颁发了有效期十年的皇家特许经营状。根据该特许状，BBC为一家公营性质的独立广播事业组织机构，拥有在英国进行全国无线电广播的垄断权，其经营政策与节目内容均由政府的邮政大臣负责监督，经费来源是公众收听费、收音机制造附加费等专项税款和政府的资助。自此以后，新BBC所获得的皇家特许经营状延续至今，政府部分承担了新BBC的经费开支。

在里斯构想下新成立的BBC很快受到了英国社会大众与文化精英界的双重欢迎，收听BBC广播不仅在首都伦敦而且在英国各地都逐渐成为一个引人注意的社会文化现象。最初的BBC广播向大众播出了戏剧、聊天、儿童故事、通俗与古典音乐等多种节目，“这里是伦敦”（This is London calling…）的声音日夜在英伦三岛上空回响。

除了这些节目外，新BBC也播出少量的新闻消息，但为了不触怒敏感多疑的报刊和通讯社，新BBC初期的新闻节目仅仅在每天晚上7点后才播出，而且数量很少。

公共广播体制下的BBC表现出了既不同于美国商业广播也相异于苏联集权主义广播的鲜明特征。首先，由于拥有受政府保护的固定经费来源，而且皇家特许状中规定了BBC不能播出商业广告，因此BBC可以独立地制作有益于大众的高质量广播节目，较好地抵制商业市场竞争和广告商们所带来的节目庸俗化压力。

其次，政府批准的全国垄断经营地位，使BBC得以在全国范围内进行独家广播节目播出，较轻的同行业竞争压力为生产精品节目创造了良好的条件。当然，竞争的减弱也给BBC带来了一系列因循守旧的官僚主义陈腐现象。

最后，由于BBC有自己的公司组织章程，是一个拥有皇家特许经营状的独立社会公共机构，因而它能够在一定范围内保持自己的独立性，能够按照新闻传播事业的自身规律来经营广播事业。

在这种符合英国历史传统与国情的广播事业体制下，BBC 为英国及其殖民地大众提供了许多相当精良的广播节目。这些节目中既有优秀的英国传统文化节目，比如文学朗读、广播剧、文学讨论沙龙、儿童剧；也有出色的新闻报道节目，特别是二战期间的 BBC 国际新闻报道节目；还有无数的艺术与科学节目，如音乐、戏剧、地理、卫生、家庭、生活、体育、妇女、青少年节目等。二战前的 BBC 广播节目百花齐放，一片繁荣，引领了世界广播节目的风潮。

（二）二战期间

二战期间，BBC 的广播节目在动员人民奋起抗击纳粹德国法西斯侵略战争方面立下了不朽的功绩，BBC 也以其出色的新闻报道和“帝国广播”（国际新闻报道）而为人们所熟知与记忆。战争期间的人们无法忘怀，在二战初期英国独立抗击凶悍的纳粹德国之时，英国首相丘吉尔任职伊始就通过 BBC 向全体英国人民发表经典广播演讲《热血、辛劳、汗水和眼泪》。这位首相像一头雄狮，在广播中代表英国人民发出了战斗的呐喊。每当战事出现重大转折的时候，通过 BBC，英国和世界人民总能够听到这位反法西斯斗士的声音。

法国流亡政府的首脑人物戴高乐将军也是通过 BBC 动员与指挥法国占领区的“自由法国运动”的。戴高乐将军通过伦敦的 BBC，分析了反法西斯战线的形势，鼓励法国自由战士奋起抗战，铲除法奸，破坏敌人的后方设施，书写象征自由与胜利的“V”形字母，参加自由法国运动军队，与占领祖国领土的德国法西斯进行英勇的斗争。戴高乐将军的广播演讲极大地鼓励了法国占领区千百万民众，为盟军最后成功开辟反法西斯第二战场、登陆诺曼底、解放法兰西大地做出了独特的贡献。

二战以后的 BBC 虽然在经营上遇到了很大的困难，被迫与 20 世纪 50 年代成立的 IBA 和其他商业性电台与电视台进行市场竞争，但其庞大的影响力仍然不容小觑。

现在的 BBC 继续经营着 2 个全国电视频道，6 个广播联播节目制作中心，4 座全国无线电广播电台和 29 个地方无线电广播电台，2 家杂志社，6 个交响乐队和录音、图书与出版公司，是一个具有庞大经营规模的公共广播与电视文化企业。BBC 的职员约 3 万余人，机构庞杂，设备先进，其广播水平在西方名列前茅，广播的规模也位居世界各国广播电台的前列。

二、英国广播公司的机构组织形式与节目特色

（一）组织结构方面的特征

BBC 作为一家独立、非营利性、具有垄断特色的公共公营传媒企业，是英国政府辖下的一个形式独立、隐蔽色彩很强的文化机构。它的最高决策机构为公司管理委员会。该委员会由九人组成，其成员包括首相、在野的反对党领袖、最高法院院长、邮政大臣、传媒业代表、BBC 员工代表和社会知名公共人士等。各个委员均由国王任命，任期五年。公司的实际负责人为公司总经理，但实际管理权则掌握在管理委员会和英国

议会手中，并通过内阁中的邮政大臣直接实施管理。BBC 总经理下设秘书处、行政部、技术部、广播部、国外广播部和电视广播部等部门。

BBC 的广播部管辖有覆盖英国全境的四大广播网、轻松节目网、第三节目部和第三广播网，此外还有 29 家地方电台及娱乐部、音乐部、演说评论部和学校广播委员会等机构。这四大广播网还转播 BBC 四家全国性广播电台的节目。

BBC 的国外广播部包括欧洲部、海外部、侦听部、联络部、听众研究部和世界各地的办事处。

电视广播部则分为节目部、户外广播部、电影部、节目服务部等部门。

虽然 BBC 在名义与形式上是“独立”的，不受政府的直接控制，但实际上它在经费、节目、政策、投资、方向、服务等许多方面都受到英国政府的掌控。

（二）广播节目内容

BBC 的节目可分为广播节目和电视节目两部分。广播节目主要是新闻和各种专题性的节目。这些专题性的节目在西方社会里是比较严肃的，主要包括古典音乐、广播剧、公共评论、为学校安排的教育类调频广播节目，以及娱乐性的流行音乐、体育节目等。

BBC 的广播新闻节目很出色。同西方各国电台的节目相比，BBC 的广播新闻节目注重精选素材，制作精良。它的新闻报道有两个特点。其一是信息量大。由于 BBC 新闻的来源较多，如专业记者的采访，各大新闻通讯社、电台、报刊的消息，官方公布的消息，以及侦听各国广播节目，这就保证了 BBC 能够及时大量地汇集和选编新闻。其二是时效性强。BBC 特别重视整点新闻滚动播出这一形式，重要新闻甚至可以随时插播，因此 BBC 的英语新闻在世界上享有盛誉。

三、英国广播公司的国际广播

（一）初期的国际广播：“帝国广播”

BBC 于 1932 年开始对外广播，其呼号为“帝国广播”，一开始只开办了一种英语节目，主要针对海外英联邦国家。英国政府发表的关于对外广播方针的白皮书指出：政府认为 BBC 在节目编排方面应保持独立性，但是它必须从政府那里了解对象国家的情况及政府对该国的政策，以便根据国家的利益来编排节目。很明显，英国政府的意图是要求对外广播节目必须依据国家利益来开办。

BBC 的“帝国广播”在二战时达到了顶峰，它用近 50 种语言日夜不停地向世界各地广播，获得了全世界人民的喜爱与尊敬。今天的 BBC 仍用近 40 种语言向世界各地播音，其广播覆盖面几乎遍及全球。BBC 在争取听众方面有其独特的方法和技巧，因而在近 50 年的国际广播舞台上享有较高的声誉。几项调查结果显示，BBC 的声誉远在“美国之音”和莫斯科广播电台之上。

（二）国际广播的特色

BBC 享有较高声誉的原因，首先在于它非常讲究宣传报道的客观与公正技巧。“美国之音”在整个“冷战”期间强行推销西方的自由理念与生活方式，公开号召社会主义国家的人民暴动，在新闻的取舍上更是“以我画线”，不尊重新闻客观报道规律。而BBC则不然，早在二战之前，BBC就从长远利益着眼，强调建立真实可靠的声誉。在二战期间，BBC注意遵循新闻报道中事实性新闻和平衡性新闻的方针，对不利的战况消息也加以比较真实及时的报道，进而吸引了大批的英国、欧洲乃至世界的听众——甚至对手德国人也相信BBC的国际新闻节目。战后的BBC继续保持了这种传统，既报喜也报忧，还注意报道对象国家的各种新闻。由于听众们往往认为BBC的报道就是事实而不是宣传，因此BBC在很多国家的听众中建立起了持久、广泛、真实可靠的声誉。

BBC赢得声誉的另一秘诀是讲究时效性，它的英语新闻节目昼夜不停地对外广播，一旦有重要新闻随时可以插播。BBC认为一家电台如果不能及时提供最新的消息，则肯定不能赢得听众。在这一方面，BBC常常夸耀两件事：其一是关于斯大林逝世的报道，它抢在苏联播报之前就播出了；其二是关于苏联首次发射地球卫星的报道，在苏联公布消息之前，BBC便将此消息连同该卫星的无线电联络信号的录音抢播了出来。另外，1971年赫鲁晓夫逝世的消息也是BBC首先播出的。久而久之，BBC的新闻报道自然对广大听众产生了一种吸引力。

开辟多种新闻来源，也是BBC取得良好声誉的重要方法之一。BBC的国际新闻主要来自自己的驻外记者。目前它在世界二三十个国家和地区派有常驻记者。广播侦听也是BBC的新闻来源之一。BBC的侦听部有600多名精通各种语言的工作人员，昼夜不停地收听34个国家采用27种语言广播的各类节目。比如1968年，正是由于侦听员的侦听，BBC在世界上第一个发现苏联于8月21日的凌晨两点入侵了捷克斯洛伐克，并立即向世界广播了这条重大消息。

侦听部除及时侦听有关电讯，提供许多重要的内幕新闻外，每天还将有关苏联、东欧、中东和远东四个地区的新闻汇编成四本侦听情报，供本台、国会、外交部和各情报部门使用。

重视听众研究工作也是BBC能吸引全球听众的原因之一。为了加强广播的针对性，BBC在听众研究方面做了大量的工作。它的专业机构“听众研究部”拥有几百名工作人员和编外人员，经常研究BBC各种广播节目的收听效果和收听对象的各种背景信息，以便富有针对性地编辑、调整节目。正是根据这些持续不断、深入系统的调研结果，BBC在制订宣传计划时能够明智地抓住信息传播的重点，自觉地发挥相关宣传技巧。

虽然BBC自己标榜追求客观公正，但实际情况并非如此。它的不少报道为了一国私利，全然无视事实和新闻职业操守。

四、英国广播公司现状

尽管BBC在世界上是一家具有重要影响力的著名广播电台，但它的影响力和声誉度正在逐步下降。随着英国国力的不断衰落和提供给BBC的经费的逐年下降，BBC的对外广播人员、节目、语种不断减少，播出设备也日趋落后。在20世纪50年代以前，按对外广播时间计算，BBC曾占据世界第一的位置。然而，自50年代以后，BBC的广播时间先后被苏联的莫斯科广播电台和美国的“美国之音”超越，1960年被中国的中国国际广播电台超过，1965年甚至被联邦德国超过。虽然BBC在国际广播界的巨大声誉仍然得到了保持，但想再向前做进一步的发展却是困难重重。特别是近年来，英国政府因财政困难，屡屡提出削减BBC经费的建议，这些建议虽因遭到该公司的激烈抵制和议会的反对而未全部被采纳，却大大影响了BBC继续争取国外听众、保持世界第一流国际广播电台地位的能力。

近年来，BBC除了面临政府提供经费不足的困难外，还面临着国际卫星传送网络和有线电视系统的巨大竞争，新兴的国际互联网事业对于作为传统媒体的BBC而言也是一项潜在威胁。特别是随着20世纪80年代撒切尔夫人的保守党政府厉行推动国有企业私营化运动，BBC传统的垄断发展模式受到了严峻挑战。但是，经历了撒切尔夫人、梅杰两届保守党政府和布莱尔工党政府的BBC，依然凭借着其悠久的传统力量，继续保持着国际著名广播电台的优秀品牌，并出色地在当今新旧媒体纷争、国际形势变化快捷的时代发挥着不可替代的全球传播权威者的作用。

五、独立广播局

为了促进广播电视事业的有限竞争和保证英国公众的节目收听收视权益，1954年，英国议会通过一项法案，正式制定与颁布了《电视法案》，首次允许在BBC之外创立另一家新型商业性广播电台，这就是掌管了BBC以外的全国独立广播电视事业的独立广播局（IBA）和其下设的独立电视台（ITV）。ITV于1955年正式开播，它也获得了为期十年的皇家特许经营状。该台虽属商业电台性质，却同美国那种完全由个人创办的商业电台不一样。它的最高领导机构董事会由10人组成，均由邮政大臣聘请。该台与BBC的不同之处是：BBC由于接受政府拨款和垄断独占收听收视费等，不能出于商业目的制作和播出任何收费节目，也不能收取诸如私营公司的商业广告之类的经费，而IBA的电台和电视台则可以播出商业广告。它的私营节目并不是自己制作的，而是收购其他节目公司的节目。私营电台与电视台的主要收入完全依靠其电台和电视台播放的广告。《电视法案》规定，ITV的一切设备完全归其自己所有，但公司本身不制作节目，而是由私营的承包公司承包，而且依据法案，ITV的电视广告必须遵守下列原则：

（1）电台、电视台对于广告内容均有监督、约束的责任。

（2）广告客户只能购买广告时间，不能指定广告时间，也不能成为节目的主办单位。

（3）节目播放期间不能插入广告，广告只能在节目前后播出。其时间不能超出节目总时长的10%，即每小时不能超出六分钟。

（4）邮政大臣对一切不当的广告有权禁止，对不妥广告有权纠正。

如此可见，英国独立电视台下属的这家广播电台依然受到了国家和公众的密切监督指导，所以其节目水准也比较高，且有着较强的为社会公众服务的精神。当然，它的缺陷同 BBC 一样，就是比较呆板、变化较少，不能够满足英国社会各类人士的收听与收看需求。

目前，英国的广播事业已发展到了一个较高的水平，英国广播事业的组建结构、管理方式、政策精神、传播特点尤其值得我们借鉴和学习，并有助于我们透视与分析美国、法国、日本和中国广播电视事业体制的利弊。

第三节　法、德、日等国的广播事业

虽然在广播事业发展历史上英、美两国起步较早，但其他西方国家的广播事业也各有特色，值得仔细观摩，深入研讨。

一、法国的广播事业

早在 20 世纪初，法国就有人开始了无线广播的试验。1903 年，世界广播事业先驱之一的法国人德福雷斯特在巴黎著名的埃菲尔铁塔上搭设广播实验设备，尝试进行广播活动。1922 年，法国邮电部正式批准在埃菲尔铁塔上设立电台，开始定期播放节目，法国的广播事业之历史由此展开。

法国广播事业的管理体制虽然经过数次嬗变，但历史最为悠久、特色最为显著的还是其国家垄断性质的国营国有体制。

1922 年法国广播事业起步以后，私营电台纷纷出现，广播事业面临着采用何种体制进行管理的选择。1923 年，法国政府颁布法令，规定广播事业为国家专利，私人只有经过法国邮电部特许才有权从事经营活动，并且这种私人的广播活动不得妨碍国营广播和社会公共利益。根据这一方针，法国邮电部成立了专门的机构，扶植与发展法国的公共国营广播事业，在各地兴建广播发射台（网），同时刻意限制私人电台的数量。1933 年，法国邮电部又开始征收收音机执照费，来为国营的广播事业筹集资金。同年，邮电部又把当时法国最大的私营台巴黎电台收买并改组为国营电台。显然，在法国广播事业发展的初期阶段，法国政府效仿了英国的广播事业管理体制（公共公营）与精神，采取了一种与英国类似的公共化广播政策，但在直接采取了国家出面主导经营的国营方式的基础上，适当兼顾了私人经营电台的积极性。

在这样的政策驱动下，法国这一时期的广播事业有了初步的发展。

1937 年，法国的国营电台系统已经有了 3 个全国广播电台、18 个地方电台，私营电台系统中也有 12 家私人广播电台。法国居民使用的收音机约有 400 多万台。1931 年，法国启动了海外殖民地广播系统建设工作，1935 年开始试播节目。可以说法国的广播事业在当时处于世界领先水平。

然而，1939 年第二次世界大战的全面爆发彻底打断了法国广播事业正常的发展轨道。1940 年德国入侵并占领法国后，法国境内的广播电台一度成了德国法西斯军队和法国卖国傀儡政府的御用宣传工具，声誉大坏。

在这种背景下，1944 年法国本土刚刚被解放，戴高乐将军领导的新政府就迅速接管了国内所有的广播设备与人员，并颁布法令，取消私营电台特许经营制度，不再允许私人从事广播电台业务，并将所有广播事业都收归国有，从此开始了长达 30 多年的法国广播事业国家垄断经营体制时期。

很明显，戴高乐政府强烈地意识到广播与电视是现代社会中最为重要的一支政治力量。特别是戴高乐将军自己经常通过英国的 BBC 和法国自由电台的广播，组织与号召沦陷区的人民反抗德国占领军的法西斯暴政，所以他对大众传媒广播电台的政治与文化威力知之甚详，不愿意将如此重要的国家机器放置在私人手中。

二战后的法国广播事业在国家垄断经营体制下获得了重大的发展和成就。解放后不久，法国广播事业的发展水平就已超过了战前。20 世纪 50 年代，法国的国营广播网已经覆盖了全国，收音机也完全普及了。1945 年，法国正式设立了电视台，恢复电视节目播出。

然而，在国家垄断经营体制下，法国的广播事业完全依赖政府投资，国营机构的许多固有弊端逐渐显露出来。首先，国营电台缺少自主权，经常受到上级行政干预，节目内容缺乏活力，无法抵御周边其他国家的商业性电台（电视台）节目对听众的吸引力。其次，由于国家拨款，电台（电视台）被禁止播出广告（1967 年法国议会才同意有限播出广告，1970 年法国广告的收入仅占法国广播电视管理局总收入的四分之一），这导致法国电台与电视台经济窘迫，无法添置先进器材，也无法吸引优秀人才。国家垄断经营体制所带来的问题最终导致了法国社会民众的强烈不满，促使法国政府寻找新的解决途径。

1981 年法国总统密特朗就任后，顺应当时西方各国私有化浪潮，开始着手法国广播电视事业的体制改革。1982 年 7 月，法国议会通过了一部新的《广播法》，重新允许私人创办广播电台。结果在一年之内，法国就出现了 1 000 多家私营的电台，并都获得了营业执照。1985 年 1 月，法国政府又宣布开放商业电视，不久全国性的私营台电视五台和六台获准开办。1986 年希拉克总理上任后继续推进法国广播电视事业私有化进程，在 1987 年甚至批准将当时法国最大的国有国营电视一台出售给私人。此举标志着法国的广播电视事业不仅完全形成了公私并存的“双轨混合”体制，而且私营广播电视的实力实际上已经超越了公营台。

至此，法国形成了具有自己国家特色且符合自己国家国情的广播电视事业管理体制，而且这个体制并不是一成不变的，而是可以根据不同的时代需要，灵活地进行适应性改革。

二、德国的广播电台管理体制

除法国以外，德国的广播电台管理体制也很有特色，值得介绍。

第二次世界大战后德国分裂为联邦德国和民主德国，在 20 世纪 90 年代初才获得统一。统一后的新德国彻底废除了希特勒法西斯广播电视体制与民主德国社会主义广播电视体制，发展出一种社会公营广播电台体制。

这种社会公营广播电台体制与法国类似，都是以国家议会颁布的《广播法》为最高管理体制框架，然后通过各州的广播委员会来选举任命各个公营台的管理委员会，再通过各台的管理委员会选拔任命公营台的总经理（台长），由他来领导公营台的全台业务工作。

公营台的收入同法国台一样主要来自两个途径：受众缴纳的收听收视费和各台的广告收入（广告须遵守《广播法》及其他法规的有关规定）。

与法国的广播电视管理委员会一样，德国的广播委员会也是各州广播事业最高的权力机构，但其成员必须是各界社会团体的广泛民意代表，一般由州政府的代表、州议会各党派代表和社会各主要团体代表共同组成，负责制定每州的广播事业发展方针，选举产生各台管理委员会，最后批准各台总经理（台长）人选和各台的年度预算等。而各台的管理委员会则是具体的业务监督机构，同总经理签订合约并监督其工作。总经理领导全面工作，包括任免部门负责人、确定节目计划、负责财务管理等。

最为重要的是，全国的各级公营台必须遵守国家的《广播法》宗旨，《广播法》和其他相关配套法规要求各级公营台必须做到：第一，向公众提供广泛而充分的资讯；第二，认真负责地报道国内外新闻和公共事务；第三，尊重社会公众不同的思想和信仰；第四，必须考虑到社会不同团体的需要与兴趣；第五，保证各政党、团体、教会、社区等都能平等地使用广播电视台的资源；第六，政府有权通过公营台发布正式的通告，但无权提供节目或干涉节目。

事实证明，德、法两国的这种管理体制既能够较好地保持广播电视台的相对独立性，又能够在很大程度上通过各种途径与方式影响公营台的办台方针与营运政策，很符合两国的具体国情与社会公众需求。

三、日本的广播事业

（一）日本现代广播事业发展简史

日本的现代广播事业起步于1924年，这年11月日本中央放送局在递信省的监督下成立了，并在东京等主要城市设立电台。当时在东京、大阪和名古屋三地出现了三家私营电台。1925年3月22日，日本全国中央放送局正式开始播音，全国广播事业正式起步。早期的日本广播事业的一个特点就是基本模仿英国的公共公营广播事业体制，并在发展中逐渐形成了公共广播电台和私营广播电台双轨发展的体制。不过，在这一体制中，全国中央放送局（不久后改为日本放送协会，即日本广播协会，简称NHK）占据着主导性地位。NHK属于政府指导下的一家全国垄断性广播非营利性组织，其经费来源完全依赖收音机执照费，其性质同英国的BBC相同，是一家在政府庇护下垄断全日本广播市场，不是官方却胜似官方的全国广播机构。

日本的现代广播事业产生不久，很快就成为日本政府和天皇的御用宣传体系。至二战之前，日本的广播事业完全法西斯化了，各级广播电台一直都是由政府与军部直接控制的国营垄断事业和法西斯战争宣传机器。

在第二次世界大战中，日本的广播与报纸、杂志、通讯社等大众传媒一样，被整合成为宣传法西斯主义的法西斯新闻传播事业，对世界各国和日本人民犯下了滔天罪行。

比如NHK在20世纪30年代就逐渐被日本军国主义法西斯政权掌控，成为日本法西斯垄断“一体化”战时体制中的重要一环。以东条英机为首的日本法西斯政权特别注重通过全国性广播节目对人民大众进行法西斯“圣战”宣传，成功地将全体日本人民牢牢地拴在了法西斯对外侵略的战车上，为所谓的“大东亚共荣圈”称霸计划服务。二战期间的日本广播完全堕落为彻头彻尾的日本军国主义的战争宣传工具。

1945年8月15日，NHK向全国人民和海外各大战区播放了日本裕仁天皇宣布终战的“玉音广播”，正式宣告日本投降。随后，日本整个新闻传播事业——当然也包括广播事业——被纳入美军占领时期的军事管制之下，在美军胁迫下艰难地开始了面向西方民主自由新闻体制的转型之路。

战后，日本领土全部被美军占领，日本的广播事业也在美国人强力而又全面的“指导”下，完全转型为西方式的新闻传播事业。但是，日本的广播事业在西方诸种广播体制中还是筛选引进了具有英国特色的BBC公共公营广播事业体制与美国式的商业市场竞争体制。同时，日本如同德、法两国一样，在双轨混合体制上通过相关的新闻广播法案来规范广播事业的运行。

日本广播事业通过战后的强行“整肃”，较为彻底地清除了战前法西斯新闻传播体制的影响，开始了西方式的转型。1945年12月，按照美国占领军有关方面的指令，NHK进行了大改组，全面更换了领导层，改革了所有的节目内容，建立了新的广播记者团队，开始了广播新体制的建设工作。

1950年4月，日本国会根据盟军总司令部的意见（实际上就是美国人的意见）通过了有关无线电管理的三项重要法案，这就是日本广播史上著名的“电波三法”。

第一个法案为《电波监理委员会设置法》。这项法案详细规定了如何设置一个相对民主独立的全国广播监理委员会，全面指导和管理日本广播事业之活动。这项法案的要旨是将广播媒体从以往政府的直接宣传工具转变为具有广泛民意代表性的社会公共广播媒体。虽然1952年该监理委员会即被撤销，广播又改由政府直接管理，但广播事业的公共传媒性质则被保留了下来。

第二个法案为《广播法》。这个法案对NHK和民间私营广播台的性质、地位、业务范围、经营管理等方面做出了详细的规定，确立了当代日本广播事业的双轨混合体制。

第三个法案是《电波法》。它对日本广播事业的相关技术问题和电波管理原则、手段、部门等事项做出了详细规定。

1950年日本“电波三法”通过以后，日本的广播事业在新的格局和新的管理体制下迅速发展成长。1951年4月，第一批私营电台获准营业，并组成了“日本民间广播联盟”以进行业务协商与自我管理。随着日本私营台的增多，其与NHK并存共荣的双轨局面正式形成。可以说，日本的“电波三法”确立了战后日本广播事业自主经营和广播自由的原则，确立了日本公营与私营广播并存发展的双轨混合体制。

（二）日本广播事业的“二元”双轨混合体制

在日本的广播事业管理体制中，NHK是一家最大的全国公共广播专业组织，在日本的广播事业中占有举足轻重的地位。同BBC一样，NHK依据日本《广播法》而设立，公司最高统治机构是由12人组成的管理委员会。下设会长一人，负责实际行政管理工作。委员们均由首相提名，国会同意任命。NHK下辖事务部、放送部、业务部、技术部及各地的分社、分局。

NHK放送部又分广播部和电视部。在二战前，国内广播部主要统辖两个广播网：第一广播网以一般大众为对象；第二广播网则为教育广播网，以知识分子为主要对象，节目内容主要是学术和高雅音乐。国外广播部于1952年2月恢复播音，共有18个短波台，节目内容分一般广播和地区广播两类，用18种语言播出，每天的节目达36小时之长。NHK所提供的新闻和各类节目均以服务大众和提高听众文化水准为目的，不允许广播商业广告。

同英国的公共公营广播组织BBC的历史非常相似，NHK的历史也是从20世纪的20年代开始的。1926年，在官方的指示下，东京、大阪、名古屋的三家私营电台合并，成立了日本广播协会，这就是初期的具有私营性质但又完全在国家掌握之下的老NHK。二战后经过盟军的改造，NHK成为一个公营的广播机构和依据《广播法》设立的特殊法人组织。1953年之前，NHK一直经营广播，1953年开始进入电视事业，三年后NHK的全国电视网建立，遂成为日本广播事业中的龙头老大。

根据日本的《广播法》，NHK具有以下三个特质——这三个特质决定了其在日本广播事业中的基础性领先地位。

第一，NHK是一个依法成立的公共公营性质的广播事业特许经营特殊法人财团。它既依法享有很大的特许垄断经营权，又因此承担着一系列广播电视播送方面的责任与义务。依据这一精神，NHK可以说是一个日本政府领导下的特殊的公营广播机构。这种特殊的政府公营广播机构的性质表现为：NHK的最高决策机构经营管理委员会的成员，均由总理提名，报经国会同意后任命；政府责成内阁的邮政大臣具体负责监督指导NHK的活动；NHK的章程与每年的收支预算、事业规划和重大资金计划都要提交邮政大臣审核，再由内阁交国会批准；NHK每年必须向邮政大臣提交年度业务报告并经内阁转呈国会；邮政大臣可指定NHK进行国际广播并规定有关事项等。

第二，虽然依据《广播法》，NHK是一个受政府直接管理的特殊法人财团，但是，NHK又依法（《广播法》）自主经营、具有一定的独立性，所以说它是一个具有特殊地位的公营机构。这种相对的独立性表现为：虽然NHK的最高决策机构经营管理委员会成员必须经总理提名并报经国会最终批准，但是《广播法》又规定该委员会的成员不得由政府公务员、政党负责人、广播器材制造商和其他新闻机构负责人出任。另外，NHK在承担《广播法》规定的相应职责与义务的同时，享有编辑自由、播放自由的权利，以保证和维护NHK确立的“独立自由、不偏不党”编辑方针的实现，任何人不得对广播的内容进行非法限制与干涉。在经费上，NHK靠广大用户的视听费维持经营（1968年以后不再收缴收音机费用），经济基本独立（它也因此被规定不能播放商业广告，不得从事以营利为目的的业务活动）。NHK 对所有的节目有着很严格的自我审查要求，要求节目内容必须符合《广播法》规定的相关精神与原则，比如节目必须“无害于公共安全和良好的风俗”，新闻“报道不得歪曲事实”，“对于有争议的问题要阐明各方面的观点”等。同时，NHK 自身也订立了节目编辑标准等内部条文进行自我约束，还会通过定期的受众调查与社会反馈来改进节目质量，尽力满足社会大众的资讯需求。

第三，在政府的有意支持下，NHK 的广播电视节目在整个日本的广播电视网中占有绝对的优势，在人员、物质、权限等方面都具有很大的竞争优势。NHK 在全日本拥有多个广播网与电视网，其节目涵盖了新闻时事、文化娱乐、体育音乐、公共教育等多个领域，其质量上乘，覆盖面广，影响力大。特别是 NHK 的新闻时事节目报道，约占其全部节目的三分之一，播出次数频繁，播出形式多样，新闻报道时效性极强，对重大突发性事件的快速报道、跟踪报道、深度报道、综合报道的能力明显高于其他私营广播电视机构，在日本享有极高的声誉。NHK 自己设有节目制作中心，它制作的各类文化教育节目和专题性娱乐节目质量比较高，格调也比一般的商业台健康，制作也较为精良，所以在公众中有着良好的口碑。可以说，凭借着强大的社会舆论影响力，NHK 成为日本广播事业的领军力量。

四、全球现当代的广播事业

第二次世界大战结束之后，世界迎来了全面的和平时代，广播事业亦开始了新的发展阶段。

这一阶段广播事业发展的第一个特征，就是伴随着东西方两大阵营“冷战”体系的确立，国际广播宣传战时代来临了。

虽然在第一次和第二次世界大战期间，广播电波能够自由超越国境线的特点促生了交战国之间的广播宣传战，出现了反法西斯的英国的 BBC 国际广播电台、美国的“美国之音”和苏联的莫斯科广播电台与法西斯国家德国、日本、意大利国际广播电台之间的“电波战”，但真正大规模的意识形态宣传较量——国际广播电台宣传大战——则是在二战后的“冷战”期间开始并流行的。

二战后以美国为首的西方资本主义国家（北约军事集团）和以苏联为首的东方社会主义阵营（华约军事集团）之间的严重对峙、相互封锁，催生了两大阵营的意识形态宣传大战。这场大战主要是以看不见的“电波战”方式，通过几个大国之间的国际广播电台展开的。

这场国际广播电台宣传大战促进了国际广播事业的发展。美国政府支持下的“美国之音”广播电台、英国的 BBC 国际广播电台、法国的国际广播电台、联邦德国的“德国之声”广播电台、日本的 NHK 国际广播电台等组成了西方世界空中反共“大合唱队”。而苏联的莫斯科广播电台、中国的国际广播电台、东欧多个社会主义国家的对外国际广播电台则组成了反抗西方广播宣传的统一联合战线。东西方两大意识形态阵营的各个国际广播电台开足马力，使用各种语言，向对方国的广大听众进行高密度的广播宣传轰炸，这成为 20 世纪下半叶全球广播事业发展的一大特征。

全球广播事业发展的第二个特征是，随着“冷战”时期相对和平的时代的到来，西方主要资本主义国家发展进入了“汽车时代”，这促成了汽车广播的出现与壮大。二战后西方各国的电视事业迅速起步，电视很快取代了广播与报刊，成为社会生活中的第一大媒体。但是“汽车时代”的来临，却给了广播又一次发展壮大的良机。汽车滚动的车轮给了车载广播一个无可替代的发展机遇，各国的交通广播电台纷纷成立，广播事业迎来了其发展壮大的第二春。

汽车时代的广播因为一项新技术的发明而受到人们的广泛欢迎，这就是调频（frequency modulation，FM）广播技术的出现。

调频广播技术的最早发明者是美国的工程师、哥伦比亚大学教授埃德温·霍华德·阿姆斯特朗。他是一位传奇性的无线电发明家，在无线电领域有许多重大贡献。1933年，阿姆斯特朗发明了宽频带调频制广播技术，并申请了专利。这一技术具有信号稳定、抗干扰强、无线传递等优异特点，后来被广泛应用于无线电广播、电视、微波中继通讯和卫星通信等领域。1951年1月31日，因久病缠身和专利纠纷而倾家荡产的阿姆斯特朗在家中自杀身亡，他后来被国际通讯联合会追认为世界电学领域的伟人之一。

阿姆斯特朗的调频广播技术在20世纪五六十年代就被广泛地应用于汽车广播之中。调频广播具有抗干扰、音质优美等特点，因此特别彰显了广播在音乐节目播放方面的优势，促进了社区广播电台、音乐广播电台、校园广播电台、交通广播电台的发展，促成了全球广播事业第二春的到来。

全球广播事业发展的第三个特征是，国际卫星广播事业的发展，导致了广播事业的全球性发展扩张。通过卫星传送，广播电台节目可以很容易地被全球各地的听众收听，这又促成了各类国际广播电台的发展与壮大。

随着网络时代的到来，广播技术又进入了数字化技术新时代。广播音频节目可以在互联网、手机和各种个人信息终端上被听众方便地下载收听，这也大大地增强了广播音频节目在互联网时代的生存能力和发展势头。

全球广播事业发展的第四个特征是，在当今社会，随着智能手机这一个人信息终端的日益成熟，广播这种大众传媒不仅没有消失，还获得了更为广阔的发展前景。调频技术使它音质优美，卫星广播使它可以跨越万水千山，数字化技术则使它能在各种信息终端上被灵活接收和使用。显然，广播事业正伴随新的技术革命带来的发明创造，迈向更为光明宽广的未来。

练习题

一、名词解释

1. “炉边谈话”
2. CBS
3. BBC
4. KDKA电台
5. 爱德华·默罗

6.“美国之音”

7. NHK

二、简答题

1. 简述英国广播公司（BBC）广播体制的特色。

2. 广播事业是怎样诞生的？它的发展经历了哪些阶段？

3. 简述美国三大全国性广播公司的形成过程及其现状。

4. 简述BBC享有较高声誉的原因。

三、论述题

1. 试论述卫星与互联网技术对当代广播事业的影响。

2. 试论述“汽车时代”广播发展的新契机。

第十六章

西方现代电视媒体发展史

本章学习要点

- 西方各国电视媒体发展史。
- 电视媒体与社会发展的互动影响。

在互联网新媒体出现之前，人类新闻传播史上还从来没有一种大众传媒像电视这样，对我们的社会和世界产生了如此重大而又深远的影响。电视以声画并茂的方式，将世界各地的信息带给各家各户，为千百万电视受众提供了新闻、娱乐、教育、广告等各类节目。电视这种大众传媒极大地改变了我们的生活方式和思想观念。可以说，只有21世纪的互联网新媒体所带来的影响，才能与20世纪后半叶出现的电视媒体引发的信息传播革命相提并论。

第一节　背景之回顾

西方电视媒体发展的历史与相关传媒科技和现代化社会的发展有着密切的联系。从某种意义上来看，电视媒体的发展历史就是一部人类电子大众传媒科技发展的历史。其最显著的一个特征就是，科学技术发明和现代化生活方式对电视媒体的产生与发展的影响大大超越了其他传统的社会元素的影响。

一、电视技术发展史

电视媒体的诞生，乃是人类信息传播史上极为重要的一页，而电视媒体所依赖的相关技术，是通过一连串现代科学技术的发明创造而逐步形成的。

1817年，瑞典科学家布尔兹列斯发现了一种叫硒的物质，这种物质为后来电视的发明提供了中介。

1839年，法国物理学家贝克雷尔观察到了光伏效应，成为提出电视观念的理论先驱之一。

1873年，在一系列相关研究的基础上，英国科学家约瑟夫·梅通过实验发现，如果将光照射到含有硒的物体上，可以产生电子放射现象，即硒能够将光能转换成电能。将光波转换成电波，再借以将图像传送到远方，这一最早的电视理论自此受到了人们广泛的关注。

1884年，德国人尼普科夫发明了一种机械式电视画面扫描盘。这种扫描盘在旋转时，可使影像的光线依序通过小孔分划成若干小单元，再借助光电效应将其转换成电波信号，利用电线将信号传送到另一端所接驳的同步旋转的圆盘接收器上后，就可依序将传送过来的电波信号重新组合，使画面重现。“尼普科夫圆盘”便是后来电视机显像管的雏形。

20世纪20年代，俄裔美国科学家佐利金及美国科学家法恩思沃斯分别独立发明了电子扫描法，突破了电视影像处理的关键技术难关。在美国西屋公司（Westinghouse）的支持下，佐利金研制出了电视摄像管（iconoscope）。迄今为止，摄影机和电视机都在使用佐利金的这项发明成果，所以也有人尊称佐利金为“电视之父”。

1926年，英国人贝尔德利用电视扫描盘，发明了电视画面完整组合及播送技术。

1928年，一些科学家发明了电子图像分解式摄影机（electronic image dissector），该项技术对于电视事业的发展与普及具有与佐利金发明的电子扫描装置同样的关键意义。

1930年，BBC与发明家贝尔德合作，播出了第一个电视节目《口含一朵花的男士》。

1936年，英国成立了世界上第一个公共电视发射台，开始用无线电讯号播出黑白电视。

1939年，美国杜蒙公司制造并上市销售成品电视机，使电视成为一种成熟的大众传播电子商品。

1954年，NBC首次播出了彩色电视节目。

1960年，美国开始尝试利用人造通信卫星跨洋传送电视信号。

1962年7月10日，美国的“电星一号”正式传送电视节目，开启了人类历史上的卫星电视新时代。

正是这一系列有关电视的科学发明与进步，奠定了电视媒体问世的技术基础，刺激了电视这种大众传媒的迅速发展与商品化。这表明，与传统的纸媒产生时不仅需要缓慢出现的相关科技发明，更需要合适、成熟、系统的社会政治、经济、文化和生活等多方面的配套设施不同，电子媒体特别是电视的发明与发展，与电视媒体的相关科学技术系统的成熟有着直接的驱动关系（当然二战的爆发客观上阻碍了电视媒体的和平发展进程）。在我们熟知的影响与制约大众传媒的四大社会子系统（政治、经济、文化、科技）里，科技系统已经成长为第一位的驱动系统。这一历程以广播媒体的出现为萌芽，以电视媒体的产生为表象，以互联网新媒体的蓬勃发展为特征，标志着人类的产学研工一体化社会科技组合系统，业已成为推动人类新型大众传媒与个人自媒体产生与发展的主要发动机和第一生产力。

二、电视行业制式发展史

早在 1930 年，美国的传播巨擘 RCA 就在纽约成立了呼号为 WZXBS 的试验电视台，一年后又在该市的帝国大厦顶端架设了电视发射塔试验传送信号。1937 年，该公司正式播出电视信号供大众接收，并在纽约街头设置大型展示装备供市民观看。

1940 年，RCA 在黑白系统与彩色系统的基础上，向美国国家电视系统委员会（NTSC）提交了美国电视行业提议的电视画面标准。该委员会经过研讨，建议电视事业采用每一画面 525 条扫描线及每秒 30 幅画面的播映标准。这个标准经美国联邦通信委员会（FCC）1941 年审核通过，成为今天流行于美国、日本和中国台湾地区的 NTSC 系统（N 制式）。

1948 年，战后的联邦德国制定了每一画面 625 条扫描线，每秒 25 幅画面的 PAL 制式播映标准，1952 年经过在瑞典举行的电视技术会议审议通过，成为欧洲绝大多数国家采用的欧洲电视标准系统。我国大陆地区采用的也是 PAL 式电视制式标准（P 制式）。

二战后的法国决定自行发展自己的电视系统。经过多次试验，法国制定了每秒 25 幅画面，每一画面 819 条扫描线的播映标准，通称 SECAM 制式（S 制式），成为法国和一些欧洲国家独具一格的电视播映系统。

1952 年，美国政府完成了全国电视频道的分配指标，规定电视甚高频（VHF）有 2～13 个频道，特高频（UHF）有 14～83 个频道，同时重申 525 条线的扫描标准为彩色电视的标准，并从 1953 年开始正式实施这一标准，极大地推动了电视事业的发展，使电视在短短几年内迅速成长为美国的大众传媒巨人。

第二节　美国的电视事业

美国是一个电视事业极为发达的国家。早在 20 世纪 80 年代，美国就有 1 020 家电视台，近 2 亿台电视接收机，98%家庭拥有电视机，其中约有一半家庭有一台以上。当时美国著名的三大广播公司（NBC、CBS、ABC）竞争激烈，每天各自播放 18～24 小时的商业电视节目。在“黄金时间”（下午 6 点 30 分到晚上 10 点 30 分）约有一亿多美国人观看电视。进入 21 世纪，虽然互联网已繁荣盛行，但是电视这一新闻与娱乐大众传媒，仍然是美国社会中最为普及的一种大众传播工具。

一、初期的发展（20 世纪 20 年代—1950 年）

电视的发展史最早可以上溯到 19 世纪末叶。1884 年，德国科学家保罗·尼普科夫发明了“尼普科夫圆盘”，利用机械扫描方法，初步解决了电视图像的关键技术难题——扫描技术。20 世纪 20 年代，俄裔美籍人佐利金又发明了一种电子扫描方法，改进了电视图像的稳定性等问题。20 世纪的 20 年代末期，美国电视技术的基础已逐步奠定了。

早在 1926 年，RCA 就出面创立了 NBC，第二年又将下属的广播电台组合成为两个联营性的商业广播网红色广播网与蓝色广播网，为后来电视媒体的发展奠定了基础。在广播媒体逐渐普及的时候，RCA 就开始致力于发展电视媒体。20 世纪 20 年代后期，RCA 大力资助美国著名的广播与电视之父戴维·萨尔诺夫建立广播城，积极同步进行广播与电视的研制工作。

美国第一家试验性的电视台是 1930 年由 NBC 建立的。早在 1928 年，著名的通用电气公司设在斯克内克塔迪城的 WGY 电台就曾同 NBC 的一个小型 XAD 试验台联合播出了第一部电视剧《女王的信使》。到了 1939 年 4 月，美国无线电公司已经制作出可以用于普通家庭观看的黑白电视机，并实况转播了当时在纽约举行的世界博览会的开幕式和罗斯福总统的讲话，轰动全球。1940 年，WGY 同 NBC 的试验台正式合并，形成了美国第一家电视网。1941 年 6 月 1 日，NBC 建立了美国第一家商业电台，呼号为 WNBT，1948 年改为 WNBC；同年，CBS 也为其在纽约的 WCBS 电视台获得了营业执照。

1941 年 6 月，NBC 和 CBS 在纽约的试验电视台分别获得了 FCC 签发的营业执照，成为美国第一批商业电视台，美国的商业性电视事业正式起步。

然而，随着二战的爆发，珍珠港事件后美国的参战，使得美国的电子器材生产线全部转入战争通信器材的生产与供应，电视与相关器材的生产全部陷于停顿状态。整个二战期间全美只有六家电视台继续经营，每天只能播出两三个小时的节目，全国的电视机只有一万台，完全无法与广播媒体相比。

二、兴盛与繁荣（1950 年—20 世纪末）

战争的结束为美国电视事业的发展开放了绿灯。二战结束后，大量的军工电子生产线陆续转向民用，电视事业又可以开足马力，迅猛发展了。

到了 1950 年年初，FCC 陆续批准了一批新的电视营业执照，全美的电视台激增到 108 家。20 世纪 60 年代美国电视台增长到 617 家，70 年代增加到 872 家，80 年代增加到了 1 013 家，90 年代初又增加到 1 611 家。这些电视台中 80%以上都是商业性电视台，而随着商业性电视台数量的增长，电视机的销量一路攀升，美国很快在 20 世纪 60 年代变成电视大国，绝大多数的家庭拥有了电视。电视已经成为 20 世纪后半叶美国人的主要大众传媒，而美国也成为世界第一的电视大国。

1953 年 12 月，RCA 的彩色电视系统经过 FCC 的批准，成为全美统一的彩色电视播出标准。第二年，NBC 率先播出了彩色电视节目，其他广播电视公司也相继跟上。到了 20 世纪 70 年代初，美国的彩色电视已全面普及，大部分家庭都拥有了彩色电视。

20 世纪 60 年代，随着太空技术的发展和卫星转播技术的成熟，美国的广播电视开始与卫星通信传播系统结合在一起，发展出了全国卫星转播传输系统。70 年代时，美国的电视借助天空上的卫星传播和地面下的电缆传送技术，获得了空前的大发展，极大地便利了各地特别是偏远乡村普通民众收看各类电视节目。80 年代的时候，美国民众已经可以便捷地通过卫星直播电视信号收看各国的国际卫星电视节目，各种新的电视技术的发展与完善逐渐使电视成为美国大众传媒当仁不让的第一领军者。

美国大部分的电视台都实行的是商业化组织形式，这是因为美国的广播电视事业一直实行的是私营商业市场竞争体制，公共广播电视体制虽然在 20 世纪 60 年代有所发展，但不占主导地位。美国的商业电视台往往通过各种方式联结成网，相互转播或提供节目（也有不联网的独立台）。最大的全国性广播电视网络以 NBC、CBS、ABC 为核心构成，这三大广播公司是美国广播电视领域的最大垄断组织。但是进入 20 世纪 90 年代以后，福克斯广播公司（FOX）和美国有线电视新闻网（CNN）异军突起，成为第四、第五家全国性广播公司。

历史最为悠久的 NBC 成立于 1926 年 11 月，几十年来依靠其母公司 RCA 的雄厚财力与技术实力，一直在美国的广播电视领域占据领先地位。NBC 不仅在广播电视领域称雄近一个世纪，而且其业务已经扩展到图书出版、唱片磁带、电影录像等多个文化领域。1985 年，RCA 与通用电气公司合并，更增强了 NBC 的后台实力。20 世纪 90 年代初，NBC 就拥有直属电视台 6 家、联属电视台 303 家、直属电台 8 家，以及少量的联属电台，实力在广播电视领域雄居鳌首。

CBS 成立于 1927 年 2 月，几十年来实力不断壮大，与 NBC 一直竞争了近一个世纪。该公司在新闻报道领域有着极强的竞争实力，一直雄居美国黄金时间新闻报道收视率之首。现在 CBS 也兼营唱片、电影与出版业务，20 世纪 90 年代初有直属电视台 5 家、联属电视台 203 家、直属电台 14 家，以及少量的联属电台。1995 年 8 月该公司被威斯汀豪斯电气公司收购，如今依然在电视新闻报道领域占有举足轻重的地位。

ABC 是 1945 年 6 月依据美国联邦有关反对垄断行业的法令，在 NBC 被迫出售的蓝色广播网基础上正式建立的。它也是三家老牌广播电视公司之一，在体育、新闻、娱乐等方面都有自己的优势。1953 年它与联合派拉蒙剧院公司合并，增强了其节目制作的能力。1985 年 ABC 又被大都会通信公司收购，组合成为大都会-美国广播公司。1995 年 8 月它再一次被著名的迪士尼公司买下，实力更为壮大，业务范围也不断扩张。20 世纪 90 年代，该公司即拥有直属电视台 5 家、联属电视台 223 家、直属电台 13 家，以及少量的联属电台，实力非同小可。

成立于 1986 年 10 月的 FOX 是一家后起之秀，它是由国际传媒大王默多克将他在美国购买的六家电视台合并而成的一家新的全国性广播电视网。FOX 近年来发展迅猛，20 世纪 90 年代之初已经拥有了直属电视台 7 家、联属电视台 127 家，成为继传统的美国三大广播公司之后的第五大广播电视公司（第四大为 CNN）。FOX 最抢眼的一次新闻报道是关于美国“9·11”事件的震惊全球的现场实况直播报道。

总体来看，美国商业性电视台的电视节目主要有三大类内容：娱乐、广告和新闻。早期的电视新闻固定节目开办于 1953 年，在此之前，电视新闻还处于幼年期，形式与内容都相当简陋。1953 年电视新闻节目中的杰作是 NBC 的《骆驼新闻大篷车》和 CBS 的《电视新闻与道格拉斯·爱德华兹》。前者是由生产骆驼牌香烟的厂商资助开办的，NBC 的约翰·卡梅伦·斯韦兹主持；后者则由 CBS 的道格拉斯·爱德华兹主持。这两个节目都在晚间播放 15 分钟，每次播出 6～8 条新闻，是当时最主要的两个固定的电视新闻节目。

早期的电视新闻同广播一样，大都受广告商的资助和控制。NBC 的一位总经理西尔威斯特·韦弗改变了这一状况。他尝试开发了一种大型的“杂志式”的电视节目，广告商只能在这个由 NBC 完全控制的电视节目中间插播广告，按时收费。《今天》和《今晚》这两个当时十分叫座的节目就是韦弗领导的 NBC 首先推出的“杂志式”电视节目。现在，这种“杂志式”节目已成为美国电视中经常出现的一种固定的节目形式。

电视的崛起标志着一种新的大众传媒的出现。同广播一样，这个强大的传媒工具很快就在美国的政治生活中崭露头角，显示出它干预社会生活、反映和影响舆论的强大能量。这一切同 20 世纪 50 年代美国的两个人紧密相关，他们就是著名播音员爱德华·默罗和参议员约瑟夫·麦卡锡。

作为美国广播界的巨星，默罗在电视媒体刚刚出现时便敏锐地察觉到其在民主社会中的力量。尽管当时默罗作为广播巨星已享有了极大荣誉，但他不怕砸牌子，毅然转向电视界，同资深广播节目制作人弗雷德·弗兰德利一起，把他的《现在请听》广播专栏节目变身为《现在请看》电视专栏节目，默罗亲自出任该节目的主持人。

约瑟夫·麦卡锡是来自美国威斯康星州的参议员，也是一个著名的狂热极端的反共产主义者。他利用二战后“冷战”期间严峻的国际局面，在美国各地乱窜，疯狂叫嚣美国政府的许多上层机构中——甚至包括美国总统办公室和国会——有许多共产主义分子成功地执掌了政权。舆论为之大哗，一时真伪难辨。在当时这股流行的麦卡锡主义反共狂潮的泛滥下，许多正直、无辜、左倾的美国人遭到了不同程度的迫害。一时间人人自危的恐怖压抑气氛在美国各地蔓延，许多新闻界进步人士也受到了恫吓和威胁。这一切引起了酷爱民主自由的爱德华·默罗的强烈反感，他勇敢地挺身而出，通过自己的电视节目开始了同麦卡锡主义的激烈斗争，并大大提升了新生的电视媒体在美国公众中的影响与声誉。

1952 年 10 月，默罗的《现在请看》播出了关于空军后备役军官米洛·拉杜洛维奇案件的报道，开始向麦卡锡主义发起反击。不出一个月，《现在请看》又播出了节目《印第安纳波利斯的争论》，再次向广大观众揭露了麦卡锡之流的荒谬和违反民主传统的违法行径。1954 年 3 月 9 日，《现在请看》成为广播电视史上最为轰动的新闻节目，因为默罗和弗兰德利在这一天直接向麦卡锡本人挑战。因为各种压力，CBS 上层人士，包括一直支持默罗的好友兼上司 CBS 董事长佩利，都拒绝支持他们的工作，建议不要播出这期内容激烈的节目。于是默罗和弗兰德利自掏腰包在《纽约时报》上刊登了一则广告：“今晚 10 点 30 分，《现在请看》在二频道播放评论约瑟夫·麦卡锡的新闻。节目主持人：弗兰德利，爱德华·默罗。”结果这期节目效果良好，空前轰动，由此麦卡锡主义引起了全美公众的普遍怀疑。1954 年 4 月 6 日，麦卡锡参议员沉不住气了，直接跳出来在一档电视节目上肆意谩骂和攻击默罗。《现在请看》则继续勇敢地揭露麦卡锡的胡作非为。在全美正义人士的共同努力下，同年的 12 月 2 日，美国参议院终于以 67∶22 的票数通过了一项专门谴责麦卡锡参议员的决议。自此，麦卡锡名声一落千丈，麦卡锡主义在美国也逐渐销声匿迹。

默罗这一时期的电视实践活动在美国电视史上具有开拓性的重大意义。毫无疑问，他提升了电视这一新兴媒体的社会声誉，创立了严肃电视节目干涉影响社会生活的现实主义良好传统，扩大了电视新闻与评论在广大公众中的巨大影响力。但是，默罗所热心的这类严肃电视节目却使 CBS 的董事长威廉・佩利感到棘手，因为在电视台投放广告的各大广告商极力反对这类“激进的、严肃的”电视节目，认为此类节目会影响他们广告的播出效果。1958 年，佩利不顾默罗的强烈反对，决定停办《现在请看》节目。同年 7 月 9 日，CBS 的《现在请看》节目在最后一次播映后被迫消失了。虽然佩利专门为默罗开办了一档名为《面对面》的名人访谈节目，但始终不开心的默罗还是愤然辞职离开了 CBS。

爱德华・默罗的广播电视实践活动在美国乃至世界广播电视史上留下了深刻的烙印。他是一位美国广电传媒史上的杰出人物、传奇明星。这主要是因为默罗热爱民主自由，主张广播和电视媒体不应该回避现实生活中的矛盾和冲突，应该对美国和世界事务做出客观公正、真实全面的报道。他痛恨广播和电视被老板们当作赚钱的机器，热爱广播电视事业，执着地追求民主与自由的崇高理想，并为 CBS 悉心培养了一大批优秀的广播电视记者与编辑，他的人品、才华和贡献永远为后世的人们所崇敬。默罗去世的时候，CBS 的长期竞争对手 NBC 的一位高层管理人员曾这样由衷地赞叹：“（在广播电视领域）默罗树立了一个挑战、一个目标，一个高度、一个榜样！”

1956—1957 年，美国电视事业开始兴旺发达起来，电视台由 108 家猛增到 500 家，4 000 万拥有电视机的家庭每天约收看五个小时的电视节目。电视节目得到了数以千计广告商的资助，电视事业进入了一个迅速发展、兴盛发达的新时期，这一历史进程一直持续到互联网发出挑战的今天。

1962 年，美国第一颗电视通信卫星发射成功，标志着电视事业全球性时代的到来。美国国会通过了《通信卫星法案》，开始统一管理空间电视业务。1964 年在美国成立了国际通信卫星财团，电视事业不仅在美国国内，而且在国外也得到了迅速的发展。

三、当今美国电视事业概况

美国的电视事业一般分为商业电视和公共电视两大类型，按技术来划分则又可分为常规无线开路电视、有线电缆闭路电视、国际卫星电视等数种形态。

（一）商业性电视网

美国的商业性电视网势力强大，商业性电视台有 80%附属于全国三大商业广播公司。三大商业广播公司还拥有直属的五个甚高频电视台，它们通过直属台和附属联盟台，几乎控制了整个美国的商业电视系统——这一控制主要是通过提供电视节目和交换广告时间来实现的。由于电视节目生产费用昂贵，电视节目的主要来源是全国性大电视网（占 65%）和一些大辛迪加节目制作公司（占 22%），它们把节目和节目中的广告时间出售给广告商以获取高额利润。

美国商业性电视节目虽然内容繁多，但主要可划分为娱乐、广告和电视新闻三大类型。

1. 娱乐节目

美国商业性电视台节目中约 75%的内容属于娱乐节目，25%为新闻，广告在各个节目中插播，文化教育和宗教类节目比较少，几乎可以忽略不计。美国商业性娱乐节目的播放时间一般是这样安排的：

星期一至星期五的白天以家庭妇女为主要收看对象，节目主要有连续肥皂剧、轻喜剧、有奖问答、各类竞赛等；晚上以全家人为对象，主要节目为电影、电视连续剧、歌舞、说笑（一种美国式的相声）和杂耍等轻松节目。

星期六上午多为儿童卡通片，下午则为体育节目。星期日的下午也是以体育节目为主，星期六和星期日的晚上则是叫座率较高的固定时间的歌舞、电影、电视剧等娱乐栏目。

美国商业性娱乐节目大体可分为以下几种体裁。

(1) 戏剧：多为虚构的故事，常在晚上的“黄金时间”播放。

(2) 短喜剧：这类节目通常通过明星幽默风趣的表演来表现生活中人物的缺点和活动，也常在晚间黄金时间播放。

(3) 杂耍表演：以喜剧演员等为主角的对话式社会时事活报剧，间以杂耍和滑稽动作。

(4) 谈话节目：一种由著名节目主持人与知名演员、作家合作或其他社会知名人物客串出场的对话节目。

(5) 有奖竞猜：由电视台工作室选出的观众（或通过全国性投票选出）进行的一种奖金或钱财的竞赛游戏，常邀请社会名流出镜，由电视明星主持。

(6) 逐日连播的电视剧：主题多为男女关系、家庭生活，或警匪、打斗。

(7) 儿童节目：主要采用戏剧或动画片（卡通）形式，通过生动的故事和幽默的人物及动物形象对儿童进行教育。

(8) 电影：播放电影厂家出售给电视台的新片，以及专为电视台摄制的影片，大都在晚间黄金时间播放。

(9) 特别节目：指专为各类庆典节目、美女竞选和有奖晚会等安排的一次性特别节目。

(10) 体育节目：周末或节假日对各类重要体育比赛的直播。

(11) 纪实戏剧：根据某一段历史事实改编而成的故事片。例如，反映美国黑人家族历史的《根》和反映水门事件的纪实性影片《总统班底》。

2. 广告节目

电视广告是美国商业性电视节目中的一个重要部分。商业性电视台中电视广告的出现十分频繁，平均每小时 10 次，每次约 1 分钟，通常插播在娱乐节目中间，令人扫兴，故常被人称为“干扰性”节目。电视广告内容五花八门，包括政治、宗教、商品推销、公共服务，几乎所有的社会领域都有广告为其服务，其中尤其以产品商业推销广告为主。

美国的电视广告质量较高，也很讲求艺术性及实用效率，经常聘请或雇用影视界、体育界明星以及社会名流出演。广告费用非常昂贵，在黄金时间播出一则 30 秒的广告要花费 7.5 万～15 万美元甚至更多。

电视广告一般有三种。其一是商业广告，这是一种为推销商品而制作的广告，包括地方性的和全国性的，编制质量很高，产品内容很多，根据广告节目在什么时间播放来确定广告费的多少。其二是公共服务广告，按照 FCC 的规定，这是一种不付费的广告，内容为文化、教育、公共事务通告与服务等。其三是电视台推销自己节目的广告，主要用来推销电视台及电视网自己的节目。

现在，广告收入已成为电视台和电视网生存的主要“血液”了。早在 1979 年，美国商业性电视台总收入就曾达到 79 亿美元，纯利润为 17 亿美元，几乎全部来自广告收入。

3. 电视新闻节目

如前所述，美国的定期性电视新闻节目始于 20 世纪 50 年代初，在 50 年代末期以后，电视新闻进入了“黄金时代”，产生过许多重大新闻报道狂潮：1960 年，肯尼迪和尼克松竞选总统的电视辩论；1963 年，肯尼迪总统在达拉斯市遇刺身亡，三大电视网连续四天四夜不断播放新闻，还通过电视卫星向国外传播；20 世纪 60 年代，报道美国校园骚动风潮、黑人民权运动、越南战争；1969 年阿波罗登月飞行全国电视实况报道；1972 年尼克松中国之行的报道；70 年代的“水门事件”报道。除此之外，还有卡特、里根、大小布什总统任内包括伊朗人质危机、里根遇刺、两次海湾战争、“9·11”恐怖事件、阿富汗战争、击毙本·拉登等在内的重大新闻报道。电视新闻节目已成为美国公众获取世界各地新闻的第一来源。

美国三大广播电视公司的电视新闻节目采用明星主持人和固定专栏方式播出。CBS 的明星主持人在 20 世纪 50 年代有爱德华·默罗、弗兰德利，60 年代则是“克朗凯特年代”。沃尔特·克朗凯特拥有当时最受欢迎的电视新闻节目主持人的盛誉，他退休之后，CBS 的著名主持人丹·拉瑟又接替了他的位置。

20 世纪 50 年代 NBC 的明星主持人是 1956 年组班搭档的亨特利和布林克利两人，他们对美国两党竞选大会的新闻报道从未被别人超越。近年来 NBC 的明星主持人是老资格的约翰·钱塞勒，他现在已经退休。

ABC 是三大广播公司的后起之秀，在美国有名的电视界人物阿利奇就任新闻部主任之后，该台的新闻业务蒸蒸日上，他网罗了沃尔斯特、里森纳等众多明星主持人，雄心勃勃地追赶竞争对手 NBC 和 CBS。

一般在星期日早晨，三大广播公司都各有两个小时的综合性新闻节目，每晚则有半小时的晚间新闻播报节目，放在黄金时间播出——这是三家广播公司最为看中的重磅新闻节目，全部由各台的著名明星主持人主持，收视率竞争极为激烈。此外，三大广播公司每周还有一些专题性新闻节目，如对政界和其他社会各界新闻人物的专题采访，调查性、解释性新闻报道，新闻系列报道等，其中就有著名的 CBS《60 分钟》专题节目。

美国电视台的新闻报道一般都先由节目主持人简单介绍一下何时何地发生何事，然后镜头立即转到事件现场，由一个记者在现场通过话筒报道亲眼见到的现场情况，边讲边播出画面，以增加真实感和现场感。新闻节目主持人不仅负责播音，还是这个节目的责任编辑。

（二）公共广播电视

在美国，除了庞大的私营商业性电视网、电视台外，还存在一些非营利性的、非商业性质的电视网和电视台。这些电视台同非商业的广播电台一起，被人们称作公共台，也叫教育台。这类公共广播电台、电视台一般不放商业性广告，主要依靠政府部门、工商企业，或者社会团体和大量私人捐款来维持开支，主要播出内容是为公众服务的教育节目，并因此而得名。

不过，与发达的商业性电视系统相比，美国非营利性的公共广播电视系统发展不快、影响不彰，与其广播电视大国地位很不相称。

美国公共广播电视事业起源于早期的公共广播电台。在 1967 年以前，公共广播电视事业因资金困难发展举步维艰。1967 年，美国国会通过一项法案，根据这个法案，由政府资助，美国公共广播公司（CPB）于 1968 年成立。作为管理公共广播电视的全国性机构，根据法案条文，CPB 的公司理事会成员由美国总统提名并经参议院审核认可。CPB 是一个全国性的公共广播电视服务机构，主要职责是管理联邦用于公共广播电视事业的预算拨款，协调各地公共广播电视系统之间的协作关系，促进全美公共广播电视的发展。1969 年，CPB 出面组建了公共电视网（PBS），负责组织各地公共电视台教育文化节目的制作与交流（PBS 自己不制作节目）。这样，通过上述组织机构的协调，全美各地分散经营的非商业台实际上就形成了一个全国性的公共广播电视网。PBS 通过开播的三个公共广播电视频道，经由卫星将节目传送给各地的公共广播电视台播出，其内容有新闻报道、科学节目、文教节目、儿童节目和各种知识性、服务性节目。1971 年，CPB 又组建了全国公共广播电台，专门负责公共电台之间的业务协调联系。

从美国公共广播电视网的节目内容与效果来看，其节目无论在内容、格调还是服务、价值取向等方面都比较健康，有益于受众的身心，与商业台形成了鲜明的对比，因而深受各界，特别是知识界、教育界的欢迎。比如，在公共广播电视网中每天播放的综合节目《包罗万象》，在公共电视频道长时期播放的儿童节目《芝麻街》、科学节目《自然》、文艺节目《美妙的演出》、新闻节目《前线》等都曾脍炙人口，广受好评。现在，美国公共广播电视网的观众达到一亿多人，观看节目的儿童人数达几千万，公共广播电视网取得了很大的成就与影响力。

据有关数据，美国的公共台在 20 世纪 90 年代达到了 347 家，它们的宗旨是为公众提供良好的教育与资讯服务。美国的公共台大致有四种类型：州政府支持的公共台、地方教育部门主办的教育公共台、高等院校主办的公共台（学生专业实习台）和一些非营利性的社会公共团体（宗教、环保、民族、文教、消费者、协会等）主办的公共台。这些公共台不得播放商业性广告，不得以营利为目的，其经费来源主要为国会拨款、经办部门出资、企业界赞助、公众个人捐助、公共台自行开辟的其他财源等。但是，美国高度商业化的社会背景和激烈的广播电视商业竞争体系，使得美国的公共广播电视系统始终面临着经费匮乏的困扰，每年都要费尽心力向各界募捐集资，为了获得一些企业的资助，公共台经办者还需要刻意回避各种敏感的社会性公共事务话题，压力很大。所以，美国各级政府的忽视使得名为公共台的电台、电视台实际上仍然无法摆脱金钱的制约，无法真正实现服务大众的目标。

1970 年，CPB 组织建立了下属的公共广播社。该社专门负责全美公共广播电视节目的制作，并将这些节目分发给各地的公共电台、电视台播出。由于现在制作的教育节目大部分是电视节目，电台节目很少，因此现在所说的美国公共广播电视实际上主要提供电视节目。时至今日，美国各教育电视台与教育电台已分别通过公共广播社和全国公共广播电台两个组织形成了两个公共广播电视网。单独的公共电台、电视台由地方组织、宗教社团及高等院校（供学生实习所用）主办。虽然联邦政府和各地政府及私人基金会给予了一定的资助，但同绝大多数的商业性电台、电视台相比，公共广播电台、电视台经费拮据，势力薄弱，影响微小——尽管它们制作及播出的节目有着较高的水平和健康的内容，但仍被轻易地淹没在商业性节目泛滥的汪洋大海之中。

（三）电缆电视

电缆电视是美国大众传播事业中异军突起的一种新型热门媒体。1980 年，全美有 4 400个电缆电视系统存在，拥有 1 700 万家订户，其总收入约为 23 亿美元。近年来，电缆电视系统在美国更有了长足的发展。

电缆电视原名“集体天线电视”（ATV），首先出现于 1950 年。当时，一些偏远地区由于收不到或收不全远方大城市电视台的节目，便在山头、高处架设接收能力强大的天线架，再用电线将其与各家电视机连接起来，安装与维护费用大家分摊。随着科学技术的发展，这种收看方式逐渐发展为当今的电缆电视，即通过同轴电缆把电视台和用户直接连接起来的有线电视。谁付钱，谁就可以连线收看，故又称作付费电视。用户缴纳一系列费用便可连线，再在电视机内安装一种特殊的“翻译”电视信号的小盒子装置，就可以看到电视台供给的专门节目了。

电缆电视由于具有普通电视不具备的一些优势而在美国备受青睐，发展迅速。其最大特点就是能够提供信号清晰的节目和具有不同专题内容的专门频道节目。

由于电缆电视是使用同轴电缆传递信号，因此能比一根普通电线或一个无线电广播系统输送更多、更强的电信号。这种由同轴电缆传递的信号具有频道划分性能，可以传输不同专题的不同频道内容。比如，天气预报频道专播天气消息；电影频道则全是电影节目；新闻频道主要报告简要新闻，高速全面地提供世界范围内的各类新闻消息；体育频道全是体育节目；市场行情频道则提供各种商品的市价变化等信息。目前，美国的大多数电缆电视系统都可以提供几个乃至上百个不同的专题频道。订户完全可以根据自己的爱好和需求选订各种主题的频道，而且信号非常清晰。显然，它大大优于不容选择的普通天线开路电视。而且电缆电视节目中一般不插广告（现在也播出广告了），节目连续播出，不受任何干扰，能将电视信号传送至距离电视台几百里乃至几千里的地方，图像照旧清晰，因此获得了大众的热烈欢迎。

当然，由于电缆电视必须付钱才能收看，加之不同的专题频道收费不一，订得越多收费越高，因此，订户使用这种电视时对频道的选择不仅取决于兴趣爱好，还取决于其经济状况。即使如此，全美几乎所有的家庭都开始使用这种付费电视了。显然，电缆电视已发展到能同常规电视网相抗衡的地步，随着技术的发展、市场的开拓，人们有理由对这种付费电视的前景持乐观态度。

现在，在美国有两家规模很大的电缆电视公司，其一是时代华纳公司所拥有的“家庭票房”（Home Box Office，HBO）；其二是美国电缆电视大王特纳所创办的CNN。

HBO是美国当今规模最大的电缆电视公司，是时代华纳公司的一棵摇钱树。它为订户提供各种电影节目，并用卫星把节目播送至各地的电缆电视系统。在1982年，该公司获利达1.66亿美元，实际上已相当于美国的第四大全国性广播公司（加上CNN）。近年来，该公司积极开拓市场，购买更多的各种节目，投资创办了自己的电影公司，准备制作更多的电影片、电视系列片，以及体育、音乐、喜剧节目，一方面用来在国内播放，另一方面制成录像带向海外倾销。

电缆电视大王特纳创办的CNN在美国具有重要的地位，并且在国际上也产生了巨大影响。1970年，特纳买下了美国南部亚特兰大的电视中心，从1976年开始借助这一超级电视台迈开了有线电视新闻报道服务的步子。他尽一切可能引进或租用先进的无线电传播设备如直播卫星和同轴电缆来为电影爱好者及体育迷提供先进、迅速、完善的服务，从而使其订户由最初的2 000多家迅速扩展。1984年，特纳的世界广播电视系统（WTBS）已为在美国、维尔京群岛及波多黎各登记注册的电视用户中25%的用户传送电缆电视节目了。特纳的WTBS每周播出50部电影，观众们每年可以看到300多场体育比赛。CNN更是24小时不停地播放全球电视新闻报道，几百个电视台和1 000多万用户都采用CNN制作的电视新闻节目。特纳乐观地声称，他公司的用户每年以85%的增速发展，而他的电视竞争者的用户增长率仅为15%到20%。特纳为此不无自豪地说：“我们虽然未达到预期的目标，但我们已取得了惊人的进步。”现在，特纳和他的公司正雄心勃勃地向海外发展。

电缆电视取得的显著成绩及其发展趋势，自然引起了美国其他大众传媒老板的注意。许多公司和电视台也把眼光转向这一新领域并开始进入。电缆电视发展迅速、前途无量，现已有人提出将它与图书馆、银行、商场电脑系统联结起来，以便用它查阅资料和进行各种日常活动。随着电视技术的发展，人类有理由相信，一种新型的能造福人类的大众传媒新形态可能会逐渐成熟和普及。不过，现在它的这一设想已经被互联网平台和智能手机实现了。

第三节　英、法、日各国电视媒体发展史

在西方各国之中，欧洲大陆的电视媒体发展一直独占鳌头。但是，由于金元帝国美国的快速崛起，美国的电视事业迅速发展并超越了欧洲各国。不过，由于深厚的文化、先进的科技和独特的思维方式，欧洲的英国和法国乃至亚洲的日本等国，在电视媒体的发展史上亦占据了重要的一页。

一、英国电视媒体发展史

（一）早期的发展

英国电视媒体的初期发展历史与苏格兰人贝尔德的一系列电视发明与试验活动密切相关。1924年，贝尔德就开始探索声音与影像的制作与播出技术，两年后他的发明取得了很大进展，能够向新闻界和公众进行成果演示。1927年，获得大量资助的贝尔德开始彩色影像试验并在黑白电视转播方面取得重大成果。伦敦的一些著名社交人士家中都装上了贝尔德发明的电视机，其中就有当时的英国首相麦克唐纳。

1929年，当时仅仅对广播感兴趣的BBC在新闻界和公众的压力下，也开始对贝尔德的电视装置予以关注。BBC第一任总裁约翰·里斯同意贝尔德使用该公司的主要转播设备进行电视转播试验，并请他将相关技术展示给BBC的工程师们。很快，1930年前后，贝尔德已经可以在运动的车辆与船只上进行电视信号转播了。

1930年，BBC试验播出了第一个电视节目《口含一朵花的男士》。

1932年8月22日，在贝尔德的帮助下已经掌握了基本技术的BBC工程人员开始在自己的电视演播室里正式播出电视节目——这是世界上第一个正式的电视演播室。

1935年，一个政府任命的专业委员会为BBC选择了两套相互竞争的电视技术系统贝尔德系统和马可尼系统，BBC对两套系统进行了比较试验。1936年8月26日，BBC首先使用贝尔德系统播出电视信号，随后又替换使用另一套系统。这被认为是世界上最早的电视公开播出日期，但历史学家们仍然认为正式播出日1936年11月2日才是世界上最早的电视播出时间。最后电视试验的结果是英国邮政大臣倾向于使用马可尼系统，就这样，贝尔德与他的投资者们出局了。但是，这位伟大的电视先驱者依然值得人们铭记。

由于第二次世界大战的爆发，英国刚刚起步的电视事业被迫停止，直到1946年战后才开始新一轮的发展。

（二）“三足鼎立”的广电体系

二战后的英国电视事业逐渐形成“三足鼎立”之势——公营体制的BBC、半商业体制的ITV和完全商业体制的新闻集团天空卫星电视（SKY），呈现为某种混合式的发展体系。但毫无疑问，BBC占据了主导地位。

1. BBC公共管理体制

现在的英国广播公司无线电广播网（BBC Network Radio）有五个对内广播电台、一个对外广播电台，用43种语言向全世界各国播放节目。BBC电视台（BBC Television）有两个下属台：BBC1主要播放面向普通大众的新闻、宗教、体育、歌剧及少儿和娱乐节目；BBC2主要播放音乐、艺术、喜剧、教育及特别节目。另有五个数码频道供交费用户使用。广播电台局负责批准及管理所有独立电台的服务，监督节目及广告质量。

2. 半商业化体制的英国公私合营制电视事业体系

不同于BBC，半商业化、半官方化的独立电视委员会（ITC）负责批准和监管全国的商业电视台，拥有 ITV 第三频道、第四频道和第五频道（该频道始播于 1997 年 3 月），面向全国 24 小时全天播出节目，三分之一的时间播放新闻，其他时间播放体育、喜剧、游戏和电影等。经济来源主要为广告赞助。

早在 1954 年 6 月，英国政府为了满足大众对部分广播电视节目的需求，推动进行有限的商业化竞争，批准成立了 ITV，开始尝试一种半官方化、半市场化的电视事业改革之路。

1972 年，英国议会决定更大规模地开放商业广播与电视业务，并将原来的独立电视局改名为独立广播局（IBA），管理英国境内的商业广播电视事业。1973 年，英国第一家私营电台伦敦广播公司开播，从此以后，BBC 独家垄断广播与电视的格局被打破了。

然而，英国的商业电视台并没有采用美国式的那种完全商业化市场竞争体制，它们受到 IBA 的有力管辖，在行政管理、经营范围、设备使用、业务拓展等各个方面均受 IBA 的管理与指导。比如，英国的各个私营台都是按照不同地区的实际情况来审批设立的，一旦它们获得了 IBA 颁发的营业执照，就可以在各自的地区内形成事实上的地方垄断。同时，在经营策略、业务内容、广告播出等许多方面，商业性的私营台都要接受代表官方的政府行业机构 IBA 的指导与监督。这种公管私营的管理体制与特许独占的 BBC 公共公营广播事业体制共同组成了英国境内全国性公营与地区性公管私营体系的“双头垄断”公私分营制体系。

3. 新的商业广播电视竞争体制

20 世纪 80 年代以后，欧美各国政府（特别是美国的里根政府、英国的撒切尔夫人政府和法国的密特朗政府）纷纷要求全面发展自由化商业竞争，以推动国家与社会的发展。在这种背景下，1988 年 11 月，英国政府发表了关于改革广播电视体制的白皮书，并于 1989 年 12 月向议会提交了新的英国广播电视法案《1990 年广播法》。该法案于 1990 年 10 月经议会审议通过，并于 1992 年起正式施行。

《1990 年广播法》的基本立法精神是更大范围地开放英国境内的广播电视市场，创设更为自由的市场竞争环境，以促进英国广播电视事业的繁荣与发展，同时，该法案也要求切实保证节目的质量。根据这一法案，英国原有的 IBA 和电缆电视局（负责有线电视的官方机构）被撤销，代之以专门负责商业电视业务（包括电缆电视和卫星电视）的独立电视委员会及负责商业广播的无线广播局。独立电视委员会有权颁发电视台许可证，有权颁布某些行业行政法规对违反法规或节目标准的电视台予以制裁；无线广播局则有权颁发电台许可证，制定有关商业广播的行政法规并监督其执行。

根据《1990 年广播法》，原有的英国全国性商业电视台都改为独立经营的电视公司，并且开办新的全国性商业电视台、电台，发展地方性的商业电台。这些商业台都是利用招标方式，通过平等竞争竞标选定经营者的。

虽然《1990 年广播法》没有涉及 BBC，BBC 的体制与地位并没有因此发生变动，但却使原来属于 IBA 管辖的广播电视事业的经营发生了重大变化，使得英国原有的“双头垄断”格局被打破了，BBC 因此受到很大影响。1992 年，英国政府以绿皮书的形式对 BBC 的未来改革走向提出了一些设想与要求，敦促 BBC 在新的形势下进行体制改革，强化商业竞争能力，以便发挥更好的广播电视传媒领导作用。

除了公共广播电视以外，为澳大利亚新闻大亨默多克所有的 SKY 电视台成为英国最有名的私营市场化有线电视公司，它拥有英超比赛全球转播权和巨大收益，是英国第一大卫星电视台，面向整个英国和欧洲地区播出，具有很大的影响力。

二、法国的广播电视事业

法国也是欧洲大陆资本主义国家中广播电视事业较为发达的国家之一。早在 20 世纪初，法国的无线电广播就出现了。1903 年，法国人德福雷斯特在埃菲尔铁塔上搭设了广播实验设备，开展广播实验。1922 年 2 月，法国成立国家广播电台，开始从埃菲尔铁塔定时广播节目，这标志着法国广播事业的开始。随后，法国各地陆续准许开办了私营的商业性电台。

1932 年，法国开始试播电视。1938 年起，开始每天定时播出电视节目。二战期间，法国的广播电视事业遭到了严重的破坏，直到战后，法国的广播电视事业才得到了恢复和发展。截至目前，法国已有强大的公共广播和电视网络、数套国内广播节目和众多的调频广播电台。法国广播电视事业大体可分为五个发展阶段。

20 世纪 20 年代初至二战结束为第一阶段。1923 年 6 月，法国国会制定了《广播法》，宣布广播事业为国家专利所有的公共企业，但也准许设立民营电台，故这一阶段所采取的是公私并行发展的方针。

1945—1964 年为第二阶段。二战后，法国政府乘机接受了贝当伪政权和国内所有的私营电台的设备，并于 1945 年 3 月取消了私营电台的营业执照。同年 11 月，法国政府颁布法令，成立了直属于政府情报部的法国广播电视公司（RTF），领导设立在法国境内的所有电台和电视台。该公司经理由总统任命，对政府负责，另设董事会负责进行监督指导。公司的经费由广播电视设备制造费收入和直接调拨的国家预算组成。这样，二战后成立的 RTF 就成为一家公营而独占的政府直接领导的国家广电机构。RTF 的设立，强化了国家对广播电视事业的垄断和控制，这一阶段是国家广电垄断体制时期。

按照有关法规，RTF 是国营的强大的垄断企业。依据有关法令，该公司不能播送商业广告，而是致力于在政府的领导下服务全体公众。它拥有四个广播网，即巴黎国家广播部、地区广播部、全国广播部、高级音乐广播部，还拥有一个商业电台和一个教育电台。法国的电视节目自 1950 年正式播出后，也是由 RTF 主持的，它拥有一个电视广播网向全国转播节目，其中教育电视节目所占比例很大。

1964—1974 年为第三阶段。1964 年 6 月 27 日，戴高乐政府通过立法取消了 RTF，建立了法国广播电视管理局（ORTF）。这一阶段的法国广播电视事业的主要特征是广播电视事业虽仍然实行国家垄断体制，但政府的控制方式变得较为灵活和隐蔽。新设立的 ORTF 是一个表面独立的机构，不再直接隶属于政府的情报部，主要由广播局长和管理委员会对广播电视事业实行控制与指导。管理委员会成员由部长会议委任，其中国家政府和社会公众的代表各占半数。在这一时期，法国广播电视改变了以往不播放商业广告的惯例。1967 年 11 月 10 日，法国国民议会宣布电视向商业广告开放。

第四阶段从 1974 年开始，也被称为分散经营体制时期。在此之前，法国广播电视事业在 ORTF 的管制下，由于经营不善，连年亏损，已经无法支撑。1974 年 5 月，德斯坦当选总统后，社会舆论要求改革广播电视事业的声浪更加高涨。法国政府于同年 8 月 7 日通过一项法令，撤销 ORTF，将其职权分散移交给了七个新成立的具有独立与自治性质的高质量且互相竞争的国营企业——电视一台（TFE）、电视台（AR）、电视三台（FR3）、制片公司、发行公司、广播公司、视听研究所。分散经营改善了政府实行管理的具体方式，但仍保留了国家对广播电视事业的垄断权利。在这一阶段，法国的广播电台分国营和私营两大类，而电视台则都是国营的。

1981 年，以密特朗为首的社会民主党执政，开始了法国广播电视事业体制改革的第五个发展阶段。这个阶段的总体特征是私有化。密特朗政府的视听新闻改革政策是通过在经济上资助视听行业来解决广播电视领域存在的问题，以寻求法国视听体制改进的新途径。在具体的策略上，社会民主党一派主张强化国营广播电视事业，与此同时继续沿用德斯坦总统的高质量的国营电视台，并利用它们之间的竞争关系维持法国广播电视事业的雄厚实力。而另一派则主张将资本主义自由市场经济竞争机制纳入视听行业之中，认为这是使法国广播电视事业满足公众需要的唯一现实的原则和动力。密特朗政府于 1982 年 7 月 29 日颁布的法令中确定了一条中庸的原则，即给予公营视听部门经济独立权，但仍然受国家新闻技术部和议会管制。依据此项法令，法国政府准备与当时的联邦德国联合建立 TDF 和 TD2 卫星电视直播系统，向欧洲公众提供四条频道；建立法国的全国电视电缆系统，以进一步满足公众需求；计划于 1984 年 11 月 4 日开播一个新频道电视台。这三项计划采取国家、地方、私人资本三方联营，体现了密特朗在视听领域建立混合经济体制的设想。

但是，由于私人资本对这一设想不感兴趣，密特朗政府不得不向右转弯。在 1985 年 1 月，密特朗毅然宣布全法国的无线电广播电视事业完全向私人开放。同年 11 月 20 日，法国政府又做出决定，将法国公共电视第五台的经营权正式授予一个以德方资本为主的联营公司，该公司的一个重要人物就是意大利新闻界首屈一指的大财阀——贝尔津斯科尼。

密特朗政府的视听行业私有化措施，包括 1981 年无线电广播私营化，1982 年 7 月 29 日混合经济体制的改革设想及 1985 年无线电广播电视事业的私营化，表明法国政府的视听新闻政策已明显地右转了。这与 20 世纪 80 年代以来欧美各国市场经济竞争复兴的浪潮及各国政府大力推广的国营企业私有化运动是分不开的。这表明，在理论上，法国社会民主党在一贯坚持的公众自由至上的纲领中，增添了支持节目制造商和播送者广告业主的自由权利的言论，并指责国家管理会助长行会势力和导致停滞不前的保护主义。在实践上，法国政府以自由开放为名，通过将大量的国有企业私营化，在视听领域逐步引进、推行残酷的市场经济竞争机制，否认各级政府在新闻视听领域的指导作用，寄希望于私人资本。在内容上，政府放弃了国营广播电视事业在提高法国视听行业的经济势力和文化水平方面的保护作用，听任商业资本为所欲为。

在整个 20 世纪八九十年代，法国广播电视事业私营化的趋势有一发而不可收的趋势。一方面，私有化措施确实给法国广播电视事业带来了竞争活力；但另一方面，也存在很大的危险性，因为私人资本不可能把保障和提高视听制作水平作为第一需要，必然以营利作为其经营的最大目标。意大利新闻大王贝尔津斯科尼并不讳言他的经营秘诀：这就是商业广告和美国大片。而另一个国际新闻财阀默多克也开始跻身于法国视听市场，同贝尔津斯科尼展开激烈的市场争夺战。

三、日本的广播电视事业

（一）公共广播电视体制

虽然早在 1939 年 5 月，日本广播协会（NHK）就开始了试验性的电视播出尝试，但日本真正的广播电视事业发展是在战后。日本于 1953 年 2 月 1 日首先播出黑白电视节目，1956 年建立全国电视网。随着战后商业电视台的设立，日本的广播电视事业发展迅速。1960 年 9 月，NHK 又率先播出彩色电视节目。1964 年 10 月，NHK 通过转播卫星向世界播出了东京奥林匹克运动会的电视节目。同广播部一样，NHK 的电视部也有两个下属的电视网，第一个电视网以一般大众为对象，第二电视网为播放教育性节目的电视网。

这一时期日本电视节目的一个基本特征，就是实行英国 BBC 式的公共公营广播事业体制，全日本的电视节目都掌控在 NHK 手中，独家垄断经营着全日本的公共电视节目。

（二）商业性广播电视事业的崛起

二战后，美军占领日本列岛，开始对其新闻传播体制进行重大改革。1950 年 6 月 1 日，日本政府修订了《广播法》，准许设立商业性的电台和电视台，但规定除日本短波电台公司外，所有的商业性电台仅可设立地方性的电台，不可设立全国性的广播网。

在商业性的电视公司中，以东京广播公司（TBS）和日本电视网公司（NTV）最为著名。TBS 是 1951 年 12 月成立的日本第一家商业广播电视公司，主要由《朝日新闻》《每日新闻》《读卖新闻》三大报共同投资开办。1955 年 4 月，TBS 又建立了自己的电视台。NTV 则是《读卖新闻》发行人正力松太郎于 1953 年创立的，同年 8 月正式播出电视节目，它也是日本最早和最大的一家民营电视公司。

据有关材料统计，早在 1965 年，日本已有 13 家商业广播公司，在整个日本广播电视事业中占有重要的地位。商业性广播电视台的收入完全依赖广告，不可避免地在节目内容、经营政策等各方面同国有的 NHK 有所不同。

现在，日本的广播电视事业无论在规模和数量上都名列世界发达国家前茅。日本的广播电视已成为日本国家与社会大众信息流通系统中的重要传播力量。

第四节　卫星电视与全球化

电视媒体之所以在今天互联网的严峻挑战下依然具有强大影响力，其重要原因之一就是全球化卫星电视的存在。卫星电视首次为世界各地的观众们开启了跨越国界共同收看的信息共享模式。在今天全球一体化浪潮的背景下，卫星电视的发展势头依然强劲。

一、卫星电视发展史

人们将地球轨道上作为无线电通信中继站的人造地球卫星称为通信卫星。通信卫星反射或转发无线电信号，实现卫星通信地球站之间或地球站与航天器之间的远距离通信，是一种革命性的信息传播工具。它使人类社会、经济、文化和人们生活方式的各个方面都发生了革命性变化。卫星通信的发展促进了全球各国通信产业的发展。利用通信卫星建立的空间通信系统，具有建设周期短、投资少、不受或较少受地理条件限制等优点，其优越性是其他任何通信手段无法相比的。

卫星电视的理论肇始于英国科学家克拉克的构想。克拉克于1945年发表论文，设想人类如果能在地球上空22 300余英里处设置数个能与地球同转的人造卫星，就可以建成世界性的全球通信系统。因为地球上空22 300余英里处正是地球的离心力和吸引力相等之处。所以，如果人类发射的某个物体（即后来的卫星）能够以每小时7 000英里的速度与地球同方向运行的话，就能够保持位置固定，与地球形成同步。后来的科学家经过测算发现，一个同步的人造卫星可以覆盖地球表面约三分之一的区域，假如人们在地球上空合适的位置放置三颗同步卫星的话，信号就基本可以覆盖整个地球表面，形成全球性的卫星通信网络。事实上，现在的一颗静止轨道通信卫星（简称静止通信卫星）大约能够覆盖地球表面的40%，使覆盖区内的任何地面、海上、空中的通信站能同时相互通信。在赤道上空等间隔分布的三颗静止通信卫星可以实现除两极部分地区外的全球通信。

1957年，在苏美两国军备竞赛的刺激下，苏联首先成功地发射了人类第一颗人造卫星“斯普特尼克一号”，美国人奋起直追，也很快成功发射了“回声一号”人造卫星。1960年10月4日，美国又成功发射了“信使1B”，虽然这颗卫星属于试验性卫星，没有承担正式的通信任务，却引起了人们对将人造地球卫星应用于国际通信的广泛关注。美国总统肯尼迪曾于1961年9月25日在联合国大会演讲时建议设立世界性的通信卫星系统。

1962年7月10日，美国国家航空航天局（NASA）与美国电话电报公司合作，发射了一颗实用型通信卫星“电星一号”。这颗卫星被放置在地球上空600英里的低空椭圆形轨道上，可以用来发射与传送电话信号、无线电传真信号及电视信号，这是人类有史以来第一次通过人造卫星远距离传送通信信号。

1963年，美国和日本通过“中继1号”卫星第一次进行了横跨太平洋的电视信号传输。1964年8月19日，美国把“辛康3号”卫星直接送入国际日期变更线附近的赤道上空，使之成为第一颗真正的静止通信卫星，并利用这颗卫星成功地转播了东京奥运会的实况。

到了1963年，人造卫星技术发展迅速的美国成立了专门的通信卫星公司（Communications Satellite Corporation，COMSAT），并由该公司代表美国政府及美国通信机构与各国代表接洽组织成立了国际通信卫星组织（INTELSAT），以便顺利开展全球性的通信卫星国际化业务。

1964 年 7 月，COMSAT 与参与该组织的各会员国于华盛顿举行会议，签署了两项重要协定：其一是全球商用通信卫星系统临时办法协定（简称临时协定），由与会各国代表签字通过，确立了该组织的基本原则；其二是附加于前项协定之后的一个特别协定，由各国政府代表个人或其所指定的公私通信团体签字。同年 8 月，以西方国家为主要成员国的国际通信卫星组织正式成立，有 14 个国家参加。COMSAT 代表美国的一半股权参加该组织，并根据该组织订立的相关协定，为各成员国与组织提供相关技术与业务经营服务。

1965 年 4 月 6 日，INTELSAT 成立后的第一颗国际商用同步通信卫星“国际通信卫星一号”顺利发射升空，并于 6 月正式启用，国际卫星通信业务正式启动了。

“国际通信卫星一号”又称“晨鸟”，卫星上共配置了 240 条电话线路和一条电视线路。其位置设定在巴西东海岸的赤道上空，覆盖了北美与欧洲地区，负责传送两地区间的电话、电报、无线电传真、广播及电视实况转播。在“晨鸟”卫星升空工作之前，国际性的新闻影片必须利用飞机运送，很不便捷。有了“晨鸟”卫星之后，国际重大新闻实况报道就可以利用这颗卫星实现现场的电视转播——这标志着一个划时代的太空卫星通信时代的来临，从此以后各国的卫星通信技术渐臻成熟。

1973 年 2 月，INTELSAT 在通过《关于国际通信卫星的协定》和《关于国际通信卫星营运的协定》之后，成为一个常设组织。中国于 1977 年加入该组织。

2001 年 7 月 18 日，全球第一个商业通信卫星提供者 INTELSAT 宣布它已完成由一个条约组织到一个私有公司的历史性变革。新成立的国际通信卫星有限公司拥有 200 多个股东，包括来自 145 个国家的公司，代表了大多数世界著名通信公司的经营者的利益。

到 20 世纪末，INTELSAT 已经拥有由 20 余颗地球静止通信卫星组成的网络，为 200 多个国家和地区的电信广播机构提供卫星通信服务，是全球最大的国际卫星通信网。

随着 1964 年欧美国际通信卫星组织开始为美国、加拿大、日本等 14 国提供一般性的卫星通信服务，1971 年，以苏联为首的社会主义国际卫星组织 Intersputnik 也开始为它的 14 个成员国（苏联、阿富汗、叙利亚等国，以及东欧各国）提供一般性卫星通信服务。1979 年，国际海事卫星组织（INMARSAT）也正式成立，通过经营海事卫星系统，专门提供海上船舶通信和定位、救险等专项服务。

除了国际性的卫星通信组织以外，区域性的卫星组织也日益成长了起来。其中比较重要的几个区域性卫星组织有：

阿拉伯卫星通信组织（ARABSAT），1976 年由阿拉伯联盟 22 个会员国签约成立，负责阿拉伯地区的卫星通信传送业务。

欧洲卫星通信组织（EUTELSAT），1977 年 5 月由欧洲 17 个会员国签约成立，1982 年增加至 26 个会员国，主要负责欧洲各国的卫星通信传送业务。

非洲卫星通信组织（RASCOM），1980 年由非洲电讯联盟的 38 个会员国在联合国的资助下成立，主要负责非洲地区的卫星通信传送业务。

东南亚国际协助卫星系统由马来西亚、印度尼西亚、菲律宾、新加坡、泰国等东盟国家组成。

北欧卫星组织（NORDSAT），1975 年由北欧地区的丹麦、芬兰、冰岛、挪威、瑞典五国协商组成，主要负责北欧地区各国的电视节目转播业务。

另外，当今世界上的主要大国都有自己的国内卫星通信组织（公司），负责各自国内的卫星通信传送业务。

二、通信卫星对电视事业的影响

通信卫星的传送信号能力极强，可以同步传播众多的频道信号，这就使得人类有能力大大扩展广播电视节目的来源和播送范围。普通的大众可以因为卫星提供的海量信息而有更多的选择权，能够更多地享受竞争所带来的公益性、服务性和专业性服务项目。但信息是否越多越好？怎样考量强大的通信卫星对不同国家社会文化的负面传播作用呢？

通信卫星的强大覆盖性使得电视节目突破了地方区域性与国家民族化，日渐成为国际性、世界性的节目，越来越多的受众能够接收到更多的广播电视节目。但反面的担忧是：国际卫星是否会造成他国信息传播的“侵略与征服”？是否会逐渐同化全球公众的思想？是否会成为商业媒体大资本家掠取全球财富的机会？

通信卫星传送的电视节目信号一般都是由地面台直接送上卫星，然后再由卫星将信号送下指定的地面接收站台，上天入地的信号都是微波，不受电离层游移干扰信号的影响，表现为信号清晰稳定、画质出色、声音保真，提高了节目的传送质量。

通信卫星技术的发展日益成熟，使得卫星节目传输系统较陆地老旧的中继站更加经济可靠。

通信卫星所传送的信息能轻而易举地突破国家的边界，造成信息的“侵入”，可能会影响不同国家不同的社会形态，并对多元文化格局产生不良影响。

通信卫星的“溢波”问题，还可能会涉及未经授权传播的作品的著作权等知识产权问题，如何合理解决这一问题也是世界各国政府需要加以考虑的。

通信卫星行业需要高科技、大资本、国际化、市场化，这是否会带给某些先进国家和优势传媒企业更多的机会？是否会造成国际新闻传播秩序的不平衡？这也是需要人们进行思考的。总体来看，卫星电视将促进人类的全球一体化，并将有助于形成一种新的全球化电视文明。

第五节　分析与思考

作为仅次于当代互联网的一种电子大众传媒，电视媒体对人类社会的影响是全面而深刻的。电视媒体对我们的生活所造成的这种深远影响，无论如何估计都不过分。随着电视媒体的发展而形成的电视文化已经成为我们社会生活的一种常态，因此，我们有必要对电视媒体及其传播现象进行深入的思考与全面的分析。

一、电视媒体对社会生活的全面影响

电视兼容了电影、戏剧、音乐、绘画、舞蹈、文学等各类空间艺术和时间艺术之所长，具有极大的信息传播影响力。电视是迄今为止人类进行信息传播时所使用的最为强大的一种大众传媒（仅次于互联网）：它声像并茂、色彩兼备、远距离传送，面向社会大众，能够深入每个家庭。在社会的各个方面都能够影响到电视媒体的同时，电视媒体也在影响与塑造着社会和受众的各个方面。1996 年 12 月 17 日，联合国大会以 141 票赞成、0 票反对、11 票弃权的结果通过了意大利提出的一项决议，宣布每年的 11 月 21 日为“世界电视日”。由于电视媒体的存在，我们的社会中已经形成了独特的电视文化现象，这主要表现为：

（1）电视的同步传播特性和强大传播效能使它塑造了主流化的社会大众文化，成为影响大众文化最具魔力的传媒工具之一。

（2）电视为大众提供了前所未有的娱乐文化，大大丰富了人们的业余文化生活，提供了传统纸介大众传媒所不能提供的快餐式的流行娱乐文化。

（3）电视为社会大众提供了快速了解天下新闻的便利条件，能够使人们足不出户便知晓天下大事。它的价值教化功能、信息沟通功能、促进政治民主功能和文化娱乐功能是以前所有的大众传媒都无法比拟的。

（4）卫星电视的全球化传播能力造成了“地球村”现象，间接地促成了各国人民相互了解、不同文化相互融合的传播效果。

然而，电视对社会大众的影响也不尽然都是正面的。相反，电视的商业性机制、快餐化特点、大容量制作，也给我们的生活带来了许多消极的影响。比如：

（1）电视节目中的暴力、色情元素对儿童与青少年的不利影响十分显著。

（2）电视快餐式的肤浅内容逐渐降低了受众的人际交流需求和独立思考能力（1994 年英国哲学家波普尔爵士称，电视把学校、图书馆、博物馆排挤到了次要的位置）。

（3）电视在提供大量信息的同时也可能会对少数具有重大价值的异端化信息进行有意隔绝、淡化处理，这有可能导致文化专制现象和不良的社会后果。

那么，我们应该怎样评价电视媒体的这些强大影响呢？

美国肯尼迪政府时期的 FCC 主席牛顿·迈诺在 1961 年 5 月 9 日曾对全美广播业者协会 2 000 名成员发表了一篇著名讲话，并对电视媒体的影响做出了下述判定：“图像和声音即刻传送的力量在人类历史上是前所未有的。这是一种令人敬畏的力量。它有无限的行善能力，亦有无限的行恶能力。它承担着巨大的责任，你们和我都无法逃避的责任。”“正如历史将决定当今世界的领袖们用原子毁灭世界或是用原子为人类利益重建世界，历史也将决定当今广播业者们用他们强有力的声音使人民充实还是堕落。”在 1996 年 11 月联合国主办的第一届世界电视论坛会议上，当时的联合国秘书长加利在开幕词中也这样说道：电视——由于其对公众舆论所具有的巨大影响力，已在很大程度上对联合国的工作和决策起着决定性的作用，电视甚至可以被视为“联合国安全理事会的第

16 个成员”。论坛最后发表的宣言要求电视在提供公正信息、保证文化的多样性和促进人们之间的相互理解方面发挥其重要作用。1997 年 11 月联合国举办的第二届世界电视论坛会议上，联合国秘书长安南在主题发言中也曾指出：电视工作者应以强大的媒体传播和平和文化，制止流血和战争。美国著名的电视新闻主持人丹·拉瑟也在发言中特意指出，电视不应单纯是娱乐的手段，还应该是文化的传播者和心灵的启迪者。总体来说，电视媒体就像一位仙女手中的魔杖：它既有造福人类的无限可能性，也有毁灭人们幸福生活的可怕能力，为善还是为恶，并不取决于电视媒体自身，而主要取决于我们。因为电视媒体集魅力、魔力和威力于一身，必须靠人类自己来科学把握与理性使用。

二、各国不同的广播电视管理体制评析

在世界各国，由于广播电视事业同报刊等新闻传播事业相比，有着一个重大特点——它通过空中电波传送信息，故而各国的广播电视相关管理体制并不完全与传统印刷媒体的管理体制相同，有必要略加研讨。

纵观世界各国的广播电视管理体制，大体可分为如下几种。

（1）公共特许独占制：以英国为代表。

（2）民间市场私有制：以美国为代表。

（3）国家垄断所有制：以法国、苏联等国为代表。

（4）国有与私人合股经营制：以芬兰、波兰等国为代表。

（5）公营与私营双轨混合制：以日本、加拿大、澳大利亚等国为代表。

世界上不同的国家在广播电视事业运营与管理方面的巨大差异向世人们透露着这样一个信息：作为具有巨大社会影响能量和公共资源性质的广播电视事业与传统的、个人色彩浓厚的平面印刷事业的管理方式有着很大的不同。各国不同的文化背景、历史传统和公众与政府的博弈都可能对广播电视管理体制的诞生和发展产生重大影响。因此，作为国家与社会重要大众信息传播系统的广播电视事业，其管理体制应该根据本国的具体国情来进行设计与运行、反馈与改进。

（一）美国的广播电视管理体制

我们以美国为标本，重点介绍一下美国式的民间市场私有制下的广播电视管理体制。

在美国，20 世纪 20 年代无线电广播开始兴起，到 1927 年时，美国的商业电台已达到 733 家。由于许多电台使用同一频率播送节目，造成了很大的混乱，引起了各方面的不满。来自听众、收音机制造商和广播界自身的呼声都敦促联邦政府出面解决这一问题。因为按照以往处理报业问题的常规办法无济于事，美国政府和广播电视事业在不断的博弈中，逐渐发展出来一种政府有限度的法律管制与高度市场化竞争相结合的商业市场化法制体系。

1927 年，美国国会通过了《广播法案》。该法案规定授权建立一个管理所有无线电

通信联络的五人委员会，该委员会成员由不同的社会阶层人士组成，但隶属于政府体系。同时，该法案还确定了这样一条重要原则：电波为社会公共财产，由政府出面控制一切频道分配，具体工作则由联邦无线电五人委员会安排。这个委员会有权安排各电台的信号，规定其频率和发射功率，为电台颁发为期三年的营业执照并有权吊销。执照的颁发资格是必须符合向全国提供公正、有效、机会均等的服务或提供有利于社会、方便于公众或出于公众的需要的服务等条件。这样，同自由竞争的印刷媒体不同，美国的电子媒体一开始便在很大意义上被置于政府的某种控制管理之下（当然并不是全部的控制）。

1934 年，在《广播法案》的基础上，美国国会又通过了《传播法案》并成立了一个七人联邦传播委员会，负责管理全国的所有无线电传播、通信、联络事件，这个委员会就是大名鼎鼎的联邦通信委员会（FCC）。

FCC 也是一个政府机构。其主要责任是制定无线电通信领域的各类具体条例，并监督管理各个无线电传播机构贯彻执行这些条例。该委员会的七名委员均由总统提名、参议院认可，其中一人由总统指定为主任委员。各个委员的任期为七年，必须是美国公民，并同任何传播机构无经济上的牵连。这七人中同一党派者不得超出四人。

FCC 的日常工作是对广播电台给予分类，指定其频率和功率，核准和颁发营业执照。执照有效期最长不得超过三年。一旦期满必须提前提出延长申请。如果从业人员有违法乱纪行为，委员会有权吊销其营业执照。任何人创办新台，也须向该委员会提出申请。

FCC 条例的几项重要原则特别值得注意。

第一项是反对垄断独占的法令条例。FCC 规定：在美国，任何人或集团企业都不得同时拥有七家以上的电视台（其中商业性电视台不得超过五家）和电台、调频电台；任何私人或企业不得在同一地区有两个同一类型的电台或电视台；报刊发行人不得在同一地点拥有电台和电视台；广播电台不能拥有电视台；电视台也不能拥有广播电台及有线电缆系统。为了反对垄断独占现象。FCC 曾于 1943 年责令 NBC 出售其名下的蓝色广播网，蓝色广播网之后被重组为 ABC。但是，由于市场垄断是资本主义发展的必然趋势，FCC 的许多反垄断措施很难得到切实执行。

第二项重要原则是公平主义原则（也称一视同仁原则）。按照 FCC 的解释，在广播电视事业中实行公平主义原则是基于两个理由：根据国会通过的法案，电波是公共财产，FCC 则是被授权根据“有利于社会、方便于公众或出于公众的需要”的原则向广播电视机构颁发营业执照的。委员会认为，如果多种不同观点都有机会利用电波传播，公共利益就可以得到维护。据此观点，FCC 早在 1941 年就提出了“五月花原则”，确定“广播员不得成为一个鼓动员”。1949 年，FCC 又做出决定，广播电视事业应以“公平的态度发表社论”。今天，公平主义的具体含义是要求各个电台、电视台在播出评论时，要公平对待持不同意见者，并给予必要的条件使其能充分发表他们的观点，不得专门贬低某一方。

第三项重要的原则是平等时间原则。平等时间原则主要是为政客们的利益服务的，它要求在社论或节目中“受到人身攻击的人”、大家赞同的公职竞选人，均有权占有同等的广播时间，或攻击对手，或为自己辩护。广播不得在时间上厚此薄彼，均应给予平等时间待遇。

FCC 的管理制度曾对美国广播电视事业的发展起过相当大的作用，其工作成效也有目共睹。尽管如此，由于美国社会是自由竞争的商业资本主义社会，资本的力量非常强大，因而 FCC 所制定颁发的条例并未被所有人认可和认真执行。特别是在 20 世纪末里根总统执政时期，西方的私有化运动浪潮深刻地影响了美国的广播电视事业，自由竞争的呼声与压力对 FCC 的工作产生了很大的影响。20 世纪 90 年代，美国国会修改颁布的新的《传播法》对资本的竞争要求给予了越来越大的让步，这使得当代美国社会中的广播电视私有化市场竞争愈演愈烈，垄断也达到了惊人的程度并产生了一系列深远的影响。

（二）英国的广播电视管理体制

英国的广播电视管理实行了一种较为独特的体制，这就是在本国历史经验与国情背景下，既吸取了现代市场化企业制度的长处，又坚持了秉持民主社会新闻自由独立原则的公共性质的公营广播电视运营与管理体制，这集中地体现在 BBC 的架构与运营之中。

按照 BBC 创始人约翰·里斯的理想化观念，BBC 既要在商业与政治的双重压力下寻求到一个平衡点，还要符合现代的企业组织运行科学架构和满足本国社会公众的特殊传播要求。在这种思想的指导下，BBC 走出了一条很有特色的西方公共公营性质的广电运营管理之路。

首先，BBC 的特许独占经营管理理念同英国历史上存在过很长时间的都铎王朝皇家特许出版独占制度有着内在的历史逻辑，符合国情背景与绝大多数英国民众的心理接受取向，能够为英国社会各阶层所接纳、支持。只不过以往的国王转换成了民选的国会，而个体的印刷商变成了一个庞大的旨在为全体英国民众服务的专业化公共组织——BBC。

其次，BBC 采取了较为科学的市场化现代企业组织架构，公司管理委员会由社会各个阶层的代表性人物组成，能够较为广泛地反映不同社会功能团体的要求，采取符合绝大多数民众意愿的文化产品价值取向。管理委员会下属的董事会依照现代企业组织架构来聘请总编辑、总经理，再由他们分别聘任不同的部门经理等具体工作人员。这种组织方式所构成的广播电视专业组织具有较强的公共化、社会化、企业化公营色彩，能够较好地保证其社会公共性质与现代企业化运营的平衡。

再次，BBC 获得了来自不同渠道的经费支持，解除了商业利润的巨大压力，可以按照公司章程中所要求的社会公共性质来开展生产活动，尽量满足绝大多数公众的高水平的广播电视信息需求，以提升国家的整体文化水平。

最后，通过制定公司章程，BBC 在抵制政府控制方面具有了一定的法律依据，能够承担起满足英国受众文化生活水平的社会责任，明确了自己的社会公共性质，从而为该公司一个多世纪以来精品迭出的辉煌奠定了坚实的基础。

尽管在商业的市场竞争方面 BBC 有一定的劣势，近年来处于较为不利的状况，但其广播电视管理体制明显而又突出的优点值得我们采撷精华，综合创新，为我所用。

练习题

一、名词解释

1.《60 分钟》

2.《今日》

3.《芝麻街》

4.《现在请听》

5.《世界新闻集锦》

二、简答题

1. 简述美国公共广播电视的发展过程及特点。

2. 简述法国广播电视事业的发展过程。

3. 简述日本广播电视事业的发展状况。

三、论述题

世界各国广播电视管理体制大体上分为几种？它们各自的特点是什么？

第十七章 国际共运新闻传播事业

本章学习要点

- 马克思主义与国际共产主义运动新闻传播事业。
- 国际共产主义运动新闻传播事业对社会主义新闻传播体制的影响。

国际共产主义运动乃是一场从西方资本主义社会中产生并日益强大起来的社会革命运动。在这场运动中诞生了许多社会主义与共产主义理论，其中最为伟大的成果之一就是马克思和恩格斯创立的科学社会主义。这场运动是从对其母体资本主义的全面批判开始的，这一伟大的社会革命运动的理论与实践对人类新闻传播事业的巨大影响无论如何评估都不为过。正是在这些理论批判与革命实践活动中，一种迥然不同于几百年来传统西方资本主义新闻传播事业的国际共产主义运动新闻传播事业迅猛起步并快速发展起来。

第一节　背景之回顾

世界近代社会主义、共产主义的理论最早出现于16世纪的英国和意大利。19世纪初期，随着西方各国早期工人运动的出现，英国和法国形成了各种空想社会主义、共产主义理论体系，主要以欧文、傅立叶和圣西门三大空想社会主义理论流派为代表。

一、国际共产主义运动的早期理论流派

19世纪40年代前后，欧洲主要国家的工业革命已陆续完成或正在完成，现代社会两大阶级的对立局面日益成形，工人阶级作为一种新的社会革命力量登上了世界政治舞台。这一时期国际共产主义运动中所发生的最重要的事情就是马克思主义的诞生及广泛传播。与此同时，19世纪初形成的各种欧洲空想社会主义、共产主义理论也得到了广泛的但有时也可能是庸俗化的传播，从而形成了这一时期各种理论、各种流派百家争鸣的现象。

19世纪三四十年代的斗争实践证明了马克思主义的科学性，从而使马克思主义在

19 世纪七八十年代的国际共产主义运动中逐渐占据了主导性的地位，从此以后的共产主义运动史主要就是马克思主义传播和发展的历史。

巴黎公社失败之后，资本主义各国转入了一个较为和平稳定的发展时期，国际共产主义运动新闻传播事业也有了长足的发展。

在国际共产主义运动早期发展史中，马克思主义和各种社会主义流派的共生共存及相互间的斗争，构成了这一时期主要的历史内容。这一进程也反映到了当时的国际共产主义运动新闻传播活动之中。马克思和恩格斯的新闻实践活动和相关思想给我们留下了一笔宝贵丰富的遗产，而国际共产主义运动其他流派的新闻传播事业在留下经验教训的同时，也给了我们许多富有意义的启迪。

二、列宁主义与国际共产主义运动新闻传播事业

1917 年俄国的十月革命首次把马克思主义的科学社会主义理论变成了直接的现实政治运动，从而产生了以列宁为代表的无产阶级执政党的新闻传播事业，这标志着世界上第一个社会主义国家新闻传播事业的建立，开创了人类新闻传播史的新阶段。

苏联新闻传播史主要可以分为列宁时期和斯大林时期两个阶段（还有后续的赫鲁晓夫和勃列日涅夫的体制停滞时期和戈尔巴乔夫的分裂解体时期），这两个阶段的社会主义新闻传播事业既有本质的承继性，也有一定的差异。斯大林时代所奠定的苏联新闻传播体制的基本要素和制度特征，给二战后崛起的一大批社会主义国家的新闻传播事业带来了极大的影响，并由此引发了不同类型社会主义新闻传播事业的产生与发展的历史。

社会主义新闻传播事业在苏联的存在和发展，形成了国际共运史上和社会主义国家中非常重要的一种典型体制。这种体制的核心观念来源于多种历史渠道和历史存在。苏联新闻传播体制的产生背景、特征功能、运行机制，是社会主义新闻传播事业研究课题中的重要一环。

三、二战后各国国际共产主义运动新闻传播事业

二战结束后，随着社会主义阵营的形成，社会主义政党在许多国家中夺取了政权，获得了统治地位，从而导致了社会主义新闻传播事业全球范围内的空前发展与繁荣。20 世纪 50 年代之后的全球性“冷战”及国际共产主义运动内部的分裂，进一步考验了各国社会主义政党和社会主义新闻传播事业，并产生了各国社会主义新闻传播事业不同的发展道路及不同类型。

20 世纪 70 年代以来，国际共产主义运动新闻传播事业十分丰富多彩。西方的法国、意大利、西班牙等国家的共产党报刊同资本主义新闻传播体制和平共处、和平竞争，展示了一种高水平的新型发展模式。南斯拉夫、东欧诸国富有自己特色的社会主义新闻传播体制在不断的改革完善中摸索前行，也积累了大量经验与教训，成为人们考察共产主义运动新闻传播事业的一个重要样本。苏联和中国这两个当时世界上最大的社会

主义国家新闻传播事业的发展进程，引起了全球瞩目。有充分理由相信，各国伟大的社会改革运动给全球社会主义新闻传播事业带来了深远的历史影响。

国际共产主义运动新闻传播史具有较为强烈的政治色彩，这当然与其和国际共产主义运动的紧密联系是分不开的。但是，各国不同的发展特点、不同的生存环境和不同的历史影响造成了国际共产主义运动新闻传播事业的多样性和相异性。特别是在二战以后，这一历史特点更为明显。现在，国际共产主义运动新闻传播事业正以新的形式向多样化的方向发展。下面我们将按照国际共产主义运动发展的一般阶段和世界各国社会主义新闻传播事业的不同状况分别加以叙述。

第二节　历史的进程

如同奠基于资本主义政治、经济、文化、社会诸种元素基础之上的旧式资本主义新闻传播事业一样，以全新的国际共运中的科学社会主义理论为指导原则的国际共产主义运动新闻传播事业亦经历了一个从小到大、由弱变强、错误与正确交织、失败与辉煌共存的历史发展历程。探讨这一发展历程，将有助于我们清晰地了解与把握存在于传统资本市场竞争体制和现代国际共运公共服务体制这两种截然不同基础之上的两类新闻传播事业的不同发展之路。

一、西欧各国的早期工人报刊

如前面相关章节内容所述，人类新闻传播史上早期工人报刊的出现是同西方早期的工人运动紧密相连的。随着资本主义各国工业革命的爆发，对立的两大现代阶级工人阶级与资产阶级产生了。最早的工人运动首先出现于19世纪二三十年代的英国和美国，这是因为这两个国家的资本主义生产发展水平较高，工人阶级的力量较为强大，因此早期的工人报刊也最先在这两个国家出现。在英国，1816年和1820年曾分别出现了两份世界上最早的工人刊物《戈根》和《纺织》，专门反映当地工人们的生活。1830年，英国又出现了一份《贫民导报》，这份以下层工人大众为读者对象的报纸第一次用通俗、生动的方式向世人们介绍了早期空想社会主义的许多理论和观点，它还公开抵制英国政府对报刊的重税制度，以适应工人购买水平的一便士的低价出售，一直发行到1835年。

19世纪30年代，英国工人阶级掀起了世界上第一个重要的无产阶级政治运动——英国宪章运动。1837年，在宪章运动浪潮中诞生了早期工人运动最重要的一份报纸——英国的《北极星报》。该报的创办人为宪章运动的左翼主要领导人奥康瑙尔，宪章派的著名领袖哈尼和琼斯也都是该报的编辑。《北极星报》的发行量曾高达12万份，持续出版了15年之久，在国内外享有盛誉。马克思曾高度评价说它在各方面都是欧洲最优秀的报纸之一，称它是“社会主义运动的正式机关报”①。恩格斯也曾为该报撰稿

① 马克思恩格斯选集：第3卷．3版．北京：人民出版社，2012：742.

达六年之久，并一直关心着这份工人阶级的政治报纸。

1827—1832 年，美国的几个主要的工业中心城市中形成了规模不小的组织工会运动，并在这一运动中陆续诞生了美国最早的一批工人报刊，大大小小共有 50 多家。第一份美国工人报纸《机工雇工拥护者》于 1827 年在费城创刊。在美国工会运动中诞生的最主要的几份报纸是 1829 年在纽约出版的《工人拥护者》《人道报》《自由询问报》等，它们都是廉价的面向工友的工人报刊。在同一时期，法国工人运动高涨，也出现了一些早期的工人报刊，例如 1830 年创刊的《工人报》《手工业者报》等。

二、19 世纪 40 年代的百家争鸣现象

19 世纪 40 年代前后，是西方欧美各国空想社会主义报刊和科学社会主义报刊相互竞争、百家争鸣的一个年代。在这一时期，社会主义和共产主义是个很时髦的名词，不但无产阶级的报刊谈论它，资产阶级的报刊也谈论它。当时，除了马克思派科学社会主义报刊以外，最多的就是空想社会主义阵营的报刊了。傅立叶派、圣西门派、欧文派，还有一些比较小的流派，都有自己的舆论阵地和喉舌媒体。在英国，欧文本人创办了《新道德世界》周报，极力宣传他的空想社会主义思想，该报在英国和欧洲大陆有着很大的社会影响力。在法国，圣西门派则创办了《同盟月刊》，此外还有深受其影响的工人们自己创办发行的《人道报》。傅立叶派则在法国创办了著名的《法朗吉》杂志，傅立叶派的报刊也在美国等地广泛存在。受巴贝夫主义理论的影响，当时的一些法国工人秘密团体还出版了《人类卫护者报》和《博爱》月刊。法国小资产阶级的另一派代表布朗基主义者于 1832 年出版了《进步评论》。法国共产主义运动中极富影响力的蒲鲁东派则在 1818—1850 年先后创办了《人民代表》和《人民之声》等报刊。布朗基主义者德萨米于 1848 年创办了《人权・无产者论坛报》。在法国，各种空想的、庸俗的、机会主义的共产主义思想流派众多，他们所创办的报刊也很多，在当时的法国具有很大的社会影响力。

在德国，空想社会主义和共产主义报刊则分为两大类型：一类是以《年轻一代》为代表的空想平均共产主义，这个刊物的创办人是魏特林。另一类是德国小资产阶级的报刊，最有代表性的是吕宁主编的《威斯特伐利亚汽船》。这两份报纸在当时德国工人中有很大号召力。

美国在 19 世纪 40 年代主要盛行傅立叶主义，该派报刊很多，影响较大的是 1841 年由美国著名新闻工作者格里利创办的《纽约论坛报》。这家报纸在当时每天都辟有一个专版刊登讨论傅立叶主义的文章，马克思与恩格斯都曾应邀在这份报纸上撰写过许多有关政治与军事的专栏文章。

三、马克思主义派的报刊活动

最早出现的马克思主义派报刊应该是 1844 年 2 月出版的《德法年鉴》，但马克思和恩格斯在此之前就有过丰富的报刊工作经历。1842 年德国科隆的自由资产阶级分子创

办了《莱茵报》（全称《莱茵政治、商业和工业日报》），当时还是青年黑格尔派成员的马克思就经常为这份报纸撰稿。1842 年 10 月，马克思出任《莱茵报》的主编，以这份报纸为阵地来进行批判和反对普鲁士专制制度的斗争，“在他的主持下，《莱茵报》的面目焕然一新，具有鲜明的革命民主主义色彩”①。1844 年，已同青年黑格尔派决裂的马克思参加了巴黎《前进报》的编辑工作。1847 年共产主义者同盟成立后，马克思和恩格斯又参加了《德意志-布鲁塞尔报》的编辑工作，这份报纸成为实际上的共产主义同盟机关报。马克思和恩格斯所从事的这些报刊活动及由此获得的经验，为即将出版的《新莱茵报》奠定了相关基础，准备了一批具有马克思科学社会主义观的新闻干部。

1848 年 6 月 1 日，马克思和恩格斯为指导德国工人运动，在德国莱茵地区的科隆城创办了当时欧洲无产阶级最优秀的政治机关报——《新莱茵报》。这份报纸的编辑部势力强大，主要人员有总编辑马克思，编辑毕尔格尔斯、德朗克、恩格斯、斐迪南·沃尔夫、威廉·沃尔夫等人，这些人或者是当时著名的政论家，或者是知名作家或诗人。《新莱茵报》是一份对开大报，每天出版，特殊情况下则出增刊和副刊，遇有重大新闻就出号外。在以马克思为首的这些出色报人的运作下，该报影响力日益扩大，1848 年 9 月该报发行量就达到了 9 000 多份。

《新莱茵报》可以说是一份真正的无产阶级最早的报刊，是 19 世纪 40 年代社会主义、共产主义报刊发展的一个顶峰。这不仅是因为该报的办报思想原则采用的是马克思科学社会主义观点，还因为马克思和恩格斯在这家报刊的工作经验在许多方面奠定了未来无产阶级报刊的一些重要传统和基本原则。比如，该报成立后即以马克思主张的科学社会主义观点作为办报与编辑的基本方针；该报特别注重对当时德国与其他国家共产主义运动的及时宣传与指导；它是当时的无产阶级报刊里最早建立广泛基层通讯员网络的；它还非常重视读者来信，注重反映一般读者的基本要求；该报的宣传重点突出，注意紧密配合形势发展；报纸的写作文风朴实、通俗易懂，报道内容主题广泛深刻；它的新闻报道和政论文章都具有很高的专业水准。

马克思、恩格斯后来曾这样评论过这份报纸：没有一份德国报纸——无论在以前或以后——像《新莱茵报》这样有威力和有影响，这样善于鼓舞无产阶级群众。列宁也曾说这份报纸是革命的无产阶级最好的机关报。

在这一历史时期，欧洲各国社会主义报刊存在的情况很复杂，马克思主义报刊只是作为其中影响很大的一派存在而已。1840 年、1850 年欧洲的反动政治浪潮使各国大部分社会主义、共产主义报刊销声匿迹，而唯有马克思主义报刊经受住了反动年代的考验，并且还有所发展。比如 1852 年，在马克思、恩格斯的指导下，美国出版了第一家马克思主义刊物《革命》，主编为约瑟夫·魏德迈。马克思、恩格斯作为无产阶级新闻传播事业的开创者，一生共创办和编辑了十几份报刊，先后为 60 多家报社撰稿，他们的新闻实践活动和理论指导对国际共产主义运动新闻传播事业做出了卓越的贡献。

---

① 吴于廑，周一良．世界通史（近代部分）：上册．2 版．北京：人民出版社，1972：291.

四、第一国际时期的各国工人报刊

第一国际（1864—1876）的成立，标志着国际共产主义运动史上一个新时期的到来。在这一时期，以科学社会主义为指导的马克思主义报刊在斗争中逐步成为欧洲工人报刊的主体力量。

这一时期马克思主义的或受马克思主义影响的报刊都是第一国际各国工人阶级的主要机关报，如《蜂房报》《工人辩护士报》等。各国支部中较为重要的机关报则有德国的《民主周报》（主编威廉·李卜克内西）、美国的《工人报》、英国的《国际先驱报》、法国的《法兰西信使报》等。1869—1876 年德国出版的爱森纳赫派的《人民国家报》也是当时最重要的马克思主义报刊之一，该报社长为奥·倍倍尔，主编是威廉·李卜克内西。

对工人运动尚有重大影响的非马克思主义思想流派的报刊在这一时期仍然存在。较为重要的主要有拉萨尔派的《社会民主党人报》和巴枯宁派的《进步报》，布朗基本人也在 1870 年创办了《祖国在危急中报》。

1871 年 3 月至 5 月，第一个无产阶级的政权组织巴黎公社诞生了。在短短的两个月内，巴黎公社就先后出版了 30 多种报刊，但都不是马克思主义派的，其中最重要的公社报刊是蒲鲁东派的《人民呼声报》、布朗基派的《先锋报》和新雅各宾派的《复仇者报》。

五、一战前社会主义报刊的大发展

从 1876 年到第一次世界大战爆发，是一个相对稳定的全球资本主义社会和平发展时期，马克思主义也在这三十几年中得到了快速发展和广泛传播。这一时期的工人报刊一般称为社会主义报刊，它们得到了长足的发展。在德国，社会民主党成为德国的第一大党，拥有 70 多家报刊，读者数量也居全国第一。它的中央级机关报刊有《社会民主党人报》（编辑是爱德华·伯恩施坦）、《前进报》（前期主编为威廉·李卜克内西）和《新时代》杂志（著名编辑为卡尔·考茨基），这些报刊的主编都是当时德国非常有名的社会民主党人。

在法国，最有名的社会主义报刊是 1904 年 4 月让·饶勒斯创办的法共机关报《人道报》。1914 年饶勒斯遇刺后该报的负责人为马赛尔·加香。

在英国，为工人阶级服务的报刊依然数量众多，但由于缺少影响力比较大的马克思主义政党，以及英国工人运动中各类政治派别集团较多，有影响的社会主义报刊并不多，比较重要的是社会主义联盟的机关报《正义报》。

在美国，北美社会主义工人党的机关报《北美日报》有好几种版本，如英文版的《工人讲坛报》和德文版的《新马克思主义报》。

在俄国，从 19 世纪 80 年代开始也出现了工人阶级的报刊，如《工人曙光报》《工人思想报》《彼得堡工人小报》等。1900 年 12 月 24 日列宁和普列汉诺夫创办的《火星报》是俄国最早的一份马克思主义报刊。在1903年以后，《火星报》成为孟什维克党人的机关报，而1905年创刊的《前进报》则成为布尔什维克党人的第一家机关报。1912年5月5日公开出版的《真理报》更是布尔什维克党最重要的报纸并很快成为该党的机关报。

在日本，1897年日共领袖片山潜创办了第一份工人刊物《劳动世界》。1903年，日本早期的社会主义刊物《平民新闻》创刊，主编为著名日共领袖幸德秋水。1907年，日本无产阶级的第一家日报《平民新闻》日刊诞生。

六、十月革命后各国共产党新闻传播事业的诞生

1917年俄国十月革命以及同时期匈牙利、芬兰、德国和捷克等国的工人革命或武装起义，开启了国际共产主义运动的一个新的历史时期。在这一时期，新兴的马克思主义政党共产党纷纷在各国建立，并组成了以列宁为首的第三国际（1919—1943，又称共产国际），各国共产党的报刊也随之纷纷创办。

除了共产国际的机关报刊《共产国际》杂志和苏共《真理报》以外，欧洲各地也出现了一大批共产党人的报刊。如德共的《红旗报》，其创办人为卡尔·李卜克内西和罗莎·卢森堡；英共的《共产党人》周刊；意共的《共产主义报》（主编陶里亚蒂）和《团结报》；法共的《人道报》（1920年成为法共机关报）；南斯拉夫共产党的《战斗报》；罗马尼亚共产党的《社会主义者报》；日共的《赤旗报》；美共的《共产党人》和中共的《向导》周刊；等等。

1917年十月革命胜利之后，苏联建立了罗斯塔通讯社；1922年，苏联的莫斯科广播电台正式播音；1939年，苏联的中央电视台正式开播。国际共产主义运动中苏联社会主义通讯社、电台和电视台的发展历史开始了。

虽然这一时期各国共产党的报刊力量还较为弱小，并且在各国反动派的严酷政治压迫下一部分遭到破坏，一部分被迫转入地下。然而，这个国际共产主义运动史的新阶段却奠定了现代国际共产主义运动新闻传播事业的基础。

七、二战后社会主义各国报刊和西欧各国共产党报刊的大发展

二战结束后，由于苏联的解放与领导，东欧和东亚地区诞生了一大批社会主义国家，形成了战后社会主义新阵营，原来在这些国家秘密创办的共产党报刊得以公开出版发行。在其他一些非社会主义的亚非拉国家中，也相继出现了一大批新创办的共产党报刊。

这一时期欧亚地区社会主义国家中新创办的较为著名的社会主义报刊有中国共产党的《人民日报》、朝鲜劳动党的《前卫报》（1946年改为《劳动新闻》）、德国统一社会党的《新德意志报》、波兰统一工人党的《人民论坛报》和越南共产党的《人民报》等。

在20世纪50年代，随着全球两大阵营“冷战”的降临和社会主义阵营内不正常的政治关系，各国共产党之间发生了一些矛盾与冲突，这使各个党的新闻工作不同程度地

受到了一些损害。最大的事件是苏联和南斯拉夫两党的冲突，这一冲突波及东欧各国，使得捷克共产党《红色权力报》最早的编辑之一、该党总书记斯兰斯基和当时该报总编安·西蒙等 11 人在“斯兰斯基案件”中被当局处决。中苏两个社会主义大党也开始发生争吵决裂，影响广泛。非社会主义国家的各国共产党报刊由于身处两大阵营“冷战”的敌对气氛中，大都也遭到了不同程度的破坏和查禁。直到 20 世纪 70 年代，国际共产主义运动新闻传播事业才进入了一个新的相对和平与稳定的发展时期。

八、20 世纪 70 年代以来国际共产主义运动新闻传播史

20 世纪 70 年代以后，国际共产主义运动的主要特征是出现了新的多样化现象及社会主义与资本主义和平共处的发展局面。20 世纪 50 年代末，国际共产主义运动内部的公开论战使得以往受苏联“老大哥”影响的各国共产党的新闻传播事业的单一模式发生了变化，其中较为引人注目的是东欧各国共产主义报刊及南斯拉夫社会主义联邦共和国的工人自治新闻传播事业的发展。

西欧社会主义运动报刊的主要代表是法共、意共和西班牙共产党人的报刊。早在 20 世纪 50 年代甚至更早的二战期间，这些国家的共产党报刊就根据自己所处的社会与历史环境，决定了独立的办报方针，从而与以斯大林为首的苏联式的国际共产主义运动新闻传播事业发生了一系列的冲突和矛盾。但在今天看来，这些国家的共产党报刊由于适应了所在国的具体国情，大部分都获得了较为稳定的发展。事实证明，他们的新闻改革之路对他们而言可能是正确的。比如在 20 世纪 70 年代的鼎盛时期，法共《人道报》发行量达到了 20 多万份，成为法国的第五大报，在法国社会与公众中有着巨大的影响力；意共的《团结报》也发展成为意大利的第三大报，在国内外也有很大影响力；西共的《工人世界周报》发行量达 10 多万份，也是一份在西班牙具有一定社会影响力的报刊。

南斯拉夫社会主义联邦共和国的新闻传播事业实行工人自治原则，在当时社会主义各国的新闻传播事业中独具特色，其具体情况我们将在后面有关南斯拉夫社会主义新闻模式部分加以详细探讨。

东欧一些国家的新闻传播事业在 20 世纪 70 年代也有了较快的发展，这主要表现为波兰、匈牙利和罗马尼亚等国的社会主义新闻传播事业不断法制化，以及在新闻传播渠道、节目内容等方面的渐进式改革。

在 1978 年改革开放政策实施以后，中国新时期的社会主义新闻传播事业的发展也是极为迅速的。改革开放以来，中国的广播电视事业发展也极快，大众传媒的结构与生态也开始向多层次、城市化、市场化和专业化方向发展。其中最为引人注目的趋势是：在新时期的改革发展中，中国新闻传播事业逐渐产生与形成了一种具有本国特色的、基于政治系统自上而下的指令和市场经济系统自下而上的要求混合构成的“二元一体化”新型社会主义新闻传播体制。

随着中国政治体制改革的推进，中国共产党人有信心积极吸取国际共产主义运动新闻传播史的经验教训，遵循实事求是的精神，探索出一条具有中国特色的社会主义新闻

改革之路，建立起一个符合中国人民根本利益和当代中国具体国情的社会主义新型新闻传播事业。

第三节　分析与思考

由于国际共产主义运动发展的广泛性、复杂性和地域性，国际共运新闻传播事业的发展历史亦极为错综复杂，难以客观准确评判，需要长时间的历史实践才能加以正确认识和评价。不过，发展历史已上百年的国际共产主义运动新闻传播事业还是给我们提供了一个观察思考与理解分析的客观标本。

一、总体的评价

总体来看，从早期的国际共产主义运动新闻传播事业到十月革命后各国社会主义新闻传播事业，这段发展历史包含着广泛而丰富的内容，值得人们总结与思考其中有益的历史经验与深刻教训。从时间上来看，十月社会主义革命之前西欧、北美的早期国际共产主义运动新闻传播事业是马克思科学社会主义思想体系在社会主义新闻传播事业中的主要反映。其中，马克思和恩格斯的新闻传播实践活动具有重要的意义。十月革命后，世界上诞生了第一个社会主义国家的现实形态——苏维埃社会主义共和国联盟（苏联）。苏联的诞生，标志着人类社会主义新闻传播事业新时代的来临，标志着在列宁和斯大林的领导下，马克思主义不仅仅是作为一种思想流派，而且是作为一种国家新闻传播事业的基础性指导原则，导致了苏联新闻传播体制的诞生。这一迥然不同于西方资本主义社会的新闻传播事业的客观存在，具有极大的示范意义和权威性，对20世纪世界各国的社会主义新闻传播事业产生了强大而深远的影响。第二次世界大战后，社会主义阵营产生了，但随后又发生了一些分裂。在南斯拉夫、匈牙利、捷克、中国都出现了一些社会主义发展的新趋势，这使得社会主义新闻传播事业呈现出某种多样性和丰富性。随着近年来社会主义各国改革浪潮的兴起，这种多样性和丰富性正在向着更加深广的领域前进。

与此同时，二战后现代资本主义西方世界中，也存在着迥然不同于东方的社会主义思想体系及特殊的新闻传播事业。随着马克思主义基本原则和各国特殊国情具体结合这一指导思想日益成为社会主义各国承认的现实原则，以往西欧各国共产党人被斯大林主义者指责为修正主义的大帽子被摘除了。西方社会主义新闻传播事业的发展前景，是当今全球社会主义新闻传播事业极其重要的一个组成部分。可以说，从地域的角度来看，当今社会主义新闻传播事业已遍布全球，成为与传统西方资本主义新闻传播事业既抗衡斗争又互相渗透影响的另一种强大的新型新闻传播事业。

二、经验与教训

国际共产主义运动历百年而不衰，给人类的历史发展进程带来了深刻的多方面的影响，其中国际共产主义运动新闻传播事业也在世界新闻传播史上占有很重要的一席之地。在这一新型新闻传播事业的发展过程中，国际共产主义运动新闻传播事业既取得了宝贵的经验，也饱尝了许多深刻的教训。

纵览百年来国际共产主义运动新闻传播事业发展的历史，有以下几条共同的经验与教训值得深思与吸取：

首先，我们必须清醒地认识到，在世界各地具有不同历史背景与具体国情的国家中发展国际共产主义运动新闻传播事业，并不存在一个先验的、唯一正确的发展模式。苏联领导人就是因为自以为苏联的模式是最“正宗”、最“正确”、最具有权威“代表性”的，因而总是对其他兄弟国家有别于苏联的社会主义新闻传播体制指手画脚、说三道四。而一些紧随社会主义“老大哥”苏联的东欧国家也不顾自己的具体国情，亦步亦趋，全盘搬用苏联新闻传播体制，从而扼杀了自己的社会主义新闻传播事业发展的生命力。所以，遵循马克思主义的基本原则，依据自己的具体国情，灵活地、创造性地发展社会主义不同模式的新闻传播体制，应该是我们恪守的一条基本思路。

其次，各个国家的社会主义新闻传播事业都应该把自己的管理与发展工作完整地纳入全社会健全的法制化轨道之中，不允许任何“人治”因素的干扰与破坏。苏联新闻传播事业的一个重要经验教训就是存在着严重的个人化“人治”现象，从而导致了国家官僚阶层对新闻媒体和大众的传播行为随意干涉、粗暴蹂躏。这种人治化全面掌控的恶果，严重妨害了社会主义新闻媒体的正常社会功能，导致了新闻社会监督和民主集中机制的退化乃至于丧失。同时，必须郑重指出，社会主义新闻传播事业所需要的法制是在社会健全民主集中原则下和依据民主代议制所制定的法律框架中的法制，而绝不是盗用人民名义、虚有外在法律形式的恶意法制，更不是唯我独尊、彻底践踏人民主权的法制，这一点是必须反复强调与防范的。

在实施社会主义新闻传播法规方面，东欧以前的一些社会主义国家曾经提供了一些有益的经验。罗马尼亚、波兰、匈牙利、南斯拉夫等原社会主义国家都曾在新闻传播法律的改革与制定工作中取得了较好的成绩，为国际共产主义运动新闻传播事业的未来发展提供了有益的借鉴。尽管这些国家因为历史与现实的原因，在今天已经发生了巨大的社会变化，但其以往的社会主义新闻实践活动仍然是国际共产主义运动史上一笔宝贵的财富，仍然能为我们提供发展与完善社会主义新闻传播事业的重要参考。

最后特别需要注意的是，为了能够健康地发展国际共产主义运动新闻传播事业，我们还必须敞开襟怀，大胆吸取人类以往所创造的一切有益于社会主义新闻传播事业发展的文明与制度的成果，特别是大胆借鉴与吸收西方近300年来资本主义制度下新闻传播事业的有益成分，综合吸取，推陈创新，才能使国际共产主义运动新闻传播事业具有更为广阔的群众基础和更为科学的时代发展框架。比如，资本主义新闻传播事业的市场经营机制、监督制衡机制等，都值得我们深入思考与客观借鉴。而资本主义新闻传播事业的私人资本垄断性质、市场牟利的最高动机和在贫富分化悬殊前提下强大个人资本对人民大众广泛自由权利的实质性剥夺与虚伪掩饰，则是我们必须加以彻底揭露与摒弃的。

三、社会主义新闻传播体制的要点思考

学习与研究国际共产主义运动与现代社会主义新闻传播事业的发展历史，为我们提出了三个重要的时代性思考命题：

第一，社会主义新闻传播事业的建立过程是否同资本主义时期西方各国转型建立自己独具特色的资产阶级新闻传播事业那样，也存在着多样化的发展模式和不同的成长道路？

第二，社会主义新闻传播事业的发展进程中是否能够而且应该有选择地学习与借鉴资本主义新闻传播事业的合理有益的文明成果，比如资产阶级所提出的舆论监督理念等？

第三，在全球一体化的今天，社会主义新闻传播事业怎样迎接资本主义新闻传播事业的影响与挑战？如何在新的理论、新的思路、新的模式的探索过程中坚持与发扬社会主义新闻传播事业的核心理念与基本内涵？

百年以来，国际共产主义运动新闻传播事业的发展虽然走过许多弯路，但也逐渐创造出了一些新型新闻传播体制的先进要素。这些宝贵的要素与成分为社会主义未来的新型新闻传播事业的发展奠定了重要的基本原则。依照实践第一的标准，把基本原则与具体国情、时代潮流等因素结合起来综合考虑，我们就能顺利地建设一种社会主义新型新闻传播体制。

首先，社会主义新闻传播体制的第一个基本要点是：必须以马克思主义的解放社会生产力为基本宗旨，以达成全体人民的共同富裕为唯一圭臬，以实现人民当家做主的公民自由权利为主要目标。在当代中国，就是要以邓小平理论、“三个代表”重要思想、科学发展观和习近平新时代中国特色社会主义思想为指导原则，全力建设一个符合我们国情的中国特色社会主义新闻传播体制。

其次，社会主义新闻传播体制的具体建设应以实践为唯一的评判标准，依据各国的具体情况，选择不同的方法与步骤来逐步达成，这是第二个基本要点。不管是摘抄领袖人物的只言片语，还是前人的“两个凡是”口号等，都不能与实践这一检验真理的唯一标准相抗衡。

最后，新体制的具体组织架构应该符合人类新闻传播的科学规律，符合现代社会科学中一系列的普遍政治原则，广泛吸纳人类新闻传播史上共有的一切文明成果、有益经验和民主与法治要素，摒弃封建传统的“人治”弊病，防止社会主义新闻传播事业的异化现象，确保第一项、第二项基本要点与目标的最终达成。

练习题

一、名词解释

1.《新莱茵报》

2.《北极星报》

3.《人道报》

二、简答题

1. 简述社会主义新闻传播体制的基本要点。

2. 简述《新莱茵报》创办的背景与过程，试分析它的性质、办报思想和特色。

3. 简述马克思的新闻从业经历。

三、论述题

1. 各国社会主义新闻传播事业是否存在着统一的内核与不同的具体发展模式？为什么？

2. 试论述社会主义新闻传播事业与资本主义新闻传播事业的根本区别及产生区别的原因。

第十八章 苏联新闻传播事业

本章学习要点

- 列宁和斯大林对苏联新闻传播体制的影响。
- 苏联新闻传播体制的特征与成因。

苏联新闻传播事业是国际共产主义运动史上存在时间最长、影响范围最广、理论与实践存量最大、分歧争议最多的一种社会主义新闻传播体制。由于它对世界各国，特别是二战后以苏联为首的东方社会主义国家阵营中各国（其中就包括中国）的新闻传播事业有着强烈示范作用和极大影响，所以对它进行深入系统的历史性考察就显得极为必要、非常迫切了。

第一节　背景之回顾

作为世界上第一个社会主义国家正统的新闻传播事业，苏联的新闻传播体制曾以一种“典型化”形象而被许多国家采用。这种苏联新闻传播体制在列宁时代奠定基础，在斯大林时代塑造成型，在赫鲁晓夫、勃列日涅夫时代延续发展，最终在最后一任苏共总书记戈尔巴乔夫的所谓改革运动中寿终正寝，走完了它70多年的历史之路。

总体来看，苏联新闻传播体制的历史与三个重大的社会时代历史背景紧密相关：其一是国际共产主义运动中马克思、恩格斯等人的科学社会主义新闻传播实践活动和思想；其二是沙俄时代俄国专制集权新闻传播事业的历史传统及影响；其三则是十月革命前后，布尔什维克党人创办党报党刊时期的一般社会背景，其中尤以列宁与斯大林等人对苏联新闻传播事业的影响为主。

一、沙俄时代新闻传播事业概况

俄国近代报刊的产生和发展是从封建集权的罗曼诺夫王朝（1613—1917）开始的，同时它又是在彼得大帝学习西方、欧化俄国的改革过程中产生的，至1917年十月革命才告终。

最早的俄国近代报纸是彼得大帝1702年在莫斯科亲自指导创办的《新闻报》，这是一份由政府出版发行，类似于《伦敦公报》的官方报纸。1791年，《莫斯科杂志》及《包罗万象》杂志创刊，它们是俄国最早的杂志。

俄国近代报业发展早期的重要特征之一，就是它们都是由沙皇封建专制政权一手扶植起来的，并在其严格监控下缓慢发展。从彼得大帝到沙皇尼古拉一世，俄国的新闻传播事业一直在专制强权的压迫下苟延残喘，其速度、方向和规模都受沙皇专制统治的操纵。沙皇政府利用蛮横的官方检查人员，对治下的所有报刊实行严酷的事先预防检查制度，迫害进步作家和具有自由主义思想倾向的文化人，以保证对新闻传播事业的有效控制。

1796年，女皇叶卡捷琳娜二世正式建立了出版前的书刊检查制度，之后的历代沙皇君主都不断采取措施加强这一检查制度。1804年7月，沙皇亚历山大一世公布了新的检查方法，规定全国报刊书籍出版检查工作由各地的大学或相应检查机构负责实施。任何印刷品，凡字里行间含有反对宗教、政府、社会道德和损害个人名誉等内容或检查人员认为有辱沙皇者，其作者都将受到严厉惩罚。

1826年，沙皇尼古拉一世又颁布了新的书刊检查法，它是由退休海军上将、极端的保守分子、当时的教育部长希什科夫拟定的，因严酷无比而被称为“铁的法典”。该法第三条明文规定：无论有意或无意，均不得攻击宗教、君权、政府当局、法律、道德以及国家和个人的荣誉。该法第六条规定：专门设立一个由三位部长组成的最高检查委员会来指导舆论，使其符合现实政治形势与政府观点。同时，在关于国家外交政策的报道方面，该法也明确规定舆论必须依据指示，书刊不得任意刊行任何攻击或辱及与俄国友好的国家的内容。该法特别苛刻的一条规定是：任何作家对其作品必须永远负责，即使通过了检查也不例外。

1849年2月，依据沙皇尼古拉一世的指令，一个负责报刊检查的委员会成立了。该委员会被授予极大权力，用以压迫和控制俄国境内的出版活动。

沙皇亚历山大二世时期书刊检查的气氛有所宽松。比如1865年4月新制定的《报业法》有了三点微小的变化：一是取消报刊预先检查制度，但仅适用于圣彼得堡和莫斯科已有的定期刊物；二是设立法院警告制度，书籍、报刊若印行恶意文字，将受到一至两次的警告，第三次便停止发行；三是行政处分，内政部部长有权颁布行政命令，使任何刊物停止出版三至六个月，亦可禁止报纸刊登广告或在街头出售。

然而，1872年修订颁布的新《报业法》又使得1865年原法仅有的这点宽松也荡然无存。新法剥夺了法院管制报业的权力，改为由部长会议执行管制，该会议对任何书刊都拥有停刊、没收、限制出售或禁登广告的广泛权力。

亚历山大三世在其父亲被暗杀后登基，因而更加严厉地推行与维持专制主义。1882年新沙皇颁布的《暂时出版条例》除规定三次警告停刊措施外，还规定报刊发行人、主笔死亡或脱离报社时，政府可以通过拒绝提名后继者而使该报刊自动停业。所有的印刷人员都必须事先申请执照，而行政官员可以不说明任何理由拒绝颁发执照。

沙皇的书刊检查机构一般下设四个部门：第一部门专门负责处理有关沙皇的言行事件；第二部门负责戏院演出事务；第三部门负责宗教事务；第四部门负责外国书籍和报

刊事宜。“秘密警察第四厅”则是整个检查工作的有力后盾和助手。显然，整个沙皇俄国时代的这种专制集权主义新闻书报检查制度与精神，不可能不对后来的苏联新闻传播制度产生某种深远的历史影响。

二、十月革命前后的社会背景

十月革命之前的沙俄是一个混杂着强大封建专制主义元素和微弱资本主义元素的专制落后国家，资本主义元素在其政治、经济、文化结构中的比重很小。毋庸置疑，封建专制主义的影响力在俄国社会现实中根深蒂固地存在着，并由于沙皇专制政体的反动特性而被强化和突出了，这种社会现实不能不影响俄国革命的历史进程和后来苏联社会主义新闻传播事业的风貌。

19 世纪 80 年代马克思主义开始在俄国传播，90 年代俄国工业的发展和无产阶级的壮大促成了早期工人运动的开端。在斗争中，俄国工人运动与马克思主义逐渐结合，从而产生了旨在推翻沙皇反动政府的先进政党——社会民主工党（布尔什维克党）。

布尔什维克党在列宁的领导下，利用武装斗争形式，在帝国主义最薄弱的链环上下手，以革命的暴力形式取得了十月革命的伟大胜利，第一个社会主义国家苏联在外敌环顾的恶劣条件下诞生了。

在十月革命前后，列宁的无产阶级报刊理论和实践活动对苏联社会主义及后续的世界上其他社会主义国家的新闻传播事业都产生了深远的影响。

随之而来的斯大林时代是一个安定与混乱相依、荒谬的错误和正确的行动混合的时期。一方面，苏联人民在苏共和斯大林的领导下全力建设社会主义工业化，国家实力不断增强；另一方面，这又是一个巨大的灾难性时代。斯大林强迫实施集体农庄的狂潮使千百万农民受到了迫害，20 世纪 30 年代的“肃反”运动、三次政治大审判，都给斯大林增添了专制冷酷的色彩。他为了个人私利，运用报刊舆论的专政武器展开党内的残酷斗争，建立起了新的个人专制主义，使党和人民遭受了巨大的创伤，并波及了整个二战后的社会主义阵营。

苏联卫国战争是一场全民的、正义的伟大战争。苏联人民付出了艰苦卓绝的努力，付出了巨大牺牲，最终赢得了这场战争，并在战火中紧密地团结在苏共和斯大林身边。苏联新闻传播事业在这场战争中也发挥了巨大的正面宣传作用，显示出巨大的宣传鼓动与动员组织功效，为赢得这场伟大而艰巨的反法西斯战争做出了卓越贡献。

赫鲁晓夫时代是一个相当混乱的时期。赫鲁晓夫在苏共二十大上的秘密报告和他的一系列改革行动在某种程度上动摇了苏联业已僵化的社会政治经济体制包括新闻传播体制，这是苏联社会主义国家里刮起的第一阵改革之风。但是，就实质而言，赫鲁晓夫的改革并没有脱离其以往的政治斗争范围和经验，他最终在改革中失去了权力，结束了他那注定失败的所谓改革运动。

勃列日涅夫和安德罗波夫时代的基调是保守僵化与社会停滞。苏联社会固有的深刻矛盾在有意识的遮盖下被掩饰和拖延。由于顽固地恪守计划经济体制和非民主集中制的个人专权迷信，苏共和人民失去了主动进行社会主义改革的大好机会，为后续的社会发展埋下了危机的种子。

戈尔巴乔夫时代是苏联社会主义历史上极为重要的一个时期。这个时代的基调是改革，在大众舆论和国家社会生活中改革的目标是“公开性”。然而，由于改革目标的错误定位，戈尔巴乔夫的改革导致了苏联的最终解体和社会主义势力的全球大衰退，给国际共产主义运动造成了重大损失，这个深刻的历史教训值得人们吸取。

第二节 历史的进程

苏联新闻传播史，可以简略地分划为列宁时期、斯大林时期、赫鲁晓夫和勃列日涅夫时期、戈尔巴乔夫时期，以及叶利钦和普京时期五个发展阶段。

一、列宁时期

（一）十月革命之前列宁的报刊活动

在 19 世纪八九十年代，俄国的一些先进分子先后创办了几份工人报刊，开始传播马克思主义，其中列宁的早期无产阶级新闻传播活动特别值得关注。1895 年，列宁创建了彼得堡工人阶级解放斗争协会，并于 1896 年年底出版了一份《彼得堡工人小报》。

1. 列宁与《火星报》

俄国工人运动的蓬勃发展和革命时机的逼近，使俄国需要一个能真正领导革命运动的、统一集中的无产阶级先进政党。由于俄国工人运动中一开始就存在着不同的政治派别，于是列宁率先提出了通过创办一份全俄政治性报刊来宣传工人阶级先进政党的主张。由于国内环境恶劣，1900 年 12 月 24 日，第一份全俄政治性报纸《火星报》在德国的莱比锡创办了。

《火星报》的编辑团队由列宁、普列汉诺夫、马尔托夫、阿克雪里罗德、波特列索夫和查苏利奇六人组成，而实际负责整个编务工作的是列宁和马尔托夫两人，列宁是《火星报》的灵魂。

《火星报》是一份八版对开的大报（第一期以后略有不同），在第一期中，政论版（包括社论和政论文章）及新闻版（包括新闻、通讯、新闻述评和读者来信等）大体各占一半的版面，以后各期新闻版的分量则大于政论版。

《火星报》编排相当严谨、变化不多，几乎每个版面都是三个长条“顶天立地”，严肃正统。社论往往居于头版位置，起着统帅整份报纸的作用。由于《火星报》在国外秘密出版，报社人员又太少，没有专门的记者和编辑，新闻稿件主要依靠国内的通讯员和积极分子投稿，时效性很差，因而编辑的重点放在报纸的政论文章上，政治性的大块文章占据了《火星报》的主要版面。

列宁创办《火星报》的首要目的就在于以其为全俄思想与组织的联络中心，在俄国建立一个马克思主义的政党，因此，《火星报》的创办和工作的开展有着不同于以往国际共产主义运动报刊的许多特点。这些特点和办报思想可以从列宁这一时期的一系列重要文章中清晰地看出来。从某种意义上来看，这些特点奠定了日后苏联布尔什维克党报业的传统。

在《火星报》第一号社论《我们运动的迫切任务》中，列宁就提出将建立一个坚强的、有组织的、紧密联系工人运动的马克思主义政党作为办报工作的中心任务。在《〈火星报〉编辑部声明》（该文由《火星报》以单页形式出版并运往俄国秘密散发）中，列宁更明确、严格地规定了《火星报》的办报方针——马克思主义方针。这就是人们所熟知的列宁的一段话："我们不打算把我们的机关报变成一个形形色色的观点简单堆砌的场所。相反，我们将严格按照一定的方针办报。一言以蔽之，这个方针就是马克思主义"①。

1901 年 5 月，《火星报》发表了列宁的《从何着手?》一文，论述了建立工人阶级政党的具体计划，并指出：为了把各地的工人运动整合成全俄的运动，第一步应当是创办全俄的政治性报刊。根据俄国当时的情况，列宁提出了报纸不仅是集体的宣传员和鼓动员，而且是集体的组织者这一科学的论断。同时强调必须建立统一的党的地方代办员，以便从中培养和选拔能干的宣传、组织骨干分子。列宁在这里把《火星报》比喻为组织工人阶级运动的链条和脚手架，强调应集中力量用《火星报》来团结和组织各地的先进分子，以便成立无产阶级的先锋队组织。

通过以上简略叙述可以看出，列宁在《火星报》的活动至少奠定了日后影响深远的三个无产阶级报刊办报原则和办报传统：其一是无产阶级革命运动必须拥有自己的政治机关报刊；其二是无产阶级政治机关报刊的办报方针必须是马克思主义；其三是无产阶级政治报刊的基本职能是组织、鼓动与宣传工作。显然，列宁的这些原则和思想在当时俄国社会的严酷环境中是极为正确和必要的。

建立一个独立的工人阶级的政党是《火星报》创办的缘由，也是它的一项主要任务，这对于我们理解这一特定历史时期《火星报》的基本特点至关重要。正是在这一既定方针的引导下，列宁在《火星报》上同俄国经济派和其他形形色色的机会主义者进行了坚决的斗争。《火星报》用大量的篇幅宣传党建学说及联系各地分散的工人运动的重要性，通过与各地报纸代办员的联系，逐步建立了各级党的基层组织。该报编辑部还制定了党的纲领和原则草案，并在 1902 年以编辑部的名义在《火星报》上全文发表。

1903 年 7 月，俄国社会民主工党第二次代表大会召开，这标志着独立的马克思主义政党建立了。会议通过了党纲，并把《火星报》正式定为党的机关报。但也是在这次会议上，列宁和普列汉诺夫等人产生了严重的分歧，并最终退出了《火星报》编辑部。从此，俄国社会民主工党内产生了以列宁为首的布尔什维克派和以普列汉诺夫为首的孟什维克派。

2. 列宁指导下的《真理报》

列宁退出《火星报》以后，布尔什维克党人又连续创办了《前进报》《无产者报》《新生活报》等几份报刊，但发行的时间都很短。

---

① 列宁全集：特精装版：第 4 卷 . 2 版（增订版）. 北京：人民出版社，2013：316.

随着1912年俄国工人运动高潮的来临和革命形势的飞快发展，在列宁的指导下，斯大林、阿尔钦斯基、普列塔耶夫三人于1912年5月5日在彼得堡创办了《真理报》。该报继承和发扬了列宁在《火星报》的革命传统，保护党性的纯洁、重建革命政党和对无产阶级民众进行革命教育工作成为《真理报》生存的基础和全部意义。由于沙皇秘密警察的残酷打击，《真理报》曾八次被封，并不断被迫更名。1917年“二月革命”胜利后的第五天，《真理报》在彼得堡以原名复刊。

在1917年伟大的十月革命的准备与实施时期，《真理报》表现出了布尔什维克党人的战斗性质，一直旗帜鲜明地宣传革命的纲领，为准备和领导群众参加最后的决战进行了大量的宣传、鼓动和组织工作。无论是在确定党的新方针时期（3—4月），还是群众革命动员时期（5—8月），以及组织革命武装冲锋时期（9—10月），《真理报》都紧密地团结在以列宁为首的布尔什维克党的身边，广泛地宣传党的一系列方针政策，积极组织和鼓动群众完成党的一系列任务，从而形成了布尔什维克党报的一系列宣传鼓动策略的传统。

在整个十月革命时期，《真理报》的重要特点是：宣传目的明确；阶段重点突出；紧跟党的方针政策；采取集中连续报道的形式，努力使党的声音深入到广大民众之中，并化为千百万人民具体的革命行动。《真理报》特别注意发挥无产阶级政治报刊的指导性作用，坚持不懈地教育、组织、鼓动工农群众，使其紧密地团结在党中央周围，一致对敌，共同前进。

（二）十月革命之后列宁的报刊活动

1. 列宁签署红色“报刊法令”

1917年十月革命取得了伟大的胜利，世界上第一个社会主义国家诞生了。11月9日，布尔什维克党中央的机关报《工人之路报》用原来的名称《真理报》在彼得堡恢复出版，并发表了列宁签署的“报刊法令”，开始建立新的革命报刊系统。根据这项“报刊法令”，以下报刊予以封闭：一是煽动公开反抗苏维埃政权或不服从苏维埃政权者；二是公然诽谤、歪曲事实以扰乱治安者；三是煽动犯罪行为，应受刑事处分者。11月10日，革命军事委员会依据列宁签署的命令，突击查封了《新时代报》《新俄罗斯》《交易所新闻》等对革命事业危害最大的反动报刊。12月27日，《真理报》又颁布了革命军事委员会关于剥夺资产阶级印刷厂和纸库的命令。依据这项命令，苏维埃政权用被封闭了的《新时代报》印刷所出版《真理报》；用《言论》和《白昼》的印刷所出版《士兵真理报》及《贫农报》；将《俄罗斯议会报》的印刷所和储存的全部纸张没收后转交给彼得格勒（革命后彼得堡的新名称）革命军事委员会分配使用。

值得注意的一个现象是，在红色“报刊法令”发布后的第一个月里，只有几家明目张胆反对新政权的资产阶级报纸被封闭了，许多守法的旧报刊和出版社仍然可以继续开展出版活动。工农舆论经常监督资产阶级报刊，并与苏维埃出版法的破坏者做斗争。新政权成立了革命出版法庭，利用法律对用报纸进行反革命活动和对现实生活进行歪曲报道的资产阶级报刊实施审判和处置。

2. 新型社会主义报刊体系的初建

随着《真理报》的正式复刊，在彼得格勒和莫斯科等各地苏维埃政权的大力支持下，《消息报》《贫农报》《革命士兵报》《经济生活报》等大量新创办的新型社会主义报刊出现了，开始形成初期的苏维埃革命报刊宣传网。1918年7月10日，苏维埃第一部宪法通过，该法第14条规定："为保障劳动者享有真正表达自己意志的自由，俄罗斯苏维埃联邦社会主义共和国消灭出版事业对资本的从属关系，将一切有关出版报章、书籍及其他任何印刷品的技术与物质手段一律交归工人阶级与贫农掌握，并保障此等印刷品在全国自由传播。"

1923年后，为了执行俄国共产党（布）十二大关于要为各类主要的读者群创办特别类型报纸的决定，苏俄境内的报刊进行了相应的分类。《工人报》《共青团真理报》《少年真理报》等相继问世，从而形成了党和苏维埃具有新的行业群体色彩的报刊体系。至此，苏联社会主义新闻传播事业体制初步建立了。

3. 列宁关于社会过渡时期的无产阶级新闻理论

在革命后的1918—1924年，列宁的新闻思想和报刊理论主要着眼于如何解决社会主义过渡时期报刊的性质、作用和任务，列宁在这些方面的报刊活动和办报思想给我们留下了一笔很宝贵的遗产。

十月革命后，国家政权和主要的经济命脉已掌握在人民手中，无产阶级的新闻传播事业初具规模，列宁适时地提出了一系列新的办报思想。1918年9月，《真理报》上刊登了列宁的文章《论我们报纸的性质》。列宁在文章中指出，报刊在资本主义向共产主义过渡时期的主要任务是用生活中生动具体的事例来教育群众，关注工厂、农村、部队的日常生活，表现人民的创造才能。文章一开头列宁就针对这一时期《真理报》过多的口号、冗长的文章、整版的法律条文等弊端写道："老一套的政治鼓动，即政治空谈，占的篇幅太多了，而新生活的建设，建设中的种种事实，占的篇幅太少了。"[①] 列宁进一步要求，少谈些政治（因为政治已经完全"明朗化了"），多谈些经济。他要求报刊少说政治空话，少发知识分子议论，多去接近生活，去注意工农群众怎样在日常工作中实际地建设新事物、建设新生活，多检查这些新事物中含有多少共产主义成分。把报刊由以往主要报道政治新闻的工具，由主要组织、宣传、鼓动工人阶级的积极分子建立无产阶级政党的工具，变成一个对人民群众进行经济教育、社会教育、文化教育的重要工具。列宁还要求报刊今后要同具体的坏人坏事做斗争，要为此设置"黑榜"，揭发坏人坏事，批评落后的典型。

列宁对新时期报刊职能、思想转型的一系列阐述还表现在他对《真理报》的具体指导工作中。列宁坚决要求当时在布哈林领导下的《真理报》"离生活近些、再近些"，要求《真理报》重视报道社会中的实际经验和实际生活中的典型事例。在列宁的指导下，《真理报》迅速扭转了以往过多的政治性口号式鼓动，开始重视刊登来自基层的新闻材料，开始对苏维埃政权的生活做出生动具体的描述。列宁对此总是及时地予以评论，并要求报刊应该抓住种种典型材料来指导实际的工作，这些行动逐渐推动《真理报》和其

① 列宁全集：特精装版：第35卷．2版（增订版）．北京：人民出版社，2017：91.

他报刊形成了党报的一条极重要的经验，即通过报道典型事例来指导实际工作。正如列宁所指出的，用生活中的生动具体的事例和典型来教育群众，正是报刊在从资本主义到共产主义过渡时期的主要任务之一。

这一时期列宁对于报刊在党和国家社会生活中的巨大作用，以及报刊在从资本主义到共产主义的过渡时期的地位、作用和任务的一系列阐述，集中地体现在《苏维埃政权的当前任务（初稿）》《论我们报纸的性质》《伟大的创举》和《生产宣传提纲》等文章中。这些文章表明，列宁总是遵循马克思主义的基本原则，从具体的社会现实环境要求出发，来具体地规定每一个不同时期社会主义报刊的任务、性质、地位和作用。可惜，由于列宁逝世过早，他对社会主义过渡时期报刊的论述并不是很全面，他的许多报刊思想也没有来得及真正实现。

二、斯大林时期

（一）卫国战争之前的苏联新闻传播事业（1924—1941）

斯大林上台之后为了个人的目的，对列宁于十月革命前后在某些具体历史条件下创立的报刊思想和观念有选择地为己所用，并将某些思想观念推向了绝对的极端，变成对他有利的所谓社会主义新闻传播事业不可逾越的机械教条，并以此奠定了苏联新闻传播体制的哲学基础和整体风貌。

斯大林对苏联新闻传播体制决定性的重大影响是陆续通过一些他关于社会主义新闻传播事业性质、任务、作用等原则问题的重新论述体现出来的。在十月革命前，列宁创办党报所提出的许多观点都是具体时间、具体环境下的具体历史产物。比如，列宁对《火星报》在地下建党时期的“脚手架”、宣传员、鼓动员和“集体的组织者”等功能的提法；列宁对十月革命后《真理报》指导教育作用、揭露作用、典型事例报道等方面的指示；列宁对社会主义出版自由概念的深刻理解及指示；等等。正是在这些重大问题上，斯大林选择性地重新做出了一系列新的权威性的解释。这些解释表面上好像是继承了列宁的遗志，但实际上并非如此，它们对苏联新闻传播事业产生了重大的后续影响。

斯大林认为，社会主义报刊的（绝对性的）根本性任务就是“集体的组织者”。他曾两次专门撰文批评当时的报刊局长英谷洛夫只强调报刊的鼓动作用和揭露作用，而不强调报刊的组织作用的观点。他说：一分钟也不能容许附带掩盖阐述报刊在我们党和国家事务中的主要任务。斯大林的这种思想在列宁晚期的俄共中具有相当大的代表性，比如他在 1922 年 6 月俄共中央在给各级党组织的一封信中曾这样强调：苏维埃机关报上的社论和文章“应该能起领导指导作用，能指出行动的基本路线，社论和短评不应是漫谈，而应是指示、法律”。由于列宁的早逝，这种过分夸大报刊的主要任务是组织作用的做法没有得到纠正，反而被永久性地固定了下来，并在此基础上逐渐形成了斯大林主义的新闻理论。他的这些理论为其后来超越法制，直接利用新闻工具号令天下开了方便之门。

斯大林对社会主义新闻传播事业的新闻自由这一重大问题也做出了权威性的阐述，

并成为苏联新闻传播事业的一个重要原则。

在革命的危险环境中，奢谈所谓的新闻自由就是对革命的犯罪，在这一点上列宁有着很清醒的认识，所以他曾严厉批评过一些人不顾环境地奢谈新闻自由。但即使是在十月革命前后的艰苦岁月里，列宁也没有对新闻自由这一口号采取过全面否定的态度，他所反对的新闻自由也是针对公开反苏或反革命的报刊自由而言的。列宁签署的“报刊法令”指出：“一旦新制度确立起来，对报刊的各种行政干预就必须停止，而将依照最开明、最进步的法律，并在对法庭负责的范围内，对出版实行充分的自由。”所以，在十月革命后实施新经济政策时期，苏联的报业是相当活跃的，除无产阶级的报刊以外，还有私人出版社和一些遵纪守法的资产阶级报刊存在。但是，在无产阶级巩固了自己的政治统治，社会稳步进入社会主义建设时期以后，斯大林并没有按照列宁的这一思想去做，而是片面地强调“党的利益高于形式上的民主”，把党的根本利益与人民的新闻自由这两个本来完全应该统一起来的概念对立起来了。联共（布）十四大以后，在新经济政策实行过程中，许多非党报刊，包括列宁生前准许出版的一些私营出版机构都不复存在了。列宁在革命前后对新闻自由的一些暂时性、具体性的限定被斯大林作为无产阶级专政下社会主义新闻传播事业的固有特征确定了下来。列宁曾经主张的无产阶级“出版自由就是每个公民可以自由发表一切意见，让每一个达到一定人数的公民团体都享有使用相当数量的纸张和相当数量的印刷机器的同等权利”这些指示都不再被斯大林提及。显然，列宁关于实现工农大众新闻出版的普遍自由的形式和理想的观点都被斯大林束之高阁，更谈不上在社会主义新闻传播事业实践中努力探索实现人民新闻自由的具体形式和崇高理想了。

在 20 世纪的 20 年代后期和 30 年代，随着斯大林个人专制主义统治的加强，苏联新闻传播事业日益成为斯大林用以对付异己力量的强大社会舆论专政工具。虽然在这个时期，在努力宣传与动员人民大众参加社会主义建设、广泛组织社会主义劳动竞赛、超额完成国民经济五年计划的过程中，苏联新闻传播事业也做出了自己的贡献，但是，它更在揭露所谓布哈林、加米涅夫“反党集团”和大规模的“肃反”运动中充当了极不光彩的角色。对这一时期苏联政治生活中一系列不正常的现象，斯大林和苏联新闻传播事业是应该负有很大一部分责任的。

（二）卫国战争时期的苏联新闻传播事业（1941—1945）

1. 战时新闻宣传体制的建立

从 1941 年 6 月 22 日法西斯德国突然入侵苏联，至 1945 年 5 月 9 日法西斯德国无条件投降，苏联新闻界在伟大的卫国战争中度过了难忘的四年时光。必须指出的是，苏联的新闻工作者们在这场战争中表现极为出色，苏联新闻传播体制的所有优点都在这场战争中被充分发挥出来。这表明苏联新闻传播体制有着自身鲜明的优点与特色。卫国战争时期苏联新闻传播事业的巨大贡献表明：在特定的、非常化的历史危急时刻，它能够比一般体制下的新闻传播事业更多、更大、更集中地发挥出正面作用。

1941 年 6 月 22 日凌晨 4 时，法西斯德国入侵苏联，宣告了和平年代的结束。战争爆发的当天，外交部部长莫洛托夫代表苏联政府发表了关于敌人进攻苏联的广播演说。

7 月 3 日，斯大林号召全体苏联人民以大无畏的自我牺牲精神参加反法西斯侵略的伟大卫国战争，要求立即按战时轨道部署全部工作，使一切工作都服从于前线的需要。苏联的新闻宣传工作也遵照斯大林的指示，迅速地转向了战时新闻轨道，构建了高效率的战时新闻宣传体制。

1941 年 6 月 23 日，《真理报》同一天前的版面大不一样。往日刊登在报眼的新闻要目不见了，取而代之的是振奋人心的口号、莫洛托夫 6 月 22 日的广播演说、斯大林凝视远方的巨幅照片、最高苏维埃主席团发布的关于战争动员的四个命令、红军总指挥部 6 月 22 日战报和拉脱维亚举行群众大会的消息。这些带着战争气息的信息占据了第一版的整个版面。第二版在“苏联人民奋起参加必胜的保卫祖国、保卫荣誉、保卫自由的卫国战争（粉碎法西斯强盗），用毁灭性的打击回击敌人的突然进攻”的通栏标题下，报道了莫斯科各大工厂企业召开群众大会的消息。《真理报》第二版上发表的苏尔科夫的诗歌《我们用胜利宣誓》，一下子把读者们带到了战争的气氛之中，诗人这样写道：

打败法西斯匪徒
斗争中决不留情
在经受考验的第一天
我们向您——祖国宣誓！

与此同时，战时新闻宣传体制中的苏联报刊里民用报刊的数量显著减少，军事报刊得到了极大发展。根据联共（布）中央规定，战争爆发后《黑色冶金》等一大批中央级行业性专业报纸马上停办了，《真理报》和《消息报》也将篇幅缩小至四版。许多研究性的刊物和科学理论、政治、文艺杂志也减少了篇幅甚至停刊，以集中人力物力支援军事报刊的出版发行工作。地方报纸也发生了很大的变化，各级党委的机关报都缩小了篇幅和减少了出版次数，许多共和国和州党委的理论政治刊物都停刊了，以便把人员、设备和纸张供给必需的报刊使用。

与民用报刊缩减相对应的是苏联军事报刊、前线报刊的大发展。德国进攻之前，苏联当时仅有《红星报》和《红海军报》两份中央级军事报纸和几份军事宣传理论杂志。但战争一爆发，苏联军队马上创办了两个新的中央级军事报纸《斯大林之鹰》和《红色的鹰》，并恢复出版了《红海军报》。红军总政治部还另外出版了《宣传员与鼓动员》《伟大的卫国战争》和《前线画报》等几个新杂志。

各个战线上的苏军部队也出版了许多前线报。前线报是一种新型军事报纸的变种，它随着战争进程中各条战线数量的变化而增减。前线报由前线指挥部和政治部编辑出版，读者对象是该战线各个部队中的战士和中下级军官。前线报不仅充分报道前线的新闻，还报道全国和国际的局势，是军队中发行量最大的报。在前线报中，还有兵团报、军团报、师报和旅报。另外在敌人的后方，地下党组织和游击队也出版了一些秘密报刊。卫国战争结束时，苏联各个战线的部队共出版了 827 种军事报纸，发行量超过了 300 万份。

苏联新闻传播事业转入战时体制的另一个标志是 1941 年 6 月 24 日苏联新闻社的成立。它是为了系统、有效、及时地报道前线消息，向苏联人民和世界各国传达苏联战场的全面情况而专门设立的。从 6 月 25 日起，所有的苏联报纸均开始刊登苏联新闻社的通报。这类通报作为一种最为重要的战时新闻信息材料，往往刊登在各种报刊的第一版，而且在各级广播电台上每日广播。苏联新闻社最初的消息来源是塔斯社、各中央报刊编辑部和红军总政治部，后来则派出了自己的特派通讯员采访获取各种重要权威新闻。在整个卫国战争期间，苏联新闻社所发布的通报是苏联人民和世界人民最为关注的重大新闻。

2. 杰出的军事记者

卫国战争期间苏联新闻传播事业体系所取得的伟大功绩，是与活跃在各条战线上众多卓越的军事记者分不开的。在战争爆发的最初几天里，三分之一以上的苏联作家协会的会员（约有 1 000 多人）就以军事记者的身份走上了战场，一些在党报工作的知名记者也纷纷转向军事报道。这样，苏联战时各个新闻单位很快获得了一大批出色的新闻工作者。这些军事记者活跃在最艰苦、最危险的战地前沿，撰写了大量优秀的报刊消息和通讯，为伟大的卫国战争贡献了自己的才智甚至生命，他们的丰功伟绩为后人留下了一份丰富的遗产。

1941 年 7 月初，著名作家肖洛霍夫投笔从戎，以军事记者的身份奔赴前线，为《真理报》《红星报》和其他一些报刊撰写了大量优秀的政论和特写文章。7 月 4 日，肖洛霍夫反映卫国战争的第一篇特写文章《在顿河》首先在《真理报》第三版发表了。不久，他的《在南方》《卑鄙行为》《战俘》等通讯特写也相继发表，引发了读者们的热烈反响。他在《真理报》上所发表的《他们为祖国而战》的长篇小说节选特别打动前线战士们的心，受到了各条战线指战员的热烈欢迎。

著名作家阿·托尔斯泰也在战争爆发后用笔作为武器投入战斗。他撰写了大量优秀的政论文章，如《我们保卫什么》《我唤起仇恨》《祖国》等。阿·托尔斯泰在不少文章中歌颂俄罗斯民族的伟大性格，歌颂祖国，因此也受到了前线战士的敬爱。

戈尔巴托夫是前线《为祖国争光》报的一位著名记者，他在用书信体裁打动读者方面做得特别出色。他所撰写的热情洋溢的《给同志们的信》读后令人难以忘怀。1941 年 11 月 17 日，《真理报》刊登了戈尔巴托夫从南方前线寄来的五封信，总标题为《谈谈生与死》，这些信中的真实情感和爱国激情感染了每一位读者。

著名文学大师法捷耶夫在战争期间也不止一次地以《真理报》记者和苏联新闻社特约通讯员的身份到前线采访。1941 年 7 月 11 日，《真理报》发表了他的第一篇特写《游击战争的英雄》，这篇特写成为他后来撰写的著名小说《青年近卫军》的原始素材。

《真理报》著名军事记者彼·里多夫的工作在整个战争期间同样令人难忘。他最有名的特写是刊载于 1942 年 1 月 27 日《真理报》第三版的《丹娘》和刊载于 1942 年 4 月 12 日《真理报》第二版的《谁是丹娘》。在这两篇特写中，彼·里多夫以细腻感人的笔触描写了敌后女游击队员丹娘的英雄形象，这就是人们所熟悉的苏联二战女英雄，曾经影响了中国一代青年的卓娅·科斯莫杰米扬斯卡娅。

著名记者波列伏依也是人们非常熟知的一位苏联军事记者。战争爆发后他成为《真理报》驻加里宁方面军的记者。整个战争期间波列夫依一直活跃在前线，他的足迹踏遍了整个战场，他众多的战地通讯揭露了侵略者的暴行，记叙了苏联红军的英勇事迹。

在整个卫国战争期间，苏联的军事记者们最常用的新闻体裁是特写、通讯和政论，这些新闻体裁在战争期间非常适合于描述红军大无畏的英雄气概，人民不屈不挠的顽强精神，以及敌人的残暴、凶虐和软弱，这些文章在今天仍然为广大读者所喜爱。

除以上这些新闻体裁外，军事记者们还撰写了大量的文学性作品刊登在各个报刊上。在这些作品中就有苏尔科夫的《我们用胜利宣誓》和《勇士之歌》，列别捷夫·库马奇的《神圣的战争》，特瓦尔多夫斯基的长诗《瓦西里·焦尔金》和西蒙诺夫的《等着我吧》《打死他》等，这些广为传诵的诗歌都是二战中苏联人民特别喜爱的诗歌珍品。

短篇小说和中长篇小说也是战时苏联报刊上最经常刊登的文学体裁，这些小说大多出自著名作家之手，技巧纯熟，感情真挚，洋溢着浓郁热烈的爱国主义和革命英雄主义的情感。

戏剧也是卫国战争时期苏联报刊、电台经常采用的体裁，最有代表性的戏剧作品是《真理报》发表的柯涅楚克的剧本《前线》。该作品描绘和刻画了方面军司令员戈尔洛夫居功自傲，不承认科学作用的形象。剧作家还对剧中的某军报编辑季霍伊、特派记者“客里空”和通信联络部部长赫理进行了辛辣的讽刺描写，特别是“客里空”这个形象，更是为人们所熟知。

三、赫鲁晓夫和勃列日涅夫时期

斯大林时代的专制与高压固然在当时造成了社会表面的一片平静，但在斯大林逝世后不久，强烈的反弹出现了，这就是赫鲁晓夫所谓的政治改革运动，这场大地震般的反斯大林运动也给苏联社会主义新闻传播体制带来了巨大的冲击。

1956 年 2 月 25 日，赫鲁晓夫在苏共二十大上所做的秘密报告对斯大林进行了系统严厉的批判，剧烈动摇了苏联新闻界以往深信不疑、一贯遵循的一系列新闻与宣传原则，导致了报刊宣传活动的迷茫混乱与无所适从。以当时文学界的“解冻”文学思潮为契机，赫鲁晓夫时代的苏联报刊上开始出现了新的动向。大量的“解冻”文学作品纷纷在报刊上出现，一些关于社会主义基本原则的争议也被在报刊上不时刊出。有关突破以往新闻宣传报道、新闻监督禁区的呼声慢慢多了起来，苏联新闻传播事业逐渐进入了一个新的改革时期。

然而，赫鲁晓夫的社会改革只不过是他用以巩固和强化自己政治地位的一种手段而已，并没有脱离苏联政界惯常的高层政治斗争的范畴和经验。他一方面攻击斯大林的专制主义，另一方面又拼命强化自己的专制统治，因而根本不可能给苏联新闻界指明前进的正确方向。当赫鲁晓夫的政敌也像他一样用宫廷政变的方法解除了他所有的权力时，赫鲁晓夫的这场政治改革运动很快便寿终正寝，在苏联社会中失去了影响力。

似乎像是对赫鲁晓夫“瞎折腾”般的政治改革运动的某种强烈反弹，勃列日涅夫和安德罗波夫时代的社会整体基调则是保守与僵化。出于对抗西方“冷战”和在全球范围内与美国争权夺利、扩大自己势力范围的需要，苏联社会中任何可能触动社会震荡的改革运动和对旧有体制的所有改良企图都被强行压制下来了，苏联社会内部固有的矛盾被有意识地掩盖了起来，社会的自我改革活动完全停滞了。

正是在这一时期，苏联新闻传播体制中许多根深蒂固的弊端慢慢暴露出来并堆积如山。这些弊端表现为许多重大新闻经常“出口转内销”；新闻媒体的宣传功能完全替代了娱乐、告知功能；新闻传播事业对各级政府的舆论监督作用日益“软化”；新闻传播事业逐步演化成为国家官僚阶层的利益工具，与人民大众的关系日益冷淡疏远；停滞不前的苏联新闻传播事业逐渐异化为国家官员特权集团维护其统治的顺服工具。这就是勃列日涅夫和安德罗波夫时代苏联新闻界的总体状况。

四、戈尔巴乔夫时期

戈尔巴乔夫时期是苏联新闻传播史上一个大起大落的时代。自1983年特别是1986年2月苏共二十七大以来，苏联的新闻传播事业发生了令人震惊的巨大变化。在这一时期，“公开性”原则这一改革的核心思想成为苏联新闻媒体的重大理论观念，促使其新闻传播事业走上了自身改革的道路。

“公开性”原则是前苏共总书记戈尔巴乔夫在苏共二十七大政治报告中正式提出来的。他在提出要更好地发扬与利用直接民主的各种可靠渠道（公民集会），如选民委托、人民来信、报刊、广播电视媒体等观点之后，明确提出：扩大“公开性”的问题是原则性问题，是政治问题，不公开就没有也不可能有民主，不可能有群众的政治创造性及参与。与此同时，戈尔巴乔夫把大众传媒看作实现其“公开性”原则的重要手段之一。于是，如何推广“公开性”方针、如何运用“公开性”原则来指导新闻工作本身的改革，成为当时苏联新闻传播事业改革的中心任务。

在“公开性”原则的指导下，苏联新闻媒体在提高报道“公开性”程度方面的一个重要表现措施，就是及时报道公众感兴趣的一切情况，实行新闻报道的大幅度开放。

戈尔巴乔夫改革运动以来，苏联新闻媒体开始坚持报道“公开性”原则，冲破了过去新闻报道中的许多禁区，尽力扩大新闻的报道范围，及时地、原原本本地把公众感兴趣的重大新闻以迅速的时效、生动的形式报道出去，因而受到了群众的热烈欢迎。苏共二十七大、苏美数次首脑会议等重大信息都由苏联新闻机构做了迅速、详细的报道。当时的新闻界对一些突发事件和负面性消息如严重灾害、重大事故的报道也屡有重大突破，对如贝加尔湖污染情况、切尔诺贝利核电站泄漏事故、黑海沉船事件、哈萨克学生闹事、亚美尼亚少数民族骚乱等在过去认为是绝对不可外扬的家丑做了报道。特别是对德国青年鲁斯特驾机降落在克里姆林宫红场这一轰动世界的“丢人”事件的报道，按过去的传统报道理念是难以想象的。

在增加党和政府透明度的同时，当时的苏联新闻界同人民群众的联系普遍加强了。不仅电视台经常播出一些敏感的时事专题节目，邀请普通群众同政府官员们面对面讨论焦点问题，报刊界也不断调整版面，增加新型专栏，直接反映群众的意见和要求，组织讲评群众所关心的热点问题。

苏联新闻界在提高报道“公开性”程度方面的另一个重要措施是不断加强批评报道，努力发挥新闻媒体的舆论监督和干预生活的作用。当时的《真理报》总编辑阿法纳西耶夫曾在一次会议上着重强调了新闻批评在新闻工作中的重要地位。他指出，对于报刊来说，今天不应该再存在原先认为是“不可侵犯的”“不允许批评的”“被禁止的”题目、领域和现象。阿法纳西耶夫的这一呼吁代表了当时苏联新闻界的普遍看法和努力方向。正是在这些“新思维”的指导下，苏联新闻界在突破众多禁区、加强批评报道和积极干预生活方面迈出了不小的步伐，许多过去不敢批评的题目、领域和现象的禁区都不复存在了。一些苏联新闻媒体勇于公开报道现实生活中的阴暗面，大胆揭露党政机关工作中的错误、缺点和腐败现象，公开承认并批评社会经济生产和人民生活中存在的诸如经济体制僵化、官僚主义严重、生产效率低、劳动纪律差、食品供应不足、住房紧张等现象，甚至敢于披露军队和克格勃内部存在的一些严重问题，对苏联出兵阿富汗等一系列外交政策也提出了疑问。与此相应的是，在扩大批评范围的同时，苏联新闻媒体还在逐步克服过去“批小不批大”的现象，逐渐提高了批评的“等级”。例如，《真理报》在报道中就曾直接点名批评莫斯科市委主要领导工作中的失误，揭露乌克兰共和国发生的无理逮捕《苏联矿工》杂志记者别列尔辛事件，促使身为苏共中央政治局委员的乌克兰党中央第一书记谢尔比茨基在报上就此事做检查。报纸还直接干预经济生活中存在的一些严重问题，在群众中反响很大。至于新闻界在揭露 30 年代“肃反”运动、斯大林时代的种种弊病，以及包括布哈林案件在内的许多重要历史事件的反省平反中所起的作用，更是有目共睹、广为人知。

改革国际报道，提高对外宣传的“公开性”程度，也是戈尔巴乔夫时代的苏联新闻传播事业实施改革以来所取得的成就之一。以往苏联的国际新闻报道完全以自己的好恶为标准，采用实用主义态度，对友好国家一味说好，粉饰现实，对不友好国家则总是揭露攻击。有时为了自己的利益，竟对一些举世瞩目的新闻事件信口雌黄，掩耳盗铃，任意夸大或缩小新闻事实，或者干脆采取鸵鸟政策，沉默不语。改革以后，苏联新闻界在国际报道和对外报道中的确有不少变化，突破了许多原有的禁区，提高了对外报道的“公开性”程度，对国际事件的报道也较为客观全面了，从而使人民群众能够较为真实快速全面地了解到国内外新闻。

然而，尽管苏联新闻传播事业采取了一系列重大改革措施，焕发出勃勃生机，赢得了苏联广大民众和国际社会的广泛好评，但是，由于包括新闻传播事业在内的改革运动并没有清晰地设置改革的真正目标，没有理智地采用逐步推进的稳妥方式，没有创造性地结合本国的历史背景，特别是没有把保卫社会主义制度这一根本原则放在一个明确的不可动摇的位置上，没有正确地处理好社会生活基本原则与改革目标的相互关系，没有在执政党的领导下有序渐进地进行，从而在客观上给苏联社会主义制度造成了巨大的伤害。这种伤害首先表现在新闻界的“公开性”自由报道行为搞乱了人民大众的思想，使社会公众失去了共同的改革目标，导致了党在人民群众中威信的下降，给反社会主义的各种力量制造了可乘之机。

戈尔巴乔夫的改革运动曾遭到苏联一些人民群众的抵制和反对。在苏共十九次代表大会前夕，一家著名报纸曾发表了列宁格勒加里宁工学院女教师安德烈耶娃的一封来信，对戈尔巴乔夫的改革运动提出强烈疑问，许多报刊转载了这篇文章。在苏共十九次代表大会上，来自各州各加盟共和国的一些党政领导人也曾强烈指责苏联新闻界在“公开性”的道路上走得过远，总是诬陷打击好人，帮助了国际帝国主义反苏联势力。从这场改革最终导致的苏联加盟共和国的崩盘与苏共全面瓦解这两项惨痛结果来看，苏联新闻界在这次改革运动中的所作所为和历史经验是值得人们深思的。

五、叶利钦和普京时期

戈尔巴乔夫的改革葬送了计划经济时代的苏联新闻传播事业，随后的叶利钦时代则标志着俄罗斯新闻传播事业的急剧转型与变化。随着苏共的解体，苏共党报体系全面瓦解，各级报刊与电台、电视台纷纷在所谓的改革中落入私人手中。俄罗斯国家中新兴的各类金融、能源与政治寡头将手中的大众传媒为己所用，竭力鼓吹与推动对己有利的各种社会“改革”，大肆瓜分国有资产。各个领域的寡头势力对国家各级大众传媒的影响与掌控，导致了俄罗斯新闻传播事业的全面倒退，产生了许多消极的社会舆论影响。

在经历了叶利钦时代震荡休克式的新闻传播事业“改革”之后，强力总统普京的上台拉开了俄罗斯新闻传播事业转型的大幕。伴随着公众对俄罗斯传统大国强国地位的追求，对无序化社会的不满，对大面积社会经济下滑和政治动荡的不安，普京政府采取了有力的措施，对国家的新闻传播事业进行了强力整顿，其中就包括对私人拥有的大型传媒机构的强行收购；对控制与影响新闻传播事业的各种寡头势力进行重拳出击；对新的社会新闻传播结构的重新整顿，以加强国家对重要新闻媒体的直接控制。这一切措施旨在根据俄罗斯的具体国情，探寻一条符合俄罗斯社会现实需要的新型新闻传播体制转型之路，期望在民主自由权利与社会稳定发展两极之间，寻求一种合乎大众根本利益的平衡点。事实上，在普京两届总统任期即将结束的时候，俄罗斯的新型新闻传播体制已基本定型，新闻传播事业在国家社会生活中的地位和作用已经相对固定下来了，并重新获得了成长的动力。

第三节　分析与思考

苏联新闻传播事业长达 70 多年的发展历史不仅给我们提供了一个丰富的分析数据库，亦为人们总结苏联新闻传播体制提供了一个标准化的解析范本。

一、苏联新闻传播体制的特征分析

我们所指的苏联新闻传播体制，主要是指在斯大林时期，苏联所建立的一整套新闻传播体制和其运行规则。这一体制是按照斯大林、联共（布）党的一系列指示和原则精神，经过相当长时期的新闻实践活动，逐步配套成型的，其模式的总体特征有以下几点。

（一）新闻媒体完全“国家化”

在苏联的社会主义新闻传播体制中，所有的新闻媒体均为“国家”包办，新闻传播领域中既没有党政的区分，更无官办、民办的区别。宪法中规定的公民的出版自由，表现为宣称代表了所有公民根本利益的执政党的出版自由。无产阶级政党在夺取政权以后，战争特殊时期党的报纸对敌斗争政策被不加变动地作为一种必须遵循的基本原则而继承下来，并成为国家新闻传播体制不可动摇的哲学基础和基本原则。

（二）新闻报道片面“宣传化”

正是从新闻传播事业特殊时期狭隘的宣传、鼓动、组织的基本工具职能要求出发，苏联新闻传播事业完全被功利化地定位为宣传机器。执政的当权者掌握着是否报道新闻的“过滤漏斗”，决定着治下的普通人民大众应该知道些什么和不应该知道些什么。凡是不利于现行政权、现行政策、现行领导的新闻信息，新闻媒体不是完全不予以刊登，就是只刊登无害的部分。正如苏联塔斯社的一位高级负责人所言：苏联报刊的首要作用并不在于发布新闻，而在于宣传、鼓动——凡不能纳入宣传、鼓动的新闻事实，就不是新闻，就自然地失去了接触新闻媒体的资格。显然，这种做法完全彻底地否定了新闻传播事业的最基本规律（对正在发生或新近发生的重大事实的报道），完全不了解社会主义新闻传播事业除了要在新闻真实基础上进行必要的宣传、鼓动外，尚有着让千百万普通大众客观迅速地获知世界各种信息的义务。在苏联新闻传播事业体制里，不是新闻媒体应该服从人们获知各类信息的需要，而是人民大众应服从于执政者的宣传需要。久而久之，人们必然会对这种自上而下的单纯所谓宣传活动产生疑惑和不满。

（三）高度的“一体化”刚性结构和“人治化”管理特征

就苏联新闻传播体制的信息控制方式而言，高度的“一体化”结构和实行“人治化”管理是苏联新闻传播体制的第三个显著特征。由于苏联各级党组织主要遵循对自己是否有利的现实原则来指导新闻传播事业，对新闻传播事业的管理活动常常因各级领导者的素质不同、水平不一而出现判断无标准、取舍无定规的“人治化”现象，整个新闻传播事业也随之出现了过分依赖上层指令的“软化”现象。新闻工作者在工作中无所依从、提心吊胆，只能事事请示、层层受审，无法发挥自身的主动性、创造性，这使得该模式下的新闻传播事业经常显得死气沉沉、毫无生气。

由于新闻媒体都被定性为同级党委的附属机关、言论喉舌，同级新闻媒体无权对同级执政者进行批评和监督——只有更高一级的新闻单位才有此权力。这样层层上溯，最后的结果只能是最高权力机构和领导人的任何言行，均可以不受到任何新闻舆论的监督与批评。即使最高权力机构和最高领导人出现严重决策失误，也不会受到新闻媒体的舆论监督与非议，只能等到最高权力机构以非正常的形式改组乃至引发社会大动荡之后，才会在新闻媒体上出现一个集中的、事后的宣传批判浪潮。

（四）新闻传播体制一切“向上”负责的集权特征

上层对新闻媒体的过分集权特征导致了自下而上的人民大众新闻监督这一功能的“软化”与“弱化”，这是该体制的第四个显著特点。由于主持新闻传播事业和评议新闻传播活动的人就是同级或上级权力机构，再加上官费办报、官费订报、官员看报，因此新闻媒体办得好与坏跟广大普通受众的评价不发生任何制衡关系。这种新闻传播效果不受发行量和受众态度左右的机制，导致新闻媒体和具体把关人只对上负责，对“现官”负责，而不需要对下层、对民众负责。

二、苏联新闻传播体制的功能分析

显然，这种高度集权的苏联新闻传播体制就其思想特征与指导原则而言，不乏狭隘的功利主义和唯心的英雄史观。这主要表现在过分片面强调新闻传播事业的工具性质和单一的舆论组织宣传作用等新闻理论，表现在过分强调新闻媒体只是执政党推行其路线、政策的工具，却不采取切实可行的措施保证新闻媒体能真正为广大公众所用，使其成为人民依法自由表达自己的观点、意见的渠道和监督各级人民公仆的喉舌。虽然苏联新闻传播体制表面上也承认新闻传播事业是党的喉舌、人民的喉舌这一根本性质，但又常常在实践中强调由于群众成分复杂和觉悟高低不同，人民群体总是呈现左、中、右，或者上、中、下等不同的分离倾向，故只能由最能代表人民根本利益的党的先进分子们来为全体民众做出正确的决策。这样一来，人民大众获知新闻的质（获知哪些方面的新闻）和量（获知多少新闻）就完全由少数的党的先进分子来决定了。何为香花，何为毒草，均由这些党的先进分子来判断；何为新闻，何为旧闻，亦由他们来取舍；几时刊登，几时广播，还是由他们来决定。显然，这正是少数既得利益社会精英与国家官僚群体的英雄史观和历史唯心主义在新闻传播领域里的反映。这种狭隘的、工具性的新闻传播体制，一方面固然能够在特定时期极为有效地组织和鼓动人民大众在党的正确领导下万众一心地进行社会主义革命与建设工作，并取得辉煌的成果；另一方面，它也极易在有着广泛官僚统治传统的国度、在封建的劣根性不易消除的国家中导致人民的新闻工具实质上脱离人民，导致过分集权向上负责的新闻工具对党内民主和人民民主进行肆意破坏践踏，并可能导致对人民群众建设社会主义的积极性和历史创造性的压制和打击，最终使人民所有的社会公共舆论工具异化变质为某种反过来支配奴役人民、仅听命于最高权力机关少数人的传播工具。

但是，从另一个角度来看，苏联新闻传播体制下的新闻宣传与社会动员效能确有其独到之处。首先，这种体制有很强的组织纪律性，具有极高的社会动员效率。它能闻风而动，能在短期之内掀起一个又一个的宣传浪潮，其鼓动效能在某一特定时刻是相当大的。其次，这种体制最了不起的地方是避免了西方资本主义新闻传播事业中最为消极的本质特征——私人的牟利动机，这也就消除了资本主义社会中私人新闻企业出于商业牟利目的而广泛刊登的色情、凶杀、暴力等无聊新闻。一个不可否认的事实是，当这种体制在正确的领导之下，遵循正确的方针、政策和路线时，它确实能发挥出惊人的能量：为大众提供格调较高的精神食粮；鼓动人民群众参加真正具有伟大意义的革命工作；迅速地宣传贯彻党的正确的决策、路线、方针；在开明领导人的鼓励下有效地反馈民意、下情上达。这一点也为许多历史事实所证明。

概而言之，苏联新闻传播体制是一种高度集权、控制严密、思想统一、富有效率（相对意义上的）的现代集权主义新闻传播体制。它犹如一把锋利无比的双刃宝剑，如果“剑把子”掌握在好人手里，就能够披荆斩棘、为民造福，但如果掌握在坏人手里，则会为祸大众、惨烈无比。显然，这种集权的、工具化的模式有利有弊，而且利弊互换非常容易。

练习题

一、名词解释

1.《火星报》

2.《真理报》

二、简答题

1. 简述《真理报》的特点。

2. 简述苏联新闻传播事业体制的特征。

3. 简述苏联新闻传播事业体制对我国新闻传播事业的影响。

三、论述题

1. 试论述苏联新闻传播事业的改革。

2. 试论述苏联戈尔巴乔夫新闻传播事业改革的经验与教训。

第十九章
南斯拉夫新闻传播体制

本章学习要点

- 南斯拉夫工人自治运动与新闻传播事业的改革。
- 南斯拉夫新闻传播体制的启示。
- 社会主义新闻传播事业的不同改革模式探析。

对于南斯拉夫社会主义联邦共和国（现已分裂为塞尔维亚、斯洛文尼亚、克罗地亚、黑山、马其顿等国和科索沃地区），人们并不陌生，随着现代社会主义国家系列改革运动浪潮的兴起，人们对于南斯拉夫的兴趣也越来越浓厚。南斯拉夫领袖和人民所创立的工人自治理论，使这个国家走出了一条建设社会主义的独特道路。与此相同，南斯拉夫新闻传播事业无论在新闻理论还是在新闻实践的各个方面，都表现出许多不同于其他社会主义国家的特色。我们将在这一章中简略地探讨这些特色，并将其作为一种参照物，来与苏联、中国和西方各国的新闻传播体制做一个横向的比较分析。希望通过这种比较研究，使人们对南斯拉夫社会主义联邦共和国的新闻传播事业及各国的新闻传播事业，特别是社会主义新闻传播事业，能有一个更好的理解。

第一节　背景之回顾

要想清晰立体、纵向历史地彻底把握与理解南斯拉夫新闻传播事业独特的发展理论与实践模式，人们就必须首先对二战前后这个国家的反法西斯历史和其卓越的领导者铁托元帅的工人自治理论进行一番深入的了解。

一、南斯拉夫新闻传播体制产生的历史背景

南斯拉夫的新闻传播体制为社会主义自治新闻传播体制，其产生的历史背景主要来自三个方面：一是 1919—1945 年地下工作和战争时期的革命新闻宣传工作的经验；二是 1945—1950 年外来的苏联新闻传播体制的影响；三是南斯拉夫党和人民自行创立的工人自治理论和实践。下面对这三个时期的历史背景和相关影响分别简略地加以探讨。

1919—1945 年是南共历史上极其艰苦的年代。在这一历史时期，南斯拉夫共产党人一直处于地下工作和战争的残酷环境中，党的报刊工作也始终处于艰苦的境地。自 1919 年南共成立到 1941 年德国入侵战争爆发，由于当时南斯拉夫反动王国政府对共产党的迫害及对进步舆论的高压，南共报刊始终在开展秘密的地下工作。这个时期报刊直接掌握在党的手中，受党的严格领导，是党同反动政府和外来敌人进行顽强斗争的有力的宣传武器。

1941 年法西斯德国侵入南斯拉夫，南共从地下状态转为公开，军事斗争成为这一时期南共政治活动的主要内容。相应地，在这一时期所产生的南共报刊都是为军事斗争服务的，完全掌握在党和军队的手中。1941 年最高军事领导人铁托元帅批示恢复出版了南共机关报《战斗报》，同年 8 月铁托元帅又倡导创办了《最高司令部公报》。南共在战争中至少创办了 14 种主要的报刊，其中大多数都掌握在南共武装部队的手里。1942 年成立的自由南斯拉夫广播电台，1943 年成立的南斯拉夫通讯社都是在残酷的战争环境中为取得战争的最后胜利而服务于党和军队的新闻媒体。

1945—1950 年是南斯拉夫社会主义联邦共和国成立初期学习苏联经验实施国家集权的计划经济时期。在这一历史阶段，同中国、东欧社会主义各国一样，南斯拉夫也全面学习苏联的经验，在国家的政治生活中实施高度的中央集权制度。在新闻传播领域内，同样学习苏联模式，对新闻传播事业采取集权管理。地下工作时期和战争年代所形成的新闻传播体制及方式由党和各级政府继承了下来，并在学习苏联模式的浪潮中得到了极大的强化。

1946 年南斯拉夫通过的第一部《出版法》规定：报刊是国营企业，由政府提供资金，党、工会和其他官方机构负责出版印刷；在报刊和通讯社的领导机构及组织人事方面，采取主要负责人由党组织任命，一般干部由党的有关部门选择调配的制度；在新闻报道渠道方面，国内外重大新闻均由国家通讯社统一发布；在管理制度方面，所有报刊出版前必须送交有关部门检查，实施事先检查制度；在物资供应方面，由国家经委根据各报的重要性及政治态度来分配新闻纸；在对外报道方面，各报刊、广播电台无权自行决定是否向国外派出自己的记者。这就是南斯拉夫建国初期新闻传播事业集中管理体制的一些特征。显然，这种集中管理体制的产生，是以往地下工作、革命战争苏联模式交互影响的必然产物。它在当时有利于战后南斯拉夫新生政权的巩固，但是从长远来看，这种体制也有着巨大的缺陷，而对于这些新闻传播体制缺陷的改造，构成了南斯拉夫人民后续新闻改革的主要目标。

二、南斯拉夫新闻传播体制产生的社会背景与理论来源：工人自治运动及理论

除了以上两个方面，南斯拉夫新闻传播模式产生的另一个历史背景是工人自治理论的创立。1948 年，南斯拉夫新闻传播事业集中管理体制开始面临改革的压力。这一年，苏联和南斯拉夫关系恶化，以铁托元帅为首的南斯拉夫共产党人很快发现，从苏联全面照搬的许多做法并不能适应南斯拉夫的实际情况。他们进而转向寻求符合本国实际状况的社会主义建设新道路，开始了南斯拉夫工人自治运动的尝试，这样就产生了南斯拉夫

新闻传播体制的新思想基础——工人自治理论。

工人自治理论是南斯拉夫党和人民在深刻领会马克思主义原理的基础上自行创立的一种社会主义独特理论。在那个年代这一理论一经提出，就被斯大林领导的苏联和东欧诸国视为“异端”，并被定义为一种典型的“修正主义”理论。为了反击苏联“老大哥”及一些社会主义兄弟国家强加给自己的“修正主义”的罪名，南斯拉夫所创立的工人自治理论必须符合下述三个基本前提：其一是必须以马克思主义为理论依据；其二是必须符合南斯拉夫的实际国情；其三是要同苏联集权模式相异。这三点认识使南斯拉夫的工人自治理论呈现出独特的色彩和内涵。

大致来说，工人自治理论的主要思想和建立过程是这样的：

南斯拉夫共产党人认为，“人”和“人的解放”是马克思主义的一个基本出发点。马克思对未来社会的设想，就是彻底消灭私有制，铲除雇佣劳动制度，建立自由人的联合体，消除人的异化。南斯拉夫领导人紧紧抓住这一基本观点，开始了工人自治理论的建构工作。

南斯拉夫共产党人认为，在社会主义公有制条件下，工人阶级作为国家主人的基本条件就是能够直接参加生产的管理，有权决定自身的事务，唯此，才能消除对劳动者主人公地位的异化。因此，企业应当实行工人自治，使国家的经济管理职能首先在微观决策领域中淡化退出，让由工人代表组成的工人委员会行使直接管理企业的职权。苏联等国所实行的国家高度集权的制度，虽然成功地在社会上排除了私有资本的力量，但又引进了“国家”这一行政力量，其作为一种凌驾于大众之上的超经济的力量独揽大权。但令人担心的是，这种以国家名义集中了全体劳动者的意志来进行社会管理的形式，实际上却极有可能蜕变成为一小撮高高在上的官僚阶层发号施令，并为了一小撮官僚集团分子的既得利益而侵犯社会全体成员的根本利益。在国家高度集权的制度下，国家的行政力量很可能会代替原来单个的资本家而作为一个新的权威重新凌驾于千百万普通劳动者之上。这样，社会主义劳动者的主体权力就会在“被代表”之后变得徒有虚名，成为国家官僚机构愚弄人民的一种掩饰，并会导致工人阶级这一社会主义的直接生产者、真正的主人翁的统治权力的异化（被架空）。南斯拉夫一些激进的工人自治理论家干脆把这种苏联式的中央集权体制逐出了社会主义领域，称其为国家主义，并认为它是与资本主义、社会主义并列的当代社会发展中的第三种独立的社会形态。正是从这一系列对马克思主义理论与思想的独立理解和对苏联模式的深刻批判出发，南斯拉夫共产党人积极主张消除国家所有制——首先就要使国家的经济管理职能逐步消亡，让工人群众直接参与经济与社会事务管理工作。这种社会主义条件下的工人自治同苏联等东欧国家集权主义的计划经济制度划清了界限，构成了南斯拉夫工人自治理论的主要内容和基本精神。

南斯拉夫共产党人认为，在确立民主管理与工人自治的基础上，实行广泛的社会自治与削弱国家的某些社会管理职能是进一步发展工人自治运动和确立工人阶级主人公地位的必要条件。按照马克思主义的原理，直接生产者拥有主人公地位，就意味着其有着对社会事务的直接管理与干预权。南斯拉夫共产党人认为这是企业自治的延伸，也是在社会主义条件下直接生产者管理社会的必然结果。它要求国家集权逐渐退出教育、卫生、福利事业等部门的管理，完全抛弃苏联的中央集权一统天下的传统社会主义体制。

工人自治理论的最后一个核心思想是：市场经济体系是联结社会生产者的重要纽带，社会主义条件下的生产活动依然是商品的市场化生产活动，因而商品的价值规律仍然在起作用。价值规律需要通过市场来实现，这是保证自由人联合体“工人自治企业”平等竞争的必要条件与存在要素，市场是检验社会计划和企业生产是否有效、合理的最终标准。

三、工人自治理论发展的三个阶段

从 1949 年年初开始，南斯拉夫在上述思想指导下，开始走上社会主义工人自治道路。在此后的实践中，这一指导原则不断演变，直到其领导人铁托元帅逝世时，大约经历了三个主要发展阶段。

第一阶段，从 1950 年至 1963 年，是工人自治理论的创立阶段。1950 年，南斯拉夫开始了工人参加国营企业管理的初步尝试，但工人委员会仍从属于国家认可的经理人员。

1953 年，南斯拉夫新宪法公布，将生产资料的社会所有制与工人自治作为社会的经济基础，正式废除了国家所有制。但在这一时期的改革中，许多客观条件决定了主要的社会经济政策仍由国家确定。

第二阶段，从 1963 年至 1970 年，这是工人自治理论向社会领域进一步发展的阶段。1963 年新宪法进一步规定了企业自主权的扩大和在教育、文化、卫生、社会等领域中实行自治，更加削弱了国家的行政权力。这一阶段改革的特点是将更多的社会行政权力移交给社会自治机构，形成了一种社会自治机构独立的微观网络，并将资源动员与分配的权力、确定价格的权力、收入分配的权力都下放给自治企业，向着分散、灵活的社会主义自治方向发展。

第三阶段，从 1976 年至铁托元帅逝世，是工人自治运动向联合劳动发展的阶段。所谓联合劳动，就是在推行生产资料社会所有制的条件下，使自治生产者通过契约与协议将社会所有的资金与劳动者结合起来。为了进一步发挥工人直接管理的民主作用，保证社会成员的平等利益，南斯拉夫划分了原有的经济核算单位，以联合劳动基层组织为社会生产的细胞（车间、作业队），通过一层层的契约关系，组成更高层次的联合劳动组织。每个基层组织既要基于市场进行独立经营，又要根据契约与其他组织发生联系、互相制约。这种联系，体现着工人阶级直接参与管理经济与社会事务的民主活力。

第二节　历史的进程

依据自己的国情与独特的工人自治理论，南斯拉夫新闻传播体制也走上了一条迥然不同于社会主义“老大哥”苏联集权式新闻传播体制的新路，这一历史过程本身就展现了一种实践第一、勇于创新的勇气。

一、南斯拉夫新闻传播体制的形成和特征（1950—1971）

在 20 世纪 50 年代，南斯拉夫开始了工人自治理论的社会主义实践活动，自治制度和原则在南斯拉夫社会的各个领域当中逐步确立了主导地位。这一历史潮流的理论观念和社会实践活动的转变，必然要求在南斯拉夫建立与之相适应的新的社会主义新闻传播体制。在这一时期，南斯拉夫的社会主义自治新闻传播体制基本形成，它主要表现在以下几个方面。

（一）新闻工具社会职能的转变

南斯拉夫共产主义同盟（简称“共盟”，是占据全联盟领导地位的执政党）对于新闻工具社会职能的认识在这一期间有了明显的变化。在 20 世纪 50 年代以前，共盟认为报刊是党传达政策和决议、指导工人运动和革命战争的有力工具，报刊具有革命的指令性传达的性质。铁托元帅早年曾这样概括它的作用：报刊是教育和训练无产者进行反对资产阶级斗争的强有力的工具之一，我们用报刊保护和传播我们伟大的无产阶级导师和战士们以往的思想和经验。报刊是我们今天反对反革命和资产阶级最重要和最有力的武器。但在开展社会主义自治运动以后，共盟的认识有了明显的变化。共盟认为，在社会主义自治的条件下，由于劳动者直接决定自己的劳动工资、工作条件和成果，社会生活中的报刊已不再是任何政治党派的工具，而是成为劳动者、公民获取社会消息，以便行使各项自治权利的工具。也就是说，新闻媒体转变为帮助工人自治者和公民们获得最广泛、最充分和最及时的新闻与情报的社会工具。自由地使用社会化的新闻媒体既是自治者不可剥夺的基本权利，也是其赖以实现其他一切自治权利的重要的先决条件。基于此种认识，过去作为各级共盟组织机关报的社会主要报刊，一般都改为劳动人民的群众组织劳动人民社会主义联盟的机关报刊，共盟中央仅保留《共产主义者周报》和《社会主义杂志》作为自己的机关报刊。联邦政府设立新闻委员会作为新闻传播事业的主管部门，协调各个劳动人民社会主义联盟报刊之间的关系。这表明报刊开始从同盟代表人民使用回归到全体劳动者直接或间接共用，共盟不再强调报刊代表同盟具有决定一切社会生活的权利。

（二）共盟与新闻媒体关系的转变

共盟对于新闻媒体的主要作用不再是宣传鼓动而是传播消息，是劳动者用以获取各种社会信息、借以实现其各项自治权利的工具的这些认识，导致了另一个重大的变化，那就是共盟与新闻媒体之间的关系的转变。这种关系强调在社会主义自治的条件下，新闻媒体是依据自治原则独立进行活动的社会主体，这一主体在履行其社会职能时，享有充分独立的权利。共盟公开申明，在社会生活各个领域中，共盟都不能依靠政治和思想上的垄断及执掌的国家机器来获得指导社会思想政治的垄断地位，而只能作为自治制度中的创造性力量，依靠在群众中的政治影响和模范作用来获取这种地位，新闻传播事业也不例外。

（三）南斯拉夫新闻自由原则的确立及其特点

1. 工人阶级新闻自由的性质与指导原则

共盟认为，南斯拉夫社会主义社会自治本身的性质，决定了其所要求的新闻传播事业必然是自由的而不是少数人的垄断物。共盟十一大决议曾就新闻自由的指导思想这样写道，新闻自由就是“报刊、广播和电视在反映社会主义自治发展中的进步要求时所享有的自由；除了新闻传播事业对于这项发展所负的责任和义务外，任何人都不能对其加以限制。在新闻活动和在新闻系统中所有的工作人员的独立性和责任性，从整体来看，是我们社会主义自治社会发展民主和深化自由的新的保证”。1960 年，南斯拉夫《联邦新闻法》第一条也明确规定：“为了实现公民们行使民主权利的目标，加强舆论在社会生活中的作用，以及随时向公众最大限度地报道来自国内外社会生活各个领域的事件和现象，必须保证新闻自由。”

2. 实现新闻自由的具体法律形式

宏观来看，南斯拉夫新闻自由原则的第一个显著特点是：新闻自由具备比较完善的法律表现形式。在这一点上，南斯拉夫的新闻自由原则很值得称道。因为该国的联邦宪法及其他有关法律法规完整地规定了公民的新闻自由权利以及实现的具体方式——这显然比一些国家仅仅在宪法上抽象地肯定公民的新闻自由，却缺少能帮助公民们实现这些自由权利的具体法律法规要进步得多。

比如，南斯拉夫联邦宪法曾具体规定：“公民在新闻传播方面享有以下权利：（1）通过新闻工具了解情况的权利；（2）通过新闻工具表达自己的意见的权利；（3）出版报刊和通过其他新闻工具传播消息的权利。”联盟内的各个共和国、自治省也根据社会主义自治的基本原则颁布了自己的新闻法，使宪法原则具体化，从而形成了真正能够实现公民新闻自由的完整的法律系统。

更加难能可贵的是，南斯拉夫政府还用法律规定了实现和保障这些权利的各项原则。这些原则主要包括：

第一，社会工作公开化原则。宪法和各共和国新闻法都规定各级政权机构所有的劳动组织和政治组织有义务把自己的工作情况对劳动人民、公民及社会团体公开。

第二，新闻信息源的开放性和可接近性。新闻工作者有权了解和报道一切社会公共事务，包括有权出席所有的政府机构和社会政治、劳动组织机构召开的会议，而这些机构有责任让记者无阻碍地搜集材料，并尽可能地保证他们的工作条件——只有涉及法律认可的机密时，才可予以限制。

第三，所有的新闻工作者和新闻传播机构在接近新闻信息源、获取和传播新闻、销售出版物等方面权利平等。

第四，新闻传播机构发表新闻时不需要提出申请和被事先批准，除了处于直接战争威胁或战争状态中时，不存在任何形式的事先新闻检查。

3. 共盟对新闻自由底线的规定

南斯拉夫新闻自由原则的第二个显著特点是：共盟认为新闻自由并不是某种超阶级的或无限制的自由，即西方国家所鼓吹的那种所谓的新闻自由。毫无疑问，新闻自由也是具有阶级性的。它的阶级性首先突出地表现为保证构成这个社会基础的一些基本原则不受攻击。这些原则主要包括：第一，社会主义自治的基本理论和制度；第二，南斯拉夫联邦各民族平等、团结；第三，全民防御和社会自立；第四，独立自主的不结盟的外交政策；第五，承认铁托元帅在南斯拉夫历史上的作用、地位和威望。为此，南斯拉夫宪法规定，联邦政府有权利和义务“在报刊和其他宣传通信手段反对本宪法规定的社会主义民主制度的基础，或者威胁国家的独立、和平或平等的国际合作时，限制或禁止利用报刊及其他宣传通信手段”。

南斯拉夫新闻自由原则的阶级性还表现为，反对任何人以任何形式利用这一原则把新闻媒体私人化（个人私有化），从而使劳动人民实际上被迫放弃这一重要的基本自由权。铁托元帅认为：不能允许新闻政治舆论工具变为私有，既不能为政治中心私有，也不能为个人私有，因为这样会确定无疑地导致宗派的出现和专断。

另外，南斯拉夫新闻自由原则的阶级性还表现为反对新闻工具在报道和辩论中秉持所谓的不偏不倚、无立场、无观点的态度，要求新闻工具在客观地报道事实和开展公开辩论时，要有自己鲜明的立场，要能够根据社会主义自治原则判断是非、明确态度。比如，共盟中央主席团曾在一项决议中指出：“新闻工具不能成为单纯反映社会各个部分的行为和思想的镜子，而应是属于自治者的持积极态度的社会主义讲坛。它以自己的明确的思想政治倾向、自己的标准和原则站在争取社会进步斗争的最前列。”

显然，南斯拉夫的新闻自由原则具有自己独特的风貌，这突出地表现为其既在形式上参照和广泛借用了现代西方社会普遍的新闻自由立法形式和法律概念，又体现了社会主义自治制度下的新闻自由的特定含义，并在社会主义的实践活动中逐渐使新闻传播事业社会化、法制化、公开化。这证明了在社会主义制度下新闻自由不仅仅是宪法上的一纸公民权利，而且是与社会现实发展程度相适应的现实的法律存在和公民切实享有的权利。南斯拉夫党和人民借鉴西方乃至世界各国成熟的立法形式和法理概念来给予社会主义新闻自由以特定含义，这一点非常值得我们深思和借鉴。

（四）南斯拉夫新闻传播体制的主要特点

现在，我们尝试着把南斯拉夫的社会主义自治新闻传播体制形成时期的一些主要特点总结如下。

第一，以往为各级政党组织机关报的主要党报党刊，在社会主义自治相关理论的指导下逐步转变为劳动人民群众组织的机关报刊。共盟不再通过党的下属部门，运用指令性政策和政治权威来对报刊实施垄断。

第二，1965 年以后，南斯拉夫新闻单位招收的新员工不再由党和政府的人事部门选派，而是采取公开招聘的方式，让人们在公开的竞争中凭学历和能力获取在新闻单位工作的机会。报社领导人员也通过公开招聘产生，但需要听取出版委员会等自治组织的意见，并经过社盟组织（劳动人民社会主义联盟）的批准予以委任。只有共盟机关报的主要负责人才直接由共盟中央委员会任命。

第三，报社成立出版委员会（广播电台、电视台为节目委员会）作为社会管理机构。这个委员会的职责是负责确定该新闻媒体的指导思想、基本任务、编辑方针、干部人选，并就各项工作提出建议。委员会由来自社会各个政治组织和劳动组织的代表（占总人数的三分之二）及专业新闻工作者的代表（占三分之一）组成。委员会的工作对社会完全公开透明，定期将自己的立场、观点通报给广大公众。

第四，新闻媒体成为经济上自负盈亏的独立的核算组织。除了来自与其有密切关联的社会主义自治利益共同体的少量资助外，报社的经济来源主要为出售报刊和收取广告费，电台、电视台主要为收取收听费、收看费和广告费。这样，新闻媒体在一定程度上受市场竞争的支配，报刊是否能吸引受众，满足他们多方面的需要，成为事关新闻工作者切身利益的事情，因为新闻工作者个人收入多少主要取决于各人工作成绩的好坏和整个媒体机构的财政盈亏情况。

第五，20 世纪 50 年代后，南斯拉夫联邦制定和颁布了一系列有关新闻工作的法律，使新闻传播事业的社会管理法制化了。最主要的法律是 1960 年颁布的《联邦新闻法》。该法从法律上确认了社会主义自治制度下新闻传播事业的主要任务和管理方式，同时规定“新闻的发布不需要报告和认可，除在全国总动员时和战争状态中以外不准有新闻检查”。这就确定了用事后追惩制取代事先检查制度的法制原则。

显然，南斯拉夫新闻传播事业的这些变化和特点，是共盟根据社会主义自治相关的理论和精神来调整共盟和国家与新闻工具关系的结果。这些措施改变了以往用行政命令的方式管理新闻媒体的旧有体制，加强了劳动者、公民及自治组织对新闻工具的影响能力，提高了新闻媒体沟通讯息、反映舆论的公共效能。由于这些变化，南斯拉夫新闻传播事业的面貌迅速改观，这不仅表现为报刊、广播和电视事业迅速发展，全国形成了比较发达、布局比较合理的公众新闻传播网络，也表现为新闻报道范围扩大、消息传播量增加、人民大众的消息灵通程度日益提高。

二、南斯拉夫新闻传播体制的完善和巩固（1971 年—20 世纪 90 年代）

20 世纪 60 年代末以来，南斯拉夫由于各方面的原因，在经济、政治方面出现了一些危机。与此同时，在南斯拉夫，各共和国之间、共和国和联邦之间的矛盾也有所加剧，一些地区民族主义分裂势力抬头。70 年代初这些矛盾导致了一场激烈的政治斗争，南斯拉夫新闻媒体在这场斗争中暴露了自身的许多问题，并以此为契机走上了自我完善和巩固的道路。

（一）“克罗地亚事件”和“塞尔维亚事件”中的新闻媒体

1971—1972 年，南斯拉夫联邦的克罗地亚共和国和塞尔维亚共和国先后出现了两起严重的民族分裂运动。两个共和国中的少数民族分裂主义分子和无政府主义者在暴乱中利用一些新闻媒体对南斯拉夫工人自治制度进行了破坏性的批评和肆意的攻击。他们以民众的代言人自居，在报刊上大肆煽动民族独立情绪，提出分裂主义要求，恶化南斯拉夫各共和国之间和克罗地亚、塞尔维亚共和国同联邦政府之间的关系。他们在报刊上刊登文章，在广播、电视中叫嚣，煽动不明真相的群众罢工、游行、示威，一些新闻媒体对这种无政府主义的民族分裂浪潮未能给予坚决有力的回击。在这两起事件中，克罗地亚和塞尔维亚的部分新闻媒体暴露了自身的许多问题，其中最为重要的就是忽视了共盟的政治引导作用所带来的消极后果，从而把这样一个问题提到了人们的面前：在自治社会现有的发展水平上，应该怎样处理新闻工具的独立性和负责性与共盟和南斯拉夫政府之间的关系。发生在这两个共和国的事件表明，新闻工具的独立性和负责性并不意味着它可以随意脱离共盟的路线和社会发展的一般纲领而自行其是，否则它将不可避免地为反社会主义的敌对思想所支配，在实际生活中被国家集权主义者或无政府主义者、民族分裂主义者垄断，这只会有害于社会进步、有害于南斯拉夫人民自治权力的发展和巩固。

与此相应的另一个尖锐的问题是：南斯拉夫共盟应该用什么样的方法来保证新闻媒体的相对独立？根据社会主义自治相关理论的要求，共盟应该与直接的行政权力分割开，以避免把政治思想上的引导作用变成行政上的发号施令，在不使用权力的前提下扮演好充分的思想先锋角色。但在实际生活中，这种方法却很容易导致另一倾向的出现，即新闻战线上的共盟和其他社会主义组织在错误思想面前不愿及时表态和采取有力措施，怕自己的行为被说成是受人操纵的，因此，先进分子的引导作用往往会被架空和削弱，错误思想则会因未受到有力的阻止和批判而迅速地滋生出来。显然，在克罗地亚和塞尔维亚事件中情况就是如此。

那么，对新闻媒体的管理是否应该回到20世纪50年代直接的行政控制方法上去呢？共盟和铁托元帅并没有允许其简单地倒退，而是更加积极地采取措施来巩固和完善南斯拉夫的社会主义自治新闻传播体制，努力克服其中的某些缺陷。一方面，共盟要求在新闻传播领域中承担更大的责任，另一方面，共盟采取了一些措施以保证在实际工作中自己可以对新闻传播事业的政治方向施加决定性的影响。这些措施主要有：

第一，在实际工作中，共盟通过各种组织和思想的渠道把党的方针政策及时传达给新闻工作者，统一对重大问题的思想认识，而具体工作则由新闻工作者依据法律规定独立自主地进行。

第二，重要新闻媒体的主要负责人必须通过以共盟为核心的社盟的领导机关的任命，其编辑方针也要经过这些机构的讨论研究。

第三，联邦及各共和国、自治省分别设立新闻委员会，共盟中央、社盟中央及各级组织也设置有关新闻工作的机构，直接领导和影响新闻媒体。

第四，在新闻媒体的社会管理机构即新闻管理委员会中，共盟、社盟和社会自治组织的代表占三分之二，重要单位的出版委员会主席由各级组织的主要负责人兼任。

通过这样一些措施，共盟有了足够的力量，能够对新闻传播事业的政治方向和原则问题施加决定性的影响，保证新闻工具切实地遵循社会主义自治的各项基本原则。

在一般情况下，共盟尽量避免直接出面干涉新闻工作，只是在方针政策上进行把关。然而在发生重大政治事件时，共盟也会毫不犹豫地直接提出自己的要求，但共盟所提出的这些要求通常都仅仅“限于对自治社会的生存和发展具有同等意义的小范围之内”。这种要求不能超出一定的限度，否则就会破坏社会主义自治的原则。正像共盟中央主席团、新闻协商委员会在1981年一次会议上所强调的：“发挥报刊新闻部门共盟基层组织和整个共盟的作用不应该成为施加垄断影响或具有操纵性能，不应该使这一作用成为对社会报刊的某种控制。这个部门的人员的政治责任在于执行政策、发挥基层组织的作用，同可能出现的垄断主义、个人操纵、外来思想意识的渗透，以及其他破坏自治权利和民主创作气氛的现象做有效的斗争。”

（二）南斯拉夫新闻传播事业的特色与存在的问题

南斯拉夫新闻传播事业自创立以来经过不断的完善和改革，取得了很大的成绩，总结出许多良好的经验。综观南斯拉夫新闻传播事业的发展状况，总括而言，大众新闻传播事业比较发达，社会主义新闻自由原则实行较好，报刊的社会使命完成得比较出色。具体而言，南斯拉夫新闻传播事业在以下几个方面形成了自己的特色：

第一，南斯拉夫的报刊、广播、电视具有品种丰富、消息容量大、出版方式灵活多样的特点。比如，新闻媒体的报道面相当广泛，举凡政治、经济、外交、文化、艺术、军事、体育、科学，直到大众的生活琐事、社会新闻、世界珍奇等都是其报道对象，加上各种形式的广告，每个南斯拉夫公民都可以在报刊上或广播、电视中找到他所感兴趣的信息，一个南斯拉夫新闻工作者曾说，在南斯拉夫，不存在被禁忌的题材，问题仅仅在于怎样反映它。

第二，新闻媒体讲求实效性，迅速及时地报道各种人民大众关心的重要新闻。南斯拉夫新闻媒体强调向公众通报情况要迅速及时，而新闻媒体较大的独立性和负责性则为提高新闻实效性创造了重要条件。报刊、广播、电视都极力发挥自己的特长，尽快收集和传播公众关心的消息。

南斯拉夫新闻媒体权衡新闻的重要性不仅根据当时政治的需要，也根据新闻本身的社会意义、新闻发生的具体情况及群众对其的关心程度。国际上的重大事件、突发新闻，国内涉及群众生活的各种实际问题，都可以根据具体情况得到突出的报道，如美国总统里根遇刺、埃及总统萨达特遇刺，各大报都以头版位置予以连续报道。共盟机关刊物《共产主义者》周报的编辑们声称，如果铁托元帅的一篇重要演说和一架有南斯拉夫公民乘坐的飞机失事在同一天发生，他们将毫无疑问地把飞机失事放在头版的位置。

第三，强调客观反映现实，重视揭露社会矛盾和阴暗面。南斯拉夫新闻媒体在努力反映国内各个领域中党和人民的政绩和成绩的同时也不讳言缺点和不足，报刊上批评揭露性文章经常占很大比例。在南斯拉夫分裂前几年，南斯拉夫的经济面临很大困难，新闻媒体就对其建设战线过长、通货膨胀、经济犯罪进行了大量报道和评论，及时反映情况。南斯拉夫社会上存在的卖淫和吸毒等问题也被新闻媒体公开加以披露。

南斯拉夫的新闻舆论工具具有一定的批评、监督政府及其工作人员的作用，媒体经常把少数人利用职权牟取私利的案件公之于世，报刊常常刊登读者来信和调查性报道，对各级政府和社会环境实施有力的舆论监督。

第四，允许不同意见在报刊等媒体上公开辩论。南斯拉夫新闻媒体经常就政治、经济、文化、群众生活等各种问题展开辩论，两种意见都可以发表，各方都有机会利用新闻媒体来表达自己的意见和反驳别人的意见，党和政府保证新闻工具的这种权利，这成为南斯拉夫新闻传播事业的一个传统。

第五，在新闻工作中坚持民族平等和民族团结的方针，要求各地区和各民族之间新闻流通自由，反对互相封锁消息，联邦一级的新闻机构在采用消息、编辑方针、报道组织，甚至语言、书写方式诸方面都严格地贯彻民族平等方针。全国 26 种日报分别使用六种语言出版发行，各级广播电视除了使用各地主要民族语言外，也使用各少数民族语言，每晚的全国电视新闻联播由各共和国、自治省的电视台轮流制作。

第六，在国际报道方面，新闻媒体在总方针一致的前提下有着一定的独立性和自主权，南斯拉夫联邦历来要求各新闻机构在国际报道中必须严格遵循不结盟政策和各项具体政策，不允许因为报刊自行其是而造成国家外交方面的困难。在方针一致的条件下，报刊也可以自己采写消息，就具体问题发表自己的看法。

此外，在国际新闻交流中，南斯拉夫实行较大程度的对外开放。1960 年《联邦新闻法》规定，南斯拉夫与其他各国间的新闻交流应当是自由的，只有当这种交流与保护国家的独立、安全与自由发展，以及尊重人类的自由权利、公开秩序和道德相违背时才能依法加以限制，这为南斯拉夫同世界各国进行广泛的新闻交流创造了有利条件。《联邦新闻法》还规定国外出版物可以被自由带进南斯拉夫，只有以分发散布为目的进口的外国出版物才须经过批准。同时内务部有权停止那些含有为法律所禁止的内容的出版物进口活动。当时在南斯拉夫报刊市场上，人们可以买到很多品种的有影响的西方出版物，在街头的公开读报室里，也可以看到许多外国出版物，当然这种开放也带来了某些消极的影响。

南斯拉夫新闻传播事业作为一个探索自己独特道路的新生事物，在取得了许多成绩的同时也面临着不少需要解决的问题，这些问题大体可以概括如下：

其一，由于南斯拉夫位于欧洲历史上经济比较落后、资产阶级民主发展程度不高的巴尔干地区，而以实现直接民主为特征的社会主义自治又是在面临国内外巨大压力和没有足够经验的条件下开始的，这就使社会主义自治制度在取得成就的同时不可避免地经历了各种曲折和反复，依附于整个制度之上的新闻传播事业也不可避免地面临着类似的问题。这主要表现为在有些地区、有些组织里，自治者享有的各项新闻传播权利被忽略，劳动者往往得不到他们参与自治决策所必需的足够的高质量信息，社会工作公开化原则也往往得不到应有的实现，在社会新闻的许多流通领域中，信息的高质量交流还很少。

其二，20 世纪 70 年代以来一系列社会事件表明，社会主义自治制度并不是存在于真空中，它时刻面临着各种敌对势力的挑战，这就需要新闻机构中以共盟为领导核心的社会主义力量必须保持可以做出及时反应的能力。但正是在这一方面，即在党和新闻媒体的关系方面，在怎样有效地保证社会主义的基本原则不受侵犯的方面，南斯拉夫新闻传播事业没有找到更有效的方法。

其三，南斯拉夫新闻传播体制在抵御市场规律和开放政策所带来的副作用方面还不够完善。由于新闻单位和个人收入往往取决于出版物在市场上的竞争能力，不少报刊产生了脱离社会主义自治制度、盲目追求发行量的倾向，这种由市场竞争带来的新闻媒体商品化问题，引起了共盟和新闻工作者的高度重视和强烈关注。人们普遍认为，虽然市场规律对社会主义自治新闻传播事业的发展有不可否认的积极推动的一面，但如果为了商品利益而把公众传播变为劣质品交易，就会对社会产生重大的有害影响。铁托元帅曾说："我们必须注意到在报刊领域中市场规律的日益绝对化，以及不惜一切扩大发行量的现象——当这个成为目的本身时，报刊将不可避免地因盲目商品化而变得耸人听闻，投合少数人的胃口，打开伪劣商品、糟粕、不文明以及低级趣味的缺口，这不是说要消除市场规律的作用，进而有损于报刊的发行量，而是说要对这些规律进行有意识的社会控制。"显然，怎样处理好党和新闻媒体的关系，怎样在商品化时代处理好新闻传播事业的发展问题，是当时南斯拉夫党和人民致力解决的两个重大问题。

第三节　分析与思考

从历史的进程可以看出，南斯拉夫的社会主义自治新闻传播体制是一种非常具有本国特色和理论探讨价值的社会主义新闻传播体制。其中，在如何处理社会主义新闻自由的基本原则与人类社会普遍的新闻自由法律实现形式之间的关系方面，南斯拉夫新闻传播体制的许多做法值得我们思考与借鉴。

一、思考与借鉴

南斯拉夫对于新闻自由这一敏感问题的处理原则和具体做法，为我们考察如何在社会主义制度下切实地实现公民的新闻自由提供了一个思路。正如前面所介绍的那样，南斯拉夫党和人民对待新闻自由的基本做法是：既在法律的内涵里明晰地确定新闻自由的基本概念和内容，又通过吸收人类以往所创造的其他制度文明成果，用具体的、可操作性的法律形式来保证新闻自由原则在现实生活中能够得以实现。

关于新闻自由问题，存在两个观念上的误区：其一是一部分人认为社会主义国家剥夺了资本家利用资本创办新闻传播事业以获取商业利益的权利，根除了这一制度性的资本痼疾，把从事新闻传播事业的基本社会生产资料交到了人民大众的手中，在这一公有制基础上诞生的社会主义新闻传播事业本身的性质自然地决定了它除了为人民服务的宗旨以外，没有任何其他的目标。因此，社会主义国家的公民自然而然地获得并拥有了世界上最大的、最真实的新闻自由。其二是许多人认为在西方社会中发展成熟起来的新闻出版法规是保护资本家根本利益的产物，是资本主义社会制度的产物，是虚伪的、表面的幌子，其目的就是掩盖资本主义的根本矛盾，麻痹人民大众的阶级觉悟，维护资本主义社会制度，因此，社会主义国家绝不能使用这些骗人的东西。

在这两个问题上，南斯拉夫党和人民是怎样思考和实践的呢？

第一个最具代表性的观点来自斯大林。他曾在一次接见外国工人代表团的时候提出了他的社会主义新闻自由观。他说："一切为工人阶级出版自由所必需的东西都掌握在工人阶级和劳动人民手里，这在我们这里就叫作工人阶级的出版自由。"显然，斯大林是把工人阶级和劳动人民获得从事社会主义新闻传播事业的基本生产资料这一社会主义国家中人民大众实现新闻自由的必要前提，当作社会主义国家中人民大众的新闻自由权利了。南斯拉夫人则认为，苏联等社会主义国家虽然在公有制条件下成功地把私有资本因素及市场盈利机制排除在了社会生活之外，但又引进了国家这一强大的行政权力来管理新闻媒体。国家作为一种超经济的力量一旦在社会生活中独揽大权，就有可能在实际生活中把大众传媒变成一小撮既得利益阶层发号施令的工具，并为了这一小撮人的集团利益而侵犯社会全体成员的公共权利。在这种制度之下，国家这种强大的、不受制衡的行政权力可能会代替西方资本主义国家中单一的或集团的资本家，并很有可能作为一个新的官僚权贵集团重新凌驾于广大普通劳动人民之上。这样，社会主义国家中劳动人民的实际权利就会被以国家的名义架空，变得徒有虚名，人民的民主自由权利可能成为官僚权贵集团愚弄人民的掩饰。正是在这一思想认识的前提下，南斯拉夫党和人民既坚持社会主义公有制这一人民大众获得新闻自由权利的物质基础，又注重把人民抽象的、理论的新闻自由权利通过具体的法律法规来加以实现。因为，仅仅宣布人民拥有了行使新闻自由的物质基础是远远不够的，党和政府还必须通过具体的法律法规来实现每一个具体公民使用这些物质基础的权利。在南斯拉夫，不仅《联邦新闻法》第一条概括地规定"为了实现公民的民主权利的目标，加强舆论在社会生活中的作用，以及随时向公民最大限度地充分报道来自国内外社会生活各个领域的事件和现象，必须保证新闻自由"，而且还用许多具体的法律条文，规定公民在新闻传播方面具体享有哪些权利。这种既有坚定明确的原则又有清晰具体、可操作性的法律实现形式的新闻自由是南斯拉夫党和人民对社会主义新闻传播事业的一大贡献。

对于如何借鉴与使用整个人类文明发展史（包括在资本主义社会基础上所创造的某些制度性文明成果）上成熟的新闻自由的法律，南斯拉夫党和人民认为，科学技术是全人类的共同财富，人类社会发展出的许多制度文明其本身也有可借鉴之处。其中，能够帮助实现每一个公民具体新闻自由权利的法律就是这样一种文明成果。它既可以被资本家用来保护自己的利益（追求高额资本利润的自由权利），成为欺骗广大劳动人民的虚伪的工具，因为所有公平、美妙的实现新闻自由的法律一旦经过私有垄断资本的实际约束就会变成废纸一张；也可以在社会主义公有制条件下成为实现最广泛的劳动人民新闻自由权利的科学工具。仅仅因为它诞生在资本主义制度下就认为它是资产阶级的专用品，是资产阶级性质的统治工具，这种看法是完全错误的。南斯拉夫党和人民更坚持把社会主义公有制的优越性与在资本主义社会中发展完善的法律法规结合起来，共同保证社会主义制度下广大人民群众切实的新闻自由权利，坚决排除与抵制国家专制权力对人民出版自由的破坏，努力实现社会主义自治制度下的每一个普通公民的一系列民主权利——当然也包括实现新闻自由的权利。

二、历史首创精神与社会实践活动

南斯拉夫党和人民进行社会主义新闻传播事业实践的另一个重要经验是，其既注意到了商品经济和市场竞争规律对社会主义新闻传播事业的正面作用，也注意到了它们的负面作用，并对如何处理商品价值规律与社会主义新闻传播事业的关系进行了有益的探索。当新闻工作者把新闻商品化并将追求利润最大化作为唯一的目标时，市场逐利机制就会对社会主义新闻传播事业产生不可估量的破坏作用。因此，必须对新闻传播活动中的市场力量进行理智的调节，不应该也绝不可以把市场竞争机制及追求利润作为推动社会主义新闻传播事业发展的唯一的或主体性的动力。

正是在勇于进行理论创新和坚持适应自己独特的历史传统和现实国情的基础上，南斯拉夫人民创造了国际共运新闻传播史上极为独特的社会主义自治新闻传播体制。无论怎样加以评价，这种理论创新能力和实践探索能力，都值得后人特别是当今世界上依然存在的社会主义国家的领导者和人民大众学习。

虽然由于种种历史原因，南斯拉夫已经解体并不复存在了，但南斯拉夫党和人民在社会主义建设中所取得的经验与教训却有着重要的借鉴意义。特别是南斯拉夫党和人民在追求与探索社会主义新闻传播体制时所做的工作，对所有社会主义国家而言都是一笔宝贵的思想和文化财富。他们在如何实现普通公民新闻自由权利上的探索，对普遍的新闻自由形式的深刻认识和勇敢追求，对官僚权贵国家集权主义集团对社会主义真正新闻自由原则造成的破坏以及剥夺人民大众新闻自由权利的危险性的认识，对商品经济可能带给社会主义新闻传播事业的双重影响及预防原则的了解等，都是启人心智、极其深刻的。

练习题

一、名词解释

1. 工人自治理论
2. 铁托元帅

二、简答题

1. 简述南斯拉夫工人自治理论的主要内容和基本思想。
2. 简述南斯拉夫新闻传播体制的主要特点。

三、论述题

1. 试论述南斯拉夫新闻传播体制的优缺点。
2. 试论述分析苏联与南斯拉夫两种社会主义新闻传播事业的异同和发展模式。

第二十章
互联网时代的新媒体发展史

本章学习要点

- 互联网发展简史。
- 互联网与信息传播革命。
- 互联网对新闻传播方式造成的影响。

第一节　背景之回顾

当代互联网技术平台和智能化手机终端的成熟，是与一系列现代科学技术尤其是计算机技术与现代通信技术的逐步发展分不开的。

一、技术背景——现代计算机及通信技术的发展与集成

简而言之，当代计算机的发展有这样几个关键的历史节点。

（一）第一台计算机的出现

美国人 1946 年研制成功的“埃尼阿克”（ENIAC），全称为“电子数值积分计算机”，后被人们简称为电子计算机。它是由美国宾夕法尼亚大学的莫尔学院电工系为美国陆军所属的阿拉丁弹道研究实验室制造的。

英国人在 1997 年提出英国邮电管理总局于 1944 年研制成功的“巨人”（Colossus）比“埃尼阿克”要早两年，应该是世界上第一台正式运行使用的电子计算机。“巨人”重约 4 吨，是一台使用了 2 500 个电子管的庞然大物，它在 1944 年 1 月 10 日开始运行，并立刻被用于破译二战中德军的密码。因军事机密的缘故，“巨人”一直鲜为人知，但美国学者仍坚持认为“埃尼阿克”是世界上第一台被正式承认的电子计算机。

（二）计算机的发展与应用

第一代计算机以电子管为组件（20 世纪 40—50 年代），而第二代计算机则以晶体

管为组件（20 世纪 50 年代末—60 年代中），第三代计算机开始使用规模集成电路（20 世纪 60 年代后—70 年代初），第四代计算机则大规模使用了更高级的集成电路（20 世纪 70 年代后期）。

从应用的角度来看，计算机的应用可分为四个发展阶段：第一阶段主要应用于大型的科研、工业、军工项目的计算；第二阶段主要应用于过程控制、管理等非数值计算；第三阶段主要应用于各门社会科学和社会各行各业；第四阶段则开始运用于每个家庭。

（三）“摩尔定律”

计算机的发展现在主要依赖于其中的半导体芯片（微处理器）容量的发展速度。美国著名的计算机芯片公司英特尔（Intel）的创始人之一摩尔在 1965 年发表了一篇论文，宣称每隔 18 个月左右，新发明的半导体芯片容量就会增加一倍。他大胆预测这种增长趋势将会持续进行下去，这就是著名的“摩尔定律”。

通过这个定律，人们发现个人计算机的发展轨迹确实如此：1971 年英特尔公司推出了第一片用于小型计算机的微处理器，1974 年该公司推出了 8080 微处理器，1979 年低成本的 8080 微处理器上市，1981 年国际商业机器公司（IBM）公司推出了使用 8080 微处理器的第一台 PC 机。1982 年英特尔公司的 80286 微处理器问世了，1984 年 IBM 推出了 286PC 机。1985 年 32 位的英特尔 80386 微处理器推出，次年康柏公司（Compaq）率先推出了 386PC 机。1989 年出现了 486，1993 年出现了 Pentium（“奔腾”，俗称 586）微处理器，1995 年 P6 微处理器（俗称“高能奔腾”）问世，1997 年 Pentium2 问世。现在，“奔 3”“奔 4”芯片已经问世了，计算机的“心脏”正在迅速地按照摩尔定律发展壮大。

（四）计算机软硬件技术的发展

“蓝色巨人”IBM、“芯片霸主”英特尔、苹果（Apple）、康柏、惠普（HP）、戴尔（DELL）、虹志（AST）、微软（Microsoft）、网景（Netscape）等公司，以及太阳微（Sun）等计算机软硬件的开发生产巨头，如同工业革命时期的发明家一样，不断地促使新技术革命的“火车头”向前开动。它们不仅创造了许多技术进步的奇迹，也获得了惊人的商业财富。

（五）多媒体技术

由于计算机能够处理各种形式的信息，20 世纪 80 年代中期兴起的多媒体（multimedia）技术为人们利用计算机打开了更为广阔的领域，这是因为多媒体技术既能够处理文字、图表等静态信息，也能够处理声音、动画、影像等动态信息。多媒体技术是一门综合性技术，它融半导体技术、电子技术、视频技术、通信技术、软件技术等高科技于一体，改变了以往计算机单一的功能。多媒体技术有两个显著特点：首先是它的综合性，其次是它的互动性。多媒体技术在快速的发展进程中逐渐解决了复杂的压缩与还原技术、较高的实时互动技术、高速信息传输网络技术和海量存储空间技术。

在现代计算机整体集合技术迅猛发展之际，现代通信技术也获得了飞速发展。以数字微波网络技术为基础，人类又先后发展出了现代卫星通信技术（同步通信卫星、低轨道移动通信卫星）、地面光缆通信技术、无线移动通信技术（数字蜂窝无线网络结构）和码分多址技术。后来第三代、第四代、第五代移动通信技术及数字一体化通信技术也逐渐成熟，为智能手机的出现奠定了技术基础。

二、互联网——苏美核武器“冷战”对抗的产物

为了应对“冷战”时期随时可能爆发的苏美核大战，美国军方提出了应对核大战的新型战时通信联络集成技术设想，并通过有关部门招标投资，开发出了相应的技术方案。

1958年2月，美国国防部专门成立了一个“国防部高级研究计划署”（DARPA），这个部门为后来美军阿帕网（ARPRnet）的建立和启动奠定了基础，而阿帕网就是今天风靡全球的互联网平台的雏形。虽然国防部高级研究计划署乃是冷战时期苏美军事对峙的产物，但它却为人类奉献了一个伟大的作品——互联网（Internet）。

1968年6月，麻省理工学院著名教授拉里·罗伯茨汇集几位杰出科学家的设想，向国防部高级研究计划署正式提交了报告《资源共享的计算机网络》，最终确定了美军阿帕网的基本结构为分组交换的分布式网络，由接口消息处理机（IMP）组成的中介网络承担通信任务（IMP中介网络具有自动选择信息传递线路的功能）。经过选择，美国西海岸的四个阿帕网试验节点被确定为：加利福尼亚大学洛杉矶分校、斯坦福研究院、加利福尼亚大学圣塔芭芭拉分校、犹他大学。

1969年9月1日晚上，美国加利福尼亚大学洛杉矶分校的伦纳德·克兰罗克教授领导的小组用一条5米长的电话电缆将一台IMP样机和两台大型计算机连接起来，2台计算机同时运行并进行了信号的发送与接收。直至次日凌晨，计算机终于开始稳定地相互通信，这标志着阿帕网成功诞生了。就这样，为了冷战的军事需要，美国国防部建设了军用网阿帕网，提供远程登录、电子邮件和文件传输等服务，这标志着人类社会开始进入网络时代。

1971年，遍布全美的23台主机接入阿帕网，美国国内网初步建立。

1973年，阿帕网开始国际化，它与英国伦敦的数所大学和挪威的科研机构建立了跨洋通信连接。

到1977年的时候，阿帕网上连接的国际网络节点达到了57个，能够连接100余台各地的计算机。在阿帕网发展的同时，美国一些科研机构、大学实验室也开始建立自己的面向全国的计算机广域网。这些网络大多使用与阿帕网相同的IP（网际协议）地址。1986年美国国家科学基金会（NSF）建立了自己的名为“NSFnet”的网络，并连接上了所有美国大学和相关研究机构。

就这样，早期的互联网先以校园网为基础，然后建立区域性网络，最后互联成为全国性的广域网。随着美国宇航局、能源部等的计算机网络的建成与连通，欧洲各国、日本等也积极发展本地的网络，全球网络在各国互联网的基础之上最终联网形成现在的国际互联网。

三、全球经济一体化的市场竞争需求

随着美国军方网络的通信化，美国大学与科研机构的互联网也开始逐渐成熟。然后，这个进程逐渐国际化、商业化、民用化，这同20世纪80年代的全球经济一体化发展趋势和国际市场竞争的日益加剧是分不开的。

从历史发展的角度来看，全球经济一体化是第二次世界大战以来世界经济发展的重要趋势。根据国际货币基金组织（IMF）给出的定义，全球经济一体化是指跨国商品与服务贸易、资本流动规模和形式的增加，以及技术的广泛迅速传播使世界各国经济的相互依赖性增强。

在全球经济一体化的过程中，资本流通、商品流通、人力资源、技术合作、后续服务等各个经济环节都打破了传统的时空限制，而以全球为基础进行整合。每个环节都在很大程度上依赖互联网而得以运行。以信息流为纽带的资金流、人才流、物流一体化，使全球经济分工合理、优势互补、资源共享、互利互惠，呈现出即时、智能、便捷、人性化的特点。信息的开放消除了因信息不对称而带来的垄断，使全球贸易更加公平、资源配置更加有效，降低了物耗、能耗和人力的消耗。

互联网是全球经济一体化的载体，也是其最重要的组成部分。信息产业成为未来经济的支柱产业。信息产品、信息内容、信息服务在全球经济活动中占有的比重越来越大，信息产业早已成为全球经济主导产业之一。

第二节　历史的进程

互联网是人类社会新一轮的传播革命，其历史是复杂而丰富的，包括技术、商业、使用、治理等多个维度的内容。从万维网到Web2.0，乃至Web3.0，互联网不断迸发出强大的创造力和生命力，衍化出了搜索引擎、移动终端、社交娱乐、电子商务等一系列模式创新，谱写了谷歌、苹果、脸书、亚马逊、百度、阿里巴巴、腾讯等商业传奇。同时，互联网改变着传统的新闻传播方式，势必会对社会发展和新闻环境产生重要而深刻的影响。

一、科技革命的浪潮

1969年12月，加利福尼亚大学洛杉矶分校、斯坦福研究院、加利福尼亚大学圣塔芭芭拉分校和犹他大学的四台计算机开启了互联网的创世纪。当时的阿帕网只有这四台主机联网运行，甚至连局域网（LAN）都还没有出现。但是，后来的一些发明和技术创新不但催生了互联网，也实现了互联网的更新迭代，直到形成今天人-人、物-物、人-物皆可互联的局面。

（一）电子邮件

1971年，雷·汤姆林森通过分布式网络，让使用同一台计算机的研究人员可以互相传送信息。这个程序的名字叫 SNDMSG（来源于“send message”）。该程序只能在同一台机器上运行，使用者可以创建一个文本文件，然后把它发送到同一机器上的另一个指定位置（邮箱）。

1972 年，汤姆林森对 SNDMSG 程序进行了修改，让它能通过阿帕网把信息发送到其他电脑上。汤姆林森用“@”这个很少见的符号来区别发送信息的电脑与接收信息的电脑。这种跨机信息传输被称为电子邮件（E-mail）。

1977 年，国防部高级研究计划署正式规定了在阿帕网上使用电子邮件的标准：邮件中必须包含文件头（包括收信人、发信人）、网络地址和主题三个部分。

（二）TCP/IP 协议

最初的信息传输都发生在互相联网且数量有限的计算机之间，即只能在内部网络中互相通信，不同网络之间没有实现连接。为了解决计算机局域网之间不能互联互通的问题，TCP/IP 协议（transmission control protocol/internet protocol，传输控制协议/网际协议）出现了，这是网络使用中最基本的通信协议，是大家默认的网络通信的基础架构。

这个设想最终催生了互联网，TCP/IP 协议可以说是互联网壮大的基础。

（三）域名系统

域名（domain name）即网站名称，域名系统就是给网站命名的一种系统。在互联网中，当一台主机要访问另外一台主机时，必须首先获知其地址，而传统的 IP 地址由四个数字段组成，记忆起来十分困难。因此，人们发明了域名，用来代替复杂的 IP 地址。用户在访问一个网站时，既可以输入该网站的四个数字段的 IP 地址，也可以输入其域名，两者都可以实现对网站的访问。域名和人的名字一样，带有随机性。

（四）包交换技术

包交换技术（packet switching technology）也称分组交换技术，是指将数据划分成单元，每个单元为一个分组。每个分组最前面都要有分组头，用来标明该分组发往的地址，然后由交换机将每个分组的数据转发至其标识地址，再去掉分组头，按顺序重新装配成完整的原始数据。

分组交换比电路交换设备利用率高，传输延时少，交互性好。就像一封原本十页的书信被分为十封，每一封一页，每页开头都标识了收信人地址，到达同一地址后，再把十封信拆开，去掉每一页上的地址合成一封。

（五）万维网

1989 年，欧洲粒子物理实验室的蒂姆·伯纳斯-李提出了 WWW（World Wide Web，Web），其中文译名为万维网。万维网的主要思路是充分利用互联网传送超文本信息，即包括文字、图像、声音、视频等在内的多媒体信息，且信息之间可以用超链接进行关联。使用者点击文字或图标即可跳转到相应页面，使得网络的操作变得简单方便。这种新型的对互联网信息进行分类的协议，从根本上为互联网成为一种大众传媒奠定了基础，也是我们今天的社交媒体如此丰富多彩的基础。

（六）搜索引擎

搜索引擎提供了一个窗口，使用户能够输入查询内容，并能帮助用户在站点中找到匹配的搜索结果。现在无论文本，还是图片、声音和各种形式的自然语言，都可以使用搜索引擎来查找。

1990，最早的搜索引擎 Archie 问世，但是 Archie 只能用于 FTP 服务器，而非网络。

1993 年，历史上第一个用于 Web 网络的搜索引擎 World Wide Web Wanderer（又译万维爬虫）出现，但只作收集网址之用。

同年，第二个 Web 搜索引擎 ALIWEB 诞生，已经可以检索标题、标签等信息，但文件主题内容还是无法索引。

1994 年，第一个可以索引全文内容的搜索引擎 WebCrawler 出现。

1997 年，谷歌诞生。

2000 年，百度作为搜索引擎正式上线，中文搜索随即迅速进入百度时代。

2007 年，搜狗网页搜索 3.0 版本问世，成为全球首个收录的中文网页达百亿量级的搜索引擎。

2015 年，360 搜索推出独立品牌好搜，后更名为 360 搜索。

目前搜索引擎已经发展到第四代的用户中心时代，因为大数据技术的逐步成熟，用户各种千奇百怪的搜索需求基本都可以得到满足。

（七）Web2.0

蒂姆·奥莱利创办的奥莱利媒体（O'Reilly Media）公司联合其他几家公司在 2004 年发起了首届 Web2.0 大会，预示了 Web2.0 应用的兴起与普及。虽然 Web2.0 的定义难以统一，但人们对其的共识是它是一种允许用户广泛参与网站内容建设和交互的技术，受众也可以是内容提供者。Web1.0 时代的口号是内容为王，网站的目标是以内容吸引眼球。而 Web2.0 的指向，则试图把人与内容的关系深化为人与人的关系。这是社交媒体产生的基础，社交媒体的主要特征就是内容生产与社交的结合。

（八）ChatGPT

ChatGPT 是由美国 OpenAI 组织研发的大型语言模型，于 2022 年首次面世。该模型的名字来自“Generative Pre-trained Transformer”（预训练生成转换器）的首字母缩写，可以生成人类语言的自然文本，并在自然语言处理（NLP）领域取得了令人印象深刻的表现。ChatGPT－3.5 和 ChatGPT－4 可以模仿人类大脑的语言处理方式，理解并生成自然语言文本，使机器可以更自然地与人类交流。

ChatGPT 在多项任务上取得了令人印象深刻的成果，包括逻辑推理、问答、自然语言生成等，这使得它被广泛应用于人工智能和自然语言处理领域。比尔·盖茨说

ChatGPT 是他一生当中遇到过的两项可以被形容为革命性的技术之一，另一项是互联网的出现。

二、著名的公司与时代的弄潮儿

（一）国外互联网公司

1. 史蒂夫·乔布斯与苹果公司

1976 年 4 月，乔布斯和朋友在父母家的车库里创办了苹果公司，他们自制的第一台电脑被称为“苹果 I 号”。

1985 年，由于乔布斯经营理念与当时大多数管理人员不同，再加上与 IBM 的竞争，苹果电脑遭遇失败，董事会把失败归罪于乔布斯，他于 1985 年 9 月愤而辞去苹果公司董事长职位。

1997 年，在苹果濒临破产之际，乔布斯重新回归。

1998 年，iMac 带着乔布斯振兴苹果的梦想出现在世人面前。乔布斯把笛卡尔的名言“我思故我在”作为 iMac 的广告文案，“I think，therefore iMac!”成为一个经典的广告文案案例。

2011 年 8 月，乔布斯辞职，他的职位由蒂姆·库克接任。

2011 年 10 月，乔布斯病故时，苹果已经被打造成全球市值最高的公司。

2. 拉里·佩奇与谷歌公司

1998 年，拉里·佩奇和谢尔盖·布林在美国斯坦福大学的学生宿舍内共同开发了谷歌的前身 BackRub。

2015 年，谷歌公司旗下已拥有搜索引擎、YouTube 视频和数个网络子公司，以及谷歌最重要的研发部门和投资部门，并由一家名为 Alphabet 的伞形公司控制。

3. 比尔·盖茨与微软

1975 年，比尔·盖茨与保罗·艾伦创办了微软（Microsoft）公司，这是一家跨国电脑科技公司，以研发、制造、授权和提供广泛的电脑软件服务为主。2018 年，微软曾一度超越苹果公司，成为全球最有价值的上市公司。2019 年 4 月，微软被苹果超越，成为第二家股价市值超过 1 兆美元的美国上市公司。2021 年 6 月微软市值首次突破 2 兆美元，成为第二家市值突破 2 兆美元的公司。

4. OpenAI

OpenAI 是一家非营利性研究机构，成立于 2015 年，总部位于美国加利福尼亚州旧金山。OpenAI 致力于推动人工智能领域的研究和发展，致力于创建安全的人工智能系统，同时也致力于推广对人工智能技术的应用，为人类创造更多的福利。

OpenAI 的研究方向包括自然语言处理、计算机视觉、强化学习等。OpenAI 的研究人员和工程师是来自世界各地的顶尖专家，其中包括多位人工智能领域的知名学者和从业者。OpenAI 的创始人之一为埃隆·马斯克，目前的 CEO 是山姆·阿尔特曼。

OpenAI 与包括谷歌、微软在内的许多机构和公司合作开发新的人工智能技术，通过发布学术论文、开源工具和与开发人员合作来推进人工智能技术的发展，并将其应用于多个领域，如医疗、教育、交通、能源等。2022 年 11 月，ChatGPT-3.5 一经推出立刻受到了全球的关注，这让谷歌、百度等公司感到了莫大的危机。2023 年 3 月，OpenAI 又推出了可以识别图像的 ChatGPT-4，短短四个月便实现了一次迭代。

（二）中国互联网公司

1994 年 4 月 20 日，中国用一根 64K 的国际专线正式接入互联网。

1995 年，“瀛海威时空”创始人张树新女士在北京中关村南边架起了一块巨大的指示牌：“中国人离信息高速公路还有多远——向北 1 500 米”。此后的四五年间，中国的互联网公司如雨后春笋般问世。

1. 丁磊与网易

1997 年 5 月，丁磊创办了网易公司，他把公司取名为“网易”就是为了实现一个宏愿：让所有的中国人都能非常轻松容易地上网。网易先后推出了免费主页、免费域名、免费邮箱、虚拟社区等服务，通过自己的努力让中国的互联网变得“容易”起来。

2. 张朝阳与搜狐网

1997 年 1 月，张朝阳从两位美国教授那里募集了 22.5 万美元，创办了网站爱信特，最初的想法只是承揽网页制作业务。

1998 年 2 月，张朝阳在中国克隆“雅虎”，推出第一家全中文的网上搜索引擎——搜狐（SOHU）。

2000 年，搜狐在纳斯达克成功上市，并购了中国最大的年轻人网络社区 Chinaren，网络社区的规模性发展使之成为中国最大的门户网站，迅速走上规模化发展进程。

3. 马化腾与腾讯

1998 年，马化腾与张志东“合资”注册了深圳腾讯计算机系统有限公司。那时国际在线交流软件 ICQ 在国内引起了人们的关注，但其英文界面和复杂的操作流程使其在国内没有得到大范围推广。马化腾最初的想法是做一个中文版 ICQ，于是 OICQ 诞生了。

1999 年 11 月，OICQ 在上线 9 个月后用户就已破百万，远远地甩开了所有的同期竞争者。但 ICQ 母公司要求腾讯放弃 OICQ 的名称及相关域名，腾讯只好改名，也就是今天的 QQ。

4. 王志东与新浪网

1997 年，王志东在四通利方公司创办的中文网站工作，发现网站的技术论坛反响平平，而体育论坛却异常火爆。

后来王志东了解到，美国互联网中访问量最高的是新闻网站而不是其他，于是他萌生了开办一个新闻网站的想法。1997 年 12 月，他成功并购美国华渊资讯网，并将其更名为新浪网。

5. 李彦宏与百度

2000 年 1 月 1 日，李彦宏看到了中国互联网及中文搜索引擎的巨大潜力，在北京中关村创建了百度公司。

2001 年，李彦宏将百度转型为面向终端用户的独立搜索引擎网站，并实行技术升级，使百度成为第一大中文搜索引擎，全球第二大独立搜索引擎。

三、智能手机与社交媒体时代

数字移动传播的开启者是手机，而单纯的功能手机发展至如今的智能手机，与移动互联网的兴起是分不开的。

在智能手机发明之前，功能手机仅能具有通话、短信收发等基础功能，不具备操作系统，自然无法适应移动互联网的发展。

2007 年，史蒂夫・乔布斯宣布第一部 iPhone 诞生。从此，手机的概念被重塑。

尽管 1993 年 IBM 公司（国际商务机器公司）已推出世界上第一款智能手机 Simon，但苹果公司发布的 iPhone 却彻底改变了智能手机的概念，并使其在世界范围内得到全面普及，同时 iOS 操作系统的“应用商店”以及 App 应用模式也随之普及。

智能手机把 BBS 和博客的网络社交留在了过去，乘着 Web2.0 技术的东风，直接迈向了以用户生产内容为核心特征的社交媒体时代。

（一）国外的社交媒体

1. 脸书的诞生

2004 年 2 月，马克・扎克伯格正式宣布推出脸书平台（Facebook），允许用户以数字“脸书”的形式在平台中创建照片和基本信息，年满 13 周岁的任何人在任何地方都可以使用有效的电子邮件注册成为用户。2004 年年底，脸书的注册人数已突破 100 万。

2021 年 10 月，脸书公司宣布正式改名为 Meta，新名字来源于“metaverse”（元宇宙）一词的前缀，意思是包含万物、无所不联。脸书希望甩掉社交媒体标签，着力开拓元宇宙这个庞大的新市场。

2. 推特

2006 年，威廉姆斯与其朋友创办 Odeo 公司，并开发了推特（Twitter）。

2007 年，推特开始独立运营，在此期间，推特拒绝了脸书、谷歌和微软等多家公司的收购。

推特首创了信息流的概念，信息的分发方式是基于订阅和互认关系，用户不需要像在博客中那样一个个访问好友的页面查看他们的更新。

推特还提供了一种实时在线交流服务，关注某位用户的人能迅速收到其发布的信息。最初在推特上发布的消息必须在 140 字以内，当时的手机短信的字数限制为 160 字，可以说推特一开始就带着移动基因。

（二）中国的社交媒体

1. 微博

2007 年，推特已经较为成熟，其便捷性和草根性都令各国争相效仿。中国除了饭否之外，腾讯、新浪、网易等门户网站也纷纷凭借着媒体优势推出了自己的微博。

2009 年 8 月 14 日，新浪微博开始内测。

2010 年 5 月，腾讯微博上线，结局却是被新浪微博击败。

2011 年，新浪微博在推出一年半后用户数爆发性地突破 1.4 亿，新浪股价创下新高，然后盛极而衰。

2013 年，新浪微博的使用率从 54.7%下降至 33.5%。

2013 年 4 月，新浪正式宣布新浪微博与阿里巴巴签署战略合作协议，双方在用户账户互通、数据交换、在线支付、网络营销等领域进行深度合作。

2014 年 3 月 27 日，新浪微博正式宣布改名为“微博”，并推出了新的 Logo，主要是为了淡化“新浪”色彩，凸显其作为一家社交平台的独立性。同年，微博正式登陆美国纳斯达克股票交易所，由此焕发第二春。

2. 微信

微信是腾讯公司于 2011 年 1 月面向智能手机用户推出的一款支持 Android 和 iOS 等移动操作系统的即时通信软件。用户可以通过微信客户端与好友分享文字、图片和视频，目前微信的常用功能有分组聊天、语音与视频通话、位置共享、微信支付、公众号、服务号、企业号、理财通和小程序等。

2011 年 5 月微信发布 2.0 版本，新增语音对讲和手机通讯录互通的功能。熟人社交模式的发展成熟使得微信的用户群第一次有了显著增长。五个月后，随着微信 2.5 版本“附近的人”的更新，微信逐渐走向“陌生人社交”，开始从通信工具转向社交工具，并推出国际版 WeChat。

2013 年 8 月微信开始着力于盈利，新增游戏中心、微信支付、表情商店三大功能，至此微信从一个即时通信软件变成了集社交、娱乐与金融于一体的软件生态系统。

2014 年 10 月微信新增了卡包、微信红包、发红包方式、支付方式等功能，月活跃用户数量超过 7 亿，已经成为智能手机用户使用频率最高的 App 之一。

2018 年 12 月微信紧跟短视频风口，新增了短视频功能，更加注重视频化和信息流。

微信在过去的十年之间，完成了从即时通信软件到互联网平台再到软件生态系统的嬗变，去中心化的特质保证了在这个系统里，每个组织与个人都能保持独立且相互连接，这是维持这个系统持续繁荣的保证。

四、电商时代的寡头们

（一）国外的电商寡头

1. 杰夫·贝索斯与亚马逊

1994 年 7 月，由贝索斯创立的网络书店 Cadabra 开张了，这便是亚马逊（Amazon）的前身。

1995 年 7 月，贝索斯以地球上孕育最多种生物的亚马逊河重新命名了 Cadabra。

1999 年，贝索斯在美国书商协会的演讲中说道：“我们没有将自己看成一家书店或音像店。我们希望大家可以在这里买到想要的任何东西。”

2004 年，亚马逊成为第一大网上商店，是销售新产品的 B2C（business to customer）电商平台。

2. 皮埃尔·欧米迪亚与易贝

1995年，皮埃尔·欧米迪亚创立Auctionweb网站，总部位于美国加利福尼亚州圣荷西，这便是易贝（eBay）的前身。

易贝是在线拍卖销售二手物品、收藏品的C2C（customer to customer）电商平台，对全球电商发展具有重大影响。

（二）中国的电商平台

2017年以前的电商竞争出现了以阿里系和腾讯京东系为代表的双寡头格局，之后，随着拼多多的崛起，电商竞争呈现“三国杀”格局。2020年抖音、快手直播电商跟进，电商发展至今已经成为我们生活中不可缺失的现代元素。

1. 阿里巴巴

1999年9月，阿里巴巴在杭州成立，现形成集核心电商、零售批发、金融、物流、云计算、娱乐传媒为一体的商业体系，其业务生态已经涵盖用户生活的方方面面：社交引擎微博、线上超市淘宝和天猫、第三方支付平台支付宝，以及菜鸟物流。2021年年底，阿里巴巴的市场份额占据电商行业的53.7%。

2. 腾讯+京东

2014年3月，腾讯与京东达成战略合作：腾讯入股京东15%，旗下的QQ网购、拍拍网整合到京东，并且向京东提供微信和手机QQ客户端的平台支持。一直以来，腾讯在互联社交方面优势明显，而京东在实物电商方面经验丰富，两大行业巨头强强联合，似乎是要与阿里巴巴形成制衡。

3. 拼多多

2021年年底，拼多多的年度活跃买家数约为8.69亿，一跃成为中国用户规模最大的电商平台之一。区别于阿里巴巴、京东“相中即购买”的电商运营模式，拼多多是“社交+电商”模式，利用“砍价免费拿”“拼团优惠”等活动，将商品信息通过微信这个流量池渗透到社交关系网中，以此获取用户、增加利润。据统计，拼多多的营业收入已从2016年的5.05亿元上升至2020年的594.92亿元，短短四年增长超过110倍。

4. 抖音和快手

直播带货的浪潮让抖音、快手两大短视频巨头在电商领域越来越受关注。2021年年底，抖音和快手的市场占有率分别为5.2%和4.0%。二者凭借庞大的用户规模、直播的高交互性、网红经济的影响力走出了一条独特的直播电商之路。将二者与其他电商平台进行对比可以更直观地看到其竞争优势。

五、新闻的几次革命

自阿帕网诞生以来，互联网及其相关产业便成了世界发展的主题，互联网世界也因融合媒体的发展而逐渐完整和独立。

互联网的诞生不仅改变了新闻的传播方式，更改变了新闻发生的场景和发展的逻辑。大体而言，互联网对新闻的影响可分为以下几个阶段：

（1）20 世纪 60 到 90 年代，互联网世界逐渐孕育，人们生活中的一些事物开始逐渐被移出自己肉眼所见的范围。

（2）20 世纪 90 年代到 21 世纪初，互联网世界逐渐显形，新闻逐渐通过互联网而非报刊、电视、广播来传播，此时互联网对新闻的影响主要体现在载体、实效性等方面。

（3）21 世纪初期，随着 Web2.0 技术的发展，原来的大众传媒通过互联网“广泛传播”新闻的方式被打破了，用户可以随意在网络上进行发言，新闻开始有了即时双向反馈。网络舆论逐渐被人们重视，人们在互联网上的讨论与传统媒体已经没有了必然的联系，成了两个平行的世界。很多新闻虽发生于现实世界，但对它们的讨论却都是发生在互联网世界，甚至有些事情本身就完全发生在互联网上。如同《西游记》里的“无根雨”一般，新闻的发生地逐渐开始转移。

（4）2010 年以来，特别是在智能手机出现后，不仅众多热点事件发生在互联网上，互联网甚至“自成空间”，成了完全独立的世界，很多新闻在此产生，也在此消亡。

（5）区块链技术诞生以后，新闻受到的影响更为显著。区块链的特性使新闻可以规避政策、人为的干扰，永远留存下来。使用区块链技术，新闻生产者可以追溯信源，核查每一个节点加工信息的记录，从而规避假新闻传播的信息风险。只要不能掌控全部数据节点的 51%，就无法肆意操控和修改网络数据，这使区块链本身变得相对安全，避免了主观人为的数据变更。

（6）元宇宙概念被炒热之后，其对新闻的影响也逐渐引发了人们的思考。随着虚拟现实技术的发展，这一“平行世界”更是迅速成长，人们可以通过重新构建自己的“虚拟化身”来克服人类以及现实世界的种种束缚，遨游于一个崭新的宇宙之中。清华大学新闻与传播学院沈阳教授则将元宇宙描述为“一个整合多种新技术而产生的新型虚实相融的互联网应用和社会形态”。

第三节　分析与思考

今天互联网时代的信息革命，正在比其他社会系统更为猛烈深刻地改变着我们的社会与世界。

一、信息的革命

在人们的传统认知系统里，社会的革命推动力量总是来源于经济基础与上层建筑领域。按照马克思主义历史唯物主义社会发展理论，人类社会的发展总是受到当代社会生产力的制约——生产力技术发展了，相应的社会关系就必然随之转变，社会的整体面貌也随之发生变化；经济基础变化了，建筑其上的整个社会上层建筑也必然发生变化。

从另一个角度来看，人类社会的构成既可以划分为经济基础和与之相连的上层建筑，也可以划分为我们熟悉的经济系统＋政治系统＋文化系统＋社会生活系统，还可以更加简单地划分为社会“硬件”系统（看得见摸得着的社会组织成分）+社会“软件”系统（看不见摸不着却实际存在的社会组织成分）。社会文化思想与观念、民族共同体生活模式，人们普遍认同与遵守的社会道德化意识，以及看不到摸不着但实际存在的各种社会化信息，都属于社会“软件”系统。

如果我们认同科学技术也是社会生产力，信息科学技术所产生的社会化信息（information）就被赋予了社会生产力的部分属性。也就是说，社会化的“软件”信息系统也是促进社会发展的一支重要力量。人类社会发展的进程也可以被简单地看作社会化的“硬件”部分与“软件”部分互为制约、互相作用、互为表里、互相促进的互动过程。

正如人们的常识一样，一台计算机无论多么低级或高级，如果光有硬件没有软件，是无法正常运行的。同样的道理，如果人类社会光有一系列“硬件”组织，没有成熟的“软件”系统，也同样是无法正常运转的。

其实在人类社会最初的原始发展阶段，人们就离不开社会“软件”中的重要一环——社会化信息。人与其他动物的最大区别之一就是能动用大脑去思考，能在思想的指导下动手制作越来越复杂的工具，从而脱离普通的动物群体，成长为高级别的生物。

在这个逐渐进化的社会化过程中，人类所有的社会生产与劳动过程一刻都无法脱离群体中的人际交流行为。从最初的肢体动态“体语”交流（还没有与其他动物群体产生差异），到“口语”交流、文字交流（书写交流）、印刷交流，再到更加高级的电子媒体交流（广播、电视与电影），人类的信息交流活动越来越频繁、越来越高级、越来越社会化、越来越全面化。

正是在这一系列逐级上升的越来越复杂的社会化信息生产、交流、灌输、教育、示范、模仿、冲突、博弈等行为中，人类逐渐社会化了、阶级化了、政治化了、文明化了、民族化了、国家化了、国际化了。

由此可见，人类的信息生产与交流活动，一直是人类社会文明进程的一个重要的，甚至可以说是主要的推动力量。它一开始弱小单薄，混迹于民间传说、神话故事、锣鼓烽火、绘画石刻中，然后表现为口语相传、文字书写、印刷传播、广播电视，最后成为我们今天的伟大新媒体——互联网与智能手机终端。

在这个人类信息技术与内容发展的叠加轨迹之中，我们看到了人类的信息系统不断在其他系统的帮助下，特别是在社会科技系统的加持下飞速发展，在社会体系中的权重越来越大。信息革命，特别是今天互联网时代的信息革命，正在比其他社会系统更为猛烈深刻地改变着我们的世界。

二、“互联网+”的全社会覆盖

新一代人类信息化工具互联网对社会的深刻影响表现为“互联网+”对全社会各个系统的整体化覆盖。

裹挟着强大社会化信息整合力量的互联网和智能手机对我们经济系统的加持，产生了一代人离不开电商网购平台的现象，出现了越来越强势的“线上虚拟经济”，出现了人人离不开的电子数字化手机支付系统，出现了国际化的新一代电商垄断寡头亚马逊和阿里巴巴等平台。

毫无疑问，互联网技术也已经成为人类整个工业社会生产与分配各个环节中的骨干力量。离开了互联网平台和相关软件，几乎所有的人类工业生产活动都将无法运作。

在政治系统中，互联网等新媒体的力量也正在深刻地改变着传统的政治权力格局。自媒体时代的来临让下层民众拥有了信息传播的自由，拥有了自行组织各种非政府化的民间社会团体并采取相关政治行动的机会。政治家不得不开始重视来自互联网平台的呼声与信息，不得不倾听社会民间自媒体形成的大众舆论。传统的“金字塔形”政治形态正在逐步让位于互联网时代的“扁平化”形态。越来越多的民间舆论“权威人士”正在替代政治精英们的信息解读角色。习近平指出：“现在，各级领导干部特别是高级干部，如果不懂互联网、不善于运用互联网，就无法有效开展工作。”他强调：“善于运用网络了解民意、开展工作，是新形势下领导干部做好工作的基本功。”政治系统的运转越来越离不开互联网与智能手机的加持。

军事领域的“网络战”“信息战”和空间信息导航武器系统的存在与发展也证明了新一代信息技术与平台已经深刻改变了传统的战争模式和武器装备。未来的无人机、AI战斗机器人、太空导航与侦查武器，使得战争的形态与结果与人类日益发达的信息化军事实力密不可分。

在当下的社会生活系统中，谁又能够离得开脸书与微信，离得开抖音与快手？谁的社会交际化生活离得开智能手机与互联网平台？

社会的文化系统也在智能信息平台的影响下越来越“电子化”“网络化”和“短平快化”了。所有文化信息的电子化与网络化、随时搜索、瞬间可得，都是互联网平台与智能手机系统化、社会化、人人化的结果。

三、形塑全球化时代的“地球村”

令人惊奇与振奋的一个现象是：互联网新媒体不仅重新塑造了社会的政治、经济、文化、社会、科技、军事等多个系统和领域，还产生了另一个伟大的文明现象。正是在新媒体的加持下，人类文明第一次出现了全球信息一体化的“地球村”现象，人类第一次可以真正跨越国家与民族、地域及语言的障碍实现“跨文化”的传播，在全球范围内实时共享信息。这一切，都是在新一代互联网新媒体的帮助下完成的，并且具有极其伟大的文明意义。

我们知道，人类社会各个民族、国家、人群的纷争与战争，很多是因为各种分歧与矛盾，也可以说是文明、语言与信息分享的隔绝与稀缺所造成的。

如果世界各个民族的语言在现代技术的帮助下得以智能共享，如果智能手机和互联网平台能让世界各地的人们自由沟通、密不可分，那么世界文明形态会发生什么样的变化？互联网已经使信息能够弗远以达、多媒体处理、海量查询、全球共享，语言和文字的差异在智能化新媒体平台上消失了，全球化同享信息的“地球村”图景的形成才能成为可能。这也是新一代的智能手机与互联网平台能够带给我们的一个伟大前景。“地球村”的出现固然是全球经济一体化的产物，但更是全球互联网平台化和手机智能化的结果。人类信息科学技术的发展和全球化浪潮的推动，将形塑出一个人类以往不敢想象的全球化时代的“地球村”。

四、“庶民的胜利”

新一代互联网新媒体带来的一个巨大后果是改变了人类以往信息传播交流的程序与模式。以前的人类信息特别是大众信息传播史，总体来说一直维持着一种自上而下的“金字塔”、倒“T 形”形态。大众传媒的信息首先来自上层统治者，信息的流通渠道自上而下，信息被逐级地分解、诠释、细化，最终到达下层民众，信息传播活动的目的也是让下层民众接收到上层统治者想让他们接收的特定信息。可以说，在整个人类社会信息传播发展史上，下层民众从来没有过主动接触各种原始化信息的历史机遇。

但是，互联网新媒体的出现，为千千万万个普通大众直接了解各类社会信息，主动采集、编辑、分发、传播、反馈、呼应这些社会信息并形成影响提供了可能，这可是千百年来人类社会从未有过的“庶民的胜利”！互联网信息传播的五大特点——信息极大丰富、信息形态多样、信息交流实时、信息海量存储、信息全球交互传播——为大众自媒体的出现提供了可能。人人都是记者与编辑，社会化信息的职能和角色的变化，人手一机、天下我有的信息掌控能力，都深刻地改变了我们的社会与文明的内涵。普罗大众第一次借助信息大革命的成果，成为社会化信息的自由提供者、解释者、传播者、接收者、组织者、参与者，这是一个千年未有的人类信息传播大革命。

这种人际、组织、大众多层次多级别的各类信息在手的“庶民的胜利”，其后果与影响是什么呢？是形成了对传统社会各个组织的全面挑战，是以往“民可使由之，不可使知之”的传统社会结构局面的彻底改变，是普罗大众的节日狂欢，也是娱乐至死、上帝已亡的纷争混乱，普罗大众将信息组织起来，平头百姓会路遇不平呼喊自救。人类社会将面临“千年未有之大变局”，只有人类社会的最后实践结果才能给我们一个明确的答案。

总之，这场伟大的人类信息传播大革命将颠覆传统的社会格局，引领我们奔向一个美丽新世界。

练习题

一、名词解释

1. 摩尔定律

2. 阿帕网

二、简答题

1. 简述多媒体技术的发展。

2. 简述全球经济一体化。

三、论述题

1. 试论述“互联网+”的全覆盖。

2. 试论述互联网时代新闻的几次变革。

结语与展望

一

从人类新闻传播事业整体发展的历史进程来看，很明显，如同自然界中的草木花卉一样，新闻传播事业和新闻媒体自身亦有着某种内在的客观发展规律。这种发展规律就像人类社会中的其他分支系统一样，是客观的、必然的、不可抗拒的，但又是可以被影响的。通过本书对世界各国新闻传播事业发展历史的粗浅介绍即可得知，作为人类社会组织中不可缺少的一环，新闻传播事业随着其社会母体的生产力与生产关系的客观发展，必然地会展现出一种符合其行业特质的客观发展规律与逐步进化阶梯。

受人类社会发展水平的影响与制约，人类的新闻传播活动和传播工具自诞生伊始，就展现出一种共同性的客观发展规律。这主要表现为人类开始使用体态语言，并能通过外在的声光影像、烽火狼烟传递社会性信息。随着人类社会的发展与进步，人类又发明了文字，发明了笔墨纸砚，发明了木版雕刻和活字印刷术，于是，人类的新闻传播活动从早期原始、粗糙的不确定性信息传播，发展为越来越精确的文字传播，其传播形式也从个体到群体，从群体到大众。

印刷术的出现意味着人类进入了近代新闻传播事业发展阶段，于是首先产生了书册，然后出现了单页印刷品，最后出现了报纸、杂志和大众化书籍，出现了封建社会的集权主义新闻传播理论体系和资本主义社会的自由主义新闻传播理论体系。当人类进入现代社会发展阶段的时候，电子化大众传媒出现了，电报与电缆促进了各国沟通，连接世界的大型通讯社等专业组织出现。随后，广播媒体、电视媒体陆续问世，广播电台、卫星电视和有线电视网更扩大了全球新闻传播事业的覆盖面。当下，人类新闻传播事业又进入了以计算机和智能手机为终端的网络化时代，新型社交媒体和网络新闻渐成主流，人类的新闻传播事业又进入了一个新的天地。

在这一宏伟壮观、进步越来越快的新闻传播事业发展进程中，各国的新闻传播事业似乎都一致性地呈现出了从最初的商品化媒体和政论-政党媒体，到市场竞争框架下的廉价报刊、大众杂志、商业大报、精英主流报刊等的螺旋式上升过程。在随后的电子媒体时代，广播、电视等媒体逐渐出现，一步步地推动人类社会的整体新闻传播事业大步向前。当今，随着网络化大众传媒时代及全球经济一体化时代的来临，世界互联网新闻传播事业、跨国化的新闻媒体、全球化新闻传播事业已蓬勃发展起来。人类新闻传播事业的发展脚步正遵循着其自身内在的客观发展规律，快速迈进，不可阻挡。

二

然而，尽管新闻传播事业确如其历史进程所昭示的那样，具有铁一般的客观发展规律，但作为人类社会的一个不可分割的分支性二级自组织小系统，它的发展进程始终都受到其他更为庞大复杂的社会一级自组织系统的影响与控制。概括来说，无论在哪一国、哪一种社会组织结构之中，都存在着五种严重影响并制约其新闻传播事业的性质、规模、路径、体制、模式的社会化系统力量。这五种力量是：社会母体中的经济系统的力量、政治系统的力量、文化系统的力量、科技系统的力量和来自国外的外来影响力量。这五种力量对各国新闻传播事业的影响基本上不存在谁强谁弱的固定模式，而它们在一定的历史时空中所形成的某种相互间的耦合结构，可能是影响该社会母体中特定历史时段之存在与发展的新闻媒体的最主要力量。

经济系统是指一个稳定的社会形态中占据主导地位的经济资源生产与分配的组织形式，它通常构成了我们所熟悉的社会经济基础。一个社会中特定的经济系统的性质与规模，对建筑其上的新闻传播事业影响极大。所以，封建社会中的自然经济系统、资本主义社会中的商品化市场经济系统、苏联式的国家计划经济系统、混合式的二元或多元化的经济系统对生存于其中的新闻传播事业之不同影响，是完全可以预期的。

政治系统是指一个稳定的社会形态中占据主导地位的政体与政权的组织运作结构与方式方法，还包括其统治性的政治哲学理念。由于政治系统是一个社会中的经济系统在上层建筑领域中的典型化表现形式，因此对同处于上层建筑领域但要低一级的新闻传播事业小系统，就有着更为直接与强烈的影响，甚至是绝对支配。

文化系统是指一个稳定的社会形态中占据主导地位的社会文化、意识形态和主导性精神理念。文化系统与新闻传播事业具有同属性，因而它对新闻传播事业的强大影响也是毋庸置疑的。

科技系统是指一个稳定的社会形态中自成体系、自我发展的科技发明与生产系统。然而，当人们考察现代社会中的科技系统对新闻传播事业的影响时立即会发现：相较于上述三种社会系统，现代科技系统对新闻传播事业的直接与间接影响越来越呈现出一种超越前三者的强大趋势。这不仅是因为语言文字的出现、纸墨笔砚的发明、雕版与活字印刷术的创造、广播电视电子媒体的嬗变、互联网新媒体的流行极大地影响与制约了人类新闻传播事业的发展规模与呈现形式，而且科技系统对新闻传播事业的强大影响竟然呈现出日渐加速的趋势，推动着新闻传播事业超前迈进，并对社会母体产生了某种剧烈的反作用力。

外来影响对一个国家新闻传播事业的推动更是毋庸置疑。1840 年的鸦片战争，使中国的大门被迫打开了，清朝的封建专制集权新闻传播体制（邸报系统）很快就被外来的西方近代印刷事业冲击得七零八落、不成体系。二战后的日、德两国借助外来盟军的占领与改造，终于创建了自身无力创建的现代西方式民主自由新闻传播体制，走上了新的道路。同样是二战后，东欧一系列社会主义国家（也包括中国）都受到了苏联“老大哥”的制约与影响，不约而同地走上了照搬苏联社会主义新闻传播体制之路。

由此可见，一个社会的结构、形态、性质固然对生存其中的新闻传播事业系有着总体性的影响与制约，但细纠起来，社会母体中的四种一级自组织系统政治系统、经济系统、文化系统、科技系统，以及特定时期的外来强大影响对新闻传播事业的影响与制约也是我们必须加以关注的重点。

主要参考文献

中文书目

1. 张隆栋，傅显明．外国新闻事业史简编．北京：中国人民大学出版社，1988.

2. 徐耀魁．西方新闻理论评析．北京：新华出版社，1998.

3. 童兵．马克思主义新闻思想史稿．北京：中国人民大学出版社，1989.

4. 陈力丹．精神交往论：马克思恩格斯的传播观（修订版）．2 版．北京：中国人民大学出版社，2016.

5. 明安香．美国：超级传媒帝国．北京：社会科学文献出版社，2005.

6. 李瞻．世界新闻史．台北：三民书局，1983.

7. 张允若．外国新闻事业史教程．北京：高等教育出版社，2003.

8. 闵大洪．传播科技纵横．北京：警官教育出版社，1998.

9. 陈力丹．世界新闻传播史．上海：上海交通大学出版社，2002.

10. 童兵．中西新闻比较论纲．北京：新华出版社，1999.

11. 马庆平．外国广播电视史．北京：北京广播学院出版社，1997.

12. 张昆．简明世界新闻通史．武汉：武汉大学出版社，1994.

13. 张昆．传播观念的历史考察．武汉：武汉大学出版社，1997.

14. 中国社会科学院新闻研究所．七国新闻传播事业．重庆：重庆出版社，1988.

15. 陶涵．世界新闻史大事记．北京：人民日报出版社，1988.

16. 李彬．传播学引论（增补版）．2 版．北京：新华出版社，2003.

17. 李瑛，何力．全球新闻传播发展史略．郑州：郑州大学出版社，2004.

18. 麦克布赖德，等．多种声音，一个世界：交流与社会・现状与展望．中国对外翻译出版公司第二编译室，译．北京：中国对外翻译出版公司，1981.

19. 张穗华．媒介的变迁．北京：中国对外翻译出版公司，2002.

20. 张昆．中外新闻传播思想史导论．上海：复旦大学出版社，2006.

21. 李彬．全球新闻传播史．北京：清华大学出版社，2005.

22. 郑超然，程曼丽，王泰玄．外国新闻传播史．北京：中国人民大学出版社，2000.

23. 程曼丽．外国新闻传播史导论．上海：复旦大学出版社，2004.

24. 密尔顿．论出版自由．吴之椿，译．北京：商务印书馆，1958.

25. 密尔．论自由．郑崇华，译．北京：商务印书馆，1959.

26. 西伯特，彼得森，施拉姆．传媒的四种理论．戴鑫，译．展江，校．北京：中国人民大学出版社，2008.

27. 埃默里 M，埃默里 E，罗伯茨．美国新闻史：大众传播媒介解释史：第 9 版．展江，译．北京：中国人民大学出版社，2009.

28. 斯旺伯格．普利策传．陆志宝，俞再林，译．北京：新华出版社，1989.

29. 霍恩伯格．西方新闻界的竞争．魏国强，陈进军，周力非，等译．北京：新华出版社，1985.

30. 哈尔伯斯坦．无冕之王：美国四大新闻机构内幕．白梅，家有，等译．北京：新华出版社，1985.

31. 阿特休尔．权力的媒介．黄煜，裘志康，译．北京：华夏出版社，1989.

32. 法拉奇．风云人物采访记（全译本）．嵇书佩，乐华，杨顺祥，译．北京：新华出版社，1988.

33. 钱塞勒，米尔斯．记者生涯：现代美国新闻业务漫谈．史文新，译．北京：世界知识出版社，1985.

34. 马图索．美国电视明星．杨照明，叶莲，倪垚，译．北京：中国广播电视出版社，1987.

35. 莱特尔，哈里斯，约翰逊．全能记者必备：新闻采集、写作和编辑的基本技能：第7版．宋铁军，译．北京：中国人民大学出版社，2010.

36. 切特罗姆．传播媒介与美国人的思想：从莫尔斯到麦克卢汉．曹静生，黄艾禾，译．北京：中国广播电视出版社，1991.

37. 仓田保雄．路透其人和路透社．回瑞岩，任长安，译．北京：新华出版社，1980.

38. 内川芳美，新井直之．日本新闻事业史．张国良，译．北京：新闻出版社，1986.

39. 肖克罗斯．默多克传．樊新志，等译．北京：世界知识出版社，2001.

40. 阿尔贝，泰鲁．世界新闻简史．许崇山，果永毅，李岭，译．北京：中国新闻出版社，1985.

41. 稻叶三千男，新井直之．日本的报业理论与实践．张国成，叶伦，王晓民，等译．北京：新华出版社，1985.

42. 卡拉瑟斯．西方传媒与战争．张毓强，等译．北京：新华出版社，2002.

43. 马特拉．世界传播与文化霸权：思想与战略的历史．陈卫星，译．北京：中央编译出版社，2001.

44. 勒庞．乌合之众：大众心理学研究．冯克利，译．北京：中央编译出版社，2005.

45. 多米尼克．大众传播动力学：数字时代的媒介：第7版．蔡骐，译．北京：中国人民大学出版社，2009.

46. 斯隆．美国传媒史．刘琛，等译．上海：上海人民出版社，2010.

47. 特立斯．王国与权力：震撼世界的《纽约时报》．张峰，唐霄峰，译．上海：上海人民出版社，2016.

48. 基特勒．留声机 电影 打字机．邢春丽，译．上海：复旦大学出版社，2017.

49. 谢尔．启蒙与出版：苏格兰作家和18世纪英国、爱尔兰、美国的出版商．启蒙编译所，译．上海：复旦大学出版社，2012.

50. 古德温．罗斯福与塔夫脱：白宫讲坛与新闻业的黄金时代．沈英，译．北京：北京时代华文书局，2015.

51. 福尔肯弗里克．头版：《纽约时报》内部解密与新闻业的未来．刘奕，译．北京：中国人民大学出版社，2017.

52. 华莱士，诺伯尔．光与热：新一代媒体人不可不知的新闻法则．华超超，许坤，译．北京：中国人民大学出版社，2017.

53. 施瓦茨．美联社新闻报道手册．曹俊，王蕊，译．北京：中央编译出版社，2014.

54. 曼彻斯特．光荣与梦想：1932—1972年美国叙事史．四川外国语大学翻译学院翻译组．北京：中信出版社，2015.

55. 科瓦奇，罗森斯蒂尔．真相：信息超载时代如何知道该相信什么．陆佳怡，孙志刚，译．北京：中国人民大学出版社，2014.

56. 席勒．传播理论史：回归劳动．冯建三，罗世宏，译．北京：北京大学出版社，2012.

57. 克劳利，海尔．传播的历史：技术、文化和社会：第5版．董璐，何道宽，王树国，译．北京：北京大学出版社，2011.

58. 贺文发，李烨辉．美国报业与社会：民主进程、自由界定及司法判例．北京：中国传媒大学出版社，2012.

59. 彭慕兰，托皮克．贸易打造的世界：1400年至今的社会、文化与世界经济．黄中宪，吴莉苇，译．上海：上海人民出版社，2018.

60. 斯蒂芬斯．新闻的历史：第3版．陈继静，译．北京：北京大学出版社，2014.

61. 舒德森．知情权的兴起：美国政治与透明的文化（1945—1975）．郑一卉，译．北京：北京大学出版社，2018.

62. 组论小组．纸还有未来吗?：一部印刷文化史．傅力，译．北京：北京联合出版公司，2021.

63. 前坂俊之．太平洋战争与日本新闻．晏英，译．北京：新星出版社，2015.

64. 雷诺兹，威尔逊．抄工与学者：希腊、拉丁文献传播史．苏杰，译．北京：北京大学出版社，2015.

65. 马尼奥．纸上威尼斯：16世纪威尼斯出版业如何改变了世界．李依臻，译．上海：文汇出版社，2019.

66. 赫伯斯特．用数字说话：民意调查如何塑造美国政治．张健，译．北京：北京大学出版社，2018.

67. 辜晓进．重走美国大报：美国报业转型：颠覆与重生．广州：南方日报出版社，2018.

外文书目

1. Mott F L. American journalism：a history，1690—1960. 3rd ed. New York：The Macmillan Company，1962.

2. Copeland D A. Colonial American newspapers：character and content. Newark：University of Delaware Press，1997.

3. Ritchie D A. American journalists：getting the story. Oxford：Oxford University Press，1997.

4. Douglas G H. The golden age of the newspaper. Westport：Greenwood Press，1999.

5. McAnany E G. Saving the world：a brief history of communication for develop-

ment and social change. Urbana：University of Illinois Press，2012.

外文期刊

1. Pooley J. Suggestion theory across the disciplines：the history of communication research before communication research. Journalism & communication monographs，2021，23 (2).

2. Haase F. 'Discursivity' of digital media：a theoretical concept of contemporary digital media and its tradition in the history of communication. Logos et littera：interdisciplinary approaches to text，2018，1 (5).

3. Chen S B. Saving the world：a brief history of communication for development and social change. Canadian journal of communication，2016，41 (4).

4. Holaday D A. New media and communication education：two histories，one future. Media Asia，1995，22 (4).

5. Ilya Y，Schimpfössl E. A brief history of news making in Russia. Journalism，2021，22 (12).

6. Alterman E. Media nation：the political history of news in modern America. Journal of American history，2019，105 (4).

7. Hillgaertner J. Current trends in the history of news. Reformation，2015，20 (1).

8. Nerone J. The labor history of news in the US before World War Ⅰ. Medijska istraživanja，2017，23 (2).

9. Kollárová I. The secret book trade after the outbreak of the Great French Revolution：symptoms of the latent history of communication. Historickýčasopis，2019，66 (5).

10. Andersen J B. History of communications/radio wave propagation from Marconi to MIMO. IEEE communications magazine，2017，55 (2).

11. Pereira A. Human practices constructing the history of communication in Brazil. Matrizes，2014，8 (1).

12. Hinks J. The history of printing and print culture：contexts and controversies. Midland history，2020，45 (2).

13. Lima R G. Os tipos em Fortaleza：uma pequena história da impressão cearense no século XIX=types in Fortaleza：a short history of printing in the cearense nineteenth century. Oficina do historiador，2019，7 (Supl).

14. Constantinidou N. Aspects of the printing history and reception of John Chrysostom and other Greek Church Fathers，c. 1450—1600. International journal of the classical tradition，2020，27.

15. Ellis M. The English Mercurie Hoax and the early history of the newspaper. Book history，2019，22.

16. Rixon P. The role of British newspapers in framing the public perception and experience of European radio 1930 to 1939. Media history，2020，26 (2).

17. Peacey J. European news culture during the English Revolution. Media history，

2017, 23 (2).

18. Nerone J. The history of paper and public space. Media history, 2015, 21 (1).

19. Dick. Just fancy that: an analysis of infographic propaganda in The Daily Express, 1956—1959. Journalism studies, 2015, 16 (2).

20. Stubbs J. Making headlines in a state of emergency: the case of the Times of Cyprus, 1955—1960. The journal of imperial and commonwealth history, 2017, 45 (1).

图书在版编目（CIP）数据

外国新闻史 / 李磊，傅宁著. -- 2 版. -- 北京 :
中国人民大学出版社，2023.5
新编 21 世纪新闻传播学系列教材
ISBN 978-7-300-31658-1

Ⅰ. ①外… Ⅱ. ①李… ②傅… Ⅲ. ①新闻事业史—
国外—高等学校—教材 Ⅳ. ①G219.19

中国国家版本馆 CIP 数据核字（2023）第 075172 号

新编 21 世纪新闻传播学系列教材
外国新闻史（第 2 版）
李磊　傅宁 著
Waiguo Xinwenshi

出版发行	中国人民大学出版社		
社　　址	北京中关村大街 31 号	**邮政编码**	100080
电　　话	010－62511242（总编室）		010－62511770（质管部）
	010－82501766（邮购部）		010－62514148（门市部）
	010－62515195（发行公司）		010－62515275（盗版举报）
网　　址	http://www.crup.com.cn		
经　　销	新华书店		
印　　刷	北京密兴印刷有限公司	**版　　次**	2013 年 6 月第 1 版
开　　本	787 mm×1092 mm　1/16		2023 年 5 月第 2 版
印　　张	22.75 插页 1	**印　　次**	2023 年 5 月第 1 次印刷
字　　数	511 000	**定　　价**	55.00 元

关联课程教材推荐

书号	书名	作者	定价（元）	出书时间
978-7-300-29979-2	外国新闻传播史纲要（第3版）	陈力丹 张玉川	59.8	2022年1月
978-7-300-20259-4	外国新闻传播史	陈力丹 等	49.8	2015年3月
978-7-300-03324-2	外国新闻传播史	郑超然 等	49.8	2000年10月
978-7-300-30668-1	新闻学基础：历史与理论	陆佳怡	48	2022年7月

配套教学资源支持

尊敬的老师：

衷心感谢您选择使用人大版教材！

相关的配套教学资源，请到人大社网站（www.crup.com.cn）下载，或是随时与我们联系，我们将向您免费提供。

欢迎您随时反馈教材使用过程中的疑问、修订建议并提供您个人制作的课件。您的课件一经采用，我们将署名并付费。让我们与教材共成长！

联系人信息：

地址：北京海淀区中关村大街31号　龚洪训 收　邮编：100080

电子邮件：gonghx@crup.com.cn　电话：010-62515637　QQ：6130616

如有相关教材的选题计划，也欢迎您与我们联系，我们将竭诚为您服务！

选题联系人：	电子邮件：	电话：
翟江虹	zhaijh@crup.com.cn	010-62515636

俯仰天地　心系人文

人大社网站　www.crup.com.cn

专业教师QQ群：

723715191（全国新闻教师群2群）

欢迎您登录人大社网站浏览，了解图书信息，共享教学资源

期待您加入专业教师QQ群，开展学术讨论，交流教学心得